国家出版基金项目
NATIONAL PUBLICATION FOUNDATION

抗日战争专题研究

张宪文 | 主
朱庆葆 | 编

第十辑
日军暴行
与审判

战后在华日本侨俘遣返研究

徐志民　米卫娜　关亚新　著

江苏人民出版社

图书在版编目(CIP)数据

战后在华日本侨俘遣返研究 / 徐志民,米卫娜,关
亚新著. —南京:江苏人民出版社,2021.11(2025.8 重印)
(抗日战争专题研究 / 张宪文,朱庆葆主编)
ISBN 978-7-214-26054-3

Ⅰ.①战… Ⅱ.①徐… ②米… ③关… Ⅲ.①侵华事
件-侨民-史料-日本②侵华事件-战俘问题-史料-日
本 Ⅳ.①K265.706

中国版本图书馆 CIP 数据核字(2021)第 066960 号

书　　　名	战后在华日本侨俘遣返研究
著　　　者	徐志民　米卫娜　关亚新
责 任 编 辑	张晓薇
装 帧 设 计	刘葶葶
责 任 监 制	王　娟
出 版 发 行	江苏人民出版社
地　　　址	南京市湖南路 1 号 A 楼,邮编:210009
照　　　排	江苏凤凰制版有限公司
印　　　刷	苏州工业园区美柯乐制版印务有限责任公司
开　　　本	652 毫米×960 毫米　1/16
印　　　张	33　插页 4
字　　　数	385 千字
版　　　次	2021 年 11 月第 1 版
印　　　次	2025 年 8 月第 2 次印刷
标 准 书 号	ISBN 978-7-214-26054-3
定　　　价	118.00 元

(江苏人民出版社图书凡印装错误可向承印厂调换)

教育部哲学社会科学研究重大委托项目
2021年度国家出版基金资助项目
南京大学"双一流"建设卓越计划项目
"十四五"国家重点出版物出版专项规划项目

合作单位

南京大学 北京大学 南开大学 武汉大学

复旦大学 浙江大学 山东大学

台湾中国近代史学会

学术顾问

金冲及 章开沅 魏宏运 张玉法 张海鹏

姜义华 杨冬权 胡德坤 吕芳上 王建朗

总　序

张宪文　朱庆葆

　　日本侵华与中国抗日战争是近代中国最重大的历史事件。中国人民经过 14 年艰苦卓绝的英勇奋战,付出惨重的生命和财产的代价,终于取得伟大的胜利。

　　自 1945 年抗日战争结束至 2015 年,度过了漫长的 70 年。对这一影响中国和世界历史进程的重大事件,国内外历史学界已经做过大量的学术研究,出版了许多论著。2015 年 7 月 30 日,在抗日战争胜利 70 周年前夕,中共中央政治局就中国人民抗日战争的回顾和思考进行集体学习,习近平总书记发表重要讲话,指示学术界应该广为搜集整理历史资料,大力加强对抗日战争历史的研究。半个月后,中共中央宣传部迅速制定抗日战争研究的专项规划。8 月下旬,时任中共中央宣传部部长刘奇葆召开中央各有关部委、国家科研机构和部分高校代表出席的专题会议,动员全面贯彻习总书记的讲话精神,武汉大学和南京大学的代表出席该会。

　　在这一形势下,教育部部领导和社会科学司决定推动全国高校积极投入抗战历史研究,积极支持南京大学联合有关高校建立抗战研究协同创新中心,并于南京中央饭店召开了由数十所高校的百余位教授、学者参加的抗战历史研讨会。台湾也有吕芳上、陈立文等十多位教授出席会议,共同协商在新时代深入开展抗战历史研究的具体方案。台湾著名资深教授蒋永敬在会议上发表了热情洋溢的讲话。经过几个月的酝酿和准备,南京大学决定牵头联合我国在抗战历史研究方面有深厚学术基础的北京大学、南开大学、武汉大学、复旦大学、浙江大学、山东大学及台湾学者共同组建编纂委员会,深入开展抗日战争专题研究。中央档案馆和中国第二历史档案馆也积极支持。在南京中央饭店学术会议基础上,编纂委员会初步筛选出 130 个备选课题。

南京大学多次举行党政联席会议和校学术委员会会议,专门研究支持这一重大学术工程。学校两届领导班子均提出具体措施支持本项工作,还派出时任校党委副书记朱庆葆教授直接领导,校社科处也做了大量工作。南京大学将本项目纳入学校"双一流"建设卓越计划,并陆续提供大量经费支持。

江苏省委、省政府以及江苏省委宣传部,均曾批示支持抗战历史研究项目。国家教育部社科司将本项研究列为哲学社会科学研究重大委托项目,并要求项目完成和出版后,努力成为高等学校代表性、标志性的优秀成果。

本项目编纂委员会考察了抗战历史研究的学术史和已有的成果状况,坚持把学术创新放在第一位,坚持填补以往学术研究的空白,不做重复性、整体性的发展史研究,以此推动抗战历史研究在已有基础上不断向前发展。

本项目坚持学术创新,扩大研究方向和范围。从以往十分关注的九一八事变向前延伸至日本国内,研究日本为什么发动侵华战争,日本在早期做了哪些战争准备,其中包括思想、政治、物质、军事、人力等方面的准备。而在战争进入中国南方之后,日本开始逐步将战争引出中国国境,即引向广大亚太地区,对东南亚各国及东南亚地区的西方盟国势力发动残酷战争。研究亚太地区的抗日战争,有利于进一步揭露日本妄图占领中国、侵占亚洲、独霸世界的阴谋。

本项目以民族战争、全民抗战、敌后和正面战场相互支持相互依靠的抗战整体,来分析和认识中国抗日战争全局。课题以国共两党合作为基础,运用大量史实,明确两党在抗日战争中的地位和作用,正确认识各民族、各阶级对抗日战争的贡献。本项目内容涉及中日双方战争准备、战时军事斗争、战时政治外交、战时经济文化、战时社会变迁、中共抗战、敌后根据地建设以及日本在华统治和暴行等方面,从不同视角和不同层面,深入阐明抗日战争的曲折艰难历程,以深刻说明中国抗日战争的重大意义,进一步促进中华民族的伟大复兴。

对于学界已经研究得甚为完善的课题,本项目进一步开拓新的研究角度和深化研究内容。如对山西抗战的研究更加侧重于国共合作抗战;对武汉会战的研究将进一步厘清武汉会战前后中国政治、经济、社会的变迁及国共之间新的友好关系。抗战前期国民党军队丢失大片国土,而中国共产党在十分艰难的状况下,在敌后逐步收复失地,建立抗日根据地。本项目要求对各根据地相关研究课题,应在以往学界成果基础上,着力考察根据地在社会改造、经济、政治、人才培养等方面,如何探索和积累经验,为1949年后的新中国建设提供有益的借鉴。抗战时期文学艺术界以其特有的文化功能,在揭露日军罪行、动员广大民众投入抗战方面,发挥了重要作用。我们尝试与艺术界合作,动员南京艺术学院的教授撰写了与抗日战争相关的电影、美术、音乐等方面的著作。

本项目编纂委员会坚持鼓励各位作者努力挖掘、搜集第一手历史资料,为建立创新性的学术观点打下坚实基础。编纂委员会要求全体作者坚决贯彻严谨的治学作风,坚持严肃的学术道德,恪守学术规范,不得出现任何抄袭行为。对此,编纂委员会对全部书稿进行了两次"查重",以争取各个研究课题达到较高的学术水平,减少学术差错。同时,还聘请了数十位资深专家,对每部书稿从不同角度进行了五轮审稿。

本项目自2015年酝酿、启动,至2021年开始编辑出版,是一项巨大的学术工程,它是教育部重点研究基地南京大学中华民国史研究中心一直坚持的重大学术方向。百余位学者、教授,六年时间里付出了艰辛的劳动,对抗战历史研究做出了重要贡献!编纂委员会向全体作者,向教育部、江苏省委省政府以及各学术合作院校,向江苏凤凰出版传媒集团暨江苏人民出版社,向全体编辑人员,表示最崇高的敬意和诚挚的感谢!

目 录

第一章　导　论

　　中国人民抗日战争无论"十四年"说还是"八年"说,往往以 1945 年 8 月日本无条件投降为终点。那么,日本向盟国投降后,滞留在日本国外的军人、侨民合计约 660 万人,其中在中国的日本战俘、侨民(以下简称"日本侨俘")大体分布情况是:中国东北地区除 59.4 万人被押送苏联西伯利亚外,尚余 110 万人;中国关内地区约 210 万人(含台澎地区),共计约 320 万人。[①] 对于这些昔日在中国作威作福、烧杀抢掠的日本侨俘,中国政府和人民没有报复和仇杀,而是本着国际人道主义精神,不计前嫌、以德报怨、宽大为怀,

---

[①] 参见吴庆生《50 年代中国政府协助日侨回国略论》,《绍兴文理学院学报》2001 年第 2 期;吴庆生《中国战区日俘日侨的收容、管理与遣送》,《江西社会科学》2002 年第 4 期;吕志伟《遣返日本战俘的岁月》,《百科知识》2007 年第 16 期。这个人数可能尚未包括当时苏军控制下大连地区的 270 500 名日本侨俘。参见《东北国共区残留日侨人数表》(1947 年 3 月 31 日),辽宁省档案馆馆藏资料,全宗号 JE1。因而,关于战后在华日本侨俘人数及其分布仍是值得深入研究的课题。另外,日本学者佐藤量认为战后在华日本侨俘的人数与分布情况是:中国大陆含台澎地区有 1 539 891 人,中国东北地区有 1 045 525 人,大连地区有 225 954 人,合计 2 811 370 人。这与中国学者的统计存在一定差距。参见佐藤量「戦後中国における日本人の引揚げと遣送」,『立命館言語文化研究』25 巻 1 号、2013 年 10 月。

积极主动地予以遣返。即使在解放战争期间，中国遣返日本侨俘工作也未停止。中华人民共和国成立后，通过中国红十字会继续协助愿意回国之日侨归国。但是，作为近代东亚规模最大的一次人口移动事件和充分体现中国人民宽大仁爱精神的行动，在相当长的一段时间内并未受到学界应有的重视。这是笔者对战后在华日本侨俘遣返情况一探究竟的初衷。

一、选题缘起

战后在华日本侨俘人数多、规模大，尤其日俘更是成建制地存在，这无论对意欲消除日本在华势力影响的美国、苏联而言，还是对抗战胜利后的中国而言，都是潜在的"隐患"或"不稳定因素"，但如何快速遣返日本侨俘也是一个棘手问题。中美日曾在上海、东京等地召开联合会议，制定遣返日本侨俘的计划，成立相应的遣返负责机构。日本战俘大多负有血债，深知罪孽深重，愿意尽快被遣返，但也有极少数军国主义分子，勾结地方实力派，妄图残留中国，以待他日"东山再起"。那些长期在华活动或从事营生的日本人，特别是在日军刺刀保护下的开拓团团民，经历日本战败投降后的惊惶不安后，大部分人愿意尽快回国，但也有人不忍放弃在华财产，或因与中国人的婚姻关系，或因日本失败后的衰败景象等而不愿回国，于是或隐匿逃避遣返，或争取战后中国"征用"。日本侨俘面对遣返的心态并不完全相同，既因人而异，也因面临的接收环境而异。如何将这些日本侨俘快速集中、加强管理、施加教育，清除其头脑中军国主义"毒害"和"影响"；如何将这些日本侨俘编队、检查和甄别战犯，并运送至遣返港口，以及他们在运送途中经历了哪些故事；如何看待中国的"宽大"政策在日本侨俘中的影响；等等。这些似乎明明白白却又朦朦胧胧的史实，一直萦绕于脑海，总是试图厘清。

　　为什么总想厘清战后在华日本侨俘遣返的史实呢？一是源于历史学学者的职业本能和求知欲望。在关于抗日战争史的学习和研究中，往往倾向于抗日战争本身，且抗战胜利后不到一年便开始中国人民解放战争，因而相对容易忽略抗战的善后处理。即使在关于抗战善后处理的研究中，也往往关注东京审判和中国各地的战犯审判、惩处汉奸等，相对容易忽略对约320万日本侨俘的遣返问题。二是学习和工作中获悉的战后在华日本侨俘遣返的零星故事，带给我们极大的冲击，引发我们心灵的震撼，深感研究这一段历史的必要与迫切。日本战败投降后，身在战区的日本侨俘特别是那些开拓团团民开始携儿带女"逃亡"，恐惧、饥饿、疲惫不堪是当时他们的"日常"，特别是不少儿童被饿死、冻死或遗弃。发动侵华战争的是少数日本军国主义分子，而日本人民或主动或被动卷入侵略战争，成为对受害国民众或直接或间接的"加害者"，当然也是这场侵略战争的"受害者"。以德报怨的中国人民不仅没有报复和仇杀日本侨俘，反而帮扶那些奄奄一息的日本侨俘回国，收养和抚育昔日"敌人"的弃婴长大成人，并在中日复交后帮助他们赴日"寻亲"。这是一种什么精神？是一种融入中华民族血液的宽厚仁爱精神，是一种闪耀人性光芒的无疆大爱。这难道不需要好好研究与弘扬吗？三是以史为鉴，面向未来，希望各国人民从这段历史中汲取维护和平、反对战争的历史智慧和力量。日本侵华战争不仅给中国人民带来沉重灾难，也使日本人民深受其害，导致日本侨俘妻离子散、生离死别，成为影响战后日本几代人的身心"创伤"。没有经历过战争的战后日本右翼分子歪曲史实、美化侵略战争的错误言行甚嚣尘上，难道他们比亲身经历过战争的日本侨俘更有发言权？

　　我们探索和研究战后在华日本侨俘的遣返历史,不仅仅是希望厘清这段尘封不久的历史,更希望历史记忆的传承与延续不断提醒或警醒世人,共同维护来之不易的和平,共同发扬人类共通的人间大爱。客观地说,人类历史往往是不断重复的悲喜剧,而历史学的一项责任就是铭记历史、避免历史悲剧重演。如果我们不能阻止历史悲喜剧重演,那么,希望多上演一些喜剧,少上演一些悲剧,或者至少使悲剧上演的间距无限拉长。这也是历史学界的普遍愿望吧。因而,关注或研究战后在华日本侨俘的遣返史只是时间或时机的问题。据说,20 世纪 50 年代,中国共产党曾组织过东北地区的日本侨俘遣返研究,[①]但迄今未见相应的研究成果。20世纪 90 年代以后,中国学界开始出现关于遣返日本侨俘的研究成果,至今方兴未艾。那么,中国学界关于战后在华日本侨俘遣返研究取得了哪些重要成果,关注的重点、难点和焦点是什么,存在哪些问题与不足? 即,本书希望在既有研究成果的基础上,从宏观上推进或进一步完善战后在华日本侨俘遣返研究。

二、学术史回顾

　　1945 年 9 月 30 日,国民政府颁布了《中国境内日侨集中管理办法》,规定华北各地日侨集中于北平、天津、大同、青岛,华东地区的日侨集中于上海、厦门,四川、两湖、河南等地的日侨集中于汉口,台澎地区的日侨向当地各个县市集中,以待遣返。从 1945 年11 月至 1946 年 12 月,中国大陆遣返日本侨俘共计 2 983 550 人。[②]

---

① 忻平、吕佳航:《"身有所寄,心有所托"——战后上海待遣日侨的集中管理》,《社会科学家》2010 年第 10 期。

② 李新:《中华民国大事记》第 5 册,北京:中国文史出版社 1997 年版,第 538 页。

其余尚待遣返的日本侨俘和被征用之日籍技术人员及其在华家属,一部分在解放战争期间陆续被遣送回国,另一部分则在华工作到中华人民共和国成立。中国学界关于这些日本侨俘的遣返研究,除遣返日本侨俘的概况研究外,主要是按照地域分为葫芦岛百万日本侨俘大遣返、华北日本侨俘遣返、华东华中及台澎的日本侨俘遣返几个部分,以下分别阐述,并总结中国学界相关研究的特点和分析其不足与问题。

(一) 遣返日本侨俘的概况研究

总体而言,中国学界关于战后在华日本侨俘遣返研究的综合性成果并不多,主要有以下几项:一是刘国武介绍了战后中国遣返日本侨俘的准备、过程和影响,指出这不仅体现了中国人与人为善、宽宏大量的民族性格和人道主义精神,而且受蒋介石"以德报怨"讲话的影响,导致遣返日本侨俘过程中出现日本侨俘政治、经济待遇过高情况,未能对他们进行深刻的思想教育和清除其军国主义思想,甚至一些日本战犯潜藏在侨俘之中逃回日本。[①] 二是吴庆生根据中国陆军总司令部的档案,介绍了中国境内遣送日本侨俘的人数,以及国民政府的遣送计划;叙述了日本侨俘的收容、集中和统一管理情况,以及他们的生活待遇、途中补给、在内地及港口的行李检查和检扣物品的处理等,指出国民政府的善意和努力是日本侨俘迅速顺利回国的主要原因。[②] 三是朱之江、仲华梳理了国民政府处理日本侨俘的指导思想、基本进程和主要措施等,如尊重日本侨俘的人格和尊严、保护其个人财物、妥善安排住所和给养、提供必要的医疗卫生保障、实施心理教育和积极稳妥地实施遣

---

① 刘国武:《战后中国对日俘日侨的遣返》,《求索》1999 年第 5 期。

② 吴庆生:《中国战区日俘日侨的收容、管理与遣送》,《江西社会科学》2002 年第 4 期。

返,认为这种日本侨俘处理政策体现了中华民族仁爱宽大的胸怀和国际人道主义精神,在促使部分日本侨俘反省侵华罪行方面有一定的积极作用。①

中华人民共和国成立后,中国大陆约有 3.4 万名日本侨民,以及被人民解放军俘虏和由苏联转交的 1 000 多名日本战犯,②如何妥善处理这些日本战犯和侨民,事关战后中日关系的长远发展。1952 年 9 月,中共中央和中央人民政府决定,对日本侨俘除少数战犯及刑事罪犯应该依法惩处外,③其他在华日侨则本着自愿原则,分期分批协助他们回国。自 1953 年 3 月至 1958 年 7 月,由中国红十字会出面联络,从天津、秦皇岛、上海三地相继送还日本侨民 3.5 万人。④ 这一事迹在国际上产生了广泛而良好的影响,并在一定程度上推动了中日民间交往的扩大和中日友好关系的发展,被称为"架设中日友好关系的桥梁"。⑤ 陈国文、邓卫红、潘德昌等学者,指

① 朱之江、仲华:《履行国际人道主义的重大尝试——战后中国政府处理日俘问题述论》,《江苏社会科学》2005 年第 6 期。

② 韩风、弓矢:《中日友好难忘的史话——记五十年代协助大批日侨归国》,《人民日报》1992 年 9 月 20 日,第 5 版;徐志民:《新中国审判与改造日本战犯研究综述》,《澳门研究》2016 年第 4 期。

③ 参见龙心刚、孙君《1956 年特别军事法庭沈阳太原审判研究》,《党史文苑》2009 年第 4 期;高建、王建学《日本战犯沈阳受审前后》,《炎黄春秋》2008 年第 9 期。

④ 关于中华人民共和国成立后在中国大陆的日侨人数,以及经中国红十字会协助回国日侨的人数,前者来自韩风、弓矢《中日友好难忘的史话——记五十年代协助大批日侨归国》,《人民日报》1992 年 9 月 20 日,第 5 版;后者来自吴佩华、许立莺《架设中日友好关系的桥梁——建国初期中国红十字会协助日侨归国探析》,《日本问题研究》2009 年第 2 期。这两组数字不同,其实不同统计者的统计数据也有所差异,特别是中华人民共和国成立后在华日侨人数,曾引起中日交涉。参见徐志民《日侨归国考——20 世纪 50 年代中日关系一瞥》,《中山大学学报》2021 年第 1 期。

⑤ 吴佩华、许立莺:《架设中日友好关系的桥梁——建国初期中国红十字会协助日侨归国探析》,《日本问题研究》2009 年第 2 期。

出在 20 世纪 50 年代中华人民共和国与日本并无外交关系的情况
下，通过中国红十字会与日本访华团体联络和交涉，积极解决和落
实日侨归国问题，打开了战后中日关系的一个缺口，使之从民间交
往发展到"官民并举"，为中日关系正常化奠定了基础。① 刘振甲指
出 1958 年中国国旗在长崎受辱事件后不久，中国政府送还日
本侨民的计划被迫暂时中止，直到 20 世纪 70 年代中日复交后
又继续协助日本侨民归国，并从 1981 年开始分批分期地组织
日本侨民和遗留孤儿赴日寻亲。② 一场侵略战争，造成几代人的
生离死别，可以说日本侵略战争对中日两国人民造成的伤害至今
仍未结束。

　　无论是国民政府的遣返日本侨俘工作，还是新中国的送还日
本侨民计划，都体现了中华民族不计前嫌、宽大为怀的民族品格，
但学界与之相关的综合性研究成果均不太多，倒是一些普及性、文
艺性的著作从一个侧面反映了抗战胜利后中国遣返日本侨俘的历
史实态。如，完颜绍元的《大遣返》和梅桑榆的《三百万日俘日侨遣
返实录》《大遣返：1945—1946 三百万日俘日侨漫漫归国路》等，就
是这方面的代表性著作。③ 纪彭、赵光强指出抗战胜利后国共双方
都曾使用日俘，其中蒋介石命令日军替他占好地盘，阎锡山则组织
6 000 人的"日本纵队"，当然解放军中也有日本战俘为其工作。④

---

① 陈国文、邓卫红：《廖承志与日侨回归》，《贵州大学学报》2008 年第 5 期；潘德昌：《日
　侨遣返交涉的民间外交》，《日本问题研究》2010 年第 1 期。

② 刘振甲：《战后日本遗华日侨的形成与演变》，《世纪桥》2007 年第 12 期。

③ 完颜绍元：《大遣返》，上海：上海远东出版社 1995 年版；梅桑榆：《三百万日俘日侨遣
　返实录》，北京：中共党史出版社 2004 年版；梅桑榆：《大遣返：1945—1946 三百万日
　俘日侨漫漫归国路》，北京：国际文化出版公司 2009 年版。

④ 纪彭、赵光强：《抗战胜利后，国共都大量使用战俘》，《文史参考》2010 年第 17 期。

陈奉林介绍了战后国民政府和陆军总司令部遣返日本侨俘的详细计划，以及遣返过程中不带歧视和报复的原则，认为这次日本侨俘大遣返不仅奠定了战后日本复兴的基础，而且为化解中日两国的民族矛盾、解决中日两国的诸多问题都有积极作用。[①]　当然，学界还有一些以战后中国遣返日本侨俘为主要内容的知识性文章，[②]此处不再逐一介绍，而是重点介绍中国各地遣返日本侨俘的研究成果。

（二）葫芦岛百万日本侨俘大遣返

抗战胜利后，中国东北地区的日本侨俘遣返工作比较复杂。一是日本侵略中国东北始于甲午战争，可谓渗透时间长、移民人数多，即使不算被苏联押送西伯利亚之59.4万名战俘，当时东北仍有110万名日本侨俘，相当于关内所有日本侨俘的一半以上。二是抗战胜利后东北的政治形势复杂，其中既有中国共产党控制区，也有国民党控制区，还有苏联和美国势力的影响。因此，在国共美苏三国四方的复杂关系和国共两党控制区犬牙交错的夹缝中遣返日本侨俘确实不易。张志坤、关亚新通过查阅档案史料、历史文献、调查采访等，比较客观地还原了松花江以北中国共产党控制区遣返日本侨俘的情况，指出在美国的协调和帮助下，国共美两国三方达成了遣返日本侨俘协议，即1946年7月的《关于中共区内日侨俘遣送之计划》《遣送东北中共管制区日人之协定书》，据此由东北民主联军

① 陈奉林：《1945/46：日本侨俘大遣返》，《世界知识》2005年第18期。

② 如，刘华昆：《浅析战后在日华侨的遣返》，《兰台世界》2011年第14期；吕志伟：《遣返日本战俘的岁月》，《百科知识》2007年第16期；张向冰：《日本侨俘大遣返》，《海洋世界》2010年第10期；杨章怀：《日本侨民遣返问题揭秘》，《文史博览》2005年第15期；李仲明：《日军在中国战场上的败降与遣返》，《钟山风雨》2005年第6期；任骏：《抗战胜利后日侨同俘遣返述略》，江苏省哲学社会科学联合会编：《牢记历史振兴中华——江苏省纪念抗日战争暨世界反法西斯战争胜利60周年论文集》，北京：中国文史出版社2006年版；等。

将日本侨俘送到交接地,国民党当局按计划予以接受。截至同年 9 月,中国共产党控制区遣送了至少 18.2 万名日本侨俘。①

除中国共产党控制区外,东北地区遣返日本侨俘的整体情况如何? 张志坤、关亚新系统地论述了近代日本向中国东北移民的历史和苏联出兵中国东北后日本的弃民政策,以及日本侨俘在战后初期的逃亡和被中国政府收容的情况,阐释了日本的移民政策与弃民政策、向中国东北移民与日本侨俘遣返之间的因果关系和历史联系;叙述了中国政府遣返东北地区日本侨俘的准备、部署、安排和进程,并重点介绍了沈阳及其周边地区、长春及其周边地区、吉林东部地区的日本侨俘的遣返进程,以及日籍技术人员留用解除后的遣返情况;分析了通过葫芦岛遣返百万日本侨俘的历史影响,认为这既是中华民族博大胸怀的历史见证和人道主义的历史丰碑,也是中美、国共合作处理战后问题的成功范例。②

东北地区遣返日本侨俘的主要港口是葫芦岛,故学界通称东北地区的日本侨俘遣返为"葫芦岛百万日本侨俘大遣返"或"葫芦岛大遣返"。荆杰指出抗战胜利后国共双方以民族大义为重,分别在各自实际控制区建立遣返日本侨俘的机构,并相互配合,协调行

---

① 参见张志坤、关亚新《松花江以北地区日侨俘遣返始末》,《东北亚论坛》2008 年第 5 期;关亚新、张志坤《千余青年学生参加中共控制区日侨俘遣返》,《中国社会科学报》 2010 年 5 月 4 日,第 15 版。

② 张志坤、关亚新:《葫芦岛日侨遣返的调查与研究》,北京:社会科学文献出版社 2010 年版;关亚新、张志坤:《吉林东部地区日侨俘遣返述略》,《抗日战争研究》2008 年第 3 期;关亚新、张志坤:《1946 年长春市日侨俘遣返内幕》,《日本研究》2011 年第 2 期;张志坤、关亚新:《中华民族博大胸怀的历史见证——葫芦岛百万日侨俘大遣返的回顾与思考》,《求是》2005 年第 16 期;张志坤、关亚新、李劲为:《1946 年葫芦岛百万日本侨俘大遣返始末调查与思考》,《日本研究》2006 年第 2 期;关亚新:《九一八与日侨遣返》,《兰台世界》2011 年第 17 期。

动,即使在战争中也未停止合作遣返日本侨俘工作。故从 1946 年
5 月至 1948 年夏,东北地区共计遣返日本侨俘 1 051 047 人。他认
为葫芦岛大遣返彰显了中国人"以德报怨"的崇高品质和中国政府
"睦邻友好"的大国风范,体现了国共两党"求同存异"的大局观。①
池凤臣、王凤山介绍了东北地区日本侨俘的遣返经过,以及在战
后中日和平友好运动中的"历史的回响",认为葫芦岛是这些日本
侨俘的一个"生命的驿站"。② 于苏军详细考察了抗战胜利后的
东北政局和日本侨俘问题,以及中美苏三国四方达成的遣返日本
侨俘协议和具体的遣返过程。③ 在葫芦岛百万日本侨俘大遣返
60 周年之际,蔡亮、苏智良、魏运亨、韩贵林、袁长立等学者,纷纷
发表纪念性或反思性的文章;④中国人民对外友好协会和辽宁省
政府联合主办了"葫芦岛百万日侨大遣返 60 周年回顾暨中日关
系展望论坛",以重温那段历史和警醒后人——以史为鉴,面向
未来。

　　东北地区的日本侨俘虽主要经葫芦岛遣返回国,但葫芦岛并
非唯一的遣返港口,还有经吉林省、朝鲜民主主义人民共和国,乘
坐苏联红十字船遣返回国者。金龟春、孟庆义指出抗战胜利后延
边专员公署根据中国共产党不虐待俘虏的政策,将日本战俘分散
到人民群众中去,保证吃住,留用那些有一技之长的日本侨俘及其

---

① 参见荆杰《"葫芦岛百万大遣返"始末》,《党史博采》2008 年第 7 期;荆杰《葫芦岛百万
　　大遣返——国共关系史上最愉快的合作》,《党史文苑》2008 年第 10 期。
② 池凤臣、王凤山:《"生命的驿站"——百万日侨大遣返纪实》,《党史纵横》2006 年第
　　8 期。
③ 于苏军:《105 万日本侨俘葫芦岛大遣返》,《东北史地》2012 年第 3 期。
④ 蔡亮、苏智良:《博爱与宽恕:葫芦岛百万日侨大遣返纪实》,《检察风云》2006 年第
　　17 期;魏运亨:《葫芦岛百万日侨大遣返》,《瞭望新闻周刊》2005 年第 19 期;韩贵
　　林、袁长立:《回眸葫芦岛百万日侨大遣返》,《环球军事》2006 第 13 期。

家属,并从生活上对他们关怀和照顾,且积极创造条件帮助他们回国。但是,在 1948 年初国共大决战前夕若通过葫芦岛遣返反而变得更加危险,故延边专员公署致函朝鲜人民委员会委员长金日成,请其协助在延边的日本侨俘及其家属回国,并获得金日成的支持。随后,这些在延边的日本侨俘及其家属通过图们江口岸,经过朝鲜的元山口岸,乘坐苏联的红十字船返回日本。① 曲晓范在论述战后中国对东北地区日本侨俘的安置和遣返问题时,指出:"1948 年 6 月,在辽沈战役即将打响之际,国统区和共产党解放区又一次组织遣送日侨工作……共产党占领区的遣送是通过北朝鲜会宁地区日本居留民会和北朝鲜苏军司令部协助、由新成立的吉林省民政厅负责从图们口岸出境,经朝鲜南阳、清津、元山回国的,本次中共延边解放区共遣送日侨 349 人。"②可见,中国共产党控制区日本侨俘的遣返不仅得到了朝鲜的协助,而且得到了驻朝苏军的支持。

那么,战后初期驻扎中国东北的苏联军队,是否也参与或实施了遣返日本侨俘工作? 王玲菱在概述中国遣返日本侨俘的基本情况后,重点阐述了东北地区日本侨俘的大遣返,包括中美苏三国四方达成的遣返协议,以及国民党、共产党控制区的日本侨俘遣返人数和进程,同时还介绍了当地苏军组织实施的日本侨俘遣返工作,即:"滞留在大连的日侨日俘,由苏联驻军负责组织实施遣返,于1946 年 12 月开始,至 1949 年 9 月结束,共分四期,总计 20 余万

---

① 金龟春、孟庆义:《中日友好关系史上难忘的一页——记延边专员公署对日战俘及家属的关怀》,《延边大学学报》1993 年第 3 期。

② 曲晓范:《战后中国对东北地区日本侨民的安置和遣返——近现代中国政府和人民妥善处理中日历史遗留问题的一个范例》,《日本学论坛》2002 年第 3 期。

人。"①虽然着墨不多,却讲述了这样一个事实,即苏联出兵中国东北后不仅扣留、押送 59.4 万名日本战俘到西伯利亚从事劳作,而且根据《波茨坦公告》规定"日本军队在完全解除武装以后,将被允许返其家乡,得有和平及生产生活之机会"②,也组织实施了部分日本侨俘的遣返工作。不过,当地苏军遣返日本侨俘是如何与国民政府接洽的,又是走的哪条遣返路线,遣返日本侨俘的相关规定和细节如何? 这些都需要深入发掘和继续研究。

(三) 华北的日本侨俘遣返

抗战胜利后,根据前述《中国境内日侨集中管理办法》,以及中美达成的《中国战区日本官兵与日侨遣送归国计划》和《中国战区遣送计划》等文件的规定,包括北平、天津、河北、山西、察哈尔、内蒙古部分地区、山东、江苏部分地区等华北各地的日本侨俘近 40万人,逐渐集中于北平、天津、青岛、大同等地,以便通过塘沽、青岛、连云港等港口遣返日本。目前,除河北、北平、天津、山西等地外,华北其他地区的日本侨俘遣返尚未被学界关注,且以整个华北地区遣返日本侨俘为研究对象的成果也相对较少。笔者仅见渠占辉综合性地考察了华北的日本侨俘遣返问题。他根据华北各地遣返日本侨俘机关的统计资料,指出华北各地途经塘沽、青岛、秦皇岛、连云港遣返日本侨俘 380 489 人,各地留用日籍技术人员 9 561人,据此推算华北地区日本侨俘总数至少有 390 050 人。③ 需要说明的是,途经华北各港口遣返回国的日本侨俘并非都是华北地区的,如当时就有东北地区的少数日本侨俘在解放战争开始后转道

① 王玲菱:《战后中国遣返日侨日俘述略》,《学理论》2012 年第 12 期。
② 中国第二历史档案馆编:《第二次世界大战中国战区受降纪实》,北京:中共党史资料
　　出版社 1989 年版,第 5 页。
③ 渠占辉:《战后华北地区日侨的收容与遣返》,《抗日战争研究》2011 年第 3 期。

华北各港口回国。

关于河北、北平的日本侨俘遣返，米卫娜查阅了不少北京市、河北省的档案资料，发表了一系列重要的学术成果。她的硕士学位论文《抗战胜利后北平市对日侨的集中、管理和遣返》，介绍了抗战胜利后国民政府遣返日本侨俘的计划，阐述了北平市日侨集中管理处成立后对日本侨俘的集中、管理和教育问题，以及留用日籍技术人员和征用日籍员工从事劳役工作的情况；指出中国政府本着宽大的原则和"以德报怨"的精神，1945 年 12 月至 1946 年 5 月底，共遣送日本侨俘 69 批，合计 78 536 人，基本完成了北平市的日本侨俘遣返任务，体现了中国的大国风范和气度。① 至于战后北平留用日籍技术人员，她认为这虽有利于北平市恢复经济和建设工作，但由于国民政府的腐败，影响了实际的留用效果。② 她还与申海涛合作考察了河北省在丰台、长辛店、石家庄设立的三处日侨管理所的情况，统计河北省遣返日本侨俘使用之经费，大体还原了河北省遣返日本侨俘的原貌，指出河北省从 1946 年 1 月 7 日至同年 5 月底共遣送 32 批日本侨俘，计 29 502 人，基本完成了这一历史任务。③ 2012 年，她出版了《近代华北日侨问题研究（1871—1945）》一书，其第五章"战后中国政府对华北日侨的集中、管理和遣返"，重点仍是河北、北平的日本侨俘遣返。④

①　参见米卫娜《抗战胜利后北平市对日侨的集中、管理和遣返》，硕士学位论文，河北大学，2006 年；米卫娜《抗战胜利后北平市日侨的遣返工作》，《北京社会科学》2012 年第 2 期。

②　米卫娜：《抗日战争后北平市对日籍技术人员的留用》，《北京社会科学》2009 年第 2 期。

③　米卫娜、申海涛：《战后河北省对日侨的集中管理与遣返》，《抗日战争研究》2007 年第 4 期。

④　米卫娜：《近代华北日侨问题研究（1871—1945）》，北京：人民出版社 2012 年版。

　　驻扎山西的日军第一军在抗战胜利后，暗中勾结阎锡山，妄图"残留"山西，以备他日"东山再起"，是战后日本侨俘试图"残留"中国各地的一个缩影。孔繁芝、尤晋鸣等学者以山西省档案馆保存的关于抗战胜利后日军"残留"山西及其最终历史结局的档案资料为基本依据，参阅大量历史文献，调查采访日军"残留"的相关人员，编撰出版了三卷本的《二战后侵华日军"山西残留"——历史真实与档案征引》，客观真实地再现了 1945 年 8 月至 1949 年 5 月日本侨俘"山西残留"事件。① 孔繁芝、尤晋鸣指出驻扎山西的日军第一军司令官澄田赉四郎、参谋长山冈道武等人，一方面妄图利用山西的资源复兴战后日本经济，并将山西作为日本帝国主义卷土重来和挺进大陆的前沿基地；另一方面配合阎锡山的部队阻挠中国人民的解放战争，再次荼毒中国人民。结果是，这批 6 000 多名"残留"日军和数千名日侨，到 1949 年 5 月山西大同解放前后，不是被陆续遣返，就是被人民解放军歼灭或俘虏，彻底粉碎了他们妄图"残留"山西的迷梦。②

　　天津是华北各地遣返日本侨俘的主要港口，不仅遣返日本侨俘人数多，而且保留了大量遣返日本侨俘的资料。胡荣华以天津市档案馆所藏有关华北地区遣返日本侨俘的历史资料为基础，重点阐述了天津及华北各地途经天津而遣返的日本侨俘的历史经纬。她介绍了 1946 年 1 月 18 日成立的天津日侨管理处，以及该处负责的日侨调查、登记、管理、感化教育、遣返回国等各项工作，指出由天津市市长张廷谔和副市长杜建时分任日侨管理处正副处

① 山西省档案馆编著：《二战后侵华日军"山西残留"——历史真实与档案征引》（全三卷），太原：山西出版集团、山西人民出版社 2007 年版。
② 孔繁芝、尤晋鸣：《二战后侵华日军"山西残留"——历史真实与档案记录》，《抗日战争研究》2011 年第 2 期。

长，显示出中国政府对遣返日本侨俘工作的高度重视；仔细考察了天津日侨管理处对于华北各地来津日本侨俘的管理工作，以及对日本侨俘的财物管理采取区别对待的方法，既收回他们在侵华战争期间从中国掠夺的财物，也维护日本侨俘的基本财产权利。据统计，1945 年 10 月至 1946 年 8 月，华北各地经天津遣返日本侨俘累计 34 万人，即使那些被留用的日籍技术人员，到 1947 年 8 月也基本被遣送完毕。胡荣华总体上肯定了国民政府遣返日本侨俘的措施，认为这对于华北地区的社会稳定和安抚民众情绪具有重要作用，同时体现了中国政府和民众与人为善、宽宏大量的民族品格。[1]

(四) 华东、华中及台澎的日本侨俘遣返

抗战胜利后，上海仍是中国重要的交通贸易港口和主要的经济城市，当地被没收的敌伪"产业"，尤其是大型企业和公司，在战后百废待兴的情况下需要继续留用部分日籍员工，且这种"楚才晋用"的方法"颇受经济界和企业界人士的欢迎"。朱婷通过考察"中国纺织机器制造公司"留用日籍技术人员和工人的表现与作用，分析了抗战胜利后国民政府的日人"留用"政策及其成败得失。[2] 马军主要利用上海市档案馆的相关档案，从中央、上海地方和具体企业三个层面，详细解析了国民政府留用日籍技术人员政策的酝酿、制订和实践过程；指出中美之间关于这一政策始终存在着较大异议，加之战火刚熄，中国民间还普遍弥漫着激烈的仇日情绪，因而战后上海的日籍技术人员留用工作并不顺畅；作者强调技术人员

---

[1] 胡荣华：《战后天津暨华北地区日俘日侨遣返研究》，《抗日战争研究》2008 年第 3 期。

[2] 朱婷：《抗战胜利后国民党政府的"留用政策"与"中机公司"》，《上海社会科学院学术季刊》1998 年第 4 期。

虽有国籍,但技术是无国界的,故当时国共双方都曾极力争取日籍技术人员为己所用。① 上海解放后,新中国继续留用剩余日籍技术人员数年就是证明。

但是,上海毕竟是华东、华中地区日本侨俘遣返的主要通道。据统计,1945 年 12 月 4 日至 1946 年 4 月,上海累计遣返日本侨俘 12.4 万人,朝鲜人 10 360 名,被日本征用的台湾同胞 6 130 名。吕佳航不仅以上海遣返日本侨俘问题作为自己硕士学位论文的研究对象,而且与其他学者合作进行相关研究,指出中国政府准许归国之日本侨俘携带行李的重量,并非通常所谓的以"30 公斤"为限,而是有所变动;认为国民政府随着国内和国际环境的变化,虽对留用日籍技术人员控制越来越严,但确实有一部分日籍技术人员被留在中国。② 他与忻平指出以汤恩伯为总司令的第三方面军接收上海后,于 1945 年 10 月成立上海日侨管理处,对上海日本侨俘分区集中管理,采取保甲与自治组织相结合的管理方式,一方面解决日本侨俘的基本生活问题,另一方面调处中国国民与日本侨俘生活中的问题和冲突;同时,通过学校教育、社会教育加强日本侨俘的思想改造,并丰富其精神文化生活,这种对日本侨俘的人性化、科学化改造,体现了国民政府"以德报怨"的精神。③ 陈祖恩分析了以蒋介石"以德报怨"讲话为基调的战后中国遣返日本侨俘之政策,指出日本侨俘在等待遣返的日子里,没有受到侮辱和报复,反而是

---

① 马军:《战后国民政府留用日籍技术人员政策的演变及在上海地区的实践》,《史林》2011 年第 6 期。

② 参见吕佳航《战后上海日侨遣返研究》,硕士学位论文,上海大学,2009 年;吕佳航、丁勇华《战后上海日侨遣返问题》,《兰台世界》2008 年第 17 期。

③ 忻平、吕佳航:《"身有所寄,心有所托"——战后上海待遣日侨的集中管理》,《社会科学家》2010 年第 10 期。

上海民众以和平的态度待之,①促使部分日本民众在战后开始反思近代日本的侵华政策和行为。

遣返日本侨俘的研究成果或相关新闻报道中,或多或少反映了日本侨俘归国之时对中国政府宽大政策和中国人友善的感激之情,以至痛哭流涕地表示悔恨、认罪、反省,但这只是一部分有良知的日本侨俘的真情流露,而另一部分日本侨俘虽不得不接受中国政府的集中管理和遣返,却并未认识到日本侵华战争带给中国人民的巨大灾难和日本战败的根本原因,反而对战败忿忿不平,总想伺机卷土重来,再次侵略中国。曾经亲自采访战后上海江湾战俘营和虹口日侨集中区的王火,就对部分日本侨俘未遭受应有惩处和真正改造深感忧虑,指出"他们很多人认为投降是天皇的权宜之计,是为了避免本土遭到更严重的破坏,以备将来重显国威",甚至"有的遣返时在船离岸时竟高喊:'我们要回来的! 你们等着吧……'那意思是有朝一日仍要回来报仇!"②可见,战后中国积极遣返日本侨俘的同时,却在相当程度上轻视了对他们的教育改造,尤其是未能清除其根深蒂固的军国主义思想,至今遗毒甚深。

作为战前与战后国民政府,以及汪伪政府首都的南京,尤其是发生过惨绝人寰的"南京大屠杀"惨案之地,在战后遣返日本侨俘过程中的宽大为怀更体现了中国人民"以德报怨"的民族品格。王艳飞主要运用南京市档案馆等处的档案资料,以及知情人的口述

---

① 参见陈祖恩《上海日本人居留民战后遣送政策的实相》,《社会科学》2004 年第 12 期;陈祖恩《寻访东洋人:近代上海的日本居留民(1868—1945)》,上海:上海社会科学院出版社 2007 年版;陈祖恩《上海日侨社会生活史(1868—1945)》,上海:上海辞书出版社 2009 年版。

② 王火:《访江湾战俘营和虹口日侨——抗战胜利后在上海的一次采访》,《四川统一战线》2005 年第 8 期。

资料,对战后设在南京的日侨日俘管理所的成立、内部管理体系、管理政策及实施情况等进行了深入细致的个案研究,指出日本无条件投降后,留在这里的日本侨俘并未受到南京民众严厉的报复,相反,由第三方面军负责接收的南京、上海地区的日本侨俘之管理,却成为全国贯彻执行蒋介石"以德报怨"政策的典范。① 但是,日本国内至今仍有一部分人不断否认"南京大屠杀",推卸战争责任,美化日本侵略战争。一方面是中国人民的"以德报怨",另一方面是日本保守派和右翼分子的"拒不反省",确实值得深思。

浙江省的日本侨俘,也是通过上海港遣返回国的。姚隽鸣介绍了抗战胜利后国民政府第三战区司令长官顾祝同对 3 万多名日俘的缴械与受降,以及对分散浙江各地的约 1 200 名日侨的集中和管理,并根据蒋介石的"以德报怨"讲话精神,妥善安排这些日本侨俘的生活和改造,征用一些日本侨俘从事战后浙江的交通、市政建设等恢复重建工作。1946 年 3 月至 5 月,这些日本侨俘全部被遣送至上海,然后乘船返回日本。他在总体上肯定国民政府"以德报怨"式的遣返政策的同时,指出过于宽大的遣返政策导致那些犯有较大罪行的日本战俘没有得到应有的处理和改造,这也是战后日本右翼势力猖獗的重要原因之一。② 何扬鸣、楼圆玲利用浙江省档案馆所藏的《东南日报》等资料,分析了战后初期浙江省内数万名日本侨俘的生活情况,以及国民政府对日本侨俘的集中、管理和遣返,认为战败投降后的部分日本侨俘对战败很不服气,对中国人的善意和真诚的思想教育,要么浑然不觉,要么口是心非,且这种情

① 王艳飞:《南京日俘日侨的集中与管理》,硕士学位论文,南京师范大学,2004 年。

② 姚隽鸣:《战后浙江地区日俘与日侨集中管理与遣返》,硕士学位论文,杭州师范大学,2008 年。

形从战败至今没有什么变化,以致日本国内不时发出各种否认侵略战争责任的奇谈怪论。①

　　武汉不仅是近代以来日本侨民涌入华中地区的一个主要据点,而且是抗战胜利后华中地区日本侨俘的集中地。蒋敏华指出抗战胜利后集中于武汉的日本侨民计 13 970 人、韩国侨民 1 393人、德国侨民 63 人,国民政府对他们进行封闭式管理和"说教"式的"训导",并留用部分日籍技术人员。据统计,1945 年 12 月 14 日至 1946 年 6 月 15 日,共有 13 992 名日、德、韩外侨被遣送回国。②甘成质运用汉口市档案馆的资料,结合时人的回忆录、资料集等,从汉口市政府训导、管理日本侨俘入手,指出汉口市政府严格执行国民政府政令,认真处理滞留在华中地区的日本侨俘问题,其过程历经集中、训导、征用和遣返等阶段;分析了汉口市政府与其他各地处理日本侨俘方式的异同,认为从政策层面看,汉口市政府是严格执行蒋介石"以德报怨"对日政策的典型;从实际层面看,汉口市政府根据本地情况,灵活处理各种问题,从而有效保证了日本侨俘集中区的秩序,为他们安全归国做出了努力。不过,这两个层面的努力都未达到改造日本侨俘思想的目标,③重新反思战后国民政府基于"以德报怨"的遣返日本侨俘政策。

　　台澎地区日本侨俘的遣返,作为战后中国遣返日本侨俘的一个重要组成部分,近年也受到大陆学界关注。褚静涛介绍了抗战胜利后台湾从 1946 年 3 月至 1948 年 12 月,先后分 5 期遣返了在台日本、琉球侨民和征用的日籍技术人员 32 万余人,强调只有极

---

① 何扬鸣、楼圆玲:《〈东南日报〉对战后日本侨民的报道》,《浙江档案》2009 年第10 期。
② 蒋敏华:《战后日侨的管理与遣送》,《长江日报》2005 年 10 月 5 日,第 4 版。
③ 甘成质:《战后汉口日侨的训导和管理研究》,硕士学位论文,华中师范大学,2012 年。

少数人取得了中国国籍。① 曹必宏指出抗战胜利后由台湾警备总司令部第三处负责遣返日本战俘,并于 1945 年 12 月设立了基隆、高雄二港口运输司令部,专司日俘之集中检查与遣送等工作;同时设立铁道运输司令部,负责将各地的日俘用火车以最快的方式运送至各港口,最终遣送日俘 165 638 人,以及日本、琉球侨民322 149 人。②章慕荣指出台湾光复后首先对日俘进行集中和管理,继而利用日俘进行战后台湾重建工作并对其进行精神教育和改造,但为时不长,到 1946 年 4 月底已全部遣返 167 424 名日俘。③苏小东主要介绍了中国海军第二舰队对台澎地区日本海军的接收准备和过程,以及协助台湾警备总司令部遣返日本侨俘的史实,认为遣返台澎地区日本侨俘是由台湾警备总司令部集中统一安排实施的,海军只是力所能及地承担了对日本海军战俘集中直至登船归国的监管、检查、警戒等工作。④

　　纵观中国学界的在华日本侨俘遣返研究,主要有以下四个显著特点。一是研究选题“抓小放大”。现有之遣返日本侨俘研究成果,分别考察松花江以北地区、吉林、长春、北平、天津、河北、山西、武汉、南京、上海、台湾等中国某一省市或地区的日本侨俘之遣返情况,而关于战后国民政府遣返日本侨俘、新中国送还日本侨民的综合性研究成果则为数不多,尤缺一部颇具分量、能够涵盖中国各地遣返日本侨俘的历史著作。二是研究虽突出重点,却未能兼顾一般。总体而言,中国学界关于遣返日本侨俘研究成果的数量,与

① 褚静涛:《台湾光复后日本移民的遣返与征用》,《史学月刊》2000 年第 6 期。

② 曹必宏:《台湾地区遣返日俘纪实》,《中国档案报》2005 年 10 月 28 日,第 2 版。

③ 章慕荣:《台湾光复后日俘处理问题》,《南京社会科学》2005 年第 10 期。

④ 苏小东:《抗战胜利后中国对台澎地区日本海军的接收》,《台湾研究集刊》2006 年第
　 1 期。

日本侨俘在中国各地的分布情况大体一致。如，东北地区日本侨俘人数相对较多，相应的研究成果也比较丰硕；华北地区次之，华东、华中地区再次之，华南地区至今未见相应的研究成果。三是研究方法较为单一，主要是运用历史学的实证研究方法，详细考释抗战胜利后中国各地遣返日本侨俘的准备、部署和进程，以及由此分析中国遣返日本侨俘的历史意义和影响。四是研究资料主要局限于中方资料，甚少利用被遣送方——日方的资料和相关研究成果。

日本政府从最初的弃民到救助归国侨俘，其关于战后滞留海外的侨俘政策发生了相当大的变化，并留下了大量资料。1945 年 8 月 14 日，日本外务省在决定接受《波茨坦公告》的当天，仍训令其驻外使领馆执行使日本侨民定居当地的方针。10 月 25 日，根据盟军总司令部的指令，日本外务省被废止外交功能，由厚生省代替其负责滞留海外日本侨俘的撤退事宜。为便于日本侨俘的归国，厚生省在浦贺、舞鹤、吴、下关、博多、佐世保、鹿儿岛、函馆、大竹、宇品、田边、唐津、别府、名古屋、横滨、仙崎、门司、户畑 18 地，设立日本侨俘归国者地方援护局或其派出机构，负责归国之日本侨俘的防疫检查、生活照料、回乡旅费、交通运输等具体事务。随着归国者增多，日本政府于 1948 年 5 月成立了独立于厚生省的归国者援护厅。从日本侨俘开始撤退到 1949 年年底，约 624 万名日本侨俘返回日本，①此后归国者人数日渐减少。归国者援护厅于 1954 年被重新改组为隶属厚生省的归国者援护局。厚生省归国者援护局及各地方的归国者援护局，由于具体负责日本侨俘归国事宜，故保

---

① 河原功解题『編集復刻版台湾引揚者関係資料集』第 1 卷、東京、不二出版、2011 年、4 頁。

留了相当丰富的归国日本侨俘资料。①

　　日本学者已经关注，并开始利用这些资料从事学术研究。如，加藤圣文不仅利用厚生省归国者援护局及日本各地归国者援护局的日本侨俘资料，编辑出版了 16 卷本的《海外日本侨俘归国相关史料集成　国内篇》；而且搜集战后朝鲜、中国东北和台湾、库页岛等地遣返日本侨俘的有关史料，又出版了 19 卷本的《海外日本侨俘归国相关史料集成　国外篇·补遗篇》，为日本学界开展日本侨俘归国研究提供了史料便利。② 河原功重点搜集并复刻出版《日台通信》《台湾协会报》《爱光新闻》等报刊杂志，其中以日本侨俘归国的内容为主。③ 若槻泰雄以日本各地归国者救助局的资料和历史文献为基础，比较客观真实地记录了战后日本侨俘归国的历史概貌。④ 井出孙六不仅以史料为基础阐述了被日本军阀弃置中国东北的日本侨俘的历史，而且主张日本政府应对此行为进行赔偿。⑤但是，目前中国学者甚少利用这些日本资料，也较少关注日本学者的研究成果和社会主张。

　　鉴于此，战后中国遣返日本侨俘研究，需要继续向深度和广度发展。从广度而言，首先，广泛挖掘抗战胜利后中国遣返日本侨俘的各种史料。史料是史学研究的基础，而关于中国遣返日本侨俘的档案史料，不仅分散于负责遣返日本侨俘的各地档案馆、资料

---

① 厚生省援護局編『引揚げと援護三十年のあゆみ』、東京、ぎょうせい、1978 年。
② 参见加藤聖文編『海外引揚関係史料集成　国内編』、東京、ゆまに書房、2001 年；加藤聖文編『海外引揚関係史料集成　国外編·補遺編』、東京、ゆまに書房、2002 年。
③ 河原功解題『編集復刻版台湾引揚者関係資料集』（全 7 巻）、東京、不二出版、2011—2012 年。
④ 若槻泰雄『戦後引揚げの記録』、東京、時事通信社、1991 年。
⑤ 井出孫六『中国残留邦人』、東京、岩波新書、2008 年。

馆,而且作为被遣送方和接收方的日本也存有相应的资料。如,除了日本厚生省的档案资料外,日本的国立公文书馆、外务省外交史料馆、舞鹤日本侨俘归国纪念馆等均有相关的档案资料,还有一些从中国各地归国的日本侨俘个人保存的原始资料。其次,及时关注日本学界的相关研究成果,以资参考、镜鉴。再次,拓宽研究抗战胜利后中国遣返日本侨俘的覆盖面,不能仅仅局限于中国某些重要地区、城市、港口的日本侨俘遣返,而要勇于开拓那些尚未被纳入学界视野的地区、城市和港口的日本侨俘遣返问题。如,作为遣返日本侨俘之港口的青岛、厦门、汕头、三亚、广州、海防等,目前暂无人关注这些地方遣返日本侨俘的详细计划、部署和经过。最后,扩大选题范围,敢于从事"战后中国遣返日本侨俘史"的宏观研究,真正做到点面结合,从而得出更有学术价值和现实意义的结论。

从深度而言,可以从以下几个方面继续深入和细化抗战胜利后中国遣返日本侨俘研究。一是细化研究内容。如,进一步加强中国各地遣返日本侨俘的具体进程和细节研究。1945 年 8 月日本投降后分散于中国沦陷区各地的日本侨俘,究竟是通过何种途径到达指定集中的城镇和遣返港口,途中与中国官方、民间有无接触,以及返回日本后受到了怎样的对待,如何重新开始生活,等等,这些细节对于理解战后初期中日两国的社会状况具有一定意义。二是深化遣返日本侨俘的相关研究。抗战胜利后中国遣返日本侨俘,既标志着近代日本侵华殖民扩张政策的失败,也是战后中日关系在新的历史基础上重新开展的基础。从近代日本的大陆移民扩张政策到在华日侨的形成,再到日本投降后的弃民政策和归国日本侨俘之救助的历史脉络,可以更深刻地分析近代东亚人口流动的特点和格局。三是引入新的研究方法,拓宽研究思路。客观地说,抗战胜利后中国遣返日本侨俘,不仅与当时中国人民解放战争的形势密切相关,而且与冷战开始后美国、苏联的东亚国际战略紧密相连,故应通过引入国际关系学的相关理论和方法,深入分析战后初期国共美苏三国四方的复杂关系和东亚国际局势的变动;通过引入社会学、心理学的相关理论和方法,深入考察日本侨俘在战后从巅峰跌落谷底的心理变化,分析他们对日本侵华战争、中国政府的遣返政策,以及那段遣返经历的认识,这也是认识战后日本社会各种战争责任论的思想基础之一。

三、研究思路与资料说明

鉴于中国学界关于战后在华日本侨俘遣返研究的现状,我们试图弥补既有研究成果之不足,从宏观上努力撰写战后在华日本侨俘遣返的整体史。一是以相对长时段的学术视野,追溯近代以来日本侨民移居中国的历史及其演变,重点考察抗战胜利后中国政府对日本侨俘的集中安置、管理、教育和遣返,捋顺日本侨俘特别是日本侨民随着日本侵华活动和战争而不断涌入中国的史实和真相,而非仅仅局限于战后在华日本侨俘。二是从整体史观的宽广视角,探究战后中国各地日本侨俘遣返的概貌,逐一考察东北、华北、华东、华中、华南、台澎地区日本侨俘遣返情况,既考察各地遣返的普遍性、共同性,又考察各地遣返的差异性、特殊性,在比较分析中不断深化战后在华日本侨俘遣返研究。三是以联系的、发展的、辩证的观点,将战后在华日本侨俘遣返置于近代中日关系史和国际关系格局演变中进行考察和研究。近代日本侨民移居中国,是近代中日关系变化的表现,特别是甲午战后、日俄战后在华日侨逐渐增多,主要集中于日本租界和满铁附属地,九一八事变后日本向中国东北实施大规模移民,七七事变后日侨更大肆涌入日军占领区,这些构成战后在华日侨的主体。帝国主义"后起之秀"日本在东亚的扩张,直接威胁和冲击俄美两国的战略利益,虽经第一次世界大战后"凡尔赛—华盛顿"体系的协调,但终究无法限制日本军国主义分子侵略扩张的野心和阴谋,最终走向全面侵华战争和发动太平洋战争。以美、英、苏、中为首的世界反法西斯统一战线结成,经过浴血奋战,迫使日本无条件投降,而曾经不可一世的"皇军"沦为日俘。如前所述,战后在华日本侨俘遣返更是涉及国共美苏三国四方的复杂关系与东亚国际关系格局。

对历史史实的探索只有置于当时的时代背景下,才能更加客观、更加接近真实,这也是我们研究中的努力方向。为此,我们尽量搜罗和使用原始文献和档案史料。具体说来,一是搜集的档案史料既包括中方档案,也包括日方档案。例如,北京市档案馆馆藏关于北平日本侨俘的集中安置、日常管理、征用劳动等的档案史料,辽宁省档案馆、吉林省档案馆馆藏关于东北日本侨俘遣返运送的档案资料。日方档案则主要来自亚洲历史资料中心的档案史料,例如华南日本侨俘的给养供应、人员征用、遣返安排等,是了解日本侨俘遣返的重要资料。二是利用当时的新闻报道,例如《申报》《大公报》等对在华日本侨俘遣返进程的报道,以及东北保安司令长官部日侨俘管理处创办的《东北导报》,主要报道东北日本侨俘遣返政策、信息、动向等,使我们更直观地感受遣返日本侨俘的动态。三是搜集和使用当时参与在华日本侨俘遣返的亲历者的回忆录、口述资料、访谈文章等,如广东、天津、上海、四川等地的文史资料中的相关回忆文章,第二方面军司令张发奎的《张发奎口述自传》,弥补一些史料不足或不够鲜活的历史细节。四是重视参考中日文的档案史料和历史文献的汇编。例如,中国陆军总司令部编《处理日本投降文件汇编》、加藤圣文编《海外引扬关系史料集成》

等,为在华日本侨俘遣返研究提供了不少便利。五是吸收借鉴中日学界的研究成果和相关资料。

总之,我们关于战后在华日本侨俘遣返研究的设想较为"丰满",但由于资料搜集难度大和个人学术水平不足、能力有限,或将导致研究效果较为"骨感"。例如,战后在华日本侨俘遣返涉及国共美苏三国四方,需要相关各方史料,需要多语言、多学科的综合研究,但我们目前只是利用中日两种史料,其他外文史料多依靠翻译的二手史料或译著;次如,无论华北还是华南的日本侨俘遣返,我们只是进行了重点考察,仍然缺少面上的关照;再如,战后在华日本侨俘遣返研究涉及地域范围广,不同地区的日本侨俘遣返情况差异较大,如负责遣返日本侨俘的组织机构名称不仅有所不同,而且日侨自治机构也有所差异;有的地方统计日本侨俘包含韩侨和台湾同胞,有的地方将他们单列。如何在重重困难中捋出线索和写出新意,或者至少将战后在华日本侨俘遣返研究有所推进,是我们的追求。

第二章　抗战胜利与日本侨俘

近代以来,面临西力东渐的中日两国,为摆脱沦为殖民地或半殖民地的险境各自维新变法、求强自保,结果日本通过明治维新而富国强兵,走向对外侵略扩张道路,而大清国陷入"中体西用"的窠臼无力自拔,自甲午战败和签订《马关条约》后更是深陷亡国灭种之危险境地。一战击败大清,再战击败沙俄,跻身列强的日本此后不断向中国大陆扩张势力,除按照不平等条约派军驻屯外,还积极推行殖民政策,向中国内地大肆移民。在华日侨人数急剧增长,并卷入中日间的各种冲突之中。抗战胜利后,据国民政府统计,当时滞留在中国战区(不含中国东北和台湾)的待遣人员,计有日俘1 255 000人、日侨784 974人、韩俘14 428人、韩侨50 935人、台湾同胞44 118人,总计2 149 455人。① 中国人民坚持"与人为善"的态度,根据蒋介石"以德报怨"讲话精神,不仅未报复日本侨俘,而且耗费大量的财力、人力、物力,有组织地、安全地、迅速地完成了遣返日本侨俘之任务,展现了中国人民的不计前嫌、宽厚仁爱的人

---

① 何应钦:《八年抗战之经过》,沈云龙主编:《近代中国史料丛刊》第79辑,台北:文海出版社有限公司1972年版,第214页。

道主义精神,彰显了大国国民的气派与风范。

第一节　近代日本的对华移民

对华推行殖民政策是日本侵华战略的重要组成部分。日本对中国实施有计划的殖民活动始于 1907 年对中国东北的移民,至 1945 年 8 月日本战败投降,来华日本移民达 190 余万人。这些日本移民在中国土地上形成了一个特殊的殖民阶层,他们配合日本侵华国策,对中国人民横征暴敛,为日本发动侵略战争提供后勤保障和支持,并在日军的庇护下过着衣食无忧的日子。他们的非法走私、贩卖鸦片、强取豪夺等,不仅给中国造成了重大的经济损失,也使中国人民遭受了巨大的精神创伤。抗战胜利后,虽有少数日本移民因日本战败投降而流离失所和开始逃亡,但大部分作为日侨被安全遣送回国。

一、日本对华移民的动因

人口迁移是一种社会、经济、文化因素相互关联的过程,是一种非常复杂的现象。考察人口迁移的过程就必须深入研究影响人口迁移的各种因素,即哪些因素导致出现人口迁移的现象。导致移民迁移的因素在不同时期、不同国家是有差异的,如政治、经济、宗教等因素,都可能促使人们改变自己的生活环境,发生人口迁移。就近代日本对华移民而言,主要有以下几方面的原因。

（一）移民是日本侵华的重要手段

移民侵略,是日本实现"大陆政策"的一个重要步骤。日本所谓"大陆政策",就是向外扩张,吞食和兼并别国领土,而移民侵略是实施其"大陆政策"的重要一环。

日本明治维新后,明治政府向农民每年征收固定的土地税,导致不少农民失去土地。到 1884 年时,失地农民已达 30 万人。失去土地的大量农村人口涌向城市,造成失业率上升,进而加剧日本国内社会矛盾。1929 年 10 月,由美国开始的经济大危机爆发,日本也卷入其中,进一步激化了日本国内的矛盾。日本的国民生产值由 1929 年的 771 680 万日元降至 1930 年的 596 281 万日元。垄断资产阶级、地主阶级企图把危机造成的损失转嫁给工人、农民,大量企业解雇工人或大幅度降低工资,失业、半失业者达 300 万人。日本的经济危机引起了严重的政治危机。1930—1931 年劳资争议达 4 700 多件,波及所有产业部门。日本农村危机的状况更为严重,地主与佃农之间的阶级对立日益激化,农村的租佃纠纷连绵不断,1930 年农民斗争的次数有 2 478 起,1931 年达 3 400 余起,社会已现动荡不安之势。

面对政局混乱和阶级矛盾尖锐,日本政府选择了一条“将希冀内乱之心转移于外,行兴国之远略”①的侵略路线。其实,早在 1890 年 11 月,首相山县有朋在日本第一届帝国议会上就发表了关于“利益线论”的施政方针演说。山县有朋称:“国家独立自卫之道有二:一曰捍卫主权线,不容他人侵害;二曰防护利益线,不失自己的有利地势。何谓‘主权线’? 国家之疆域是也。何谓‘利益线’? 即同我主权的安全紧密相关之邻近区域是也。”②其所指的“邻近区域”,包含中国在内,而“利益线论”的提出,标志着通过扩充军备、以对外侵略扩张为国家最高目标的“大陆政策”,正式确立为日本

---

① [日]井上清著,宿久高译:《日本帝国主义的形成》,北京:人民出版社 1984 年版,第 8 页。

② 东北沦陷十四年史研究总编室:《东北沦陷十四年史研究》,长春:吉林人民出版社 1988 年版,第 27 页。

的基本国策。在该项国策指导下,日本加快了侵略中国及邻近国家的步骤,其所谓的"利益线"由朝鲜推至"满洲"。

日本侵占中国东北后发现,在"开发"东北的过程中有着诸多"障碍",据其自称:"日满集团的精神有三个重要的宗旨,就是:不断的供给日本工业的原料;为日本商人掠夺一个新市场;并解决日本过剩的人口……结果在各方面却足以证明不确切。"[1]于是,他们将目光更多地投向了华北地区,不约而同地高呼着:"开发!开发!华北是我们的生命线!华北是帝国生存的基础,我们要开发华北啊!"[2]于是,日本从 1932 年开始不断挑衅和入侵华北。华北地区也是七七事变后日本侵略者着力经营的地区。太平洋战争爆发后,日本对华北更是格外重视。为了长期占领华北,日本政府向华北地区的移民也随之展开。1942 年末 1943 年初,华北日侨数量达到最高峰,计 40 余万人。

总之,近代在华日侨与一般意义上的外国侨民有所不同,他们不纯粹是以旅游、商务、留学等目的而"自主选择"跨国滞留与定居,而是在日本侵华的时代背景下迁移至中国各地的,是日本政府所鼓励的扩张性移民,带有明显的政治、经济、军事目的。日本在华政治、经济、军事势力的扩张,推动了其对华移民的步伐,而这些移民又助力日本在华政治、经济及军事势力的增长,二者相辅相成,相互配合。例如,1937 年 7 月,七七事变爆发后,日本发动全面侵华战争,各地日侨均呈现出急剧膨胀态势。

（二）解决"人口问题"与"粮食问题"

"人口问题"一直是日本殖民主义者掩盖其对华移民侵略意图

---

① 古超影著,彭济川译:《日本的新"生命线"——华北》,《华北》1936 年第 1 期。
② 《"开发华北"问题的检讨》,《申报每周增刊》第 1 卷第 16 期,1936 年 4 月。

的宣传借口。据记载,当时"打开日文论满蒙的书籍一看,无论哪一本,差不多没有看不到这些话头的"。① 那么,日本是否真的存在"人口问题"?

明治维新以前的 300 年间,日本人口虽时有增减,但变化不大,人口数量徘徊在 2 800 万至 3 300 万。② 明治维新以后,随着生产力的发展及奖励生育政策的实行,日本人口急剧增长。1871 年到 1926 年,日本人口由 33 110 756 人,③增至 63 006 595 人,增长近一倍。特别是 1913 年以后,平均每年增加人口约 64 万人(见表2-1)。1926 年至 1930 年,每年增加 85 万至 94 万,1931 年增加数近 100 万,1932 年竟超过 100 万。④ 据时人统计,"日本的面积为147 651 平方英里;或 382 315 平方公里。其可耕种地,仅为总面积六分之一。每平方公里可耕种地,有人口约 1 000 人。"⑤可见其人口密度之高。

表 2-1　1913—1926 年日本人口统计表

年份	人口数			每千人中之每年增加数
	男	女	总数	
1913	26 964 586	28 398 096	55 362 682	15.99
1919	28 914 526	28 319 380	57 233 906	9.99
1920	29 263 596	28 655 075	57 918 671	11.96
1921	29 656 261	29 040 875	58 697 136	13.44
1922	30 040 963	29 419 289	59 460 252	13.00

---

① 《日本所谓的人口问题与粮食问题》,《日本评论》1931 年第 1 期。
② 蒋坚忍:《日本帝国主义侵略中国史》,上海:联合书店 1930 年版,第 1 页。
③ 蒋坚忍:《日本帝国主义侵略中国史》,第 2 页。
④ 萧贻待:《日本海外移民与中国》,《外交月报》第 6 卷第 3 期,1935 年 3 月。
⑤ [英]克罗克著,朱梅隽译:《日本人口问题》,南京:中正书局 1935 年版,第 36 页。

续表

年份	人口数			每千人中之每年增加数
	男	女	总数	
1923	30 445 661	29 812 281	60 257 942	13.42
1924	30 860 032	30 221 948	61 081 980	13.67
1925	31 340 278	30 704 411	62 044 689	15.76
1926	31 820 065	31 186 530	63 006 595	15.50

资料来源:包怀白:《日本殖民与人口问题》,上海:黎明书局 1930 年版,第 6 页。

　　日本人口的增加,引起了许多问题。以粮食一项而论,山田武吉在其《日本新满蒙政策》一书中宣称:"1923 年调查,日本耕地面积约 560 余万町步(每 6 町步约合中国 1 顷)。其中,水稻及陆稻之种植地面积凡 360 余万町步,收获额平常每年不过 5 800 万石乃至 5 900 万石。日本米之消费额为 6 743.6 万石,米之产额为 5 800 万石,加上朝鲜台湾二地产额,尚缺 324.6 万石。麦之消费额为 2 530.8万石,产额为 2 110.5,尚缺少 420.3 万余石。"所以,"今年(1928 年)我国(日本)约有 100 万人之增差数额,虽努力改进事业,犹不及人口增加之速力即人口之生产超越食粮之生产是也"。① 因此,山田武吉称:"人口问题"与"食粮问题"已成为事关日本"国家及国民生存权之重大问题"。②

　　据记载,1921 年至 1928 年,日本粮食(米、麦、豆、落花生、砂糖、乳制品、生牛肉等)的输入,平均每年入超 276 448 662 日元,其中米约占 25.2%,即 69 781 641 日元;麦约占 24.7%,即68 205 551 日元,合计二者为 137 987 192 日元。同期日本国际贸易平均每年

① [日]山田武吉著,周佩岚译:《日本新满蒙政策》,上海:民智书局 1928 年版,第 75—76 页。

② [日]山田武吉著,周佩岚译:《日本新满蒙政策》,第 82 页。

输入总值为 2 300 489 000 日元,而其粮食入超,占输入总值的
12%,若以同期日本对外贸易平均每年入超 443 690 500 日元论,
则粮食入超占总入超的 62.2%。① 因此,日本"上下所劳心焦死
者,厥唯年有 90 余万人乃至 100 万人大差增额之人口问题及其有
密切不可分的关系之食粮问题;是二者实关系国家(日本)并民族
生存之重大问题"②。由此可知,日本由于人口增加而引起严重的
粮食问题。

　　人口过多引起物资短缺,成为日本经济、政治状况不稳的重要
因素之一。以山田武吉为代表的日本殖民主义者认为,"马尔萨斯
发表之名著《人口论》中,详述了人口与粮食由来不可分之密切关
系。我国人口之生产与粮食之生产既失其均衡,且相差甚远,此种
问题之性质,殊颇严重","奖励海外移民,乃今日当急之务";③且公
然叫嚣"海外拓殖""乃堂堂生存权之主张,既不远正义、不背人道、
不悖公理,则我国又何惮而不公然之主张乎?"④1925 年 7 月 17 日、
18 日,《大阪每日》发表矢野龙溪的《人口过剩之对策》一文,其提
议,欲解决人口问题,并"使我大和民族雄飞世界,则须以提倡不老
死乡土而以出洋为大方针"。⑤ 首相若槻礼次郎也宣称:"近来我国
人口问题甚嚣尘上,应付此问题之策略,应尽力之所可能的奖励移
民。"⑥1927 年,田中义一在其组阁之始,即召开人口食粮问题调查
会议,通过《人口食粮问题解决案》,定于 30 年内投资 27 亿日元,奖

---

① 萧贻待:《日本海外移民与中国》,《外交月报》第 6 卷第 3 期,1935 年 3 月。
② 包怀白:《日本殖民与人口问题》,第 12 页。
③ [日]山田武吉著,周佩岚译:《日本新满蒙政策》,第 72—73 页。
④ [日]山田武吉著,周佩岚译:《日本新满蒙政策》,第 34 页。
⑤ [日]河上肇著,丁振一译:《人口问题批评》,上海:南强书局 1929 年版,第 22 页。
⑥ 胡一贯:《日本之人口问题与其对策》,《日本评论》第 2 卷第 4 期,1933 年 8 月。

励移民及殖民政策。① 此后，日本政局虽几经更迭，这一政策却一成不变。

　　实际上，"人口问题"只不过是日本殖民主义者对华进行移民侵略的推脱之辞。日本殖民主义者认为，"日本人口增加率非常之大，人口密度又很稠密，无论如何必不能容纳"，因此"对于白种人之世界占领发生反感的义愤，简单的造成帝国主义讴歌之理论的根据，谓日本民族之存亡，全系于领土之扩张"。② 如，东京帝国大学教授神川的题为《由人口问题之见地论外国外交政策之基调》的论文中，有所谓"大洋洲及南北亚美利加，即皆为欧洲人所领有，对有色人种严固闭锁其门户，则强制的使此等门户开放，乃为快捷方式，此固不俟论者也。恰如欧洲人以剑征服四方掠夺四方之故事，盖以剑而战，实达到此目的之最的确之方策也"③之论，其实就是以"国内人口之自然的压迫"为借口，混淆国际视听。

　　显而易见，对外移民并非"人口问题"解决之道，这一点日本政府也早已认识到了。据记载，其时的日本人口与粮食供给委员会经研究认为，对外移民并不能解决日本之问题；有些学者认为移民对于人口过剩无济于事。④ 再看当时的日本政府，其一面宣称本国"人口过剩"，另一方面对于人口的增加极力奖励，且严禁节育，凡出售关于节制生育的书籍，都要受到保安法的制裁。⑤ 1941 年 1 月，日本政府制定的《大和民族人口政策要纲》中决定，1960 年日本

---

① 马凌甫：《日本侵略满蒙讲话》，南京：国民周刊社 1931 年版，第 2 页。

②③ 庄心在：《日本的人口问题》，《日本评论》第 1 卷第 4 期，1933 年 3 月。

④ 〔英〕克罗克著，朱梅隽译：《日本人口问题》，第 169—170 页。

⑤ 王成祖：《人口与侵略》，《东方杂志》1937 年第 9 期。

人口要发展到 1 亿人。① 可见，日本对华移民政策并非如其所说是为了解决国内的所谓"人口问题"，不过是日本侵略扩张和对外移民的借口而已。

（三）治外法权吸引日本移民

随着日本不断实施"大陆政策"，通过政治、外交、军事手段，获取了一系列在华特权，如领事裁判权、关税管理权、内河航运权、军队驻屯权以及专管居留地的权利等。在这些众多特权中，治外法权无疑是最重要的。近代外人在华所拥有的治外法权，又称领事裁判权，指一国通过驻外领事等对处于另一国领土内的本国国民根据其本国法律行使司法管辖权的制度。

外人在华取得治外法权始于英国。根据 1843 年的中英《五口通商章程》"英人华民交涉词讼"一款："凡英商禀告华民者，必先赴管事官处投禀，候管事官先行查察谁是谁非，勉力劝息，使不成讼。间有华民赴英官控告英人者，管事官均应听诉……其英商欲行投禀大宪，均应由管事官投递……倘遇由交涉词讼，管事官不能劝息，又不能讲究，即移请华官会同查明其事，既得实情，即为秉公定断，免滋讼端，其英人如何科罪，由英国议定章程、法律，发给管事官照办。"②这可以说是领事裁判权制度在中国的开端，不过当时的规定还很含混。

1844 年清政府同美国、法国相继订约，始有比较明确的规定。如，中美《五口贸易章程》第 21、24、25 款及中法《五口通商章程》第 25、27、28 款中，规定办法约为三点：（1）关于华洋混合民事案件，

---

① ［日］关东州经济会：《满洲开拓政策和关东州报国农场》，1944 年 2 月，第 5 页，转引自高乐才《日本"满洲移民"研究》，北京：人民出版社 2000 年版，第 4 页。

② 王铁崖编：《中外旧约章汇编》第一册，北京：三联书店 1957 年版，第 42 页。

先由两方官员自行调解，如调解不成，则由中外官员会合讯断；(2) 关于华洋混合刑事案件，采取被告主义，如华人为被告，由中国地方官按照中国法律审判，外人为被告，由各国领事按照其本国法律审判；(3) 关于单纯外人案件，或外人混合案件，中国政府均不得过问。① 1858 年中英《天津条约》规定，"英国属民相涉案件，不论人、产，皆由英官查办"，"英国民人有犯事者，皆由英国惩办"，还规定了"两国交涉事件，彼此均须会同公平审断"的"会审"制度。② 1876 年中英《烟台条约》又规定原告人的本国官员可以"赴承审官员处观审"，有不同意见，"可以逐细辩论"的"观审"制度。③

　　除上述条约外，许多西方国家援引最惠国条款，也取得了在华治外法权。1896 年，清政府与日本签订《中日通商行船条约》，日本由此取得了在华治外法权。按照《中日通商行船条约》规定："日本臣民准听持照前往中国内地各处游历、通商，执照由日本领事官发给，由中国地方官盖印，经过地方，如饬交出执照，应随时呈验无讹放行，所有雇用车、船、人夫、牲口，装运行李、货物，不得拦阻。如查无执照或有不法情事，就近送交领事官惩办。沿途只可拘禁，不可凌虐"；"日本在中国之人民及其所有财产物件，当归日本派官吏管辖。凡日本人控告日本人或被别国人控告，均归日本妥派官吏讯断，与中国官员无涉"；"凡中国官员或人民控告在中国之日本臣民负欠钱债等项，或争在中国财产物件等事，归日本官员讯断"；"凡日本臣民被控在中国犯法，归日本官员审理，如果审出真罪，依照日本法律惩办"。④

---

① 谢冠生：《领事裁判权问题》，《月报》第 1 卷第 5 期，1937 年 5 月。

② 王铁崖编：《中外旧约章汇编》第一册，第 98 页。

③ 王铁崖编：《中外旧约章汇编》第一册，第 348 页。

④ 王铁崖编：《中外旧约章汇编》第一册，第 663—666 页。

　　因此，就日侨整体而言，以日本帝国主义的武力为后盾，还有不平等条约为保护伞，使得他们不必遵守中国及其本国的法律与制度。于是乎，大批日侨被吸引赴华。"那些原来毫无地位和声誉而且又毫无商业经验的日本人，突然获得了一定的权利，并且正在牟取巨大的不应得的利润，仅仅因为他们是日本人而已。"①1943年1月9日，日本为了提升汪伪政权的政治欺骗作用，与汪伪政府签订了《关于交还租界及撤销和废除治外法权之协定》，演出了撤销治外法权和领事裁判权的把戏：表面上要求日侨也遵守中国法律，服从中国政府的管理，取消了"国中之国"。实际上，在日本控制下的沦陷区，日本侨民已无需治外法权的庇护了。

　　总之，促成移民迁移的原因是非常复杂的，这绝不是一个简单的人口问题，而是一个综合的社会问题——它与当时自然的、政治的、经济的、社会的各种因素密切相关，必须做全方位的考察。就近代日本对华移民而言，是在多个层面的动机共同推动下进行的。日本大量外移人口，既有利于解决人口过剩问题，缓和阶级矛盾和社会危机，又可通过移民进行殖民扩张、加强经济掠夺、支援侵略战争。

二、日本对华移民的概况

　　早在晚清时期，就有日侨在华居住，但数量不多且变动较小。进入20世纪后，日本在加快侵略中国的同时，积极推行殖民政策，于是日本移民开始源源不断地进入中国各地。特别是七七事变后，为配合其侵华国策，日人也紧跟日军大举移民至其占领区，在

———————————

① ［美］约翰·亨特·博伊尔著，陈体芳译：《中日战争时期的通敌内幕》，北京：商务印书馆1978年版，第141页。

华日侨人数因而急剧增长。

（一）初步发展期（1871—1914 年）

中日两国一衣带水，远在公元前 3 世纪的秦汉时期就有交往。日人开始在中国从事公务、商贸活动，即开始长期或短期地旅居中国，则出现在隋唐时期。这一时期，日本不断派遣留学生、僧侣随遣隋使、遣唐使来到中国。他们将中国的先进文化带回日本，促进了日本社会的发展；同时，也将日本文化传入中国，给中国文化的发展注入了新鲜血液。他们是中日友好交流的产物，而其本身又作为中日交流的重要媒介和载体存在着。此后千余年，两国人民互相移居的记载史不绝书，一直持续到 19 世纪上半叶，即日本江户时代末期。

明治维新后，日本发生了较大规模的国际社会移民运动。1871 年 7 月 29 日，《中日修好条规》及其附录《中日通商章程》签订，这是中日两国近代历史上第一部平等条约。《中日修好条规》共 18 条，规定中日两国互不侵犯领土，永久修好；两国互不干涉内政；互派驻外使节；在两国的通商港口派驻领事官员，互相承认领事裁判权等，为两国开放民间旅行和经济贸易提供了便利。在《中日通商章程》中，中日双方各自指定了准许"商民来往贸易"的口岸，其中在中国华北的准通商口岸是天津口（隶直隶天津府天津县）及芝罘口（隶山东登州府福山县）。

对于日侨在华居住的问题，《中日通商章程》做出规定："两国官民准在议定通商各口租赁地基，各随其地成规照办。总须由地方官查勘，无疑民居、坟墓、方向，询明业户情愿出租，方可公平议价、立契，由地方官盖印交执，不得私租、强租。其内地及不通商口岸，不得租地盖屋。至现准通商各口租定地基后，盖造房屋，或作居住,或开行栈,地方官可以随时往勘。"①《中日修好条规》及《中日通商章程》的签订成为近代日侨在华史的起点。从此,日人旅居中国有了近代国际法意义上的根据和保障,其侨民的合法地位也得以确立。1875年8月,受日本政府委托,日本共同运输公司开通日本—芝罘—天津—牛庄②的不定期航线,大大方便了日本人的中国渡航。日本政府及其后援组织或企业的这些举措,无疑鼓励和方便了日本人在中国的进出。因此,前往中国的日本官民组织和个人逐渐增多。

总体而言,直至甲午战争前,日侨主要集中于上海、天津、青岛、烟台等处于其时交通较为便利且已对外开放的濒海地带的城市,数量不多且变动较小。1875年,日本在天津开设领事馆后,天津开始有日侨出现,但直到1894年也仅有50名日本人。③ 烟台日本领事馆于1876年设立,但无本国领事,而是委托外国人担任名誉领事。中日甲午战争以前,在烟台的日人包括领事馆员、驻在武官及出差员,仅有20余人。④

甲午战争中国惨败的结局,从根本上扭转了千年以来的中日地位及彼此关系。中国被迫签订《马关条约》,割地赔款,主权沦丧,而日本除得到巨额赔款和台湾等战略要地外,还获得在华的一系列特权,如领事裁判、经商免税、在华投资设厂等,这就为日本移民移居中国开辟了便利通道。特别是进入20世纪后,日本对华积极推行"大陆政策",鼓励国民移居中国,在华日侨开始逐

① 王铁崖编:《中外旧约章汇编》第一册,第320—321页。
② 芝罘即烟台;牛庄即营口。
③ 尚克强、刘海岩主编:《天津租界社会研究》,天津:天津人民出版社1996年版,第167页。
④ [韩]李俊熙、赵显镐:《1914年以前日本人在山东》,《东方论坛》2000年第4期。

渐增长。

其实,日本对外进行移民侵略的主张由来已久。19 世纪 80 年代,日本著名思想家、"脱亚入欧"论的倡导者福泽谕吉,就主张日本人应多多到中国去,以便于"国权扩张"。他在 1883 年发表的《到支那去应受奖励》一文中认为,日本人到中国去的太少,鼓动日本的"有为之士"多多到中国去闯荡。因为"支那是天兴的富国,大河可直达四境,有舟楫之便,金银铜铁,矿脉历然,沃野千里,可谓东方田园",所以,他鼓动日本人要大胆西渡,将"支那四百余州",作为经营"事业"的地方。①

日俄战争后,日本便把"满洲移民"作为向中国扩张的一项重要措施。德富苏峰等人认为,"以枪炮夺取的土地,还能以枪炮被夺回。但是如果移民以锹镐开拓土地,要比以枪炮镇压,相对牢靠的多","与军事占领可得到相同的效果"。② 1906 年,日本设立南满铁道株式会社和关东都督府时,先后任桂太郎内阁内务、陆军和文部大臣的儿玉渊太郎强调,"战争不可能常胜不败,永久的胜利取决于人口的增减",若将很多日本人移民到中国东北地区,那东北"自然而然会成为日本的强大势力范围",③竭力提倡向"满洲移民"。

曾任台湾总督府民政长官的后藤新平,在 1906 年 11 月 13 日被任命为第一任"满铁"总裁,他提出:"日俄战争不会因满洲一战而定局。无论第二次战争何时到来,若胜券在握,则先发制人;若

① 王向远:《日本对中国的文化侵略》,北京:昆仑出版社 2005 年版,第 47 页。

② [日]浮田和民:《日本外交政策》,1904 年 2 月,转引自李莹《日本移民侵略与东北殖民地化》,《长春师范学院学报》2003 年第 3 期。

③ [日]关东军统治部:《日本移民方案要纲说明书》《满洲农业移民方策》,1932 年,转引自关伟、关捷《日本"满洲移民"诸问题探讨》,《抗日战争研究》2002 年第 2 期。

尚无把握，则持重以待。纵然再战不胜，我亦尚有退身之地。总之，日本在满洲应始终处在以主制客、以逸待劳之地位。而经营满蒙的诀窍就是：第一，经营铁路；第二，开发煤矿；第三，移民；第四，发展畜牧业。其中尤以移民为最……通过对铁路的经营，不出十年将五十万日本移民移入满洲，届时，俄国虽强，亦不敢轻易挑起战端。和战缓急之主动权，安然握于我之手中。"①提出移民侵入的观点和主张。

这些主张深得日本一些政客的支持和拥护。如，日本外务大臣小村寿太郎也在 1909 年召开的第 25 届帝国议会上积极鼓吹所谓"移民满韩"，高唱"满洲中心论"。其实，从 1907 年开始，大批的日本人已以经商、开办工厂为名进入东北。东北日侨人口显著增长：从 1906 年的 16 613 人，到 1909 年增至 61 590 人，到 1915 年达 101 565 人。②

自 1895 年《马关条约》被迫割台至 1945 年抗战胜利，日本在台湾的殖民统治长达 50 年。在此期间，有大批日本侨民进入台湾，通过各种方式对当地人民进行渗透与同化。到 1914 年第一次世界大战之前，日本在 10 年间向台湾移民达 5.9 万人。此后，每年以 7 000 多人的规模增加着。③

除中国东北和台湾外，近代日本对中国关内的移民也在逐步增长。1898 年，在华日侨为 1 694 人，继英国侨民 5 148 人、美国侨

---

① ［日］满洲事情案内所：《近世满洲开拓所》，满洲事情案内所，1941 年，第 104、105 页，转引自关伟、关捷《日本"满洲移民"诸问题探讨》，《抗日战争研究》2002 年第 2 期。
② 沈殿忠主编：《日本侨民在中国》，沈阳：辽宁人民出版社 1993 年版，第 1118 页。
③ 沈殿忠主编：《日本侨民在中国》，第 1086 页。

民2 065人之后,处于在华外侨的第三位。① 进入 20 世纪后,在华日侨人数逐年增加,特别是在日俄战争后的几年间,日侨人数均超过在华外侨总人数的一半,如表 2 - 2 所示。

表 2 - 2　1900—1914 年旅华日侨统计表

年份	日本委员会的统计	中国海关的统计	
		人口数	日侨占旅华外侨的百分比
1900	—	2 900	17.1
1901	4 739	4 170	21.8
1902	5 306	5 020	26.4
1903	8 914	5 287	25.9
1904	8 908	9 139	33.5
1905	16 175	16 910	44.4
1906	27 891	15 548	40.2
1907	32 956	45 610	65.2
1908	40 119	44 143	56.6
1909	76 116	55 401	62.7
1910	76 678	65 434	46.1
1911	51 794	78 306	51.0
1912	97 384	75 210	51.9
1913	107 732	80 219	48.9
1914	—	84 948	51.5

　　原注:表中日本委员会的日本人口统计包括香港和澳门,不包括台湾;中国海关的统计不包括香港、澳门和台湾。
　　资料来源:杜询诚:《日本在旧中国的投资》,上海:上海社会科学院出版社 1986 年版,第 372 页。

————————

① ［日］织田一:《中国商务志》,上海:广智书局 1902 年版,第 51—52 页,转引自杜询诚《日本在旧中国的投资》,第 371 页。

由表 2 - 2 可知,到第一次世界大战爆发前后,在华日侨已有了较大发展。虽然日侨要晚于欧美侨民来到中国,但从人口变化趋势看,随着日侨的大量涌入,日侨数量的增减构成了不同时期在华外侨数量变化的决定因素。需要指出的是,与正常的国际移民不同,近代日本对中国的移民多属于带有侵略性的殖民活动。

(二)逐步扩散期(1914—1937 年)

随着日本对华侵略的不断深入,日本对华移民的规模不断扩大,在华日侨无论是在数量上还是在分布区域上均呈不断扩张的势态。

1926 年,中国各地居住之日侨共 245 740 人,其中东北地区 200 411 人、华北 9 354 人、华中 34 692 人、华南 1 223 人。[①] 到 1928 年,在华日侨数已增至 259 584 人,其中东北地区增加 4 000 余人,中国关内地区增加 9 886 人。如表 2 - 3。

表 2 - 3　日本在华侨民统计表(1928 年)

地区		人数
关内地区	上海	26 577
	天津	7 214
	广州	420
	福州	309
	青岛	13 932
	济南	2 200
	厦门	314
	汕头	166
	其他	4 024
	总计	55 156

①《与中国人争生活之在华日侨统计》,《生活》1926 年第 20 期。

续表

地区		人数
东北地区	沈阳	41 385
	长春	15 752
	安东	11 259
	辽阳	11 233
	牛庄	9 211
	辽东半岛	100 709
	其他	14 880
	总计	204 429
总计		259 585

资料来源:《日本在华侨民统计表》,南昌《力行》第2卷第9期,1933年9月。

　　表中可见,仅东北一地,就有日侨20余万人,占除台湾之外中国大陆日侨总数的78.7%。九一八事变后,日本为实现对该地区的殖民统治,更加积极移民伪满。1936年8月,日本政府正式宣布把向中国东北移民作为其国策之一,而伪满政府也积极配合,将"开拓移民"作为其所谓的三大国策之一。于是,日本掀起了向中国东北地区移民的高潮。1936年5月,日本关东军制定《满洲农业移民百万户移住计划案》,提出自1937年起,用20年的时间(每5年1期,共4期),向中国东北移民100万户、500万人,力求在计划结束时,使日本移民数达到东北预计人口的1/10。[1] 为了有效推行该计划,日本与伪满于1939年12月联合制定了《满洲开拓政策基本纲要》。东北日侨人口在此阶段的增长规模达到了前所未有的程度,从1931年的23.3万人,到1935年增至494 708人,到

---

[1] 沈殿忠主编:《日本侨民在中国》,第925页。

1940 年猛增至 1 065 072 人。①

　　就中国关内地区而言,20 世纪 30 年代以前,日人主要聚居在被辟为商埠的各港口城市。从 30 年代开始,随着日本"大陆政策"的逐步实施,日人不顾条约限制,开始逐渐深入中国腹地,日侨人口大幅增加。据日本外务省调查,1933 年年底,华北日侨为 39 379人,华南方面为 12 653 人,华中方面为 31 299 人。② 至 1937 年日本全面侵华战争之前,在华日侨不仅遍地开花,而且各地数量已有相当规模,详见表 2-4。

表 2-4　1937 年日侨在华分布表(不包括东北地区)③

地名	人数	地名	人数	地名	人数
天津	11 289	北平	4 478	芜湖	35
塘沽	369	唐山	810	周村镇	118
丰润县	209	遵化县	51	昌乐	6
玉田县	84	卢龙县	16	福州	11 878
迁安县	28	乐亭县	79	无锡	7
山海关	1 767	秦皇岛	752	广州	57
临榆县	82	抚宁县	88	岳阳	1
平谷县	8	蓟县	55	重庆	32
三河县	57	通县	290	长沙	89
昌黎县	386	古北口	231	潍县	47
兴隆县	32	滦县	970	厦门	8 393

① 沈殿忠主编:《日本侨民在中国》,第 1118—1119 页。
② [日]田中忠夫著,姜般若译:《华北经济概论》,北京:北京出版社 1936 年版,第 43 页。
③ 该表日侨包含韩侨和当时名义上属于日籍的台湾同胞。另,本书中提到的"台籍官兵""台籍平民""台籍人士",皆为保留当时文献表述原貌,其他统称"台湾同胞"或"台胞"。特此说明。

续表

地名	人数	地名	人数	地名	人数
丰台镇	134	宁河县	31	苏州	72
保定	7	石家庄	8	太原	1
张家口	770	青岛	11 632	汉口	1 827
济南	1 675	上海	28 573	沙市	12
九江	62	宜昌	54	南京	123
合计	87 775				

资料来源:萧贻待:《中国日侨激增与日本对华政策》,《外交月报》第 11 卷第 1 期,1937 年 1 月。

　　表中所列,就城市而言,以上海的日侨为最多,为 28 573 人,其次为福州、青岛、天津等地。就地区而言,华北地区日侨要稍多于华东、华南等地。华北地区日侨数量仍以青岛为最,次为天津、济南、北平等地。通过上表我们还可看出 1937 年华北日侨分布之广。九一八事变后,日本将侵略矛头指向了华北。1933 年春,日军占领热河,并大举进攻长城各口,侵入河北省境内,到达连接北平、天津、塘沽的北宁铁路。面对日军挑衅,南京政府一味妥协,5 月 31 日,中日签订《塘沽协定》,规定中国军队撤至延庆、通州、宝坻、芦台所连之线以西、以南地区,以上地区以北、以东至长城沿线为"非武装区",实际上承认了日本对东北、热河的占领,同时划绥东、察北、冀东为日军自由出入地区。

　　《塘沽协定》虽使九一八事变后日本的军事行动暂告一段落,但冀东"非武装区"使中国在该地区的部分主权丧失,更关键的是使华北门户大开。在日本政府的策动下,日本浪人擎着日本国旗,携着私货与毒品,向华北地区"高歌猛进"。那么,日本政府为何要纵容日本浪人呢? 第一,日本对华北地区觊觎已久,其纵容浪人的根本原因是企图通过日本浪人的非法活动在经济上压迫华北,促进"华北特殊化",并最终将华北变成第二个伪满洲国。第二,日本还企图借此增加财政收入,以扩军备战,实施其侵华计划。无论走私还是贩毒,无疑都存在着巨大的利润。日本策动浪人在华北的走私与贩毒还含有解决其财政问题的因素。总之,日侨伴着日本对华北的侵略步伐而至,但同时又作为日本侵华的"急先锋",为日本进一步侵略华北制造借口、创造条件。

（三）急剧增长期(1937—1945 年)

七七事变后,由于战争的原因,在华日侨出现了短暂的骤减期,但为时不久,随着中国大片领土沦陷,日侨人数再次呈现急剧增长的态势。

表 2－5　1937—1942 年关内地区日侨人口分布统计表

年度	区分	华北	华中	华南	合计
1937 年	7 月 1 日	34 492	26 097	1 423	62 012
	10 月 1 日	16 415	4 895		21 310
1938 年	10 月 1 日	79 384	32 205	1 455	113 044
1939 年	4 月 1 日	116 695	49 571	4 900	171 166
	7 月 1 日	140 846	62 047	6 462	209 355
	10 月 1 日	139 486	71 209	7 341	218 036
1940 年	1 月 1 日	180 156	82 522	9 101	271 779
	4 月 1 日	207 243	84 585	11 327	303 155
	7 月 1 日	238 529	97 685	12 977	349 191
	10 月 1 日	250 008	102 224	10 300	362 532

续表

年度 / 区分		华北	华中	华南	合计
1941 年	1 月 1 日	257 208	111 239	13 439	381 886
	4 月 1 日	270 603	117 272	14 748	402 623
	7 月 1 日	291 809	124 847	16 081	432 737
	10 月 1 日	301 331	129 126	16 752	447 209
1942 年	1 月 1 日	308 599	130 829	17 047	456 475

资料来源：［日］外务省东亚局第三课：《中华民国在留邦人及第三国人人口统计表》，第 1 页，转引自沈殿忠主编《日本侨民在中国》，第 1888 页。

从人口数量上看，华北日侨由七七事变前的 34 492 人猛增至 1942 年初的 30 余万人，人口总数几乎翻了 9 倍，是中国关内地区日侨人口总数增加最多的地区。相较于华中、华南地区，华北日侨数量一直保持着较强的增长势态。日本在占领东北后，迅速将其视线投向了拥有丰富的自然资源和巨大消费市场的华北地区，华北即成为其急欲侵占的下一个目标。为扩大华北殖民统治的社会基础，并将其建成所谓"大东亚战争的兵站基地"，日军进据平津不久，"到华北去"的口号即响遍了日本全国。

从 1937 年下半年开始，"紧随坦克大炮之后，源源的输送日本国内'过剩的人口'来到足供冒险家自由行动、任所欲为的'乐国'"。[①] 于是，形形色色的日侨尾随日本军事进攻和殖民统治的延伸而迅速扩展至华北沦陷区各地。日本财阀、投机商、高利贷者、贩毒浪人、妓院老板等日侨各色人等，"有若巨流洪潮般"向华北"涌了进来"，华北日侨数量急剧增长。据战后统计，在华日侨总数

① 穆家人：《值得注视的敌寇"军事移民"——华北日寇移民之回顾与对策》，重庆《日本评论》第 16 卷第 20 期，1943 年 9 月。

约为 190 万,其中东北日侨 110 万人,中国关内各地日侨总计为 784 974 人。① 在关内各地中以华北地区为最,约 40 万人。

随着日侨增多,日侨在外侨中所占比例逐渐增大。特别是七七事变后,日侨几乎成为各地唯一的外侨。以天津为例,自第二次鸦片战争后开埠,先后建有英、法、美租界,到 1890 年有侨民 620 人,②而日侨到 1894 年时也仅为 50 人。③ 甲午战争和八国联军入侵后,天津迅速成为北方金融和商业中心,德、日、俄、比、意、奥匈六国也在天津设立租界。1900 年,天津外侨共计 2 200 人,④其中日侨为 88 人,⑤占外侨总数的 4%。1906 年,天津侨民人口突增至 6 341 人,⑥其中日人为 1 769 人,⑦占比升至 27.9%。第一次世界大战后,日本人大量涌入天津。到 1927 年,天津外侨为 8 142 人,⑧其中以日侨为最多,占到外侨总数的一半以上。

九一八事变后,天津成为日本帝国主义重点渗透的目标,外侨中仍以日侨为最多。日军占领天津后,天津更是吸引了众多的日侨。据一项统计表明,1938 年,天津日侨的人数占全市外侨总数的 82%。⑨ 1943 年,天津的日侨人数达 72 971 人,占外国侨民的 92.9%。⑩再如北平,1928 年,北平外侨有 2 573 人,其中日侨就达 1 099 人,约占 43%,且主要分布在内一区;⑪1937 年,北平外侨为

① 何应钦:《八年抗战之经过》,沈云龙主编:《近代中国史料丛刊》第 79 辑,第 214 页。

②⑥ 李竞能主编:《天津人口史》,天津:南开大学出版社 1990 年版,第 104 页。

③⑤ 杨大辛:《天津的九国租界》,天津:天津古籍出版社 2004 年版,第 60 页。

④ 尚克强、刘海岩主编:《天津租界社会研究》,第 160 页。

⑦ 尚克强、刘海岩主编:《天津租界社会研究》,第 167 页。

⑧ 杨大辛:《天津的九国租界》,第 48 页。

⑨⑩ 罗澍伟主编:《近代天津城市史》,北京:中国社会科学出版社 1993 年版,第 680 页。

⑪ 北平市政府秘书处:《北平市政府统计月刊》第 1 号,1934 年 1 月。

5 387 人,①其中日侨达 4 788 人,约占 89%;从 1941 年到 1943 年,日侨占当时北平市外侨的比例,最多时竟达到 99%,最少时也有 95%。② 由此可见,日本侨民在天津、北平外侨人口中长时间内占有绝对优势,日侨数量的变化是引起天津、北平外侨数量变化的决定性因素,是体现日本对天津、北平乃至中国推行殖民政策的最明显例证。

这一时期,日本对华侵略与日本对华移民可谓相辅相成、相互支持,日本对华侵略为日本对华移民提供了便利条件,而日侨也在日本对华殖民统治过程中扮演了重要角色。随着日本占领区的扩大和地方殖民机构的陆续建立,日本移民的范围扩展到日军在中国的各个占领区,各主要城市、铁路沿线各城镇及矿产区仍然是日侨的主要聚集区。与早期日侨在华活动的自发性不同,此时在华日侨与日本政府密切结合,与日本国内的政治、经济、军事势力一起广泛地参与日本对华政治、经济、军事扩张活动。

三、日本对华移民的影响

日本的大量移民对中国造成了重大影响,引发一系列复杂的社会经济问题,体现在社会生产生活的各个方面。

首先表现在粮食问题上,由于大量日侨涌入,给本已缺少粮食的中国造成了一定负担。1943 年 3 月 9 日的《晋察冀日报》上有这样一篇报道:"事变以前,华北粮食即感不足,每年都要由外地运入面粉 1 600 万袋以上,小麦 5 万余吨,高粱、玉黍、小米等项杂粮 40

---

① 北平市政府统计室:《北平市政统计》第 2 期,1946 年 11、12 月合刊。

② 据伪北京特别市公署秘书处编《市政统计月刊》第 1 卷第 1 号(1941 年 1 月)至第 3 卷第 3 号(1943 年 3 月)《本市外侨户数及人口统计表》整理而成。

万吨以上。事变以后,华北驻有敌军40万,加上数量相当大的伪军和40万左右的'居留民'(即日本侨民)——由于增加了众多的强盗和寄生虫,使华北各大都市人口形成脑充血的状态,敌占区的粮食因之愈形恐慌,这首先在北平和天津露骨的显现出来。"①为了保障日本军方及侨民的粮食需要,日军经常强行搜刮中国百姓的存粮,这对其生存构成了严重威胁。以北平市为例,北平是个消费型的城市,市民的粮食供应,主要依仗铁路运输、私商贩运,由外省调入而不是由郊区农业地带供给。日军的对外封锁,掐断了市民与外界正常的物资交流渠道;强行搜刮市民存粮以保障日本军方和侨民之用,加剧了北平的粮荒。

1939年12月中旬,北平米荒,伪临时政府下令实行计口授粮,随着日本侨民增涨,北平进入了粮荒谷底。1942年1月1日,日伪在平开始实行面粉配给制度。2月25日,伪市公署为加强粮食管理和掠夺,强令市民填报存粮,结果全市300 977户、1 656 025人共存粮6 339 099斤,平均每人不足4斤。到12月,粮食配给日减,粮价暴涨,激起市民抢粮"暴动",西直门外粮库被一抢而空。入冬以后,市内每日冻饿而死者在百人以上。1943年7月24日,日伪对北平居民配给由麸皮、豆饼、玉米皮、土粮等50余种物品制成的混合面,棉布、煤球、火柴等均实行严格配给。10月26日,在伪华北新民会联合协议会上,北平代表凌抚之说:"现在比事变前,小米贵74倍,玉米面贵72倍,白面贵100倍……现在连54种杂粮、树叶的混合面也没有了。"②在日伪统治后期,北平粮荒有增无减。日

---

① 《敌寇对华北占领区粮食、人力、耕地的掠夺与破坏》,《晋察冀日报》1943年3月9日,第4版。

② 中国人民政治协商会议北京市委员会文史资料研究委员会编:《日伪统治下的北平》,北京:北京出版社1987年版,第394页。

本投降前夕的 1945 年 8 月，粮价陡涨，玉米面每斤 1 000—1 400元。"在混合面也难以买到的日子，北平的街头巷尾，常可见到因饥饿倒毙的穷苦百姓。天桥一带几乎每天都要有十几辆排子车的尸体经永定门拉出城外。"①

其次，日侨在各沦陷区掠夺物资，囤积居奇，哄抬物价，扰乱市场。以北平市为例，日本入侵北平初期，北平的市场供应和物价波动并不明显。从 1938 年开始，人民生活必需品的供应开始逐月减少，物价却不断上涨。为了保障在华日军和日侨的生活，日本殖民当局实行了以人口定量供应的配给政策。至 20 世纪 40 年代初，配给也流产了，市场上许多物资是有行无市、有价无货，黑市交易几乎成了主要物资和人民生活必需品供应的唯一渠道。有的商家因囤积居奇而致富，但最大的囤积者是日伪当权者，他们对我国的物资掠夺是为了满足侵华日军及日本在华机关、侨民的需要。日本侨民中也多有大量囤积民用物资者，因此更加重了市面物资供应的紧张。

北平沦陷时期，东城区崇内苏州胡同七贤里 5 号住着一个名叫渡边雄记的日侨，在日本投降后渡边囤积物资之内幕暴露无遗。据统计，其物品有：天津中纺二厂产"十全"牌 32 支纱线 5 件（每件40 块，每块约 9 斤）；天津中纺二厂产"红五福"白布 20 件（每件 20匹，每匹 108 尺）；食用香油（芝麻油）400 桶（白铁方桶，每桶 40 斤，共 1.6 万斤）；食用生菜油（供饭店做西餐用）200 木箱（每箱 2 桶，每桶 40 斤，计 1.6 万斤）；日产"大和"长途 28 自行车外带 200 条；日产"皮爱司"28 自行车内胎 200 副（每副两条用红蓝色硬纸包装）；德国产"聚财"牌燃料 400 桶（小铁桶 1 斤装）；上海产"蓝炮台"纸烟 50 条，"绿炮台"烟 50 条，"大高乐""中高乐""仙乐"牌纸烟二

三百条。以上 8 种商品均为北平沦陷期间名牌通货，与人民生活密切相关。[①] 以上虽仅记一户日侨在北平沦陷时期的物资囤积情况，但颇具代表性。至于其他囤积者的情况及其给华北人民造成的种种损失与艰难，就可想而知了。据时任华北方面军司令官冈村宁次的日记记载："(1943 年)6 月 21 日，对囤积粮食及违反我军规定牟取暴利和榨取民众的日华经济界人物嫌疑犯约 850 人，断然予以逮捕，就连最大的公司的分公司经理等也不宽贷。其中华人多为日本公司的走卒。"[②]

再次，大量日侨的存在是各沦陷区社会治安不稳定的重要因素。在日本军方的庇护下，日本侨民多无视法纪，为非作歹，强取豪夺。通过日本当局的宣传与鼓动，日本各色人等蜂拥来华，在北平市，1940 年 6 月"有一半约二万五千以上的日侨是经商的，开有商店约二千零二十六家，许多中国人的铺子、大买卖被强迫挂上日文的招牌，或者完全被日本人无理强占"。[③] "傀儡政府和日本陆军都管不了这些人，也不愿意去管他们。他们每天的所作所为，都在提醒被占领城市中的中国人别忘记：中国人是一个被征服了的民族。"[④]他们依仗日本侵略军的武力，或强占场地、资源开设工厂，或以"合办"为名霸占中国企业，或少量出资乃至分文不出地收买企业股份，以独揽经营权或坐吃红利。据时人记载："七七以后，北平

[①] 阿尚：《沦陷时期北平日侨囤积掠夺物资情况点滴》，中国人民政治协商会议北京市委员会文史资料委员会编：《北京文史资料》第 52 辑，北京：北京出版社 1995 年版，第 140—142 页。

[②] [日]日本防卫厅战史室编，天津市政协编译组译：《华北治安战》下册，天津：天津人民出版社 1982 年版，第 331—332 页。

[③] 《四面楚歌中的北平》，重庆《新华日报》1941 年 2 月 12 日，第 2 版。

[④] [美]约翰·亨特·博伊尔著，陈体芳译：《中日战争时期的通敌内幕》，第 142 页。

城内敌寇的商店和住户日益加多，敌方的资本家更纷向城中投资，半强占、半购买大房，改建工作场和仓库之类……因为房荒，又预备划定东城自王府井大街以东、东四牌楼以南，西城自丰盛胡同以北、阜成门大街以南，为敌居留民区。这地区内的房屋，不许市民私相转移产业，须经呈报官厅，由日人有租购优先权。"①

　　对于在华日侨的胡作非为，日本当局也"深感忧虑"。在1940年4月29日日本的"中国派遣军"发表的《告派遣军官兵书》中，关于"不良日人"的情况有如下叙述："随军进入大陆的日本人中，固然有不少人在宣抚、看护方面做出了献身的活动，有的业已殉职，有的仍在继续工作。但是，从现状看，也有不少人在做着有损于日本人体面的事情。除很多人犯法以外，还有很多人在做着虽不到犯法程度，却是很不道德的事情。这虽很遗憾，但必须承认现状确实如此。巡视一下上海、南京、天津、北京等地夜间的情况，即可看出达到何等地步。在酒绿灯红的背后，经常搞些不正当行为。有的人欺骗、恐吓中国人，以获取不正当的钱财和利益……"②对于在华日人的此种状况，日本当局也感到，若任其发展下去，会使"圣战收不到效果"。因而，日本军部于1940年6月11日发布了"在大陆占领地区内，对扰乱建设新秩序者，不论其为日人、华人或是第三国人，皆按军律严加处罚"的布告，以"促使不良日人反省觉悟"。③

　　据日本北平宪兵队、警察队的调查汇集而成的《侨民非为行动的实例》记载：

　　　　喝醉酒，把帽子歪戴着，在街上大声歌唱，醉步蹒跚，甚至

① 于力:《人鬼杂居的北平市》,北京:群众出版社1984年版,第67页。
② [日]日本防卫厅战史室编,天津市政协编译组译:《华北治安战》上册,第258页。
③ [日]日本防卫厅战史室编,天津市政协编译组译:《华北治安战》上册,第257页。

调戏玩弄路上来往的中国妇女等等，因此引起第三国人的嘲笑说："日本人无异于野蛮人，一喝醉真是丢人。"

汽车司机开到热闹地方，因为不能快走，抓住中国人说他是妨害交通，就打就骂。

对中国下层社会的民众，表示傲慢的态度，尤其是与洋车夫讲价钱时，不但言语不和平，甚至挥拳用武。在公共汽车和电车里，时常看到年轻的侨民把老年纪的中国人赶出座位，威风凛凛的就占去。

侨民经营当铺，对中国人所当的东西，最短在三天，最长在十天，就把它卖掉，因此引起争闹很多。

某煤矿的侨民某某四月二十二日勾结不良中国人，妄造借钱抵押的事实，把中国人既经出卖的东西，说是他在先抵押，强要把两块土地抢占。

侨民某某与朝鲜人某某干涉城外第四区某中国人的财产问题，唆使财产继承人的侄子，藉口他侄子借七百元钱的关系（其实借几十元），强要把继承人与母亲赶出去，抢占财产。

某侨民从某中国人租一所房子，（每月房租廿元）把这房子改为单间，每月出租三百元。同一样东西，日本人卖的价钱，比中国人卖的贵好几倍；或利用地位，居中取利与运动行为等等而引起物价飞涨。

……

占住房屋，不给房租或擅把房屋转租他人等等：1. 某侨民从某中国人租一所房屋，擅自拆除改造而转租旁人；2. 某侨民从某中国人租一所房屋，不但四个月的房租不给，而且擅将其房屋转租某某；3. 某侨民从某中国人租房，不但不给租，而且擅将其住房改为铺房，把其原来所有的木料，随便拿去使用；

4. 某朝鲜人暗中从某房东租用房屋,对原先之租用人(中国人)所设的一切东西,不津贴费用,强制把他赶出去;5. 某侨民从某中国人收买房屋,对原来租用人某某(中国人)不给一定的预备时间,立刻命他搬走。

盗掘古墓:最近有侨民勾结无赖中国人,藉口坟地出卖给侨民,以迁坟为名义,盗挖四郊的古坟,居中取利。①

以上所引之事实,虽仅是局部范围中的一小部分,但由于都是出自日本警察机关之手,可确定其真实性较高。可见,凡是日本侨民足迹所到之处,便是严重的罪恶。这一点连日本当局也无从掩饰。日本军方主办的《华北评论》称:"事变前1936年天津犯罪统计为1388件,1940年增至4875件,这个记录需要邦人(日人)自肃自戒,至于犯罪首位,为酒后暴行,次为违警罪,再次为盗窃、欺诈、经济纠纷等,尤其从日本内地来的青年和机关职员,耽溺于酒色的犯罪者最多。其中被盗窃者大部分为邦人(日人)……若留津邦人能自肃自戒,则犯罪数就能激减。"连天津的日本领事也不能不重复地叙述着这个"记录","天津日侨犯罪件数与日侨的增加成正比,1940年犯罪件数4875件,比事变前增3487件,在津邦人,需自肃自戒,特果此数,以赐华北在留居民"。②

最后,作为日本当局对沦陷区实施文化侵略的工具,日侨所为严重伤害了中国人民的心理。日本对华北沦陷区人民的精神侵略,以控制沦陷区的教育、宣传、舆论为手段,在扰乱其固有意识的

---

① 韦明:《敌将口中的寇军暴行及日本浪人的胡作非为》,《新华日报》1940年3月5日,第2版。

② 穆家人:《值得注视的敌寇"军事移民"——华北日寇移民之回顾与对策》,重庆《日本评论》第16卷第20期,1943年9月。

基础上,用"王道乐土""大东亚共荣圈"之类的殖民主义理论对华北人民强行"洗脑",再以"新民"的模型去重铸中国人民的思想构架。正如时人所言:敌人在沦陷区"实施着奴化教育和文化侵略,真是叫我们最痛心而又最感棘手的一件事,因为军事侵略和土地占领,这只是一时的损失,只要我们自强不息,抗战到底,终有收复的一天。但这深入到一般青年学生内心的烙痕,却是非常不易消灭无迹的"。①

总之,在日本殖民政策的推动下,日侨尾随日军而来,他们给中国人民带来的是"日本军队而外的劫掠,战争而外的祸害"。在华日侨为所欲为,给中国造成了重大的经济损失,也使中国人民遭受了巨大的精神创伤。仅就社会经济而言,日侨激增所伴随的对粮食等物资的疯狂掠夺,使物价飞涨,人民饥寒交迫,饿莩遍野;霸占民房,使人民流离失所,亡命他乡;吞并商店、企业,大肆攫取经济利益;对普通民众巧取豪夺;纵容毒品贸易,毒化人民,逼良为娼,社会污浊不堪。在数以百万计的日侨中虽不乏一二良善之人,但总体而言确实不仅如前所言,而且绝不止于此。日本侵华战争时期高高在上、无恶不作的日侨,随着日本战败投降,瞬间变成了无所依仗的普通日本侨民,变成了等待被战胜国处置的普通人和待遣返者。

第二节　抗战胜利与日本侨俘

1941 年 12 月太平洋战争爆发后,中国结束了独力抗战、苦撑待变的艰难时期。1942 年元旦,由中、美、英、苏四国领衔发表

---

① 《敌对华北实施奴化教育与文化侵略》,《申报》1938 年 4 月 27 日,第 2 版。

《联合国家宣言》，标志着世界反法西斯统一战线结成。1943年11月22日至26日，美、英、中三国首脑罗斯福、丘吉尔和蒋介石在开罗举行会议，共同签署《开罗宣言》，指出："三大盟国此次进行战争之目的，在于制止及惩罚日本之侵略"，"三国之宗旨在剥夺日本自从1914年第一次世界大战开始后在太平洋上所夺得或占领之一切岛屿，在使日本所窃取于中国之领土，例如满洲、台湾、澎湖群岛等，归还中华民国"。"日本亦将被逐出于其以暴力或贪欲所攫取之所有土地"，"在相当期间，使朝鲜自由独立"，为达成以上各目标，三国将"坚持进行为获得日本无条件投降所必要之重大的长期作战"。①《开罗宣言》的发表，不仅表明了盟国之间更加密切合作、联合对日作战，而且预示着日本的战败已为时不远。

一、抗战胜利与日本投降

1943年12月，在华日军因兵力严重不足，被迫收缩战线。1944年，虽然国民党正面战场出现大溃败的局面，但在中国共产党领导下，华北、华中、华南等地的敌后军民对日军发起了局部反攻。与此同时，日军在太平洋战场上节节败退。从1943年6月开始，美军在太平洋上采取"蛙跳战术"，跳岛前进，逐渐进逼日本本土。1945年初，欧洲战事已接近尾声，日本还在负隅顽抗。小矶内阁明知"武运"不久，但仍做出继续战争的决定，提出："还不能断定最后一战无获胜的希望，即使不能全歼（敌人），暂时击败敌人或许是可能的。因此，决定和战尚不为晚。""只有大和民族团结一致，击败

---

① 《国际条约集（1934—1944）》，北京：世界知识出版社1961年版，第407页。

敌人的反攻,才是突破国难的唯一出路。"①随着塞班岛、硫磺岛的相继被盟军攻克,以及冲绳战局的持续恶化,小矶内阁危在旦夕。1945 年 4 月,铃木贯太郎登台组阁。5 月 8 日,德国签署无条件投降书。欧洲战事结束后,美、英将其庞大的陆海空军东调,声势浩荡,日本本土来自太平洋方面的压力倍增。同时,美军加紧了对日本本土的轰炸,日本国内一片萧条,人民焦虑不安。

1945 年 7 月 26 日,为缩短战争时间,从速恢复世界和平,中、美、英三国联合发布《波茨坦公告》,敦促日本无条件投降。该《公告》共 13 条,指出:"日本必须决定一途,彼将继续受其一意孤行、计算错误而使日本帝国陷于毁灭边沿之军人统制,抑或走向理智之路。开罗宣言之条件必将实施,而日本之主权必将限于本州、北海道、九州、四国及吾人所决定其他小岛之内。"《公告》要求"日本政府立即宣布所有武装部队无条件投降,并对此种行动之诚意予以适当及充分之保证。除此一途,日本即将迅速完全毁灭"。同时,《公告》还规定"日本军队在完全解除武装以后,将被允许返其家乡,得有和平及生产生活之机会"。②《波茨坦公告》表明了反法西斯联盟各国彻底打败日本帝国主义的坚定决心和必胜信念,沉重打击了日本军国主义势力。

为商讨应对《波茨坦公告》的基本方针,7 月 27 日,日本召开最高战争指导会议及内阁会议。经过争论,日本内阁"决定发表这一公告",同时,"政府应坚决不发表任何正式意见"。③ 但迫于军部压

---

① [日]祢津正志著,李玉、吕永和译:《天皇裕仁和他的时代》,北京:世界知识出版社1988 年版,第 210 页。

②《国际条约集(1945—1947)》,北京:世界知识出版社 1959 年版,第 77—78 页。

③ [日]服部卓四郎著,张玉祥等译:《大东亚战争全史》第 4 册,北京:商务印书馆 1984年版,第 1632 页。

力,日本首相铃木贯太郎于 28 日发表了"置之不理"的谈话,称:"我认为那份公告不过是开罗宣言的翻版。政府认为并无任何主要价值。只有对它置之不理。我们只能为战争到底向前迈进。"①

在《波茨坦公告》中,曾提出警告,如果日本不接受这一公告,"日本即将迅速完全毁灭"。为向日本施压,美国于 8 月 6 日、9 日分别向广岛和长崎投掷了原子弹。8 月 8 日,苏联对日宣战,声明加入中、美、英三国共同宣言,自即日起对日进入战争状态。9 日零时,苏联百万大军跨过中苏边界,向盘踞在东北的日本关东军发起全面攻击。迫于形势,8 月 10 日,昭和天皇做出最终决断,接受《波茨坦公告》。当日,日本政府照会瑞士、瑞典两国,转知中、美、英、苏四国,表示准备接受《波茨坦公告》,电文称:

> 日本政府为遵照天皇陛下旨意,促使世界早日实现全面和平与早日结束战争,以冀拯救人类出自无辜毁灭,于数周前要求一向维持中立性之苏联政府调停战祸,恢复各交战国间之和平安全,然终于不幸,此项切求和平之努力,不能实现。兹日本政府决为遵照天皇陛下旨意,恢复永久和平,对战争所带来之无限痛苦,急速予以停止,待发表如下之公告:
>
> 日本政府现准备接受英、美、中三国领袖,于 1945 年 7 月 26 日在波茨坦所发表之对日联合宣言中之各项条件,同时该项宣言又由苏联正式签署,然日本政府兹提议对该项宣言中,应绝无妨碍日本天皇提出有关保持其统治主权之各项要求。
>
> 现日本政府深盼联合国方面能视此项提议为正当,同时

---

① [日]服部卓四郎著,张玉祥等译:《大东亚战争全史》第 4 册,第 1633 页。

急切希望联合国方面能立刻有所明白之表示。①

鉴于日本政府声明准备接受共同宣言,美国杜鲁门总统于 8 月 11 日下午 7 时,指派国务卿伯恩斯代表美、中、英、苏四国,将命令日本停止战斗的通告交由瑞士驻华盛顿公使馆转知日本,其通告内容如下:

美国政府代表中华民国、美合众国、英国、苏维埃社会主义共和国联邦对日本政府覆牒来问申请接受波茨坦宣言之条件,并谓请求谅解不包含变更天皇统治国家之大权之要求在内,对于日本国政府之通牒,我等之立场如下:

自投降时起,天皇及日本国政府之国家统一权限,应置于联合国最高指挥官为实施投降条件上必要措置之限制之下,天皇应予日本国政府,日本帝国大本营签署实施波茨坦宣言诸条件上必要之投降条件之权,且加以保障,又天皇对于一切日本国陆海军军官宪及处于无论何地之各该官宪所指挥一切军队,颁发停止战斗行为,移交武器,实施投降条件等最高司令官所要求之命令。日本国政府于投降后,应立即使俘虏及被拘留者移送至安全地点,俾搭载联合国船舶。关于最后的日本国政府之形态,应依波茨坦宣言,由日本国民自由表明意思加以决定。联合国军队在未完成波茨坦宣言所示各项目的以前,应留驻日本国内。②

日本政府接到通知后,于 8 月 14 日答复中、美、英、苏四国:"一、天皇已颁发关于接受波茨坦宣言条项之诏书;二、天皇准备对其政府及大本营授予实施波茨坦宣言各项规定所必要之答复权

---

①②《日本投降经过》,《寰球》1945 年创刊号,第 3 页。

限。又天皇准备对一切日本国陆海军关系及在此关系指挥下之一切军队惟停止战斗行为,移交武器及实施上项各条项,颁发联合国最高指挥官要求之一切命令。"①

8月15日,日本政府致电中、美、英、苏四国政府,日本天皇已颁布敕令"接受波茨坦宣言之各项规定事;准备授权并保证日本政府及日本大本营,签订实行波茨坦宣言各项规定之必需条件;准备对日本所有海陆空军当局,及在各地受共管辖之所有部队,停止积极行动,交出军械,并颁发盟军统帅部所需执行上述条件之各项命令"②。当日,日本发表天皇"玉音放送"的《终战诏书》,称"虽陆海将兵勇敢善战,百官有司励精图治,一亿众庶之奉公,各尽所能,而战局并未好转,世界大势亦不利于我。加之,敌方最近使用残酷之炸弹,频杀无辜,惨害所及,真未可逆料。如仍继续交战,则不仅导致我民族之灭亡,并将破坏人类之文明"③,鉴于以上世界大势和日本现状,故日本政府接受《波茨坦公告》,无条件投降。

9月2日,日本投降签字仪式在停泊于横滨附近海域的美国新锐战舰"密苏里"号上举行。反法西斯联盟代表分别为:盟军最高指挥官麦克阿瑟、美国代表尼米兹、中国代表徐永昌等;日本代表为外相重光葵、参谋总长梅津美治郎。投降协定签字仪式历经22分钟即全部完毕。仪式开始时,麦克阿瑟发表简短演说,称:"吾人缔结此庄重协定,俾得恢复和平……希望世人自此庄严之时刻起,由过去流血屠杀中产生一更善美之世界,以信义、谅解为基础,致力谋维持人类之尊严,实现可珍爱之自由、容忍及正义之希望。"④

---

① [日]服部卓四郎著,张玉祥等译:《大东亚战争全史》第4册,第1671页。
② 中国第二历史档案馆编:《第二次世界大战中国战区受降纪实》,第15页。
③ 中国第二历史档案馆编:《第二次世界大战中国战区受降纪实》,第14页。
④ 《日本投降经过》,《寰球》1945年创刊号,第3页。

美国杜鲁门总统在是日发表广播演说,宣布 9 月 3 日为胜利日。

二、中国受降与日本侨俘

据何应钦在《八年抗战之经过》中记载,日本投降前夕,日军在中国战区的兵力共 1 283 240 人,其中,"华北方面军:326 244 人;华中第六方面军:290 367 人;京沪地区第六、十三军:330 397 人;广东第二十三军:137 386 人;台湾方面第十方面军:169 031 人;越南北纬十六度以北地区第三十八军:29 815 人"。①

自七七事变后,日本侵略者"挟着利器,席卷我们的华北、华中等地区,他们夸耀着自己的武士道精神,而且抱着武士精神,对付我们的同胞"。② 日本的战败使其一夜之间变为败国之军。1945 年 8 月,虽然不断有日本投降的消息传来,但日军驻华最高指挥官冈村宁次仍于 8 月 12 日训示在华日军"抱全军玉碎之决心,誓将骄敌击灭,以挽狂澜于既倒","全军将士勿为敌之和平宣传攻势所迷惑,全军应愈加精诚团结……克服万难,一心一意为击灭骄敌而奋斗"。③ 在 8 月 15 日突然听到昭和天皇的广播后,冈村宁次称自己"悲极无泪"。当时在华的日本官兵,"高级将领在某种程度上已想象到大体战败,但多数预料可能要'在日本本土和中国沿岸,再进行一、二次大决战,在比较有利的情况下讲和'。至于一般官兵,因完全不了解全面情况,几乎还认为胜利在望。在这样的心情下,突然听到 8 月 15 日天皇的广播,大为震惊,目瞪口呆,不知所措"。④

---

① 何应钦:《八年抗战之经过》,沈云龙主编:《近代中国史料丛刊》第 79 辑,第 199 页。

②《昔日武士气概今安在》,《生活》1946 年第 4 期。

③ [日]稻叶正夫编,天津市政协编译委员会译:《冈村宁次回忆录》,北京:中华书局 1981 年版,第 25 页。

④ [日]稻叶正夫编,天津市政协编译委员会译:《冈村宁次回忆录》,第 32 页。

因此，当日本投降的消息发布后，具有强烈绝望感及抵触情绪的侵华日军，曾经有些骚动。有部分"少壮军官及一部分下士官或愤慨、或哭泣、或胁迫部队长强烈要求继续作战等情况不断发生"，甚至有"军官及下士官悲愤之余自杀者"，"仅长江下游地区，即有某大队长（少佐）以下二十余人自杀"。① 但是，不多时这些骚动就平复了。

在日本宣布无条件投降后，中国的受降工作随即展开。中国按盟国所划分的受降区规定，中国战区受降范围为"中华民国（东北除外归苏军受降）台湾及越南北纬十六度以北地区，日军投降代表为日军驻华派遣军总司令冈村宁次大将"。② 8月15日，中国战区最高统帅蒋介石即急电日本的中国派遣军总司令冈村宁次，指示投降原则六项："一、日本政府已正式宣布无条件投降。二、该指挥官应即通令所属日军，停止一切军事行动，并派代表至玉山，接受中国陆军总司令何应钦之命令。三、军事行动停止后，日军可暂保有其武装及装备，持现有态势，并维持所在地之秩序及交通，听候中国陆军总司令何应钦之命令。四、所有飞机及船舰应停留现在地，但长江内之船舰，应集中宜昌、沙市。五、不得破坏任何设备及物资。六、以上各项命令之执行，该指挥官及所属官员均应负个人之责任，并迅速答复。"③冈村宁次当即复电遵从。后因玉山机场雨天跑道损坏，不能使用，临时决定改为湖南芷江。8月17日，蒋介石电饬冈村宁次遵照执行。同时，蒋介石还赋予中国陆军总司令何应钦系列任务，包括"处理在中国战区之全部敌军投降事宜"；"指导各战区各方面军分区分期办理一切接受敌军投降之实施事

---

① ［日］稻叶正夫编，天津市政协编译委员会译：《冈村宁次回忆录》，第32页。
② 何应钦：《八年抗战之经过》，沈云龙主编：《近代中国史料丛刊》第79辑，第199页。
③ 中国第二历史档案馆编：《第二次世界大战中国战区受降纪实》，第62—63页。

宜";"对中国战区内之敌军最高指挥官发布一切命令";"与中国战区美军人员密切合作办理美军占领区,盟军联合占领区,交防、接防敌军投降后之处置"等。①

8月21日,冈村宁次遵令派副总参谋长今井武夫率参谋、译员等飞赴芷江洽降,23日返回南京。期间中日双方两次洽商日本投降事宜,中方授予今井武夫第一至四号备忘录,指示日军投降应准备的事项。27日,中国陆军总部副参谋长冷欣,偕高参陈倬,前往南京建立中国陆军总部南京前进指挥所。9月8日,中国陆军总司令何应钦飞赴南京。

9月9日9时,中国战区日军投降签字仪式在南京中国陆军总部大礼堂举行。冈村宁次代表日军签署降书,中国则由陆军总司令何应钦代表受降。日本向中国投降的降书全文共九条,其中规定"在中华民国(东三省除外)台湾与越南北纬十六度以北地区内之日本全部陆海空军与辅助部队应向蒋委员长投降";"投降之全部日本陆海空军立即停止敌对行动,暂留原地待命。所有武器弹药、装具器材、补给品、情报资料、地图、文献档案,及其他一切资产等当暂时保管。所有航空器及飞行场一切设备,舰艇、船舶、车辆、码头、工厂、仓库,及一切建筑物以及现在上述地区内日本陆海空军或其控制之部队,所有或所控制之军用或民用财产,亦均保持完整,全部缴于蒋委员长及其代表何应钦上将所指定之部队长及政府机关代表接收"。② 签字完成后,何应钦发布《中国陆军总司令部第一号命令》:自即日起,冈村宁次"将'支那派遣军总司令官'名义取消,并自明(十)日起,改称中国战区日本官兵善后总连络部",冈

---

① 何应钦:《八年抗战之经过》,沈云龙主编:《近代中国史料丛刊》第79辑,第203页。
② 中国第二历史档案馆编:《第二次世界大战中国战区受降纪实》,第137页。

村宁次的总司令部也自 10 日起,改称"中国战区日本官兵善后总连络部","传达,及执行本总司令之命令,办理日军投降后之一切善后事项,不得主动发布任何命令";同时,"各地区日本代表投降部队长之原有司令部,着均改为日本官兵善后连络部。其投降代表长官原有名义,着一律取消,改称地区连络部长",办理各该地区内的日军投降后的一切善后事宜。①

受降仪式历时 20 分钟,顺利完成。何应钦随即发表简短的广播讲话,通告全国同胞及全世界:"中国战区日军投降签字,已于本日上午 9 时,在南京顺利完成。这是中国历史上最有意义的一个日子,这是八年抗战艰苦奋斗的结果。东亚及全世界人类和平与繁荣,亦从此开一新的纪元,本人诚恳希望我全国同胞自省自觉,深切了解近日为我国家复兴之机会,一致精诚团结,在蒋主席领导之下,奋发努力,使复兴大业,迅速进展,更切盼世界和平,自此永奠其基础,以进于世界大同之境域。"②

受降仪式后,散布在中国战区,包括台湾澎湖及越南北纬 16°以北地区的日本 120 余万大军,次第解甲,无条件向中国投降。中国为了迅速办理日本投降事宜,划定受降区 15 个,指定中国战区各地区受降主官、受降地点及日军代表、投降部队军官与投降部队集中地点等。如表 2-6。

---

① 中国第二历史档案馆编:《第二次世界大战中国战区受降纪实》,第 144—145 页。
② 中国第二历史档案馆编:《第二次世界大战中国战区受降纪实》,第 139—140 页。

表 2 - 6　中国战区各区受降概况表

受降区域	受降主官	日军投降代表	受降地点	受降时间	日军集中地点	日军投降部队	日本官兵地区善后联络部	日本官兵善后联络部部长
北越地区	第一方面军司令官卢汉	土桥勇逸	河内	9月28日	越南北纬16度以北地区	第三十八军、第二十一、二十二师团及第三十四独立旅团	越北地区日本官兵善后联络部	土桥勇逸
广州海南地区	第二方面军司令官张发奎	田中久一	广州	9月16日	广州	第二十三军，第十三、一二九、一三〇师团，第十三、二十三、八十一独立旅团	广州海南岛地区日本官兵善后联络部	田中久一
					雷州半岛	第二十二、二十三独立旅团一部		
					海南岛	海南警备部队		
上海南京地区	第三方面军司令官汤恩伯	松井太久郎	上海	9月11日	上海	第十三军，第二十七、六十、六十一、六十九师团，第八十九、九十独立旅团	京沪地区日本官兵善后联络部	十川次郎
	新六军军长廖耀湘	十川次郎	南京		南京	第六军，第三、四十、一六一师团，第十三飞行师团		

续表

受降区域	受降主官	日军投降代表	受降地点	受降时间	日军集中地点	日军投降部队	日本官兵地区善后联络部	日本官兵善后联络部部长
长衡地区	第四方面军司令官王耀武	坂西一良	长沙	9月15日	长沙	第二十军,第六十四师团,第八十一、八十二独立旅团,第二独立骑兵团	长衡地区日本官兵善后联络部	坂西一良
					衡阳	第六十八师团		
					岳阳	第一一六师团,第十七独立旅团		
洛阳地区	第一战区司令长官胡宗南	鹰森孝	郑州	9月22日	洛阳	第一一〇师团	新汴地区日本官兵善后联络部	鹰森孝
					新乡	第六骑兵团,第二十二军		
					郑州	第十独立骑兵团		
山西地区	第二战区司令长官阎锡山	澄田赉四郎	太原	9月13日	太原	第一军、第一一四师团,第三十、十四独立旅团,第五独立骑兵团	山西地区日本官兵善后联络部	澄田赉四郎

续表

受降区域	受降主官	日军投降代表	受降地点	受降时间	日军集中地点	日军投降部队	日本官兵地区善后联络部	日本官兵善后联络部部长
杭州厦门地区	第三战区司令长官顾祝同	松井太久郎	杭州	9月15日	杭州	第十三军、第一三三师团，第六十二、九十一独立旅团	杭州厦门地区日本官兵善后联络部	松井太久郎
					厦门	海军陆战队		
郾城许昌商丘地区	第五战区司令长官刘峙	鹰森孝	郾城	9月20日	郾城	第一一五师团·第十四独立骑兵团	郾城地区日本官兵善后联络部	鹰森孝
					许昌	第九十二独立旅团，第十三独立骑兵团		
					商丘	第四独立骑兵团		
武汉宜昌沙市地区	第六战区司令长官孙蔚如	冈部直三郎	汉口	9月18日	汉口	第一三三师团，第五、十一、八十五独立旅团	武汉地区日本官兵善后联络部	冈部直三郎
					武昌	第十二、八十六、八十九独立旅团		

续表

受降区域	受降主官	日军投降代表	受降地点	受降时间	日军集中地点	日军投降部队	日本官兵地区善后联络部	日本官兵善后联络部部长
汕头地区	第七战区司令长官余汉谋	田中久一	汕头	9月28日	汕头	第一〇四师团、第一三〇师团炮兵大队及潮汕支队等	潮汕地区日本官兵善后联络部	田中久一
南昌九江地区	第九战区司令长官薛岳	笠原幸雄	南昌	9月14日	南昌	第七独立旅团	南浔地区日本官兵善后联络部	笠原幸雄
					九江	第十一军、第十三、五十八师团、第二十二、八十四独立旅团		
徐州安庆蚌埠海州地区	第十战区司令长官李品仙	十川次郎	蚌埠	9月24日	徐州	第六十五师团	徐海地区日本官兵善后联络部	十川次郎
					蚌埠	第七〇师团、第一独立骑兵旅团		
					安庆	第一三一师团、第六独立旅团		

续表

受降区域	受降主官	日军投降代表	受降地点	受降时间	日军集中地点	日军投降部队	日本官兵地区善后联络部	日本官兵善后联络部部长
平津地区	第十一战区司令长官孙连仲	根本博	北平	10月10日	北平	第三骑兵旅团，第二、三独立骑兵团，第八独立旅团	平津保地区日本官兵善后联络部	根本博
					天津	第一一八师团，第九独立旅团		
					保定	第七独立骑兵团		
					石家庄	第一、二独立旅团		
山东地区	第十一战区副司令长官李延年	细川忠康	济南	12月27日	济南	第四十三军、第四十七独立师团，第九独立骑兵团	青岛济南地区日本官兵善后联络部	细川忠康
					青岛	第五独立旅团，第十二独立骑兵旅团，第一独立旅团及海军陆战队		

续表

受降区域	受降主官	日军投降代表	受降地点	受降时间	日军集中地点	日军投降部队	日本官兵地区善后联络部	日本官兵善后联络部部长
热河察哈尔绥远三省地区	第十二战区傅作义	根本博	归绥	9月28日	包头等	第二十一、二十四独立骑兵团及热河省内日军部队	包绥地区日本官兵善后联络部	根本博
台湾澎湖地区	台湾行政长官陈仪	安藤利吉	台北	10月25日	台北、新竹、苏澳、台中、台南、高雄等	第十方面军、第九、十二、五十、六十六、七十一师团、第八十五行师团、第七十五、七十六、一〇〇、一〇二、一〇三、一一二独立旅团及澎湖二守备队	台湾地区日本官兵善后联络部	安藤利吉

资料来源：根据何应钦：《八年抗战之经过》，中国第二历史档案馆编：《第二次世界大战中国战区受降纪实》；朱成山主编：《二战大受降：中国抗战与世界反法西斯战争胜利史料集》（南京：南京出版社 2015 年版）；中国人民政治协商会议南京市委员会文史资料委员会编：《中国战区受降始末》《北京：中国文史出版社 1991 年版》相关内容整理而成。

据表可见,自 1945 年 9 月 11 日起,各战区、各方面军的受降工作次第展开。至 12 月 27 日,侵华日军的签字投降仪式均告完成。日军缴械工作也陆续进行,至 1946 年 4 月中旬,日军全部解除武装,集中待遣。战后,蒋介石提出对日问题的"以德报怨"政策,特别指示中国陆军总司令何应钦:"第一,对冈村宁次之投降,予以礼遇;第二,对日方俘侨之遣送,应予以宽大周到。"①何应钦依据指示,对业已解除武装的日军官兵,交由冈村宁次自行编组,分地集中,自治自理,对日俘遣送工作,也交由日军官兵自行负责编配,中国军队从旁监督指导。总之,国民政府在对待日俘问题上处处体现一个"宽"字,如:为免在精神上刺激日军,在其缴械之后不是称其为"俘虏",而是"徒手官兵",其待遇也与当时的国民党军队一样。事实上,许多日俘的待遇要远远高于国民党军队。据《益世报》记载,当时天津市日俘"所食者为稻米、牛肉、大虾、芝麻油等,炊事所用燃料为整料木材及煤油,以如此贵重物资供彼昔日曾残杀我同胞之敌寇,尚为世界各国所罕见"。② 然而,这并非天津所独有,北平、上海等地也有此现象。

三、遣返日本侨俘的政策

1945 年 8 月 15 日,昭和天皇通过"玉音放送",接受《波茨坦公告》,宣告日本投降。那么,如何处理滞留在华的约 320 万名日本侨俘,成为战后亟待解决的问题之一。这些骄横残忍、不可一世的侵略者,一夜之间成了败国之军、败国之民,不知等

① 章伯锋、庄建平主编:《抗日战争》第 2 卷军事(下册),成都:四川大学出版社 1997 年版,第 2502 页。

②《路有国人饿死鬼,日俘盘中尽佳餐》,《益世报》1946 年 2 月 24 日,第 3 版。

待他们的是中国政府和人民怎样的惩罚。昔日烧杀抢掠的这些侵略者，非常担心和害怕因其从前所作所为而受到中国人民的报复。但是，出乎意料，国民政府提出了"不念旧恶""与人为善""以德报怨"政策，并将该政策贯彻到对日本侨俘的集中、管理与遣返的始终。

（一）"以德报怨"政策

1945 年 8 月 15 日，抗战胜利之日，中国战区最高统帅蒋介石发表了题为《抗战胜利告全国军民及世界人士书》的广播讲话，要求中国军民"不念旧恶""与人为善"，禁止对日本人民施以侮辱和报复；声明中国要以"以德报怨"的胸怀和精神来处理战后问题，从而为实现世界的永久和平奠定基础。其原文如下：

> 我们的"正义必然胜过强权"的真理，终于得到了最后的证明……此次战争发扬了我们人类互谅互敬的精神，建立了我们互相信任的关系，而且证明了世界战争与世界和平皆是不可分的，这更足以使今后战争的发生势不可能。我说到这里，又想到基督宝训上所说的"待人如己"与"要爱敌人"两句话，实在令我发生无限的感想。我中国同胞们必知"不念旧恶"及"与人为善"为我民族传统至高至贵的德性。我们一贯声言，只认日本黩武的军阀为敌，不以日本的人民为敌。今天敌军已被我们盟邦打倒了，我们当然要严密责成他忠实执行所有的投降条款，但是我们并不要报复，更不可对敌国无辜人民加以污辱，我们只有对他们为他的纳粹军阀所愚弄所驱迫而表示怜悯，使他们能自拔于错误与罪恶。要知道如果以暴行答复敌人从前的暴行，以奴辱来答复他们从前错误的优越感，则冤冤相报，永无终止，决不是我们仁义之师的目的，这是

我们每一个军民同胞今天应该特别注意的。①

虽然蒋介石在讲话中未提到"以德报怨"，但从整篇讲话的主旨来看，被理解为"以德报怨"并无不当。这次广播在全世界都引起了极大的反响。日本战败投降后，英国的阿托里称："这是对英国殖民地攻击的休止符"；杜鲁门说："这是对珍珠港的报复"；就连参战仅几天的苏联也宣称："报了日俄战争以来的屈辱。"②唯独在饱受日本侵略的中国，蒋介石宣称要对日本"不念旧恶""与人为善"。不但西方各盟国"感到意外"，就连冈村宁次在其回忆录中也感叹道："这个演讲与当时苏联斯大林所提出的'讨还日俄战争之仇'的声明比较，应该说中国之豪迈宽容，无以复加。"同时，他认为，"停战后，中国官民对日人态度，总的来看，出乎意料的良好，这可能与中国人慷慨的民族性格有关，但其最大的原因，是广为传闻的蒋介石委员长于 8 月 15 日所作的'以德报怨'的广播演讲"。③

对于"以德报怨"政策，学术界褒贬不一。日本在总结国民政府战后对日政策时，赋予"以德报怨"政策丰富的内涵。日本前首相岸信介总结其为四项内容：(1) 遣返 200 万名日俘日侨回国，为日本战后建设提供了必要的人力；(2) 阻止盟国分裂日本；(3) 维护了天皇制；(4) 放弃了战争赔偿。④ 滩尾弘吉也将其总结为四项：(1) 维持天皇制；(2) 阻止苏联侵占北海道；(3) 将在中国大陆

① 中国陆军总司令部编：《处理日本投降文件汇编》(上卷)，沈云龙主编：《近代中国史料丛刊》第 82 辑，台北：文海出版社有限公司 1972 年版，第 20 页。

② 刘艳华、何力群：《抗战胜利后蒋介石对日采取以德报怨政策评析》，《长春师范学院学报》2002 年第 1 期。

③ ［日］稻叶正夫编，天津市政协编译委员会译：《冈村宁次回忆录》，第 33 页。

④ 林金茎：《战后中日关系之实证研究》，中日关系研究协会，1984 年，第 684 页，转引自冯全普《战后初期国民党政权对日"以德报怨"政策之原因分析》，《东方论坛》2006 年第 2 期。

的两百多万日本军民送回其祖国;(4) 放弃战争赔偿的请求权。台湾的林金茎也认为蒋介石的"以德报怨"政策内涵主要包括四个方面:护持天皇制、阻止俄军进驻占领日本、快速遣返留在中国大陆的日本军民、放弃巨额的战争赔偿要求等。① 中国大陆的主流观点则认为此政策的真实意图是想安抚在华的百万日军,并得到日军的配合,抢占抗战胜利果实,最终恢复国民党对全国的控制。

　　战后国民政府对日采取"以德报怨"政策的动机有待讨论,但从对日政策的表现上来看是以宽大为主,特别是国民政府在处理日本侨俘遣返问题时,处处体现一个"宽"字。如,国民政府准许日本侨俘回国时携带现款及大量的行李,其中现款为官佐 500 日元,士兵 200 日元,侨民 1 000 日元;行李重量起初定为每人 30 公斤(不包括被褥服装),后又改为每人携带其能自行携带的行李为限,不另规定重量,唯不准分二次搬运上船,及不准雇用苦力帮助搬运;准带的物品包括被褥、服装及随身用品。日本医务人员还被特许除所定行李限额外,准带回 10 公斤医学书籍。在对日本侨俘的集中管理及遣返中,类似宽大事件,不胜枚举。同时,"以德报怨"成为中国官民在接收中对待日人态度的基础。在"以德报怨"政策的影响下,善良的中国民众不仅未对日本侨俘进行严厉报复,而且看到其投降后失魂落魄的样子,还施予同情。冈村宁次在其回忆录中也记载道:"据说中国姑娘看到日本兵疏浚南京河流的作业情况,深为感动,曾有在街头募捐进行慰劳之事。"②

　　在强调"不念旧恶""与人为善"同时,蒋介石也认识到"今后要

① 袁成毅:《战后蒋介石对日"以德报怨"政策的几个问题》,《抗日战争研究》2006 年第 1 期。
② [日]稻叶正夫编,天津市政协编译委员会译:《冈村宁次回忆录》,第 109 页。

做的工作将相当不易"，其中"最难的工作，就是那些法西斯纳粹军阀国家受过错误领导的人们，我们怎样才能使他们不只是承认他自己的错误和失败，并且能心悦诚服的接受三民主义，承认公平正义的竞争，较之他们武力与强权恐怖的竞争，更合乎真理和人道要求的一点，这就是我们中国与联盟国今后一件艰巨的工作"。[①]在华日侨，正如郑振铎所说，他们"每一个国民，乃至每一个小学生，无不灌满了军国主义式的教育。每一个日本人都是军人，每一个日本商人，都是特务人员，甚至每一个日本妓女，也都是女间谍"。[②]所以，日侨和日俘在性质上虽似乎不同，而从其本质看来，日侨和日俘都是军国主义的工具。正因为如此，国民政府在注意日俘问题的时候，同时未放弃对日侨的再教育问题。

时人论及日侨的再教育问题时，指出：

> 这四五百万的日本侵略主义的急先锋，停留在中国当须经过一个很长的时期，或则一年二年，至少也得六七个月。即使他们非常驯良的生活着，不再发生什么乱子，可是我们却非得考虑一个重大的问题：让他们单纯地过着一种俘虏的生活呢？还是我们在这有限的时期中，尽可能地使他们的头脑来一点改造？我们现在既不欲实行报复主义来清算八年来的血账，那么我们就应得想到一个以后的问题，我们至少要和盟国统制日本所采取的同样步骤，即我们应得根绝他们的侵略思想，使他们以后不致再为东亚之患和人类之患。所以，关于这般日俘日侨再教育，实是一种利人利己的事情，为他们，也是

---

① 中国第二历史档案馆编：《中华民国档案资料汇编》第 5 辑，第 3 编，军事（一），南京：江苏古籍出版社 1991 年版，第 718—719 页。

② 方曦：《论日俘日侨之再教育》，《民众周刊》第 1 卷第 8 期，1945 年 11 月。

为我们自己的事情。①

因此，为使日侨认清形势，消除其黩武主义思想，为战后和平打下基础，各地利用日侨集中后待船回国的时机，对日侨实行了一定程度的精神教育，向他们灌输民主主义精神，并纠正其思想中的谬误。

在谈及战后日本侨俘遣返问题时，多数学者认为战后国民政府及民众对日本侨俘的态度主要是受到蒋介石"以德报怨"演讲的影响，对日本侨俘的迅速遣返也是以"以德报怨"讲话为基本方针而得以实施的。少数学者则持不同意见，认为战后初期中国方面之所以做到迅速遣返日本侨俘，仅仅用"以德报怨"来概括是不够全面的，称其是多种因素综合作用的结果，既有蒋介石防共的战略考虑，也事关美国根除日本在华势力的既定政策，同时也反映了中华民族宽大仁厚的民族性格。② 但是，总体而言，"以德报怨"成为中国官民在接收中对待日人态度的基础；且贯穿日本俘侨遣返始终，特别是对日侨的处理，更是符合"以德报怨"讲话中"只认日本黩武军阀为敌，不以日本的人民为敌"的要求。

（二）日本侨俘遣返计划

1945 年 8 月 15 日，日本宣布投降。盟军总部将中国大陆（东北三省除外）、台湾以及越南北纬 16°以北地区，所有一切的日本陆海空军及辅助部队，归由中国战区最高统帅蒋介石负责接收。8 月 18 日，蒋介石授权中国陆军总司令何应钦"承本委员长之命处理在中国战区之全部敌军投降事宜"。③ 中国陆军总司令部因此成为中国战区对日本受降与接收的主要负责单位，对日本侨俘的集中管

---

① 方曦：《论日俘日侨之再教育》，《民众周刊》第 1 卷第 8 期，1945 年 11 月。

② 袁成毅：《战后蒋介石对日"以德报怨"政策的几个问题》，《抗日战争研究》2006 年第 1 期。

③ 中国陆军总司令部编：《处理日本投降文件汇编》（上卷），沈云龙主编：《近代中国史料丛刊》第 82 辑，第 20 页。

理及遣送也是其职责之一。为加强日本侨俘的管理和加快遣返进度等，国民政府准许美国和日本给予一定协助。如此，国民政府与美日两方为日本侨俘遣返工作召开了数次会议。

1945 年 9 月 29 日，中美在重庆举行了"遣送中国战区日人返国联合会议"，在会议通过的《重庆中美联合参谋会议致本部备忘录》中，就遣送日侨问题达成以下共识："根据盟国政策，所有自日方获取之船舶，将由盟国最高统帅部统筹支配，其主要之任务乃在遣送日人；日本被解除武装部队及日本侨民之遣送，中国战区无疑应有完善之计划，以利用可能之机会；关于接收部队之调动，侨民之集中，解除武装之态势，预测粮食情形，各地区内之通信状况，以上各项经详细考虑后，预定将来开始海运遣散日本人，将按照下列之标准：(1)广州区——自广州出口，(2)京沪区——自上海出口，(3)平津张家口区——自大沽及秦皇岛出口，(4)青岛济南区——自青岛及烟台出口，(5)汉口区日人最后自上海出口，(6)开封区最后自青岛、烟台出口……"①

10 月 25 日，中美在上海召开第一次遣送日本侨俘会议，又将以上计划完善为《中国战区日本官兵与日侨遣送归国计划》，议定"中国战区日本官兵及日侨之遣送返国由中国政府负责；在本计划之实施上应尽量利用日方人员，由中国战区美军总部或其继承者派少数美方人员协助并担任中国政府与美国最高统帅及美国海军各中间之连络事宜"。② 该计划将日本侨俘的遣送工作分为两个阶段，第一阶段"向港口之输送上船时之检查由中国陆军总司令部担

① 中国陆军总司令部编：《处理日本投降文件汇编》(下卷)，沈云龙主编：《近代中国史料丛刊》第 82 辑，第 221—222 页。

② 中国陆军总司令部编：《处理日本投降文件汇编》(下卷)，沈云龙主编：《近代中国史料丛刊》第 82 辑，第 224 页。

任之";第二阶段"由中国本土台湾及日本间之水运用登陆艇之运送由美第七舰队担任";同时,"由中国战区美军总部成立一遣送日本官兵与日侨联络部负责中国陆军总司令部、盟国统帅部及美第七舰队之间连络事宜,该联络部须于各上船港口派遣联络官担任各该港口中国陆军与美第七舰队之联络工作"。① 另外,该《计划》规定了日俘优先的原则,即"日本陆海人员优先遣送,次及日侨"。②

中国战区的待遣日本侨俘数(包括朝鲜人及台湾同胞在内)预计为1 971 518人(见表2-7)。"计划天津区每月遣送日人66 000名,青岛每月24 000名,上海每月64 000名。"③"尽量利用日本之兵舰及商轮以资遣运,所有日本兵舰及最初指定运载人员而非搭载内岛或海岸乘客之商轮均调供遣送日本军侨之用,人员遣送将由货船运载,惟以不影响货载为主。"④在各有关港口设港口运输司令部,其主要任务为会同当地有关机关执行上船检查、上船集待场之规定及该场所集待人数之调解、上船码头附近之警备、归国华人之内送等。⑤

表2-7　日本官兵侨民遣送所在地与数目

		军			侨			总计
		健康	患病	合计	健康	患病	合计	
塘沽	日本	194 000	16 800	210 800	217 300	1 900	219 200	430 000
	朝鲜	8 000		8 000	19 610	700	20 310	28 310
	台湾				1 330	50	1 380	1 380
	小计	202 000	16 800	218 800	238 240	2 650	240 890	459 690

①③ 中国陆军总司令部编:《处理日本投降文件汇编》(下卷),沈云龙主编:《近代中国史料丛刊》第82辑,第224页。

②④ 中国陆军总司令部编:《处理日本投降文件汇编》(下卷),沈云龙主编:《近代中国史料丛刊》第82辑,第242页。

⑤ 中国陆军总司令部编:《处理日本投降文件汇编》(下卷),沈云龙主编:《近代中国史料丛刊》第82辑,第245—247页。

		军			侨			总计
		健康	患病	合计	健康	患病	合计	
青岛	日本	53 300	2 362	55 662	74 000	600	74 600	130 262
	朝鲜	2 000		2 000	2 410	100	2 510	4 510
	台湾				160		160	160
	小计	55 300	2 362	57 662	76 570	700	77 270	134 932
连云港	日本	82 250	5 000	87 250	9 700	200	9 900	97 150
	朝鲜	2 750		2 750	2 540	80	2 620	5 370
	台湾				20		20	20
	小计	85 000	5 000	90 000	12 260	280	12 540	102 540
上海	日本	645 000	38 478	683 478	123 000	1 000	124 000	807 478
	朝鲜	6 000		6 000	9 980	380	10 360	16 360
	台湾	1 000		1 000	5 880	250	6 130	7 130
	小计	652 000	38 478	690 478	138 860	1 630	140 490	830 968
广州	日本	99 100	7 000	106 100	4 900	85	4 985	111 085
	朝鲜				430	5	435	435
	台湾	1 000		1 000	3 400	110	3 510	4 510
	小计	100 100	7 000	107 100	8 730	200	8 930	116 030
雷州	日本	2 000		2 000				2 000
	朝鲜							
	台湾							
	小计	2 000		2 000				2 000
海口	日本	35 400	909	36 309	6 200		6 200	42 509
	朝鲜				575	30	605	605
	台湾				5 400	300	5 700	5 700
	小计	35 400	909	36 309	12 175	330	12 505	48 814

续表

		军			侨			总计
		健康	患病	合计	健康	患病	合计	
汕头	日本	2 700		2 700	440	12	452	3 152
	朝鲜				30		30	30
	台湾				1 530	55	·1 585	1 585
	小计	2 700		2 700	2 000	67	2 067	4 767
厦门	日本	4 900	116	5 016				5 016
	朝鲜							
	台湾							
	小计	4 900	116	5 016				5 016
海防	日本	41 102		41 102				41 102
	朝鲜							
	台湾							
	小计	41 102		41 102				41 102
基隆	日本	92 000	7 000	99 000				99 000
	朝鲜							
	台湾							
	小计	92 000	7 000	99 000				99 000
高雄	日本	119 859	6 800	126 659				126 659
	朝鲜							
	台湾							
	小计	119 859	6 800	126 659				126 659
合计		1 392 361	84 465	1 476 826	488 835	5 857	494 692	1 971 518

资料来源:中国陆军总司令部编:《处理日本投降文件汇编》,沈云龙主编:《近代中国史料汇编》第82辑,下卷,第236—238页。

说明:据中国陆军总司令部编:《处理日本投降文件汇编》之《日本官兵侨民遣送所在地与数目表》整理而成。

为提高遣返效率，同时也为即将在东京召开的正式会议做准备，中美于 1946 年 1 月 5 日在上海举行了第二次联合遣送日本侨俘会议，对"能接收之船只，自中国内日输送日人至中国港口的输送率，及中国对于即将接收的自由艇 25 艘所能供给之中国海员"等事项进行了讨论，①确定了遣送日程及遣送船只的安排等。中国战区美军总部日本侨俘遣送组组长魏特曼上校指出："完成华中、华南、台湾、海南岛及越南日俘日侨之最终日期为 4 月 1 日。"②

1946 年 2 月 6 日，中、美、日三方又在东京召开了中国战区遣送会议，议定了遣返日本侨俘的纲领性文件，即《中国战区遣送计划》。该《遣送计划》规定由美军"协助中国自中国本土、东北、台湾、海南岛、越南北纬十六度以上各地区，遣送日俘日侨返国"；同时明确中、美、日各方在遣返日本俘侨中的负责事项。中国战区美军总部负责"与中国陆军总司令部、中国政府、第七舰队、盟军总部及日本船舶管理处联络"；第七舰队负责美军船只之海运；日本船舶管理处则负日本船员管理之船只海运职责；中国政府则负责"于日军缴械后，输送日俘侨至海港区集中，以待海运之初步准备"，即"一切有关日俘侨输送并集中海港之记录概由中国方面负责办理"。③《遣送计划》还对日本侨俘遣返工作具体实施中的实际问题，如出口登记、病疫检查、搜捕战犯、财政管理、补给办法、所需船只数量及地点、启航通报、行李邮件等，也做出详细说明。

---

① 中国陆军总司令部编：《处理日本投降文件汇编》（下卷），沈云龙主编：《近代中国史料丛刊》第 82 辑，第 251 页。

② 中国陆军总司令部编：《处理日本投降文件汇编》（下卷），沈云龙主编：《近代中国史料丛刊》第 82 辑，第 255 页。

③ 中国陆军总司令部编：《处理日本投降文件汇编》（下卷），沈云龙主编：《近代中国史料丛刊》第 82 辑，第 270—271 页。

　　据此,国民政府相继颁布《中国战区日本徒手官兵服役办法》《战俘管理计划纲要》《中国陆军总司令部关于日俘待遇的规定》《中国境内日侨集中管理办法》《中国境内日籍员工暂行征用通则》等法令,作为各地日俘日侨收容管理的依据。对于日俘的集中管理,是由各地日俘管理机关在中国陆军总司令部统筹领导下,以《战俘管理计划纲要》为总则进行的。《战俘管理计划纲要》共 12 条,规定在军事委员会、中国陆军总司令部、各战区司令长官部均设置相应的战俘管理机关;各战区战俘管理处得依战俘集中情形设置若干管理所,对日俘进行集中管理;为使战俘均能觉悟起见,对其进行相应教育;等。

　　对于日侨的集中管理,则是由各地日侨管理机关在中国陆军总司令部统筹领导下,以《中国境内日侨集中管理办法》为总则进行的。该办法由中国陆军总司令部制定,共 17 条,于 1945 年 9 月 30 日颁布,自 10 月 1 日起开始施行。① 该办法是处理当时在华日侨事宜的总体方案,规定了各地日侨的集中原则、集中管理所及管理人员的设置、管理规则等。

　　值得注意的是,为使滞留日本侨俘认清形势,消除其黩武主义思想,为战后和平打下基础,也为达到"使我们的敌人在理性的战场上为我们所征服,使他们彻底忏悔"的目的,②国民政府将向集中待遣的约 320 万日本侨俘灌输民主思想、实施再教育,作为日本侨俘管理的重要内容。

　　远离家乡、入侵中国的日军和日本移民,在自觉或不自觉中充

---

① 中国陆军总司令部编:《处理日本投降文件汇编》(下卷),沈云龙主编:《近代中国史料丛刊》第 82 辑,第 179 页。

② 中国第二历史档案馆编:《中华民国档案资料汇编》第 5 辑,第 3 编,军事(一),第 719 页。

当了日本政府对外侵略扩张的工具，把自己绑上日本侵略战争的战车，沦为日本军国主义的牺牲品。其原因有以下几点。

第一，缺乏宏大视野的狭隘的岛国国民性。"一方水土养一方人"，民族性格最终的养育与铸造，与其所生活的自然地理环境有直接关系，大和民族亦不例外。日本陆地面积小、环海而多山、自然资源匮乏、各种灾难频发，这些地理特点塑造了特殊的日本文化气质，形成了日本所独有的"岛国根性"，如强烈的危机意识感、恐惧感等。日本思想家内村鉴三在1896年撰文指出日本人的"岛国根性"，表现为"不顾大局，处处为小事处心积虑，心胸狭窄，满足于眼前的功名，无科学根据地感情冲动，卑屈而又盲目骄傲。这就是说容易从崇拜外国急转为国粹主义，又容易从自卑感一下变为惟我独尊"。① 1939年，《大公报》总经理胡政之在为李纯青著《日本春秋》一书所写的序言中，就对日本民族做了精辟概括："日本是国小而强，其人民就亦骄亦浅，充满着岛国根性，好动而急激，褊狭而多疑，加以一直受着狭义的国家主义教育，帝国主义的侵略思想，武力崇拜，差不多成了日本人的第二天性。"②

第二次世界大战后，美国学者鲁思·本尼迪克特在其所著《菊与刀》中用"菊"与"刀"来揭示日本人的矛盾性格，亦即日本文化的双重性。她指出，日本文化就像菊花与刀，菊花是日本皇家家徽，刀是武家文化的象征。日本人爱美而黩武，尚礼而好斗，喜新而又顽固，服从而又不驯，忠贞而易于叛变，勇敢而又懦弱，保守而又求新。③ 人们把这种矛盾的性格理解为日本人独有的"二重性格"。

---

① 刘德有：《重视日本文化研究》，《日本学刊》2004年第5期。

② 胡政之：《序》，李纯青：《日本春秋》，重庆：大公报馆1939年版。

③ ［美］鲁思·本尼迪克特著，黄学益译：《菊与刀》，北京：东方出版社2013年版，第2页。

出于岛国根性的驱使,包括在华日侨在内的不少日本国民对侵略战争给予支持并积极投入其中。

第二,长期的军国主义教育和熏陶。日本军国主义者的战争狂热曾经如瘟疫般感染了大部分国民,这与日本长期对国民实施的军国主义教育密切相关。

在军国主义教育的灌输与蛊惑下,日本国民产生了浓厚的"效忠天皇的意识"。以学校教育而言,在 1890 年 10 月 30 日明治天皇发布的《教育敕语》中,军国主义教育思想暴露无遗,它把国家主义思想和复古主义的儒家道德彻底地结合起来,其宗旨是要培养"一旦危急,则能义勇奉公,以辅佐天壤无穷之皇运"的臣民。随着军国主义路线的逐步形成,学校的军国主义教育也逐渐形成和加强。这使得无论哪个学校,无论教师还是学生,都忘记了人性教育,教育的殿堂一味地堕落成为"神道、皇国史观、训练皇国国民"的场所。① 同样,在华日本人的教育也不是普通的侨民教育,其目的是为了培养能够长期统治中国人民的殖民者。在教育制度、教育内容等方面,在华日本人学校都照搬日本国内的教育,并根据占领地的情况加以"乡土化""地方化"。为造就能长期留在中国、担负日本在华发展各项业务的"知识人才",除遵守《教育敕语》等对学生进行忠君爱国的军国主义思想训练外,在华各日本人学校中还增设中国语教学及中国史地常识的教授,促使学生对所居地自然环境产生"亲近感",以解决学生毕业后在中国就业并使之长居中国的问题。在这样的教育体制下成长起来的在华日侨,往往成了被否定独立人格的人,成了为神格化的天皇而牺牲的"臣民"。

---

① ［日］河村太美雄著,屈连璧、丁大等译:《一个日本老兵对侵华战争的反思》,北京:东方出版社 2005 年版,第 133—134 页。

此外,在近代天皇制下,日本国民因长期受传统的皇道主义、国家主义和极端主义的教育,培养成服从上级的心理,而军国主义者又极力推行以煽动性的欺骗宣传为核心的国民思想动员运动。他们利用一切舆论手段,自上而下地贯彻屈从军部的所谓"整体意识",采取种种强制手段剥夺国民的言论自由,严厉镇压反战论者。在"日本只有抢占外国(主要是中国)领土才能生存""满洲是日本的生命线""华北是日本的生命线""建设大东亚共荣圈"等口号的影响下,日本国民最终完全地接受下来,在美化战争的鼓动诱导下,心甘情愿地充当帝国主义的牺牲品。日本军国主义者在日本战败前的 1945 年年初,还在敦促华北日侨"实践皇民之道";"凡事都以皇民自居,以天皇陛下之大御心,以皇国之面目为自己之面目,身体力行",以"增强华北之战力",加强"华北之建设"。① 因此,日本军民侵略扩张思想的膨胀,与日本军国主义不断地影响、教育密切相关。

第三,中国的历次排日运动使在华日侨充满"脆弱感"。当某一集团感到外部压迫时,集团内部的团结意识就会加强,以抵御和排除外压,这是社会心理学的一个法则。② 由相对单一民族、单一文化、单一语言形成的日本,一旦有事,就极容易团结、凝聚在一起。1915 年以后,中国几次民族运动的风暴及声势浩大的抵制日货运动给华北日侨以沉重打击,使得他们自认为"排日运动是对自己生活的威胁,民族运动是日侨之大敌"。③ 于是,他们

---

① 《大陆皇民必胜之道》,《日本研究》第 4 卷第 2 期,1945 年 2 月。

② [日]入谷敏男著,天津编译中心译:《日本人的集团心理》,北京:中国文史出版社 1989 年版,第 85 页。

③ [日]桂川光正著,周俊旗、郑玉林译:《租界日本侨民的中国观——以天津为例》,《城市史研究》第 19—20 辑,天津:天津社会科学院出版社 2000 年版,第 123 页。

越来越依赖于日本当局的支持。中日全面战争的爆发更是加剧了这种现象,使日侨最终成为日本对华侵略的驯服工具,自然而然地成为战争的支持者。尽管日侨在日本谋占中国的过程中"贡献"匪浅,但他们永远只是被利用且随时被牺牲的工具而已。当日本战败投降之时,他们被毫不留情地抛弃在中国的土地上。

总之,在日本侨俘中间,军国主义思想可谓根深蒂固,加之日本当局对战事消息的封锁,使日本的投降对于整个中国派遣军来说十分突然。失去日本军方庇护的日侨也和日本士兵一样,不愿相信日本已经战败投降的事实。他们认为,日本的投降只是昭和天皇为避免本土遭到更大破坏的权宜之计,并未认识到日本穷兵黩武的错误所在,也未改变其原有的错误观念。表2-8为1945年12月美国国务院调查分析局对在北平的385名日本人进行调查提问的结果。

表 2-8　旅居北平的日本人的政治意识

	是	不是	未答
在东北的中国人没有经营日本所建设之产业组织的能力。	69%	20%	11%
日本未来生存下去必须吞并东北。	45%	42%	13%
朝鲜至少在 20 年内连独立的准备也做不好。	77%	14%	9%
台湾不应该返还中国。	60%	29%	11%
中国并非国家,而是没有政治性结合的各种人的集合。	50%	39%	11%
七七事变如果不是中国的"煽动者"掀起"混乱"的话,本来是能够"解决"的。	69%	22%	9%
即使没有美国的援助,中国也能打赢战争。	8%	87%	5%

续表

	是	不是	未答
如果国民理解了日本真正的"意图"的话,日本陆军就能打赢战争。	61%	30%	9%
日本为维持现在的生活水平需要中国的经济资源。	81%	7%	12%
日本国民优于其他远东国民。	86%	9%	5%
日本民族优于世界其他任何民族。	41%	49%	10%

资料来源:[日]栗屋宪太郎编『日本现代史資料3』、東京、大月書店、1981年,转引自[日]吉田裕著,刘建平译《日本人的战争观:历史与现实的纠葛》,北京:新华出版社2000年版,第52—53页。

　　该调查实施于战争结束后不久,调查结果反映出,即使处于战败和"大日本帝国"崩溃的冷酷现实中,在华日人仍然根深蒂固地残存着对亚洲其他国家的优越感和蔑视意识,关于战争的侵略性认识极度欠缺,对中国抗战能力评价过低等。因此,为从思想深处消除其军国主义意识,国民政府决定对中国战区内集中待遣的日本侨俘实施再教育。国民政府军事委员会向各地区颁发了《战俘管理计划纲要》,规定了对日俘实施再教育的目的、措施等;中国陆军总司令部也在《中国境内日侨集中管理办法》中,规定对日侨"施以民主政治消除军国主义之教育"的内容。

　　总之,随着各地日俘日侨集中管理处(所)的相继成立,① 对日

---

① 战后中国各地对日俘、日侨分别集中、分别管理,但也有个别或部分的混合集中、一体管理。关于日俘日侨的管理机构,有的名为日俘侨集中管理处或管理所,有的名为日本徒手官兵集中管理处或管理所,有的名为日侨集中管理处或管理所。有时"日俘""日侨"连用,有时分用;有时称作"日侨俘",有时称作"日俘侨",有所不同,需要注意。本书一般统称"日本侨俘",但为尊重历史原貌,有时根据表述需要和准确起见也分别使用。特此说明。

俘日侨的集中、管理及遣返等具体工作逐次展开。1945年10月20日，首批遣返回国的日本侨民3 400人，自塘沽登船返日，由此中国战区日本侨俘遣返工作正式开始。约320万日本侨俘，陆续从中国的塘沽、青岛、连云港、上海、厦门、汕头、广州、三亚、基隆、高雄、海口以及越南的海防被遣返回日。

第三章 中国东北日本侨俘的遣返

战后初期,中国东北政治局势极为复杂,既有国共双方争夺激烈、摩擦不断,也有美苏势力的介入与活动。国民党军队控制的沈阳、长春及周边城市,有日本侨民80余万人;共产党军队控制的哈尔滨、齐齐哈尔、牡丹江、佳木斯、吉林、延吉、安东(今辽宁省丹东市)等城市和农村,有日本侨民30余万人;还有苏军控制的大连地区,有日本侨民27万余人。与关内相比,东北日侨侨居时间早、侨民数量多、分布范围广且处境困难,故东北日侨遣返更具有组织的复杂性、地域的广泛性、时间的紧迫性、任务的繁重性等特点。

第一节 中国东北日本侨俘遣返的筹划

中、美、苏根据1945年7月的《波茨坦公告》中关于"日本军队在完全解除武装以后,将被允许返其家乡,得有和平及生产生活之机会"的规定,以及铲除日本势力在中国东北的影响,中、美、苏特别是中、美两国在战后不久即召开遣返日本侨俘的相关会议,成立日本侨俘集中、管理和遣返的相应机构,不断细化遣返日本侨俘的工作方案,以便迅速遣返滞留东北的日本侨俘。

一、召开遣返日本侨俘会议

1945 年 10 月 25 日，中美双方在上海召开第一次遣送日本侨俘会议，制订了《中国战区日本官兵与日侨遣送归国计划》，原则规定：东北地区日本侨俘的遣送，当于关内地区日本侨俘遣返后进行。1946 年 1 月 5 日，中美双方在上海召开第二次遣送日本侨俘会议，美军总部日本侨俘遣送组组长魏特曼上校提出："关于满洲之组织，至少需使用两港口，其一预计为葫芦岛，若获得允许，另一港将为大连。尤有进者，吾人希望于沈阳成立一美军输送总部，该地亦需有一中国之机构。华军于哈尔滨、长春及齐齐哈尔，亦须设立遣送队，俾使日人按时自内地移至港口区，实为必要。此等机构应准备于四月一日左右进入满洲，四月十五日左右开始工作，不得迟于五月一日。"[①]

为顺利完成东北日本侨俘遣返任务，1946 年 1 月 10 日，军事三人会议（中共代表周恩来、美国代表马歇尔、国民党代表张群）商定，设立北平军事调处执行部三人小组（中共代表叶剑英、美国代表罗伯森、国民党代表郑介民），负责东北日本侨俘遣返的总体部署，具体遣返工作由国民党东北保安司令长官部日侨俘管理处和东北民主联军总司令部遣送日人办事处组织实施。[②] 经三方协定：以葫芦岛为输送港口，自 1946 年 5 月初开始，先输送国民党控制区的日本侨俘，由国民党东北保安司令长官部负责组织实施；中共控制区的日本侨俘由东北民主联军负责集中，从当年 8 月开始在陶

---

① 中国陆军总司令部第二处：《遣送日俘侨及韩人归国有关条规汇集》，第 35 页。

② 国民党东北保安司令长官部日侨俘管理处在 1946 年 6 月 1 日改称"东北行营日侨俘管理处"，同年 9 月 1 日改称"东北行辕日侨俘管理处"。该机构简称"日管"。参见张志坤、关亚新《葫芦岛日侨遣返的调查与研究》，"前言"第 4 页。

赖昭、拉法两地移交国民党当局，再向葫芦岛港口输送；在安东的日本侨俘由东北民主联军组织，经朝鲜陆路和鸭绿江海运遣送。在大连地区的日本侨俘由苏军负责经大连港径直遣送。

军调部在完成华北日本侨俘遣返部署后，随即对东北日本侨俘遣返程序做出规定：

> 除沈阳组织日侨俘管理处，并于各地成立日侨俘管理所，办理日侨［俘］管理、集中、补给，以及有关日侨［俘］一切事项。复令各地日侨自行组织善后联络总分处，务期遣侨工作得以早日完成。所有遣出之日侨［俘］，均由各该地日侨善后联络处依照当地日侨［俘］人数、生活状况，编制遣送计划，订定遣送日期，呈由日侨俘管理处审查后，编组团队，拨派车辆，并派押运人员，由各该地车站登车，经予检问检疫后，由运输工作人员按照运输办法，分别由火车遣送至锦州、锦西，取［道］葫芦岛，再由美方预备船只，定期登船返国……至共区遣送日侨［俘］，系由政府、美国以及中共三方代表协商遣送程序，划分交接地点，规定接送日期，由共方联络员押运日侨俘到划分地点，交由政府代表点收。①

1946 年年初，国民党东北行营经济委员会主任张嘉璈传达了行政院有关遣送东北日本侨俘的指示，随后成立国民党东北保安司令长官部日侨俘管理处。

二、成立遣返日本侨俘机构

根据军调部三人小组的决定，在国民党控制区，成立东北保安

---

① 辽宁省档案馆馆藏资料，全宗号 JE1。

司令长官部日侨俘管理处。4月6日,国民党东北保安司令长官部日侨俘管理处从锦州迁往沈阳,之后在各县市逐步设立日侨俘管理所,负责日本侨俘管理、集中、补给及有关事项。为使遣侨工作规范化,东北保安司令长官部日侨俘管理处制定了《东北各省市日侨管理通则》,颁发了《东北九省各市县日侨俘管理所组织纲要》,拟定了《东北地区日侨俘遣送计划》等文件。

《东北各省市日侨管理通则》

一、凡侨居东北各省市地区之全部日本侨民,应参照中国陆军总司令部制发之中国境内日侨集中管理办法,分别予以集中管理,以凭限期分批遣送回国。

二、各省市政府为集中管理日侨得设省市日侨管理处,其组织规程由各省市政府拟呈东北行营核定之,其日侨人数不多之省市,无须组织管理处者,在省政府由警务处、市政府由警察局为主管机关。

三、各省市日侨集中区域以指定一地为原则,但在省市区域辽阔,日侨众多之地区,得分区集中管理之,分区集中之日侨得于每一区域设一日侨集中管理所,如一地有数集中区域时,即以数字区别之。

四、各省市政府对于日侨集中管理遣送期限,应视实际情形,采取分期集中分批遣送办法,其先后之程序规定如下:在乡军人、政府官吏、重要会社职员、文化工作者、工商业经营者、学生、独身男子、眷属。

五、各省市政府应就当地实际情形拟订日侨集中办法呈请东北行营核定之。

六、凡在限期内不遵令集中之日侨得强迫执行,并不负保障其生命安全之责,但对于遵令集中,服从管理之日侨,不得虐待或凌辱，并须注意警卫，监督其公共卫生。

七、各省市对于集中之日侨应令其成立自治委员会，依照指示协助办理日侨集中时之指定事项。

八、集中日侨之给养，其主副食品与日俘待遇同，必要时均可发给代金，但均应由管理人员依照规定手续取据造册以便汇呈政府并入日本赔偿案内清算。

九、集中日侨携带之现金物品应以依照规定准许之种类数量为限……

十、（略）。十一、（略）。十二、（略）。

十三、各省市集中管理之日侨遣送回国办法另定之。

十四、本通则自公布之日起实行。

前述"通则"主要是对日侨集中、管理、给养的规定，为遣返日本侨俘做好准备。至于国民党东北保安司令长官部遣送日本侨俘的计划，具体内容如下。

一是划定日本侨俘集中的五个地区。第一地区以锦州为中心，包括新锦西、朝阳、阜新和盘山等县市；第二地区以沈阳为中心，包括新民、鞍山、本溪、抚顺、彰武等县市；第三地区以四平为中心，包括辽源、通化和通辽等县市；第四地区以长春为中心，包括吉林、舒兰和德惠等县市；第五地区以营口为中心，包括海城和凤城等县市。

二是设置待运集中站。在各县、市中由日侨俘管理处分派人员请当地驻军和地方政府指定地点建立待运集中站。

三是成立日侨联络处（简称"日联"）。除在沈阳成立东北日侨联络总处外，另在各县、市成立联络分处，由日侨俘管理处分别派员到各地选定日侨知名人士5—7人组成，联络总处直接由管理处选定15—20人组成。该处专管传达有关遣送规定，按期汇报集中待运日侨情况,编组遣送队伍,代发给养和进行医疗等工作。

四是编组细则。为了便利日侨和减少途中困难,以保持全家老小一同遣送为准则,以数家组成一个小队,人数 30 人左右。没有家庭的单人,可自愿结合,老弱病残与青壮搭配,以便照顾。3 个小队组成 1 个中队,3 个中队组成 1 个大队,以大队为单位,分期分批遣送。

五是遣送顺序。按第一、二、三、四、五等地区排列。每次遣送的人数,管理处按当时集中火车多少,通知各地联络处按时运送,不准争先恐后,扰乱秩序。

六是设立终点转运站。以锦西为终点转运站,保持经常有 3 万人左右作为预备队,以便葫芦岛船只一到,不误船期转运出港。同时设立临时医院,除内外科外,另设妇产科并保证足够的病床。

七是遣送对象。凡散在东北的日本人,无论侨民还是战俘,以全部遣送回日为原则。日本妇女,凡在投降后与中国人同居或结婚的一律遣送,不准暗藏;凡在投降前与中国人同居或结婚的,特别是已有子女的人,按其志愿经当地政府批准者,暂不遣送,而未经批准者则不准窝藏,一律遣返。凡持有政府留用证明的日侨科技人员,暂不遣送。凡有重病未愈者,暂留锦西医院治疗,待最后一次轮船遣送。

八是出港人数。为了加速遣送,在葫芦岛尽可能保持每日能出口 1 万—1.5 万人左右。

九是其他有关遣送细则,另按政府法令和管理处临时规定办理。具体的《东北地区日侨俘遣送计划表》如表 3-1。

表 3-1　东北地区日侨俘遣送计划表

期别	地区	日侨人数（人）	所需车辆（辆）	期别	地区	日侨人数（人）	所需车辆（辆）
第一期	锦州	55 000	631	第三期	德惠	1 000	12
	海城	12 000	124		哈尔滨	145 000	1 812
	鞍山	70 000	967		安达	500	6
	辽阳	16 000	172		阿城	5 000	62
	沈阳	235 000	2 161		凤凰城	1 000	13
	铁岭	10 000	163		安东	75 000	938
第二期	开原	9 000	108	第四期	齐齐哈尔	40 000	500
	四平	22 000	226		海拉尔	1 000	13
	公主岭	15 000	188		宁墨地区	7 000	88
	长春	205 000	2 574		北安	6 000	75
	本溪	15 000	179		松花江	12 000	150
	抚顺	80 000	735		佳木斯	1 500	19
	辽源	10 000	125		勃利、林口	1 000	12
	吉林	31 000	388		牡丹江	5 000	62
	拉法	6 000	62		图佳线	5 000	62
	敦化	4 000	60		珲春	2 000	25
	延吉	7 000	83		通化	55 000	688
	图们	4 000	42	第五期	大连	270 000	
					瓦房店	10 000	

资料来源:辽宁省档案馆馆藏资料,全宗号 JE1。

　　国民党东北保安司令长官部日侨俘管理处制定的遣送日本侨俘计划,是先遣送国民党控制区以沈阳为中心的该地区日本侨俘,然后逐步向长春方向延伸,在锦州设立待遣集中营,依次将各地被遣送日本侨俘送往葫芦岛,在此登船回国。

三、细化遣返日本侨俘方案

　　1946 年 3 月 12 日，苏军撤离沈阳。国民党军队逐步控制了北至铁岭，南到大石桥，东达本溪，西到山海关的广大地区。4 月 2 日，军事调处执行总部之中共代表饶漱石，偕同美方代表白鲁德少将等抵达沈阳，并于 4 日飞抵东丰，与中共中央东北局及东北民主联军代表彭真会晤，协商东北停战和日本侨俘遣返问题。7 日，军事调处执行总部东北执行小组在沈阳成立，东北保安司令长官部赵家骧参谋长暂代小组组长，成员有美方代表德梯格上校、中共代表饶漱石。①

　　1946 年 4 月，军调部东北执行小组国民党代表与驻沈阳的中国共产党代表饶漱石、伍修权商定，由军事调处执行总部美方代表遣送官贝尔上校赴哈尔滨与东北民主联军总司令部遣送日人办事处处长李敏然（李立三）共同研究中共控制区日本侨俘遣返事宜，贝尔上校与李敏然草签《遣送东北中共管制区日人之协定书》。7 月 25 日，李敏然率东北民主联军代表团，乘坐美军专机飞抵沈阳，就遣返中共控制区日本侨俘问题与国民党当局进行磋商，就日本侨俘交接地点、应遣人数、所需经费、交接人员组成等达成协议。

　　4 月 10 日，东北保安司令长官部日侨俘管理处发出训令，命令东北各地日本侨民会改组为日侨善后联络处，在沈阳市成立东北日侨善后联络总处，并责成东北各地日侨善后联络处就日本侨俘人数、生活状况进行调查，编制和订定遣送计划及日期，着手日本侨俘遣返准备。

　　为使东北日本侨俘及时了解中国政府遣返日本侨俘的政策、

---

① 《东北日报》1946 年 4 月 8 日，第 1 版。

遣返规定、计划和国际动态等相关消息,东北保安司令长官部日侨俘管理处于 1946 年 3 月在锦州设立东北导报社,经两周准备,3 月 17 日《东北导报》创刊。社长由东北保安司令长官部政治部人事科科长王挺上校兼任,总编辑为日本人山本纪纲,报社职员多为留用日籍技术人员。《东北导报》初为三日刊,在锦州共发行 6 期。4 月 8 日,东北导报社随东北保安司令长官部迁至沈阳,4 月 13 日在沈阳印刷第 7 期,至 5 月 4 日陆续发行 8 期(此期间仍为三日刊)。该报于 5 月 6 日改为日刊,至 1947 年 9 月 20 日,共发行 504 期。该报发行最多时达 3 万余份,最少时为 3 000 余份。随着长春及其周边地区日本侨俘遣返的开始,东北导报社还在长春设立分社,自 1946 年 6 月 23 日至 1947 年 4 月 17 日,《东北导报》(长春版)共发行 286 期。《东北导报》(沈阳版和长春版)总计发行 790 期,该报二版四开。《东北导报》刊登《遣送便览》《遣送须知》等与日本侨俘遣返相关的规定、计划及进展情况,便于日本侨俘及时了解遣返动态。

　　1946 年 4 月 23 日,东北保安司令长官部下达了锦州地区日本侨俘遣返命令,并成立锦州市日侨俘遣送办事处。与此同时,盟军总司令部发布消息称:东北日侨俘遣返的准备工作正在进行之中,葫芦岛收容所的各项设施现已完成。驻华美军总司令魏德迈将军宣称:"尽管东北日侨遣返是中国战区美军任务之一,但因外交上的关系毫无进展,现在,上海美军司令部正准备派员北上。"[1]随后,美军在葫芦岛港设立遣送组(Repatriation Team),コローシヨソ(科罗森音译)中校以下 36 人驻屯,负责美军与中国方面的联络、卫生、船舶、通信、给养、情报等工作。国民党东北保安司令长官部

————————————————————

[1] [日]满蒙同胞援護会编『満蒙終戦史』、東京、河出書房新社、1962 年、564 頁。

在葫芦岛设立港口运输司令部,由何世礼中将担任司令。5 月 4 日,中美双方协商在锦州设立葫芦岛港口输送司令部办事处,至此东北日本侨俘各项遣返工作准备就绪。

第二节　东北国统区日本侨俘的遣返

1946 年 5 月 7 日 18 时 30 分,锦西、葫芦岛日侨 2 489 人乘坐两艘遣返船,驶离葫芦岛港。5 月 9 日,锦州市日本侨俘遣送第一大队开始出发。当天午后,东北保安司令长官部日侨俘管理处处长李修业会见东北日侨善后联络总处主任坪川与吉,向其宣布东北日本侨俘遣返命令。随后,东北保安司令长官部日侨俘管理处于锦州、锦西、葫芦岛分别设立办事处,以利遣送工作,并组织日本侨俘工程队 500 人,前往葫芦岛修建房舍,以便日本侨俘之住宿。16 日,锦州日本侨俘遣送结束。截至 21 日,锦州、锦西、兴城、绥中、盘山、黑山、阜新、朝阳和承德地区近 6 万名日本侨俘从葫芦岛登船回国。至此,东北日本侨俘遣返大幕真正拉开。

一、沈阳市日本侨俘的遣返

在锦州地区日本侨俘遣返渐入尾声时,沈阳市日本侨俘遣返旋即开始。在遣返前,沈阳市内及郊区共有日本侨俘 24 万余人,其中以平和区为最,约 12 万人,在沈阳市 48 个收容所内有日侨难民 1.5 万余人。日本侨俘遣送遵从先日俘、次难民、再妇孺,最后一般侨民的顺序来实施。

根据沈阳市日本侨俘的实际情况,首先进行人员编组和列车配置。1 个大队 1 500 名,下设 5 个中队,每个中队 300 名,1 个中队 6 个小队,每个小队 50 名。各大队设指挥班,班内配置总务、经理、涉外等职员,配备医师 1 名、护士 1 名、医学生 2 名。运送的列车基本上是敞车,1 列车 30 辆左右。其次设立遣送事务所。东北保安司令长官部日侨俘管理处要求东北日侨善后联络总处,在出发站沈阳总站(旧北奉天驿)开设遣送事务所,负责被输送团体住宿分配、开水补给、乘车区分编成、输送货车设备、出发前诊疗等,努力做好遣返者的引导和帮助,以期便利遣返者。再次严遵卫生检疫和遣送手续。驻日本的盟军特别是美军当局规定,日侨俘(包括出生满 12 个月的幼儿)在遣送前要全部接受霍乱、斑疹伤寒的预防注射和种痘。被遣送者最低需做 7 天的健康隔离,认为完全健康时,才准上船和在日本本土登陆。还有,被遣送的日本侨俘必须携带身份证明书和预防接种证明书及佩戴胸章和袖章等,严格履行相关遣送手续。此外,还向待遣日本侨俘公布禁止携带品和允许携带品,以此缩短检查时间,加快登车速度。

依据日本侨俘遣返顺序和途中给予照顾的原则,沈阳市先遣返难民和部分日俘,再遣返妇孺和部分日俘,最后遣返一般日本侨民。5 月 15 日,沈阳市日侨难民第一大队 1 452 人从沈阳总站出发,至 27 日,沈阳市日本侨俘中的难民共遣送 18 个大队 27 664 人。28 日,沈阳市日本侨俘中的妇孺和日俘开始遣送,截至 6 月 9 日,共遣送妇孺 28 个大队、43 199 人,日俘 3 个大队、7 286 人,合计为 50 485 人。10 日,沈阳市日本侨俘中一般日侨(含部分难民和少数日俘)遣返开始,尽量将家族有关人员安排到一个小队,便于相互照顾。至 8 月 10 日,共遣送日侨 115 个大队、119 592 人,病人大队 6 个、7 697 人,合计 127 289 人。

恰在沈阳市日本侨俘遣返有条不紊、梯次跟进之时,7 月中旬,沈阳市内发生霍乱。截至 20 日午前调查,日侨中出现的霍乱患者有49名,且呈现蔓延之势。从20日起3天内,日本侨俘停止遣返。25日锦州、葫芦岛、长春等地也发生霍乱疫情,整个东北日本侨俘遣送工作中止。通过充分防疫、检疫和预防注射后,31日遣送重新开始。8月4日,沈阳市再遣送5个大队5 400名。至10日,沈阳市日本侨俘主体遣返已完成,共遣送日侨161个大队,日俘3个大队,病人6个大队,计205 438名。(见表3-2)

表3-2　沈阳市遣送日本侨俘实绩表　(1946年5月15日—8月10日)

日期	日俘	难民	妇孺	一般	人数（人）
5.15		北陵第二、满毛、弥生			1 452
16		五条、万国、大林、浪速、厚生			1 634
17		于洪外、北陵第三外			2 898
18		第一救护所、南市、浪速外、白菊、大东、浑河外			2 951
19		东浪速、十间房外			3 308
23		大广场、住吉、平安外、东浪速、三景、加茂、宫桥			3 207
24		神明、稻藤、文官屯、高千穗、弥生霞、南松梅、南浑河			2 910
25		南青叶、西塔、皇姑屯、杨武西、北市、小西、东亚外			2 798

日期	日俘	难民	妇孺	一般	人数（人）
26		朝日、砂山、皇姑屯、于洪、铁西			3 463
27		北陵西、苏家屯、铁西			3 043
28			北陵东、铁西		3 138
29	日俘				2 237
30			皇姑屯、江岛、文官屯、藤萩、南青叶		3 261
31			东浪速、东千代田、南弥生霞		6 109
6.1	日俘				5 049
2			北陵、白菊、高千穗、铁西		6 237
3			义光、南朝日、南稻藤		6 079
4		弥生、万国、第一救护所	于洪、杨武、稻藤		6 092
7			砂山、藤浪、苏家屯		3 051

日期	日俘	难民	妇孺	一般	人数（人）
8		五条、国际	大广场、江岛外		2 979
9		于洪、浑河	钟纺、白菊外		6 253
10				北陵东	5 630
11				铁西、砂山	6 108
12				北陵西	3 359
13		金光收容所		北陵、西塔外	3 351
14				宫桥、藤萩	2 727
15				于洪	3 163
17				皇姑屯	3 131
20				工作队、南浑河	2 338
21		第一收容所		南朝日、北朝日	3 730
22				苏家屯、工作队	2 225
23				北朝日、苏家屯	3 292
24		第一收容所		苏家屯、铁西	5 565
25				苏家屯、南朝日、铁西	2 865
26				文官屯、铁西	6 342

日期	日俘	难民	妇孺	一般	人数（人）
27				文官屯、铁西、大东	6 492
28		第一国际、金光收容所		大东、东亚	5 793
29				杨武、义光、北市	6 057
30				浑河	6 059
7.1			混成	混成、稻藤	3 492
2				藤萩、南松岛	5 421
3				平安、北春日、南藤浪	3 183
4		第一收容所		南藤浪、稻藤	2 822
7		第一收容所、五条		南稻藤、神明	3 436
10				南松梅、富士	3 079
13				病①、东浪速	1 661
17		五条、铁岭		葵萩、北松岛	2 996
18		五条、海龙		东千代田、北松岛	3 321
19				青叶、混成	2 845
23				病②	1 385
8.1				高千穗、北松岛、东千代田	646

日期	日俘	难民	妇孺	一般	人数（人）
3		五条		南青叶、北松梅	5 254
4		益东		南朝日、混成、中松梅	4 870
7				病③④	1 718
8				病⑤	1 563
10				病⑥	1 370
合计					205 438

资料来源：[日]加藤聖文编『海外引揚関係史料集成　国外編・補遺編』、「国外編29・満州国の終焉と在満邦人の状況（五）」、341－343 頁。

8 月 20 日至 10 月下旬，沈阳市日本侨俘再度遣返，先后遣送了 20 个日侨大队（第 162—181 大队）、6 个病人大队（病 7—12 大队）、18 个留用解除大队（留解 1—18 大队），约 3.5 万人。至此，沈阳市日本侨俘遣返工作基本结束。

二、沈阳周边地区日本侨俘的遣返

沈阳周边地区主要包括抚顺、铁岭、开原、本溪、辽阳、鞍山、海城、大石桥、营口等县市，待遣日本侨俘有 20 余万人。按照东北日本侨俘遣送计划，在沈阳市日本侨俘遣返两周后，其周边地区日本侨俘遣返即开始。

（一）抚顺市日本侨俘的遣返

满铁在抚顺经营东北最大的露天煤矿，还建有炼油厂、火力发电厂、特殊钢厂、制铝厂等，大批的日本工业移民、商业移民、技术移民和农业移民聚集这里，战后又有很多日侨涌向这里，在遣返前抚顺市有日本侨俘约 8 万人。

1946 年 3 月 22 日,苏军从抚顺市撤退。24 日,国民党军进入抚顺市并成立抚顺市日侨俘管理所。26 日,抚顺市日本人会改为"抚顺市日侨善后联络处"。5 月上旬,东北保安司令长官部日侨俘管理处下达遣返准备命令,《抚顺市政月刊》对日本侨俘遣送有如下记载:

　　一是建立健全遣送工作组织。日侨俘管理所下设总务组、检查组、警备组、运输组、经理组。总务组职员 4 名;检查组职员 2 名,由各机关调用职员 60 名、中学学生调用 60 名;警备组职员 2 名,调国军 20 名、警察局及警察队 60 名;运输组职员 1 名,市政府职员 7 名;经理组职员 4 名。此外,由善后联络处组织遣送办事处,办理有关遣送之事宜。

　　二是被遣日侨之编队及遣送顺序。被遣送日侨按政府指定每大队为 1 500 名,1 大队分 5 中队,1 中队分 6 小队,各大中小队皆置队长 1 名、队附 1 名;其遣送顺序按其生活状况规定,由难民最先遣送,生活充裕者最后遣送之;其遣送日程及人数按运输情形决定。

　　三是被遣者之携带品及乘车前之检查。被遣者之携带品按政府指定数量限制如下,超出者扣留之。(1)现款 2 000 元,后因物价腾涨增 1 000 元。(2)主要携带品,盥洗具 1 套、冬夏衣服各 2 套、毡毯或绵褥 1 条、绵被 1 条、大衣 1 件、衬衫裤 3 套、皮鞋 3 双、作业服 1 套、运动鞋 1 双,旅行袋及手提包、手提袋各 1 只。(3)其他途中应用物品及个人之零碎用物殆不限制。(4)食粮为生粮高粱米五日份、熟粮三日份。按上记携带品于登车前在永安台运动场实行检查,即偶有超出者,亦以宽大为怀,允许携带。

　　四是超出品之登记与保管。检查时没收之超出品由登记小组(三民主义青年团担任)以复写式帐[账]簿登记两份,由经理组及青年团各保存一份,待接收机关决定时,由三方当面按登记帐[账]簿交与接收机关。至于其物品内容,国人不知细情者多因言传说骇人闻听,其实则不过现款约 10 万元,钟表约百只及衣服、医疗用具与易生危险之刀剪等物而已(此项物品现封存于管理所仓库,为防盗火计,特由警察大队派员昼夜监视)。

　　五是运输状况。每日遣送一列车时则人数为两大队 3 000 名,派押送者 1 名(由市府职员担任)、警备员 10 名(警察大队担任),护送至锦州收容所,交接后即行返回。据知于锦州收容所实行卫生检查约需三四日间即送至葫芦岛,港口检查后即乘船归国。自抚顺登车迄日本登陆,因运送船舶之情形概需 15 日至 20 日。

　　六是遣送经费之来源。遣送经费皆由日侨善后联络处向日侨筹措(因允以回国后由日本政府偿还一部,故均乐交出),由遣送办事处直接开销。本所负监督之责任。此项经费,虽由日侨自行筹措,然实质仍由我国负担。盖因其物品及现款为必需交出之物也,然如我方没收其物品及现款,则使其失望而不易筹措。①

　　抚顺市日本侨俘遣送于 6 月 1 日开始,至 7 月 12 日共遣返 42 个大队 62 365 名。8 月 12 日,抚顺市日侨病人第 43 大队出发。9 月 19 日、24 日,抚顺煤矿留用解除者及病患者被编为第 44、45 大队;10 月 16 日抚顺市留用解除第 1 至第 6 大队被遣送。至此,

_____

① 《抚顺市政月刊》1946 年 1 月 1 日,第 34—35 页。

1946年抚顺市第一期日本侨俘遣返结束,共遣返 73 555 人。①

(二)铁岭地区日本侨俘的遣返

日本战败投降后,各地疏散和逃亡至铁岭地区(含开原、昌图)的日本人有:牡丹江约 3 500 人,主要是满铁家属;长春 300 人,一般市民;三江 700 人,以日系官吏及其家属为主;法库约 1 500 人,居住民;康平 2 500 人,多数为开拓团团员;兴安约 1 000 人,军人及官吏;其他 3 000 人,来自东北北部各地。② 至 1946 年 4 月 30 日,据日本人会调查,铁岭市有日本人 10 332 名,连同开原、昌图的日本侨民,可确定其遣送对象约 2 万名。

3 月 24 日,国民党军队进驻铁岭,4 月 27 日成立铁岭市日侨俘管理所,5 月 1 日设立铁岭市日侨善后联络处。26 日,铁岭市日侨俘管理所所长李桂庭下达遣送训令。29 日,铁岭地区日本侨俘遣返开始,遣送日侨先从开原起运。"沈阳以北,铁岭、开原、昌图三地之日侨于 29 日起,限一个星期内,全数运沈,准备遣送回国。首批日侨 3 200 人,则在 29 日下午 5 时由长达 40 个车皮之列车,自开原车站南开,铁路方面人士称,三地共有日侨 2 万余人,昌图需 1日,开原需 2 日,铁岭需 4 日,预计下月 4 日可以全部运到沈市。"③至 6 月 4 日全部结束,铁岭送出 10 851 名,开原 5 458 名、昌图3 665名,计 19 974 名。

(三)本溪市日本侨俘的遣返

1911 年日本大仓集团与清朝东三省当局合办本溪湖煤铁有限公司,就有部分日本技术移民来到本溪。九一八事变后,随着日本

---

① [日]满蒙同胞援護会编『满蒙終戦史』、611 頁。

② [日]满蒙同胞援護会编『满蒙終戦史』、605 頁。

③《前进报》(沈阳版)1946 年 6 月 2 日,第 3 版。

军国主义侵略步伐加快，本溪日本人数大增。日本战败投降后，本溪市日本侨俘流入、疏出变动较大，至遣返前，本溪市日本侨俘约3.5万名。（见表3-3）

表3-3 本溪市日侨分布表 单位：人

职域	男	女	小计	职域	男	女	小计
市公署	230	270	500	满铁	20	30	50
县政署	40	40	80	邮政局			30
邮政局	30	35	65	土建业	30	110	140
税捐局	14	16	30	饮食业			30
邮电局	2	3	5	合计	65	175	3 300
劳务报皆会	4	9	13	▲牛心台			
金融合作社	3	5	8	土建业			50
协和会	20	10	30	▲碱厂			
法院检查厅	2	4	6	黄铁矿矿山			30
监狱	10	10	20	满铁			30
警卫队	25	15	40	合计			60
商工公会	20	20	40	▲赛马集			
小学校	120	125	245	铁矿山			50
中学校	25	15	40	满铁建设队			100
工业学校	25	25	50	警察署			10
高等女学校	22	23	45	合计			160
商校	4	3	7	▲连山关			
辅导院	8	12	20	满铁			30
电业支店	30	10	40	造林业			30
电电广播局	125	100	225	警察			5
日满商事会社	25	20	45	合计			65

职域	男	女	小计	职域	男	女	小计
生活必需品会社	40	40	80	▲桥头			
兴银	25	25	50	街公署	5	15	20
中银	8	4	12	协和会	6	19	25
满洲交通	15	5	20	满铁	20	60	80
国际运输	30	30	60	警察	6	9	15
林业			20	石材业	10	50	60
牧场			30	旅馆业			15
坑木会社	25	25	50	饮食业			20
耐酸铝会社	90	90	180	合计	47	153	235
宫原机械	240	260	500	▲火连寨			
特殊钢会社	400	300	700	耐火陶瓷业			100
洋灰公司	400	400	800	铁矿山			100
满铁	800	400	1 200	满铁			20
制铁会社	2 180	9 150	11 330	警察			5
满铁病院	38	42	80	合计			225
土建业			6 500	▲石桥子			
饮食业			600	满铁			30
商业一般			2 000	▲歪头山			
旅馆业			300	满铁			30
剧场			30	农场			30
合计	5 075	11 541	26 096	合计			60
▲南坟				▲白城子			
制铁××部	500	2 700	3 200	满铁			40
满铁			30	▲龙泉寺			

续表

职域	男	女	小计	职域	男	女	小计
警察	5	15	20	旅馆业			45
合计	505	2 715	3 250	合计	(终战时)		8 120
▲小市				总计			34 216
耐酸铝会社			280	应召			600
交通建设队			300				
饮食业			20				
合计			600	▲开拓团			205
▲田师傅				应召			30
溪城煤矿			3 000	在团			175
警察署	10	20	30				
街公署	5	15	20				

　　资料来源：［日］加藤聖文編『海外引揚関係史料集成　国外編・補遺編』、「国外編28・満州省別概況（四）」、54－58 頁。

　　1946 年 5 月 3 日，东北民主联军退出本溪，国民党军队进驻。5 月下旬，本溪市日本人会改称"本溪市日侨善后联络处"。6 月 3 日，本溪市日本侨俘遣送开始。遣送列车绕道辽阳，迂回沈阳，到葫芦岛乘船。至 9 月 3 日，本溪市共遣返日本侨俘 35 个大队，近 3.5 万人。①

　　（四）辽阳市日本侨俘的遣返

　　日本战败投降时，日本人在辽阳市内有 10 200 名，县内有 5 887 名，合计 16 087 名。此外，还有辽阳陆军病院患者 487 名，总计 16 574 名。（见表 3－4）

---

① ［日］満蒙同胞援護会編『満蒙終戦史』、286 頁。

表 3-4 辽阳市内日侨分布表　　　单位：人

职域	人数	职域	人数	职域	人数	职域	人数
市公署	500	满铁	2 500	公和工业	20	山光制作所	30
县公署	300	满洲纺织	500	日满化成	20	隆和洋行	50
税捐局	50	满洲橡胶	450	爱知西红柿	30	辽阳兴业	40
中央银行	20	磐城水泥	200	松本油脂	30	叶井商事	40
兴业银行	60	小野田水泥	200	满洲火药	100	康德窑业厂	40
金融合作社	50	满洲林产	150	满蒙棉花	150	辽阳麻纺	400
兴农合作社	20	满洲棉实	150	辽阳窑业	50	其他一般	3 370
棉花试验所	60	满洲酱油	20	辽阳砖	50		
大和小学校	80	东洋亚麻	20	高木产业	50		
桥小学校	50	富田玻璃	50	万券农业	20		
商业学校	60	满洲糖花	20	冈田酱业	50		
高等女学校	60	高冈棉厂	60	大松号	30	合计	10 200

资料来源：[日]加藤圣文编『海外引扬関係史料集成　国外編·補遺編』、「国外編28·満州省别概况(四)」、67-68 頁。

1946 年 6 月 1 日,辽阳市日侨俘管理所成立,日本人会同时改称"辽阳市日侨善后联络处",开始遣返准备工作。25 日,辽阳市日本侨俘遣送开始。辽阳市日本侨俘出发时,每 1 列车乘坐 3 个大队,经沈阳开往锦葫地区。截至 30 日,共送出辽阳市内及邻接的烟台、张台子、小屯子、首山等地日本侨俘 15 个大队 16 381 名,连同 6 月初先期送出的陆军病院有关人员 487 名,辽阳市总计遣送日本侨俘 16 868 名。

（五）鞍山市日本侨俘的遣返

1916 年,以开发鞍山铁矿为主的日中合资振兴有限公司成立,并建立鞍山制铁所。随之,日本技术移民纷至沓来。1933 年 3 月,在鞍山制铁所基础上又创建鞍山昭和制钢所,在此工作的日本人有 11 016 人。随生产规模的扩大,日本移民亦逐渐增多,至 1945 年日本战败前,鞍山市共有日本人约 7 万人。

1946 年 4 月 1 日,国民党新六军进攻鞍山,东北民主联军向南撤退。5 月 24 日,东北民主联军与国民党军队在鞍山激战,国民党军队败走。6 月 1 日,东北民主联军从鞍山退至大石桥以南地区,国民党军队再度占领鞍山。5 月 21 日,鞍山市日侨俘管理所成立,6 月 2 日,鞍山市日本人会改称"鞍山市日侨善后联络处"。6 月 14 日,鞍山市日侨俘管理所接到东北行营日侨俘管理处的遣返命令,16 日鞍山市日本侨俘遣返开始。

鞍山市日本侨俘遣返第一期可分三个阶段:第一阶段:6 月 16 日,遣送日俘 1 个大队 1 298 名,经沈阳直达葫芦岛;第二阶段:7 月 10 日至 8 月初,遣送日侨 55 个大队 58 916 名(内含 202 名日俘),经沈阳抵达锦州;第三阶段:9 月 6 日,日侨 1 个大队 798 名从鞍山送出。① 至此,鞍山市共遣返日侨 59 512 名、日俘 1 500 名,合计 61 012名。

(六) 海城地区日本侨俘的遣返

海城地区日本侨俘遣返,既含有本地又囊括大石桥和汤岗子地区。1946 年 6 月 19 日,海城县日侨俘管理所成立,同时成立大石桥、汤岗子分所。遣返前,海城县共有日侨 3 831 人、日俘 7 000 余人(见表 3-5)。6 月 30 日,海城地区遣返日俘 7 286 人,系陆军海城病院有关人员;7 月 3 日,遣返日侨 3 108 人。

---

① 关于鞍山市日本侨俘编队,系笔者根据 1946 年 8 月 13 日沈阳《东北导报》记载,截至 8 月 9 日滞留锦州收容所的有"鞍山第 55、28、29、30、31、42、43、47、48、53、19、40、41、46 大队",推断为 57 个大队。

表3-5　海城日侨分布表　　　　　　单位:人

职域	人数	职域	人数	职域	人数	职域	人数
县公署	350	兴银支店	5	满洲矿山支店	18	合计	1 164
街公署	95	小学校	45	满洲棉花	180	累计	3 593
邮政局	50	大和工业	45	▲分水		应召	45
区法院	10	满洲亚麻	20	满洲矿山	400	待遣	3 548
检察厅	10	大连食品	27	小学校	20	▲开拓团	
师道学校	15	柞蚕制丝	25	▲南台		岩手乡	5
商业学校	15	协和会	35	车站	15	清水乡	40
满洲电业	90	其他一般	1 230	▲牛庄街		第三苇原乡	103
满洲电电	100	合计	2 429	一般	25	佐伯乡	23
满铁海城站	150	▲汤岗子		▲圣水寺		第二名野川乡	23
税捐局	20	满铁汽车营业所	130	车站	31	池川乡	89
警察署	55	日满商事会社	75	旅馆、饮食业	60	合计	283
兴农合作社	25	国际运输	45	一般	10		
县立病院	12	滑石会社	135	小学校	20	总计	3 831

资料来源:［日］加藤聖文編『海外引揚関係史料集成　国外編・補遺編』、「国外編28・満州省別概况(四)」、84-86頁。

　　大石桥在日本战败时共有日侨 6 662 人,除去应召者 600 人,实有日侨 6 062 人。① 从盘山县流入的开拓团团员 300 名、从营口流入的日侨 400 名,则从大石桥遣返。7 月 1 日,大石桥日本侨俘遣送

————————

① ［日］加藤聖文編『海外引揚関係史料集成　国外編・補遺編』、「国外編28・満州省別概况(四)」、91頁。

开始，当天结束。经沈阳遣送约 7 200 名，8 月 12 日从葫芦岛登船。①

从 5 月 15 日至 10 月 14 日，沈阳市及其周边地区日本侨俘遣返人数达 43 万人，加上前期锦州等地日本侨俘的遣返和后期遣返者，整个日本侨俘遣返的人数与中国第二历史档案馆馆藏的 1947年 1 月辽宁省日本侨俘遣返的调查资料所载大致相同。（见表 3－6）

表 3－6　辽宁省日本侨俘遣送实绩表　　　　单位：人

县市别	原有数	已遣数	待遣数	备考	县市别	原有数	已遣数	待遣数	备考
辽中县	124	124	无		盘山县	6 706	6 671	35	
抚顺市	79 211	63 892	15 439		鞍山市	59 693	58 198	1 495	
营口市	371	192	179		海城县	16 406	16 012	394	
抚顺县	54	54	无		黑山县	162	162	无	
台安县	2	2	无		彰武县	无	无	无	
兴城县	1 181	1 181	无		绥中县	872	872	无	
新民县	59	59	无		锦西县	8 119	7 336	783	
锦县	738	420	318		沈阳市	235 000	224 127	10 873	
义县	2	2	无		沈阳县	21 096	18 242	2 854	
北镇县	30	30	无		锦州市	31 133	30 408	725	
铁岭市县	11 546	10 961	585		辽阳市县	17 042	16 577	465	
本溪市县	27 141	26 150	991		合计	516 688	481 672	35 016	

资料来源：中国第二历史档案馆馆藏资料，全宗号 1。

辽宁省沦陷 14 年，日侨移植遍布全省，迄光复止，各县市共有50 余万名。自省府还治锦州后，即着手收复县市日侨人数之调查

----

① ［日］加藤聖文编『海外引揚関係史料集成　国外編・補遺編』、「国外編 28・満州省別概況（四）」、90 頁。

管理。时以社会秩序未臻安定,人事亦不健全,迨至 1946 年 3 月,省府进驻沈阳后,锦州、盘山等 23 县市调查集中工作,已有端倪,4 月间开始遣送,于锦州、沈阳、锦西等地,分设日侨集中营,分批由葫芦岛登轮返国,至 12 月底,辽宁省境内,除依法留用日籍技术人员暂缓遣送,以及尚未接收之金县、旅顺等地,尚有少数日侨未能遣送外,余皆遣送完毕。①

三、长春市日本侨俘的遣返

九一八事变后,随着伪满洲国的建立,日本政治、文化、商业、技术和农业移民蜂拥长春。苏联出兵东北后,长春市日本人紧急向朝鲜、沈阳、大连等地疏散,同时又有大量日本人从黑龙江省、吉林省其他地区流入,使长春市日本侨俘在遣返前夕达到 203 724 人,分布于绿园地区 15 107 名、西阳地区 14 192 名、安民地区 14 819名、东光地区 13 034 名、南钟华地区 33 742 名、和光地区 7 522名、中正地区 10 073 名、西钟华地区 19 194 名、北钟华地区 29 786名、中山地区 45 341 名、一般地区 914 名。②

1946 年 5 月 23 日,东北民主联军主动放弃长春,国民党军队再度进入。这时锦州、葫芦岛、沈阳等地日本侨俘遣返的各种消息纷至沓来,长春及其周边地区的日本侨俘焦急地等待着遣返。6 月 3 日,东北行营日侨俘管理处驻长春办事处成立。16 日,长春市日侨俘管理所成立。6 月 21 日至 7 月 1 日,东北行营日侨俘管理处驻长办事处和长春市日侨善后联络处的工作人员联合组成调查

---

① 中国第二历史档案馆馆藏资料,全宗号 1。
② ［日］加藤聖文編『海外引揚関係史料集成　国外編・補遺編』、「国外編 28・満州省別概況(四)」、433 頁。

团,前往沈阳、锦县、葫芦岛,对日本侨俘遣返情况进行实地调查。返回长春后,在原预案基础上制订新的遣送方案,具体如下。

1. 扩大遣送范围:将吉东、"北满"中共控制区的日本侨俘遣送纳入计划。即 A. 长春市约 20.2 万名;B. 长春周边(德惠、下九台、大屯等)约 2 500 名;C. 范家屯、公主岭约 3.5 万名;D. 吉林方面(图们、延吉方面)约 5 万名;E. "北满"地区之第二松花江通过的日侨俘约 20 万名。

2. 调整遣送顺序:当初,东北行营日侨俘管理处指示以日俘、妇孺、一般侨民的顺序进行遣送,但联络处方面从长春的特殊性和遣送的技术性出发,坚持原定方针,尽力说服东北行营日侨俘管理处,做出下面的决定,即:遣送团的编成原则上以过去的邻保组织为单位,混入一般侨民中的难民和妇女、孩子不进行摘出输送,考虑到生活能力和距离远近等,以符合难民条件和居住偏僻者优先的原则决定各地区别的遣送顺序。但是,只有集团生活的难民不拘于各地区别的遣送顺序,优先于一般侨民遣送。各地区别的遣送顺序如下:①绿园地区;②西阳地区;③一般地区集团难民;④长春周边(德惠、下九台、大屯);⑤永吉地区;⑥安民地区;⑦东光地区;⑧南钟华地区;⑨和光地区;⑩中正地区;⑪西钟华地区;⑫北钟华地区;⑬中山地区。

3. 规定乘车站:决定以南长春站为长春地区日本侨俘遣送乘车站。

4. 拟定输送方法及人员编队:当初长春市日侨善后联络处所拟方案,日本侨俘输送时全部用有盖列车,每辆车最多乘坐 60 人。根据"南满"地区日本侨俘输送大多是无盖货车,每车乘坐八九十名的实情和东北行营日侨俘管理处的指示,决定输送方法及遣送编成如下,即 A. 使用货车,原则上是无盖货车,共同物资用的货车

极力确保为有盖货车。B. 列车编成,人员用 32 辆,共同物资用 2
辆,乘务员车 1 辆,计 35 辆。C. 每辆车乘坐 80 人,每列车输送人
员 2 500 人。D. 遣送团编成,一列车编成 1 个遣送团,1 遣送团 2 个
大队,1 个大队 8 个中队,1 个中队 4 个小队,1 个小队 40 人,每辆
车乘坐 2 个小队。

　　5. 规范小运输:共同物资、个人携带品和老幼病弱者前往乘车
站时的小运输,是个重要问题。当时小运输业甚为混乱,马车的确
保、运费的合理、输送的安全,是令人关注的事情。特别是"南满"
的小运输不统一,鉴于长春小运输的重要性,下决心实行小运输统
制,专门成立了小运输作业队,禁止一切个人交易,由作业队统一
掌管。

　　6. 细化其他遣送业务:A. 在各分处新设遣送员,设置二三名
与输送业务相关的责任人,担当分处内遣送顺序的决定、遣送团的
编成、负责人员的决定与指导、团员名簿的作成与整理等输送相关
业务。B. 设立南长春站办事处,进行携带品检查的援助以及输送、
设置、卫生等业务的处理。C. 根据治安状况和其他原因,最初预定
在途中主要车站设置便所、盥洗室、供给开水的计划被取消。D. 在
长春市内数个地方设立遣送服务处,对一般侨民有关遣送上的质
疑给予回答。E. 在长春市以外的地区指定联络员,在"日联"内常
驻驻在员,谋求密切的联系。①

　　上述遣送方案上报东北行营日侨俘管理处被批准后,为做好
日本侨俘遣返的前期准备工作,长春市日侨善后联络处即刻行动
起来。一方面是完善遣侨机构设施。在樱旅馆别馆(南长春站前)
开设联络总处遣送准备委员会南长春办事处,还预计使用部分学

————————————

① [日]满蒙同胞援護会编『满蒙終戦史』、598 - 601 页。

校、工厂等房屋作为临时宿舍，并着手完备物品检查所、诊察所、便所、热水供给处等设施。另一方面是讲明遣侨规定和相关事项。长春市日侨善后联络处工作人员既向待遣日侨告知财产如何处理、各种遣送手续如何办理和遣返途中一定听从命令、服从指挥及不要携带禁止品等，又向其说明锦州、葫芦岛收容所内便所、炊事设备和供水设施情况，还拟定并发表《遣送须知》，便于日本侨俘了解遣返过程。

　　长春市日本侨俘遣返从7月8日开始，遵从三个遣送顺序和划分三个阶段：

　　1. 第一阶段，7月8日至20日集中遣送绿园地区和西阳地区难民，编成21个团42个大队，至20日除发生霍乱疫情的第20、21团暂缓遣送外，其余全部遣返。但是，从第19团以后被遣送的单身青壮年男子(18—45岁)3 000名和技能工约700名编成殿后服务队，帮助中国方面完成一些重要工事，纳入最后遣送计划。①

　　2. 第二阶段，7月21日至8月19日遣送一般日侨，编成52个团104个大队。长春市一般日本侨俘遣送刚开始，葫芦岛收容所发生霍乱疫情，迅速蔓延到沈阳、长春等地，到27日为止，在锦州地区长春遣送团的霍乱患者共有120名，死亡44名，幸存76名。对此，盟军总部和东北行营日侨俘管理处启动紧急预案，下令自28日开始东北日本侨俘遣返全部中止，对所有日本侨俘注射霍乱疫苗，对收容所进行DDT消毒，加强饮用水、便所的卫生管理，到30日为止，长春市日本侨俘的霍乱患者共计72名，死亡26名。在因发生霍乱疫情而中止遣送前，长春市日本孤儿主要收容在中山区的神社、西本愿寺、高野山、西钟华区的立正保育园、南钟华区的妙

---

① 长春《东北导报》1946年7月18日，第2版。

心寺、天台保育园以及中正区的天理保育园,共计 800 余名,以各保育园园长为中队长,编成 5 个中队,编入安民地区一般遣送计划,于 7 月 24 日出发回国。

3. 第三阶段,8 月 21 日至 10 月中旬,长春市一般日侨、留用解除者、无籍人员等的遣送和遂行中共控制区日本侨俘的继送。长春市殿后服务队队员、日俘、留用解除者、无籍者、病患者和日侨善后联络处职员编成 5 个团 10 个大队和病患日侨 6 个团。长春市内日侨患者有 9 000 名,其中门诊治疗有 5 500 名,住院或在家治疗有 3 500 名(重症患者约有 1 000 名)。所有患者中以肠伤寒居多,痢疾尤甚,副伤寒、斑疹伤寒、回归热等数量大体相当,此外结核病患者也有一定数量。自 9 月 5 日至 10 月 8 日先后从长春市发出 6 列病院列车,遣送患者和陪护人员共 8 125 人。在长春市日本侨俘遣送第二阶段结束之时,从 8 月 20 日起长春市又担负松花江以北中共控制区日本侨俘遣送的接收和继送之责。为此,国民党东北行营日侨俘管理处在长春市成立转运指挥所,在松花江、拉法设立转运指挥分所,长春市日侨善后联络处也成立了相关机构。与此同时,各机构在对西阳、绿园地区等收容设施配备完成的前提下,还对需要救济的日侨进行救济和严格卫生管理,以确保继送的顺利推进。

长春市最后遣送团第 78 团“日联”职员、留用解除者及其家人 2 200 余名于 10 月 18 日午后 4 时从南长春站出发,这标志着从 7 月 8 日开始的长春市日本侨俘遣送工作基本结束。长春市总计遣送日本侨俘 201 500 余名,继送松花江以北日本侨俘 111 800 名。

四、长春周边地区日本侨俘的遣返

长春周边地区,主要是指四平市、公主岭市、西安(今吉林省辽源市)和吉林市等地,共有待遣日本侨俘 7 万余人。长春市日本侨俘遣返开始前后,其周边地区的日本侨俘遣返亦渐次展开。

（一）四平市日本侨俘的遣返

苏联出兵东北后,四平市内除 92 名老幼妇女日侨逃难到安东外,其余 9 058 人留在原住地。另外,自 1945 年 8 月至 1946 年 5 月,从外地流入四平的日侨为 17 774 人,期间死亡 2 200 人,入苏和去向不明者 300 人。至遣返前实有日本侨俘 24 332 人。

1946 年 3 月 14 日,苏军撤离四平。16 日,东北民主联军进驻四平。随后,国民党军队调集重兵围攻东北民主联军,双方在四平展开激烈争夺战。5 月 19 日,东北民主联军奉命撤出战斗,国民党军队占据四平,四平市日侨俘管理所挂牌办公。日本人会宣布解散,成立四平市日侨善后联络处,负责遣送前大队编成、诸种调查（传染病、携行品）、输送顺序、遣返手续,以及遣送途中的卫生、粮食配给、涉外事项处理等各项准备工作。

7 月 1 日,四平市日本侨俘遣返开始,至 9 日共遣送 9 列车,以及 18 个大队 22 978 人。

（二）公主岭市日本侨俘的遣返

公主岭地处长春、四平间,战争结束前公主岭市有日本人 4 500 名（应召者 500 名除外）。战后从各地流入日侨、军人等 4 994 名,又向朝鲜、长春流出日本侨俘 3 593 人。遣返前公主岭市约有日本侨俘 5 901 名。

1946 年 4 月,苏军从公主岭撤退。6 月 20 日,公主岭市日侨俘管理所成立,进行遣返准备,将公主岭市日侨 4 890 人编成 4 个大队,1 个大队 8 个中队,1 个中队 5 个小队,1 个小队约 30 人。另外公主岭市日俘 538 人编成 1 个日俘大队,范家屯日俘 900 余人编入公主岭第 5 大队。公主岭到锦州的遣送列车全部是无盖货车,其中的平板车安装了侧板和添置了防雨设备。

7月20日公主岭市日本侨俘开始遣返。20日，日俘大队出发；21日，公主岭第1、2大队出发；22日，公主岭第3、4大队出发。各大队配备医师、药剂师、僧侣各1名，护士3名。

公主岭市遣送第1团于7月23日顺利到达锦州，被收容在第2集中营，因第2集中营发生霍乱疫情而被隔离；第2团24日抵达锦州，住进第5集中营，分别于7月31日、8月2日从葫芦岛登船回国。

（三）西安市日本侨俘的遣返

西安市是日伪时期东北五大煤矿地之一。1945年9月3日，苏军进驻西安，10日，接管煤矿。为解决长春燃料供应和西安煤矿劳动力不足问题，除西安市内日本人4 950名（不含应召150名）向煤矿集结外，还抽调长春市收容的4 850名开拓团团民及密山、鹤岗煤矿的日本难民等南下西安，从事挖煤作业。这些人被收容在西安大成收容所、富国收容所、泰信一坑收容所、泰信三坑收容所、东域收容所（离队军人之大部分）等，越冬期间死亡350名，到遣返前实有10 345人。

1946年3月，苏军撤退。5月，国民党军队进驻西安。7月1日，西安市日侨俘管理所成立。除1 477名技术人员留用外，其余日本侨俘全部遣返，从7月下旬到8月中旬，共遣返8个大队8 178人。

（四）吉林市日本侨俘的遣返

日本战败投降后，吉林市部分日侨南下抚顺、沈阳避难，又有牡丹江、敦化、延吉、图们等地的日本难民纷纷涌入。据统计，吉林市原有日本侨俘2.6万人，流入避难者1.05万人，有4 000余人在越冬中死亡，至遣返前有日本侨俘3.2万余人。

1946年4月苏军从吉林市撤退，东北民主联军进驻。5月27日，东北民主联军从吉林市撤退。翌日，国民党军队进驻，将日本

人会改组为日侨自治会。7月3日,吉林市日侨俘管理所成立,16
日,将日侨自治会改称为"吉林市日侨善后联络处",并准备遣返日
本侨俘。

　　吉林市日本侨俘的遣送编组是1个遣送团2 400人,下设3个大
队,1个大队2个中队,1个中队4个小队,每个小队80—100名,1个
遣送团乘坐1列车,每列列车28—30辆编组。7月22日,吉林市日
本侨俘遣返开始,至9月18日,吉林市共送出13个遣送团和病院列
车1个团,计14个团31 214人。8月15日至9月27日,继送中共控
制区日本侨俘58 814人,两者合计为90 028名。(见表3-7)

表 3-7　吉林市日本侨俘遣送一览表　　　单位:人

送出日期	送出团名	送出人数	累计
7. 22	第 1 遣送团	2 229	2 229
7. 24	第 2 遣送团	2 200	4 429
7. 26	第 3 遣送团	2 291	6 720
7. 27	第 4 遣送团	2 137	8 857
8. 8	第 5 遣送团	2 081	10 938
8. 9	第 8 遣送团	2 370	13 308
8. 10	第 7 遣送团	2 175	15 483
8. 11	第 6 遣送团	2 039	17 522
8. 13	第 9 遣送团	2 053	19 575
8. 15	第 10 遣送团	2 441	22 016
8. 17	第 11 遣送团	2 333	24 349
9. 7	第 12 遣送团	3 293	27 642
9. 11	病院列车	1 098	28 740
9. 18	第 13 遣送团	2 474	31 214

　　资料来源:[日]加藤聖文編『海外引揚関係史料集成　国外編・補遺編』、「国外編
27・満洲省別概況(三)」、354-355 頁。

1946 年 7 月初至 10 月中旬,长春市及其周边地区日本侨俘共遣送 27.2 万余人,还中转了松花江以北中共控制区日本侨俘 18 万余名。

第三节　东北解放区日本侨俘的遣返

当时的东北解放区就是中共控制区,包括松花江以北地区,即今黑龙江省全境、吉林省东北部和内蒙古自治区东北部。日伪时期,日本帝国主义为加强对这一地区的殖民统治,不仅实施大规模移民,而且在中苏国境线上修建堡垒工事,先后在东宁、虎头、黑河、瑷珲、海拉尔等地构筑 14 个军事要塞,部署 10 个师团和 13 个国境守备队。截至 1944 年 9 月,该地区共有日本移民 50 万余人,其中近 15 万人为开拓团团民。1945 年 8 月 9 日,苏联出兵东北,关东军战败投降,松花江以北地区的日本侨民慌乱地向大中城市逃亡,到达哈尔滨、牡丹江、齐齐哈尔等地时,多数成为衣食无着的难民,闲置的学校、遗弃的军营、荒废的工厂成为他们的栖身之地,仅哈尔滨市的 66 个难民收容所就收容日本难民 58 108 名,[①]他们承受着饥饿、寒冷、疾病的煎熬。

根据军事调处执行部的协定,由东北民主联军负责的中共控制区日本侨俘于 1946 年 8 月开始遣送。为确保国共双方合作遣送日本侨俘的顺利进行,1946 年 7 月,国民党东北行营日侨俘管理处制定了《关于中共区内日侨俘遣送之计划》:

一、宗旨:为贯彻政府饬令,加紧日侨俘之遣送,俾使早日返国,各安生计,特拟具体计划。

---

① ［日］加藤聖文編『海外引揚関係史料集成　国外編・補遺編』、「国外編 28・満洲省別概況(四)」、290 - 296 頁。

二、组织：共军控制区内日侨俘遣送事宜，统由东北行营日侨俘管理处（以下简称本处）办理，共方以全力协助之。

三、地区：凡在共军控制区所有滞留之日侨俘均应遣送。

四、联络：国军与共方关于遣送联络事宜，由美方遣送官主持办理。

五、集中：长春以北哈尔滨、牡丹江、齐齐哈尔、佳木斯等处，以长春为集中地，作为第一批遣送；旅顺、大连以北熊岳、瓦房店、普兰店、金州等处，以鞍山为集中地，续行遣送；其他如安东、通化等处之集中地，随时商定，陆续遣送。

六、遣送：各地日侨俘人数由共方造送详表，以备核定分期遣送数目，前项人数及集中地并分批遣送数目等表，应由双方会同或分别造具，尽速由本处呈报东北行营核准实行。

七、交通：共军区内之交通整修、车辆集中由共军办理，自长春以北运至长春附近；旅顺、大连运至大石桥附近，再由本处接运。至于国军区内之交通车辆，则由本处办理之。

八、通讯：中共方面以哈尔滨为中心，指定电台与本处联络（呼号、波长及时间另定）。衔接冲突地带双方不得用兵并军需武器及其他有关军事用品。

九、补给：日侨俘遣送期间之给养按每日三十五元发给共军区，遣运期由各地日侨联络处办理，到达集中地则由本处办理。

十、检查：日侨俘之检查应遵照规定统由葫芦岛统一检查所办理，各起运地及沿途各站不得检查。

十一、附则：本计划所定事项，双方应恪切遵守实施，以期早日遣送完毕。①

----

① 辽宁省档案馆馆藏资料，全宗号 JE1。

在国民党东北行营日侨俘管理处制定中共控制区日本侨俘遣送计划的同时,东北民主联军总司令部遣送日人办事处处长李敏然与军事调处执行总部美方代表遣送官贝尔,在哈尔滨也草签了《遣送东北中共管制区日人之协定书》:

一、为保障遣送日人之安全与福利,政府方面与中共方面同意下列各项:A.在遣送期间及当日人行经中共及政府方面之前线时,所有军事冲突均应停止。B.双方同意任何一方面不得利用遣送过程向对方进兵,并不得在以遣送为目的之地区及其附近,新构筑障碍物、阻路工事及碉堡,更不得利用为履行遣送条约所需之设备(如车辆、船只等),作为军事之用。C.保证日人自所在地出发,至葫芦岛登船,沿途不受到强奸、掠夺、侵犯、抢劫、勒索、恐吓或其它〔他〕任何不法举动,其生命财产不受到侵犯。凡日人行经处之当地指挥官应负保护之责,凡有违犯上列条款者,需从严处罚之。

二、争执之解决:双方同意无论发生任何争执,都不得妨碍或迟误遣送日人事宜。如关于遣送事务之争执发生时,第三十二执行小组将为拉法地区之调处机构,第三十四小组为松花江北岸桥头堡地区之调处机构,并应驻沈美联络官之要求,随时协助促进松花江上之摆渡事宜。如于该桥头堡以北发生遣送上之争执时,概由三十五小组处理之,但于必要时,第三十四与第三十五两小组得会同处理之。

三、A.日人之运送:每日由哈尔滨及其附近运送七千五百人至松花江,因松花江北岸不能设置营舍,政府方面应保证供给(第三十二、三十四、三十五小组负责监督第一条B项之执行)充分之船只,使每日运到松花江之日人当日渡过。B. 为保证东北所有日人于九月三十日以前遣送完毕起见,中共与政府双方应协力将现在松花江以北之日人于九月二十日或九月二十日以前完全遣送之江南。

四、中共方面应负之责任:A. 于陶赖昭及拉法设立办事处,督查遣送事宜。B. 按下列日期表,由铁路自哈尔滨及其附近区域至松花江北岸遣送日人:八月二十日,二千五百名;八月二十一日,五千名;由八月二十二日起,至运送完毕,每日七千五百名。又由八月二十一日起,自哈尔滨至拉法,每日运送二千五百名。C. 运送车辆,可用敞车及闷子车(货车),如用平车,必须钉高可三尺之木板,每车厢内不得装载超过七十人。D. 自下火车至江岸上船之道路应加改善,使老幼及携带重量之日人便于行走。E. 保证准备充分之配给,使日人得以购采,于离哈时每人携带一天干粮,渡江后由政府补给,日人自备者不受限制。F. (1)负责选择自中共区至长春之路线;(2)已决定采取路线如下:所有齐齐哈尔、北安、佳木斯、牡丹江、松江之日人经过哈尔滨运送;在延吉之日人运至拉法;在通化之日人运至梅河口;在安东之日人运至本溪湖。G. 将需乘病院船之日人总数、其居住地及分类(即需人抬或辅行)通知驻哈之美方联络官。H. 将每日自中共区运出之日人数字及其区域通知美方驻哈联络官。I. 在未得葫芦岛港口病院船入港之消息以前,且勿遣送病人(参阅第六条A项)。J. 凡病人所乘之车辆必须闷子车及比较合理之车位,每个病人只可随带侍护人一名,一切病人包括轻病者均必须乘用病人遣送车。

五、政府方面应负之责任:A. 于松花江及拉法设立办事处，督查遣送事宜。B. 自铁道至江边登船处，筑一至少六尺宽之行人道，以利步行而免迟误。C. 每日至少供给船只一百艘或相当数量及船夫，以便每日运送带行李之七千五百人渡过松花江，每船至少载十人及船夫二人，并随时将运输数量经三十四小组通知驻哈美联络官。D. 于松花江北岸铁桥附近建筑登船点，每次摆渡至少容船三十只，于江南岸铁桥之西建筑下船点，使三十只船所载之日人便于下船。E. 派相当数量有经验之人员管理渡江，以臻完善而免迟误（注：每船装载十人，每小时往返一次，于每三小时内渡二千五百人，这需船八十四艘）。F. 自松花江南岸下船处接运办送及协助日人登车。G. 按照第四条 C 项所开，供给每列车能运二千五百人之车辆，自松花江南运时间如下：上午十二时；下午三时；下午六时。八月二十日开一列车于下午三时到达。八月二十一日开二列车于下午三时及六时到达。H. 为尽量利用渡船渡人起见，凡去锦州港区所需之燃薪，由政府方面在松花江以南或长春预备之。I. 由松花江南岸迄锦州应设置饮水点，以供饮水或作煮开水之设备。J. 保证中共区内遣送之日人获得与政府区内之日人同样之待遇、补给及津贴。K. 政府方面经驻哈美联络官供给中共方面遣送经费如下：（1）日人运输费：东北流通券五千万元；（2）遣送行政费：东北流通券一千万元。

　　六、A. 葫港美方遣送官设法于八月二十九日前后备妥病院船两艘，到达港口并依照哈市中共遣送当局之通告，随时供给所需病院船。B. 该遣送官并由驻日美军最高司令部运来充足注射血清，由驻沈美联络官及驻哈美联络官分发日侨善后联络处，以便为遣送中之日人注射。

军事调处执行总部美方代表遣送官

Bell(贝尔上校)(签字)

东北民主联军总司令部遣送日人办事处处长

李敏然(印)①

7月20日,东北民主联军总司令部遣送日人办事处处长李敏然乘专机从哈尔滨飞抵长春,会见郑洞国、廖耀湘等,商谈有关国共双方停战和日本侨俘遣返问题。22日,贝尔及潘林联袂由沈阳飞抵长春,与来长之中共代表李敏然商谈中共控制区之日本侨俘遣送问题;24日专机赴哈,与林彪商谈。贝尔返长后称:关于中共控制区日本侨俘之遣送,原则上共方似已同意,技术问题犹待检讨,日内将再飞哈,续作商谈。25日,李敏然从长春飞往沈阳,与国民党东北行营主任熊式辉、东北保安司令长官杜聿明晤谈,并就遣返中共控制区日本侨俘问题与国民党东北行营日侨俘管理处处长李修业进行具体磋商,双方在确认《遣送东北中共管制区日人之协定书》的前提下,对日本侨俘交接地点、遣送人数、所需经费和交接程序等达成共识。30日,李敏然乘专机回哈尔滨,临行时,东北行营日侨俘管理处财务组组长王尔纯将装有6000万元流通券的箱子交给东北民主联军代表团。

8月15日,李敏然偕美方代表遣送官贝尔上校再度乘专机飞抵沈阳,就正式签署《遣送东北中共管制区日人之协定书》事,与国民党方面举行会谈。国民党东北行营日侨俘管理处以备忘录形式,承认贝尔与李敏然先前草签的《遣送东北中共管制区日人之协定书》有效。随后,李敏然于17日乘专机返哈,松花江以北地区日本侨俘遣返工作旋即开始。

① 辽宁省档案馆馆藏资料,全宗号 JE1。

　　李敏然返哈时,美方代表遣送官贝尔上校亦随同前往,就中共控制区日本侨俘遣返计划继续进行协商,并达成协议。其要点是:"(1)第一期遣送区域是松花江以北的日本侨俘,集中地点长春。哈尔滨、齐齐哈尔、佳木斯地区的日本侨俘向这里集中,松花江渡河之时由政府准备渡船,并且使用最短距离的铁路线。长春集中后经由沈阳、锦州,向葫芦岛输送。(2)第二期遣送是旅顺、大连、金州和鞍山以南的日侨,集中地点为鞍山。(3)第三期遣送是安东、通化方面的日侨。遣送之际,在中共地区内由中共军方面负责护送到国军守备界限,之后日管负责输送。在途中设置输送的临时车站,提供供应品、补给、宿舍,并且派遣警备兵加以保护,以图安全。"①对此,李敏然进一步表明:"松北和哈尔滨一带日侨俘数约20万,现决定分两路遣送,一经松花江,每日可遣7 500名,一经拉法,每日可遣2 500名,每日共遣送1万人。其次安东方面日侨俘大约共四五万人。通化方面送梅河口,安东方面送至本溪湖。现已准备就绪,仅待政府同意。签订协定后,即开始遣送,预定一月内遣竣。"②

　　在难民收容所中的日本侨俘,苦苦等待遣返时日的到来。截至1946年4月,松花江以北地区的日本侨俘有20万余人(包括吉东地区约4万人)。其中,哈尔滨市内有9万余人,越冬期间疏散到阿城、五常等县的有1.4万余人,共有10.5万余人;齐齐哈尔地区有日本侨俘4万余人;牡丹江有日本侨俘5千余人;其他各地有日本侨俘2万余人。(见表3－8)

---

① 长春《东北导报》1946年8月16日,第2版。
② 《新生报》1946年8月17日,第1版。

表 3-8　松花江以北地区待遣日人分布表(1946 年 4 月)　单位:人

地区	人口	地区	人口	地区	人口	地区	人口
哈尔滨市	91 505	珠河	1 574	通河	1 400	庆安	150
阿城	5 158	延寿	434	巴彦	450	通北	3 134
五常	8 000	方正	2 300	东兴	457	北安	2 050
舒兰	1 730	依兰	400	木兰	1 407	牡丹江	6 323
佳木斯	640	扎兰屯	1 600	双城	650	齐齐哈尔	40 639

资料来源:黑龙江省档案馆馆藏资料,全宗号 7。

一、哈尔滨市日本侨俘的遣返

东北民主联军总司令部遣送日人办事处李敏然处长从沈阳返回哈尔滨后,松花江以北中共控制区日本侨俘遣返组织工作随即展开。为保证哈尔滨市及周边地区日本侨俘的遣返,东北民主联军总司令部遣送日人办事处以严肃认真的态度,做好遣送准备的各项工作。

一是设立遣送日本侨俘相关机构。东北民主联军总司令部成立遣送日人办事处,处长李敏然,副处长聂鹤亭、何伟,下设 6 个科,总务科科长张观、敌产管理科科长张永励、运输科科长马钧、检查科科长马亮、日人指导科科长马英林、救护科科长孙仪之。8 月 11 日,该处在哈尔滨市道里区地段街 98 号正式挂牌办公。同时,在齐齐哈尔、牡丹江、北安等地成立了相应的遣送日人机构。另外,在陶赖昭、新站设立遣送日人联络处。

二是正式宣布遣送日本侨俘决定。8 月 9 日下午 4 时,东北民主联军总司令部遣送日人办事处在哈尔滨日侨管委会召开日本人会负责人及日侨各界有关人士大会,正式宣布遣送日本侨俘回国的决定。李敏然到会讲话,指出:"中国东北人民近十四年所受的痛苦以及日本人民最近所受的痛苦,都是日本好战份〔分〕子造成的。中国人民受的痛苦很严重,我们同样知道现在日本人民受的痛苦也不轻松。所以想要建立民主的新日本,避免以后重复这种痛苦,必须日本人民起来推翻日本军阀才有可能。"李敏然还说:"我们不是报复主义者,同中国人民作对的不是日本人民,而是日本军阀,因此,我们不赞成采取报复手段。"他表示,为顺利遣送日本侨俘回国,将予以帮助。最后,李敏然又诚恳地重复着说:"你们回去告诉所有的日本人民,中国人民诚意愿和日本人民做朋友,不愿和日本人做敌人。"①会上,日侨管委会主任委员马英林还就日本侨俘遣返编队、携带物品、乘车要求等进行详细解释,指出:遣送编队是按区和街为单位,每 60 人一队,队下分若干组,除了日侨患病严重者和急性传染病患者暂时留哈外,全部送走,并决定日本人会人员最后离哈。

三是动员群众参加遣送日本侨俘工作。8 月 18 日下午,东北民主联军总司令部遣送日人办事处召开全体人员大会,与会各科及检查大队学生共千余人。李敏然处长在会上做了动员讲话,指出:遣送日人归国,是对中国、对东北,特别是直接对哈尔滨有莫大益处的事! 我们不但打垮了日本法西斯军队,推翻了他们的政权,而且要把这些来剥削压迫了我们十四年的日本人,统统赶跑! 希望大家"要有主人翁的愉快心情,为人民服务的精神,来完成这有民族意义的光荣工作"。李敏然还对参加这一工作的青年学生说:"为什么要大家来一块做,特别是请同学们来参加呢? 因为在二十几天以内,将松花江以北二十万日人全送走,不能不说是一件艰巨的工作,要按时顺利的完成这样的工作,必须大家一齐动手,特别

①《东北日报》1946 年 8 月 11 日,第 2 版。

是需要青年学生参加，因为学生有著最珍贵的条件：热情、纯洁，有了这两个基本条件，事情就能做好！"

李敏然在讲话时还强调不要对日人采取报复手段。他说："侵略中国的是日本军阀，不能说所有的日本人都是一样，是的，过去他们曾直接欺压剥削过我们，是我们的仇人，但是今天他们已经投降，今天已有这样会使他们觉悟到：他们的侵略政策是错误的，是总归要失败的。他们会想到：今天为什么受苦受罪，不是中国人民给他的，而是日本军阀使他们变成这样子。我们今天要启发他们自己的觉悟，去反对他们国内的军阀。因此今天对要送的日人，只要他们遵守命令与纪律，我们要采取宽大的态度，不去向他们报复的！"李敏然最后要求大家发挥高度的组织性，以高度的工作热情，团结一致，把事情办好。他强调："坚决反对任何人员贪污舞弊行为，假若发现这类个别坏分子，大家一致与他斗争并马上报告，立即按法律制裁！从处长到每一工作人员，不分地位与职权，互相监督！只有这样，我们的光荣工作才不致被少数人破坏，才对得起哈尔滨八十万人民！"①

四是公开各项遣送日本人法令。首先在《东北日报》全文刊登《遣送东北中共管制区日人之协定书》，不仅让日本侨俘了解协定的全部内容，也让中国老百姓知道遣返日人的真相。其次发布公告，如关于不准私占日人房屋、财物的布告，东北民主联军总司令部遣送日人办事处布告（第一号）称："凡未经本处认可擅自占领日人房屋，拿取日人器具，或与日人私相授受，隐匿日人财物者，一经查出，决依军法，从严治罪，特此布告通知。"②再如关于涉日婚姻处

---

① 《牡丹江日报》1946 年 8 月 25 日，第 4 版。
② 《东北日报》1946 年 8 月 22 日，第 3 版。

理办法,东北民主联军总司令部遣送日人办事处启示(第四号)称:"查哈市日人,已开始遣送,凡因与日人婚姻关系请求留哈者,于本月二十二日午后四时以前,携带左记文件,由日本人会转递本处,逾期概不受理。(1)夫妇履历书,各二份;(2)居留许可申请书,二份;(3)甲长或二人以上婚姻证明书,二份。"①

五是各军区统一调度输送日本侨俘。为在短时间内完成遣返日本侨俘任务,东北民主联军总司令部遣送日人办事处实施统一调度,统一指挥,原则规定:(1)哈尔滨市及松江省日本侨俘近10万人,由总部直接遣送;(2)齐齐哈尔日本侨俘4万余人由嫩江军区负责,牡丹江日本侨俘5 000余人由绥宁军区负责,佳木斯日本侨俘2 000人由合江军区负责,北安地区日本侨俘2 000人由黑龙江军区负责,分别以火车输送到哈尔滨,再由总部统一编队遣送;(3)吉东地区日本侨俘近4万人,由吉东军区负责,火车输送到新站。

在东北民主联军总司令部遣送日人办事处着手各种遣侨准备时,国民党东北行营也尽力调配人力、物力和财力,并成立长春日侨俘转运指挥所和松花江、拉法转运指挥分所。8月15日,国民党东北行营日侨俘管理处副处长刘佩韦少将率总务组组长孙鹏飞、运输组组长李玉田等人到达长春,部署松花江以北地区日本侨俘遣送交接事宜。18日,刘佩韦一行连同长春日侨善后联络处部分人员到德惠松花江边视察,就转运指挥分所的建立,松花江渡河地点的选择,临时码头的搭设,渡船、列车的调配等一系列问题进行研究并做出决定:"(1)日侨交接数每天大约以7 500名为准。(2)根据备忘录,在松花江旧铁桥北岸国军桥头堡阵地进行日侨俘交接。(3)在北岸防止不良分子的潜入,对是否携带武器、秘密文

---

① 《东北日报》1946年8月22日,第3版。

书等实施严格检查，一旦发现，中止遣送。（4）渡河方法依靠渡船，现有2艘能容载百名人员的机动渡船和50只铁船，一天可渡3 000名，需再备7艘机动渡船。（5）设在德惠的日管办事处在松花江设立分处，日管宣导组副组长李光品少校任现地指挥。（6）日联（日侨善后联络处）在松花江南岸设分处，下设前进医疗所、暂时休息所，以期达到防疫、休息的万无一失。（7）列车输送，原则上经沈阳直下锦州，特殊情况下在长春临时收容10万人。"①

与此同时，刘佩韦还会见了国民党新一军师长潘裕昆少将，请军方派员协助日本侨俘从江北向江南的输送。潘欣然允诺，任命步兵团团长罗道章上校担任渡江临时总指挥，委派工兵团团长麦上校负责安排渡船及江边道路的整修，增调5艘自动舟艇（载75—100名）、2艘大型木船（载250—300名）、1艘平型木船（载120—150名）、2艘小型木船（载60—80名），合计10艘，输送能力一次达455—630名。每日从早7时开始，运送4—5次，加之动员一些民用船只参加运送，逐步达到每日渡江七八千人的程度。在拉法方向，东北行营日侨俘管理处运输组组长李玉田，于23日赶赴老爷岭，就拉滨线和京图线日本侨俘交接事宜，与中共设在新站的遣送日人联络处处长任仲浩会谈，达成相关协议。

哈尔滨市日侨过去以邻里组织为单位，10组为班，10班为分所，数分所为区，数区为一个民会支部。哈尔滨市日本侨俘遣送仍按分地区别编成的办法，即以班为小队，以分所为中队，3个中队为1个大队，数大队编为1个团，1个团往往达四五千人，团长负责遣返途中的指挥。一般日侨输送1列车2个团，多数为无盖货车，约1/4以下为有盖货车。每列车带药品2箱、医师2名、医务助手2

---

① 长春《东北导报》1946年8月22日，第2版。

名、护士 2 名。患者输送使用另外准备的列车，前后共编成 5 列列车。哈尔滨日本侨俘输送路线分为两个方向，一路为哈尔滨至陶赖昭，渡江后到达长春，每日运送 7 500 人；一路为哈尔滨经五常、拉法（新站）、吉林，抵达长春，每日运送 2 500 人。8 月 19 日下午 1 时，哈尔滨市南岗区之松花江街、满洲里街、北京街及公司街一带日侨在家集合听命，由遣送日侨办事处敌产工作大队去接收查封，检查结束，集中于哈尔滨站，再由遣送日侨办事处检查大队开始检其一应携带品等，2 450 名日侨于当晚 7 时乘火车南下，①输送至陶赖昭，然后徒步 10 公里到松花江渡口，上船过江，交与国民党方。8 月 20 日，哈尔滨市第一批日侨到达松花江北岸。但因国民党方面准备仓促，渡江船只不足，当日只过江 1 216 人，有 1 234 人在松花江北岸露宿。李敏然就此事通过美方遣送官贝尔上校向国民党方面提出抗议。贝尔亲自飞往沈阳，与国民党东北行营进行协调。

8 月 21 日，沿拉滨线（哈尔滨至拉法）的日本侨俘开始遣送，把哈尔滨的日本侨俘输送至新站集中，徒步 18 公里，至老爷岭移交给国民党当局。军事调处执行总部驻哈尔滨第三十五小组威尔逊上尉为考察东线日本侨俘遣送情况，一路同车，从哈尔滨到新站，从新站到吉林，后经由哈长路返回。"哈尔滨至拉法间非常顺利，仅需 20 小时。在拉法（新站）一宿后，翌日则为民主联军地区与国民党地区中间之徒步，该距离为 7 里，此间许可雇用中国人脚夫，因道路良好，未曾感受任何困难，稍事休息后，即到达国民党地区之北站（老爷岭）。于北站稍候之后，即乘车到吉林附近之第二松花江桥。由北站至江桥需六七个小时。该铁桥因已破坏，乃于桥上铺可通行人之木板。过桥后仍不能至长春，乘车到离吉林 30 里

①《松江商报》1946 年 8 月 20 日，第 3 版。

的地方,此地需时最多,约需 12 小时。所以拉法、第二松花江桥、距吉林 30 里之地点,需要三回换车。但第二松花江桥,近二三日即可修理,竣工后当无问题。归途中,曾于哈长路之松花江一宿,(日本侨俘)过江非常顺利,一个列车约 4 个小时即可过完。在江岸,国民党方面的检查非常费时间,民主联军方面却很迅速。最近和国民党方面交涉,可能时取消检查。”①

　　按此遣送编成和输送路线,哈尔滨市日本侨俘遣送开始后的第二天,东北民主联军总司令部遣送日人办事处发布遣送顺序:“哈尔滨市内所居留之日侨,经 11 日间,即本月 29 日可完全运送完了。关于遣送顺序业已决定如左:计哈长 28 车、拉滨 9 车,未定 1 车。19 日南岗,20 日南岗,21 日南岗,22 日马家沟,23 日香坊、马家沟,24 日马家沟、南岗,25 日南岗,26 日新阳、道里,27 日道里,28 日道里,29 日道里。”②上述筹措俱已完毕后,哈尔滨市日本侨俘遣送工作便按此部署开展起来。随着 9 月 19 日哈尔滨市第 47 遣送团(哈尔滨日本人会 2 000 名)的送出,松花江以北日本侨俘遣送落下帷幕。

二、哈尔滨周边地区日本侨俘的遣返

　　哈尔滨周边地区包括牡丹江、佳木斯、北安、齐齐哈尔等市,因日本侨俘居处分散,路途较远,交通不便,遣送非常困难。东北民主联军和各地民主政府为保证当地日本侨俘的遣返,均成立遣送日人办事处,并抽调大批人员、物资,精心组织安排,按计划完成日本侨俘向哈尔滨的输送。

---

① 《松江商报》1946 年 9 月 8 日,第 2 版。
② 《松江商报》1946 年 8 月 21 日,第 3 版。

（一）黑龙江军区日本侨俘的遣返

东北光复后，中国政府将原日伪时期的黑河省、北安省合并为黑龙江省，设治于北安市，日本战败前有日本人 76 467 人。苏联出兵东北后，尽管日本人大多逃亡到哈尔滨、长春、沈阳"避难"，但在当地仍有日本侨俘 4 000 余人。

为执行东北民主联军总司令部在最短期间内将管辖区之日人遣送回国之决定，黑龙江军区于 8 月 26 日在北安市借用黑龙江政府办公地点，成立东北民主联军黑龙江军区遣送日人办事处，并自即日起开始办公，办事处处长范式人，副处长宫洗尘、王化成，下设总务科、指导科、敌产管理科、运输科、检查科、救护科。县设分处，分处之组织，设同上六股。为迅速完成遣送日人回国任务，他们还抽调部分学生参加这一工作。当日以范式人、宫洗尘、王化成的名义，颁布了《东北民主联军黑龙江军区遣送日人办事处组织规程》《东北民主联军黑龙江军区遣送日人办事处通告》（第一号、第二号、第三号）、《被遣送回国日人每人准许携带之物品食粮钱款等规定》和《遣送日人回国禁止携带物品之规定》，其中尤推《东北民主联军黑龙江军区遣送日人办事处通告》（第三号），对遣送日本侨俘回国各事项做出细致规定，内容如下：

一、凡在"黑龙江遣日办事处"遣送区内之日人，均须于 9 月 3 日前向所在地方之政府申报登记，提出名单清册，不得遗漏。其意图隐匿或逾期不报者，以逃匿犯论罪。

二、各级政府、机关、团体与人民，愿留用有技术、技能之日人者，均须向该地方政府提出留用数目、履历、技术及家族事项，经审核批准后始得留用。违犯者依隐藏逃匿犯究罪。

三、凡在本处遣送区内之日本人与中国人发生婚姻关系或同居者，拟一律遣送为原则，其不愿归国者，得依（二）项之规定,提出请求。如持有婚姻证件,应一并提出,听候批示。

四、凡被遣送回国之日人均须编队、编号,佩带胸章、袖章,违者不能登车。胸章、袖章遗失者,应速报告所属队,呈请补办。

五、日本人会依本处命令,协助本处遣送日人回国各项[事宜,巡视]住所,日人不得发端推诿或阻碍。

六、北安市以外地方之日人须依本处指示,服从各该地方政府之指导,切实准备,听候出发命令,不得擅自移动。

七、被遣送回国之日人所需旅费、食粮,自行筹措,其贫困者,由日本人会负责调剂。

八、日人患病者,以全部遣送为原则,不能启程或确属急性传染病患者,本处指定地点,设立临时医疗所,由日本人调留必要之医生、看护,并酌援杂费,暂留北安市医治,待病愈后,再行遣送回国。

九、遣送日期另行公布,自遣送日期开始之日起,每日准备车皮 33 辆,开出列车 1 次,遣送人员为 2 450 名。

十、沿途车站准备开水,以便饮用,并[派]专人对各站查看,以便彻底。

十一、[遣送]之前,一律施行防疫注射,并由本处发给防疫注射证明,否则不准乘车(防疫注射证见另附)。

十二、遣送日人回国车辆,以有盖货车为原则,无盖者应作为临时车辆。

十三、本处组织查封队若干组,3 人为 1 组,负责查封日人退出后之房屋事项。更组织检查队若干组,5 人为 1 组,负责检查携带物品,并协助维持秩序。

十四、本遣送区内之日人之遣送程序如下:

1. 率先遣送北安市日人。

2. 继续遣送北安市外各地日人。

3. 日本人会人员,最后列车离北安。

十五、日人应发扬互助互爱精神,富裕者帮助贫穷者,健康者护[理]患病者,男人照顾妇女,青年人爱惜老幼,共同保持旅途秩序。

十六、战犯人等,另行遣送,其办法另有规定。

十七、每次列车遣送之日人,应填造人名清册四份,二份放在本处备查,二份由押送人员呈送哈市以备考核(表册格式另定之)。

十八、编队编号办法如下:1. 编队原则:按所住区域为单位进行编队。每列车容纳之人拨编一大队,每一车辆容纳之人数[属]一中队,每一中队分若干小组。一家族应编在同一组内。老乡、同事、或亲友应编入同一中队,大的职业团体应编入同一大队。外地日人到来后,继续北安市之顺序编队。随车卫生人员或担架队员,由日本人会自行调整。2. 编队办法:本月26日起至月底止,每日出发一大队,人数为2 450人,分成33个中队,其中32个中队均为74人,一个中队为66人。3. 编号办法:不论男女老幼,每人一个编号,编号按编队顺序排定。实行编号遣送时,每人必须佩带胸章、袖章,以凭识别(章式见另图)。外地日人来北安后,其号码临时排定。

十九、遣送回国日人乘车注意事项:

1. 列车开行日期决定后,由本处前一日通知日本人会。

2. 遣送回国日人于赴车站以前,各小组组员将携带物品,互相检查一次,以免遗漏。

3. 在各车厢外面,应标明各中队所占地位,以便查找。

4. 出入车站及上车下车时,应由人引导,依次徐行,以免混乱或迷失。

5. 应服从检查,遵守公共秩序。

6. 注意车内卫生,保持清洁。

7. 车内不准点火烧饭。

8. 携带物品,勿过笨重,以免步行时无法走路。

特此通知!①

依据上述公告,黑龙江军区日本侨俘于 8 月 25 日开始集中并输送到哈尔滨,至 9 月 15 日共遣送 4 482 人。

(二) 齐齐哈尔市日本侨俘的遣返

齐齐哈尔市是松花江以北滞留日本侨俘人数最多的地区之一,遣返前有日本侨俘 4 万余人。齐齐哈尔日本侨俘遣送顺序遵从先流入后本地、先外围后市内的原则,即先遣送"西北满"及内蒙古东北部流入的日本侨民,后遣送齐齐哈尔市的日本侨俘;先遣送齐齐哈尔市外围的日本侨俘,然后渐次移向市内日本侨俘。

8 月 17 日,东北民主联军召开人民大会,会上市政府外事科科长宣读了东北民主联军嫩江军区遣送日人回国的正式命令。23 日晨,遣送日人第一列车出发,以后每日一列车编成。被遣送的日本侨俘在第二松花江八公里徒步区间,"自己的行李自己背负。途中一些人为多带些粮食,便把多余的衣物丢弃了。关于所持现金的数额,齐齐哈尔市遣送日人办事处按从出发至乘船最多二周间预定,途中旅费按一人 3 000 元、带回日本国内 1 000 元的标准携带。但途中往往需要三四十天,所持现金不敷使用,一些人变卖衣物,以换取食物"。"还有,病人、患者与一般的遣送列车区别开来,计

---

① 《黑龙江日报》1946 年 8 月 27 日,第 108 号。

划编成病院列车,但该计划未成功,结果是纳入到一般遣送者之中,安排救护班和担架队,为途中的徒步区间预先准备。特别是以哈尔滨松花江为中心必须徒步 8 公里,此区间患者的输送带来了无法用言语形容的苦劳。"①

至 9 月 2 日,共有 11 列车日本侨俘顺利地输送到哈尔滨。3 日至 7 日,因留用日籍技术人员问题,遣送一度中止。齐齐哈尔日本人会派员前往哈尔滨,与东北民主联军总司令部遣送日人办事处磋商,并向美方代表遣送官贝尔上校阐述"西北满"治安情况和经济问题,恳请将更多的日本侨俘遣送回国。经协商,决定将齐齐哈尔准备留用的 1 500 名技术人员减至 900 人。8 日,遣送再开。至 13 日,又遣送 6 列车,前后共 17 列车,遣送日本侨俘 41 466 人。

(三) 牡丹江地区日本侨俘的遣返

日本战败投降后,国民政府将日伪时期的牡丹江省、东安省合并为绥宁省,设治于牡丹江市。该地区是日本帝国主义重点经营地区之一,先后向这里移民约 16 万人。战后绝大多数日侨逃向内地,至遣返前仅剩 5 000 余人,分散于牡丹江、鸡西、绥阳、宁安、密山和东京城等地。

8 月 20 日,绥宁省接到东北民主联军总司令部关于遣送绥宁地区日俘日侨的命令。21 日,绥宁军区司令部及市府在日本民主联盟支部成立遣送日人办事处,处长为陶雨峰,副处长王谷,下设指导科、运输科、救护科、总务科 4 科,并向所属各县政府发出指示,命其集中日本人送往牡丹江市,再由牡丹江送哈尔滨。8 月 25 日、26 日、27 日 3 日,牡丹江地区日本侨俘 3 个团,分乘 3 列火车,直达哈尔滨。牡丹江地区共遣返日本侨俘 5 079 人。

---

① [日]满蒙同胞援护会编『満蒙終戦史』、624 - 625 頁。

除上述地区外,松花江以北中共控制区日本侨俘的遣送,还有合江地区2 373人,东北满各地5 694人。总之,松花江以北中共控制区的日本侨俘遣返从8月20日开始,在近两个月内共遣返日本侨俘182 398人。(见表3-9)

表3-9　松花江以北地区遣送日人实绩表　　　　单位:人

地区	9月	10月	总计
齐齐哈尔	36 047	5 419	41 466
哈尔滨	92 011	6 576	98 587
牡丹江	5 058	21	5 079
京图线	31 732	5 534	37 266
合计	164 849	17 550	182 398

资料来源:[日]满蒙同胞援护会编『满蒙终战史』,577页。

三、吉林东部和"东南满"地区日本侨俘的遣返

吉林东部的延吉、敦化、蛟河和"东南满"的通化、安东等中共控制地区,因受日本帝国主义长期掠夺,经济贫困,民生凋敝,又加之地处偏远,交通不畅,对这里的日本侨俘进行遣返异常艰难。

(一)吉林东部地区日本侨俘的遣返

吉林东部地区,东与朝鲜隔江相望,东北与苏联陆路相接,包括延吉、图们、珲春、汪清、龙井、安图、敦化和蛟河等市县。日本侵华期间,为实现对这一地区的殖民统治和对苏防卫与备战,既大量移民,又部署重兵,还预设三道防线,即东部中苏边境地带为第一防线;与延吉市相连之南北线为第二防线;其他地区为第三防线。1945年8月9日,苏联对日宣战。苏军从珲春方向对日本关东军发起攻击,15日进至第二防线,日军未作抵抗便退到延吉,19日延吉日军投降。23日,溃退到敦化的日军也缴械投降。与此同时,吉

东地区的日本侨民及牡丹江、佳木斯、密山的部分日本开拓团团民
和军人家属纷纷流入延吉、图们、敦化等地,短时间内该地区汇聚
了 10 余万名日本侨俘。① 其时,苏军已占领朝鲜三八线以北地区,
并封锁图们江,日本侨俘无法流入朝鲜,后又将关押在朝鲜平壤、
咸镜北道的日本警察、官吏 3 500 人递解到延吉进行收容。吉东地
区的日本侨俘既有外部涌入,也有内部相互流动,还有朝鲜日本侨
俘向该地的流进,流动相当频繁。

　　为解燃眉之急,吉东地区日本侨俘只好蜂拥到旧军营、学校和
官舍、民宅中度日,但因天气寒冷、居住拥挤、粮食短缺和人员太多
等缘故,处境极其困苦。1945 年 10 月至 1946 年 6 月,吉东地区共
滞留日本侨俘 44 476 人,越冬死亡 8 438 人。其中尤以延吉市内日
本侨俘死亡率最高,在一、二、三、四俘房收容所的日俘和日本人小
学校、大和小学校、安民街官舍、河南地区、天主教会等难民收容所
中的日侨共 1.7 万人,先后有 5 000 余人死亡。

　　1946 年 4 月,苏军撤退回国,东北民主联军进驻吉东地区。国
民党军队曾于 6 月上旬进攻新站、拉法地区,被东北民主联军击
败,退到老爷岭。在这种情况下,根据北平军事调处执行部三人小
组的部署,从 1946 年 8 月开始集中遣返中共管制区的日本侨俘,并
决定以第三十二执行小组进驻拉法,负责协调国共双方日本侨俘
交接。

　　8 月 24 日,军事调处执行部驻拉法第三十二执行小组 H 中
校、东北民主联军总司令部遣送日人办事处驻新站联络处处长任

---

① 据[日]满蒙同胞援護会编『满蒙終戦史』、[日]加藤聖文编『海外引揚関係史料集成
　国外編・補遺編』、「国外篇 25・満州省別概況(一)」等记载,日本战败投降后滞留在
　延吉市的日俘有 4 万人,滞留在敦化县的日俘有 3 万人。

中浩、国民党东北行营日侨俘管理处运输组组长李玉田上校在老爷岭站北道村举行会谈,就吉东地区日本侨俘交接达成以下协议:"(一)两军以步哨线的中央作为交接地点。(二)日侨的交接由持有官印通行证的双方引导员执行,八路军—中华民国民主联军拉法办事处处长○○○　中央军—中华民国东北行营日侨俘管理处老爷岭办事处处长○○○。(三)八路军方的引导员引导日侨直达交接地点待命。随后中央军方的引导员到交接地点去迎接,确认符合执行交接的双方通行证。(四)交接时双方按名册实行人员点检。(五)双方所持盖有官印的通行证作成一式二份,相互交付对方一份。"①

东北民主联军在新站成立遣送日人联络处,处长任中浩,负责经拉法遣送的日本侨俘的转运;在吉东地区成立遣送日人办事处,处长徐元泉、副处长罗亚辉;同时吉东各市县成立遣送日人办事处,具体负责吉东各地日本侨俘的遣返工作。8月24日,新站联络处处长任中浩在致吉东遣送日侨日俘办事处的一封信中说:"关于遣送日人问题,总部成立办事处于哈尔滨,并在陶赖昭与新站设立两个联络处。东满的全部日人及哈尔滨的一部共计约十万人由新站联络处转交[国]民党区,因此你处日人应全部送新站。每日可来二千五百名(东满地区),最好能在早晨五点钟到达新站,以便即刻转送。此外,关于携带物品现款食粮等总部都有规定,兹寄去一份,请你处按照规定严格执行,否则此处不好转交,请注意。这一工作要在九月十五日以前全部结束,请抓紧时间进行为盼。"②

8月27日,吉林省政府和吉林军区对吉东地区日本侨俘遣返

---

① [日]宫下二郎『葫芦岛へ』、東京、国書刊行会、1983年、218－219頁。
② 吉林省档案馆藏资料,全宗号29。

工作进行认真部署，主席、司令员周保中和政治委员陈正人下达了《关于遣送日侨日俘之联合命令》：

为按时完成遣送日侨日俘工作，吉林省政府与吉林军区特作如下决定：

甲：关于遣送日侨日俘具体办法

一、日侨日俘之遣送工作，在可能范围内，应尽量按照协定中之规定做，力避在形式上被美[国]或[国]民党方面有所藉口。遣送日期，各地接命令后，立即分批开始遣送，保证于九月八日前全部送至蛟河或新站。

二、在图们设一转运站，由图们市长及当地党、政、军及群众团体组成之。转运由珲春、汪清县送来之日侨俘。汪清之日侨俘应于九月三日前全部集中完毕，珲春、图们之日侨[俘]应于九月四日前全部集中完毕。由图们转运站联络铁路局负责转运。

三、和龙、延吉之日侨[俘]应于九月二日前集中完毕，由延吉遣送日侨日俘办事处负责遣送。

四、在敦化设一转运站，负责遣送由安图送来之日侨[俘]。安图之日侨俘应于九月四日前送至敦化，并联络负责转运自敦化以东运来之日侨俘。转运站之组成，由敦化县长及二旅负责干部派出（二人）及其他工作人员（二十人）组成之。

五、在蛟河设一收容所，收容各地送来之日侨[俘]，组成列车转运至新站。收容所人员由蛟河县长及当地驻军负责组成之。额穆之日侨[俘]送至蛟河收容所。

六、在新站设一联络处。负责联络引送日侨[俘]之事宜。

七、各转运站、收容所，每一列车应派出一武装班押车，防止中途不良事故发生及维持秩序。遣送日人办事处或转运站之工作人员、警卫人员必须在胸前佩带〔戴〕一布条,盖上×县遣送日人办事处或转运站之印,以示区别。从图们转运站遣送日侨日俘办事处[如]派出之押车人员押送至敦化,由敦化派出之押送人员押送至蛟河,由蛟河派出之押送人员押送至新站,从汪清、珲春至图们之押车人员由汪清、珲春负责,和龙至敦化之押车人员由和龙负责。

八、各县成立县遣送日人办事处,按附件中之实施办法进行工作,并将各地应被遣送之日人,集中或分批送至各转运站。各办事处之工作人员应派出得力可靠干部充任。

九、吉南、吉北专署各成立一办事处,具体工作根据当地实际情形自行定之,但以不超过九月八日以前将日侨[俘]送至蛟河或新站之日程为限!

十、凡被遣送之日人除免费乘车外,其一切费用皆自备。各转运站、收容所应在车站预备食粮,以便过往日侨[俘]购买,但特别困难无粮无钱之日人应由当地民会动员日人互相调剂,如无办法调剂,可按旅程日数发给每人每天一斤半粮、十五元菜金,在日侨俘遣送完毕后,在十月上旬以前来省财政厅报销。

十一、各转运站、收容所,应预备用水,供过往日侨俘喝。

十二、各地政府、驻军有负责保护日人生命财产安全之义务,由各地遣送日人之列车在各地或转运站停留时,严格禁止百姓及非警备之军警人员接近,如有不良事件发生,应由当地政府驻军负完全责任。

十三、各县办事处派出检查日人行装之检查员,应编成二三人一组,挑选思想较纯洁、品行较好之青年男女学生或其他群众团体人员充任,态度要好些。

乙:其他事项(略)

丙:关于遣送日侨[俘]之列车配备决定如下

所有客运全部停止,其担负遣送日侨[俘]车辆之车头集中朝阳川,车皮集中延吉。

八月二十八日至九月二日,从延吉到蛟河,每天二列车,押车人员由延吉负责。

九月三日一列车到和龙,和龙押车人员负责押送至敦化。

九月四日一列车到汪清,汪清押车人员负责押送至图们。

九月五日一列车到图们、珲春(珲春遣送问题因国境线仍未获得协议,仍未能作最后决定之)。

由蛟河至新站,每天一列车,每天来回三次,安图日侨[俘]由县府设法送往敦化,额穆之日侨[俘]由县府设法送至蛟河。①

为贯彻落实《关于遣送日侨日俘之联合命令》,吉东地区遣送日人办事处既制定了遣送计划(见表 3 - 10),又颁布遣送细则。由日本人会对遣送人员实行统一编队,每 70 人为 1 小队,5 个小队为 1 中队,3 个中队为 1 大队;所有遣送人员必须统一编号,每人一号,并佩戴胸章、臂章;对遣送人员登记造册;对留用日籍技术人员单独登记,并在登记表中注明"自愿留吉东各县"字样;日人患病者以全部遣送为原则,轻病人编入各队以便照料,急性传染病之高热患者,暂时可留在当地治疗;日本人会全体人员最后乘车离去。细则还对遣送日人准予携带物品、食粮、现金数量,以及禁止携带物品(枪支弹药、图书资料、光学仪器、金银首饰等)做出规定。

---

① 吉林省档案馆馆藏资料,全宗号 29。

表 3 - 10　吉东地区遣送日人计划表　　　　　单位:人

站口	日期	列车数	何处日人	人数	押车人	备考
延吉	8.28	2	延市日侨	1 997	周宝成	12 时开
延吉	8.29	2	延市日军属	2 425	王忠一	14 时开
延吉	8.30	1	延市日俘	1 009	李排长	14 时 50 分开
延吉、图们	8.31	2	延市、图们、朝阳川日侨	2 554	周宝成	12 时开
龙井、延吉	9.1	2	龙井、延市日侨	1 829		
龙井、图们	9.2	2	龙井日俘、图们日侨	2 300		
龙井、和龙	9.3	2	龙井日俘、老头沟、亮兵台日侨	1 900		
和龙	9.4	2	和龙日侨俘	2 613		
汪清	9.5	2	汪清日侨俘	2 500		
图们	9.6	2	珲春日侨俘	2 500		
敦化	9.7	2	敦化日侨俘	3 000		
安图	9.8	1	安图日侨俘	1 500		

资料来源:吉林省档案馆馆藏资料,全宗号 29。

　　吉东地区日本侨俘遣返可划分为三个阶段:

　　1. 8 月 7 日至 27 日为预备遣返阶段。7 日至 17 日,吉林省延边行政督察专员公署专员徐元泉、副专员董崑一向延吉市、龙井市的 1 335 名日侨发放退去许可证书;18 日,他们又签发特别通行证,批准由胁裕峚、远藤正治、黑岩俊男、高桥重信、白木利雄、平泽和佐、井田嘉三郎、井上清二郎、齐藤例三郎分别率领的 9 批日侨 2 855 人,向新站出发。(见表 3 - 11)

表 3 - 11　吉东地区日本侨俘先期遣送统计表

日侨代表姓名	日侨人数（人）	经何地	到何地	前往何地回国
胁裕莘	315	敦化	蛟河	吉林
远藤正治	315	敦化	蛟河	吉林
黑岩俊男	311	敦化	蛟河	吉林
高桥重信	312	敦化	蛟河	吉林
白木利雄	316	敦化	蛟河	吉林
平泽和佐	280	敦化	蛟河	吉林
井田嘉三郎	316	敦化	蛟河	吉林
井上清二郎	362	敦化	蛟河	吉林
齐藤例三郎	328	敦化	蛟河	吉林
合计	2 855			

资料来源：吉林省档案馆馆藏资料，全宗号 29。

在吉东地区日本侨俘集中遣返前，延吉地区已有 4 190 名日本侨俘集中到新站，且有 1 663 名先期到达吉林市。《东北导报》报道说："间岛脱出团越过险峻的老爷岭，克服 7 天旅程的困苦，于 26 日午前 11 时到达南长春站。间岛脱出团 764 名（间岛 432 名，龙井 332 名），连同明月沟团 198 名，共 962 名，不顾长途疲劳，在齐藤团长指挥下进入西阳区大和收容所。"[1]

2. 8 月 28 日至 9 月 8 日为集中遣返阶段。集中遣返开始后，吉东各市县日本侨俘共编成 21 个大队，依次向新站集结。其中延吉 11 个大队；和龙 2 个大队；汪清 2 个大队；珲春 4 个大队；安图 1 个大队；敦化 2 个大队；蛟河 1 个大队。8 月 28 日至 30 日，延吉市日侨 1 997 名、日军家属 2 425 名、日俘 1 009 名、蛟河日侨 20 名，

---

[1] 长春《东北导报》1946 年 8 月 27 日，第 2 版。

计输送 5 451 人;8 月 31 日,图们日侨 896 名、延吉日侨 1 061 名、朝阳川日侨 499 名,计输送 2 456 人;9 月 1 日,延吉日侨 827 名、亮兵台日侨 232 名、龙井日侨 1 010 名,计输送 2 069 人;9 月 2 日,龙井日侨俘 1 220 名、图们日侨 1 138 名,计输送 2 358 人;9 月 3 日,龙井日侨 773 名、延吉日侨 511 名、和龙日侨 1 343 名、珲春日侨 1 337 名、汪清日侨 67 名、敦化日侨 921 名,计输送 4 952 人;9 月 4 日,延吉日侨 6 名、敦化日侨 1 022 名、额穆日侨 523 名、蛟河日侨 590 名、和龙日侨俘 1 197 名、汪清日侨俘 1 324 名,计输送 4 662 人;9 月 5 日,图们日侨 260 名、珲春日侨 2 079 名、延吉日侨 331 名、敦化日侨 940 名、蛟河日侨 617 名,计输送 4 227 人;9 月 8 日,敦化日侨 46 名,乘车到达新站;9 月 9 日,安图日侨 1 003 名,自当地出发,到敦化乘车至新站。9 月 13 日,敦化日侨 18 名,乘车到达新站。这一阶段,共遣送日本侨俘 27 242 人。

长春日侨善后联络处老爷岭派出所所长山本 9 月 4 日夜到长,5 日午前在日联本部向股长以上人员报告拉法方面中共地区日侨继送情况:"尽管说老爷岭附近荒凉,但也有 70 户左右的农家村落。来自日管的左少校和日联的十五六名办事员驻在这个小村落,确确实实夜以继日地工作着。拉法老爷岭间、新站老爷岭间的铁路被破坏,来自哈尔滨方面每日 5 000 名,来自间岛方面虽不定期,但每日 1 000 名。从新站到老爷岭,要靠徒步行走 18 公里。8 月 21 日遣送开始以来,到 9 月 2 日为止,引继数是 24 153 名,其中延吉 5 192 名、哈尔滨 18 781 名、北黄泥河 67 名、桦甸 113 名。其中来自哈尔滨的遣送者大多是既住者,故而背负很多的行李,18 公里的徒步行走是极为困难的。与此相反,来自间岛方面吃穿什么也没带,情形实在是悲惨。接受这些来自中共地区的日侨,从老爷岭每日乘坐二列车送到永吉。这方面的遣送人数,比最初预料多了二倍以上,不得已在永吉滞留。现在,永吉的 2 万余名同胞,在国府军队的照顾下,收容于东大营。在约有 4 000 名要救济者中,有 300 余名病人,救济和紧急遣送是必须处理的重大问题。"①

3. 9 月 9 日至 10 月上旬为后续遣返阶段。随着一些患病日本侨俘的康复、被关押宪兵警察的释放、留用者的解除,加之从外地流入的日本侨俘,有 5 534 人被陆续遣送。

在近两个月时间内,吉林东部地区日本侨俘遣返工作告竣,前后共遣送日本侨俘 36 966 人,再加上哈尔滨、五常、舒兰经新站转运的 2 万余名日本侨俘,有近 6 万名日本侨俘通过吉东地区转交国民党当局,从葫芦岛登船回到日本。(见表 3 - 12)

表 3 - 12　吉东地区遣送日本侨俘统计表　　　　单位:人

人员 地区	大人			小人			合计			变动		出发 人员
	男	女	计	男	女	计	男	女	计	减少	增加	
哈尔滨	6 501	7 825	14 326	3 294	3 367	6 661	9 795	11 192	20 987	70	294	21 211
桦甸	83	38	121	8	11	19	91	49	140			140
额穆	238	153	391	70	72	142	308	225	533	21		512
朝阳川	237	271	508	117	122	239	354	393	747	1		746
新站	71	23	94	12	14	26	83	37	120			120
安图	698	159	857	86	70	156	784	229	1 013	7	5	1 011
和龙	1 602	406	2 008	220	227	447	1 822	633	2 455	12	3	2 446
图们	904	760	1 664	277	276	553	1 181	1 036	2 217	38	16	2 195
舒兰	1 278	1 285	2 563	532	401	933	1 810	1 686	3 496	10	101	3 587
五常	1 102	1 147	2 249	549	559	1 108	1 651	1 706	3 357	68	9	3 298
汪清	794	335	1 129	123	113	236	917	448	1 365	6		1 359

① 长春《东北导报》1946 年 9 月 6 日,第 2 版。

续表

地区＼人员	大人			小人			合计			变动		出发人员
	男	女	计	男	女	计	男	女	计	减少	增加	
蛟河	707	537	1 244	206	198	404	913	735	1 648	17	100	1 731
敦化	1 963	842	2 805	257	221	478	2 220	1 063	3 283	38	2	3 247
明月沟	183	196	379	92	74	166	275	270	545	1		544
宁安	2	2	4		3	3	2	5	7			7
鸡宁	1	1	2				1	1	2			2
东宁	2	2	4	1	3	4	3	5	8			8
北安	1		1				1		1			1
通化	1		1				1		1			1
珲春	2 018	967	2 985	305	293	598	2 323	1 260	3 583	62	20	3 541
延吉	3 938	3 272	7 210	995	893	1 888	4 933	4 165	9 098	366	1	8 733
龙井	2 205	399	2 604	426	226	652	2 631	625	3 256	34	22	3 244
合计	24 529	18 620	43 149	7 570	7 143	14 713	32 099	25 763	57 862	751	573	57 684

资料来源：［日］加藤聖文編『海外引揚関係史料集成　国外編·補遺編』、「国外編27·満州省別概況（三）」、358－359 頁。

说明：该表原统计数有误，笔者予以修正。

（二）通化地区日本侨俘的遣返

通化地区是日伪时期的一个省，下辖白山、柳河、辑安、辉南、临江、抚松、蒙江 7 县，省府位于通化市。1945 年 6 月以后，日本军部制定了将关东军主力向长白山地区集中，进行长期作战的方针，随后向通化派驻部队，修筑军事工程，并调进大批军用器材、粮秣、衣服等。及至苏联出兵，关东军司令部转移通化，伪满皇帝溥仪逃到大栗子，伪满洲国政要和皇室也向这里疏散，从而造成通化地区人员纷杂。日本战败后，其他省的日本开拓团团民和离队军人、一般日侨亦向通化集聚。截至 1945 年 9 月，通化流进日本侨俘32 986名；至 1945 年 8 月，通化流出日本侨俘 21 390 名，两者相差

11 596 名。至 1945 年 12 月,在通化市内越冬的日本难民有 8 244 名,既住日本人有 7 145 名,合计为 15 389 名。因通化地区粮食储备较多,难民生活相对好些,虽有部分死者亡于疾病,但也有部分死者因"二三事件"而亡。

1945 年 9 月下旬,东北人民自治军进驻通化,并建立通化民主政府。为加强对日本侨俘的管理,11 月 7 日成立了"通化地区日本人民管理委员会",将"日本居民会"改为"通化日本人民代表部",选出 24 人担任代表、顾问、联络员、事务长、总务处处长、厚生处处长和产业处处长等职务。同时,在日本人聚居的市内龙泉区、东昌区、中昌区、启通区、二道江区设置分会,并在分会内设"户干班"。18 日,"通化日本人民代表部"改称为"辽东日本人民解放联盟通化支部"(简称"日解联"),内设支部长、秘书、事务、青年、组织、宣传、管理、情报、报导、供给、劳务和会计等机构,并在各区设办事处。通化民主政府不仅着力解决日本贫民的就业,而且对征用的日本工程技术人员给予生活上的优待,同时还对日本难民给予物质和金钱上的救济,从而得到一般日侨和日本难民的拥护,使他们在政治上逐渐倾向于民主政府。

通化民主政府的善举并未感动那些顽固的军国主义分子,相反在通化的国民党特务组织和日本法西斯残余势力秘密结社,组织暗杀,发动暴乱。暴乱时间定于 1946 年大年初一,即 2 月 3 日 4 时。暴乱兵力有原关东军人员 1 万人,国民党和土匪近 1 万人,内应叛徒 600 人。兵力部署为:各矿区关东军 300 余人合在一起,占领并控制电厂;飞机场教导队的 200 余关东军抢占飞机场,用飞机轰炸并消灭机场的东北民主联军"南满"支队;中山队长指挥的队伍占领公安局、后方司令部、电报局;丰冈队长占领玉皇山阵地;佐藤队长袭击专署;小林队长夜袭市政府、县大队等;寺田队长率队攻占通化支队司令部并占领广播电台；红十字会医院的院长率医务干部消灭住院的东北民主联军伤病员，占领医院后救治暴乱伤员。暴乱口令是"山和川"；以电灯闪灭两次最后全熄，玉皇山顶燃三堆狼烟为信号；各战斗队之间证明是自己人的信号是用手电摇三圈。

其时，通化东北民主联军主力大多外出执行任务，留在通化担任警卫的只有朝鲜义勇军两个连，加上其他能战斗的有 500 余人。苏军上校司令官莫洛道夫在通化，但手下兵力较少。所以，通化民主政府各机关几乎处于无人防守之境。省委书记吴溉之、副书记王铮、司令员刘西元面对如此形势，立即做出决策，要求通化市党政军机关紧急行动起来，坚决清除内奸，武装干部力量和工人自卫队，以加强防卫力量。

2 月 2 日晚，省委机关按照原计划，照样举行春节联欢晚会。演出开始后，刘西元走出剧场，向省委书记吴溉之汇报敌人发动暴乱的最新情况。吴溉之下令："火速逮捕匪首孙耕晓、藤田，进入战斗状态，坚决保住通化。"随后通化支队参谋长率部捕获国民党匪首孙耕晓等 11 人，连夜进行审讯。孙耕晓供出暴乱日军指挥部地址、部署和时间，省委和通化支队连夜进入预设阵地。凌晨 4 时，火车汽笛尖叫三声，电灯闪了两次熄灭，玉皇顶燃起三堆大火，通化暴乱发生。暴乱分子的攻击遇到我军民的顽强抵抗，暴乱分子除一度占领市公安局外，其他各处均未得逞。经两个多小时激烈战斗，我军彻底平息暴乱，共毙伤俘敌 2 000 余人。但是，我军也付出了惨痛代价，许多年轻战士献出了宝贵的生命，特别是我军 150 余名伤病员也被杀害。

暴乱平息后，通化民主政府本着首恶必办的原则，对参与暴乱的军国主义战犯予以严惩，对俘虏进行集中关押审理。2 月 19 日通化民主政府召开大会，将受骗胁从参与暴乱的 893 名日本侨俘开释。这一做法，不仅使通化日本侨俘深受感动，而且有利于日本侨俘遣返工作的进行。

东北行营（辕）日侨俘管理处为准备中共控制区通化方面日本侨俘遣返，事先派遣张国维中校到西安、梅河口进行准备工作，并设立梅河口转运指挥所。9月3日，张国维结束准备工作回沈报告说："通化方面的日侨俘业已能被遣送到海龙县崔家街，可在距离崔家街五里的叫六八旦的地方来进行交接。并在六八旦那里进行预防注射，发给通行证和配给粮食。然后到距离六八旦三里的吴家骡庄乘车，经由梅河口、四平、沈阳发往葫芦岛。经与共军交涉，约定7日正午开始遣送，每天遣送5 000人。该方面的日侨约有5万名，考虑到途中道路的缘故，预计15天遣送完了。"①按此约定，从9月5日至14日，东北民主联军驻通化部队遣送日人办事处先后组织9次集中遣返，共遣送16个大队18 072人，留用日籍技术人员为4 424人。（见表3-13）

表3-13　通化地区日本侨俘遣送表（1946年10月17日）

单位：人

月日	大队名	大人		小人		合计		合计	累计
		男	女	男	女	男	女		
9.5	1	264	425	229	241	493	666	1 159	1 159
9.6	2、3	442	611	363	361	805	972	1 777	2 936
9.7	4	343	429	247	186	590	615	1 205	4 141
9.8	5	322	425	180	175	502	600	1 102	5 243
9.8	8	398	423	212	179	610	602	1 212	6 455
9.9	6	388	456	159	186	547	642	1 189	7 644

---

① 沈阳《东北导报》1946年9月5日，第2版。

续表

月日	大队名	大人		小人		合计		合计	累计
		男	女	男	女	男	女		
9.9	7	378	430	158	181	536	611	1 147	8 791
9.9	9	350	374	197	175	547	549	1 096	9 887
9.9	10	391	394	174	163	565	557	1 122	11 009
9.10	11	405	407	175	170	580	577	1 157	12 166
9.10	12	471	574	227	239	698	813	1 511	13 677
9	13、14							2 335	16 012
9	15、16							2 060	18 072

资料来源：辽宁省档案馆馆藏资料，全宗号 JE1；张志坤、关亚新：《葫芦岛日侨遣返的调查与研究》，第 418 页。原表如此。

（三）安东地区日本侨俘的遣返

安东地区，毗邻朝鲜半岛，与朝鲜隔江相望。日伪时期，日本帝国主义为加强对这里的殖民统治，既设置行政机构安东省，又实施移民政策。苏联出兵东北后，由于安东的特殊地理位置，东北其他地区的日本侨俘陆续向这里逃亡，有 6 万人欲经此地逃往朝鲜，滞留安东的日本侨俘约为 5.5 万人。①

安东是东北民主联军在东北建立最早的解放区之一。1945 年 9 月 30 日，来自本溪湖方向的 300 名八路军进驻安东。10 月 1 日，随同八路军一起来到安东的日本民主联盟冈野进（野坂参三）和野坂铁联名发布布告，希望日本侨民会主动与中共联系，保护安东社会安定。同时，市公安局对抢掠日本侨民财物的个别人加以严厉

① 关于安东地区日本侨俘人数，据《满蒙终战史》中的"昭和二十一年现在在满日本人人口数表"称，安东为 7.6 万人。笔者考证，此系推算数字，因为该书其他统计数为 5.5 万人，实际遣返数约 4 万人，越冬死亡 3 313 人，中共留用约 2 500 人，另有 9 500 人在中共遣返开始前步行或乘车到达沈阳。所以，安东滞留日本侨俘人数当在 5.5 万人左右。

打击。11 月,辽东省政府成立。省政府主席高崇民,副主席刘澜波,保安司令兼安东市市长、公安局局长吕其恩等多次到难民收容所视察,对日本侨俘实施粮食和现款救济。

由延安赴东北的日本民主联盟,在协助安东民主政府救助和遣返日本侨俘工作中,发挥了不可替代的作用。《满蒙终战史》称:1946 年 2 月,来自延安的高桥三郎,成立"日本人解放联盟",后改称日本民主联盟,负责与安东民主政府各机关联络,处理日本侨俘遣返事务。

抗战胜利后,参加东北民主联军的加藤昭江(原名武藤惠子),就曾协助安东市民主政府做日本侨俘遣返工作。她回忆说:

> (1946 年入夏以后,)遣返日本侨民的工作刚刚在安东市展开,我又被派到安东市民主政府日侨科参加这项工作。在全市区即将遣送回国的日侨中间,还有一些从日赤医院、关东军陆军医院以及伪满铁路医院回到家里来的医生和护士。我的另一个任务是向这些人做宣传工作,让他们知道东北民主联军需要他们,欢迎他们留下来。同时还要给已经留下来的医务人员的家属做解释工作,鼓励他们先期回国,克服暂时的困难,支持自己的亲人为东北民主联军服务。但是更多的时间,都是在归国侨民中间进行各种各样具体的组织工作。像回国前的生计怎样维持,流落在市里的一些关东军军官家属怎样救济,都得拿出办法来。每个人准许携带的行李重量和金钱数目,我们都得按规定进行检查,男女老幼还得编队和分批。再就是哪些人走陆路,哪些人走海上,一样一样工作都得做到人头上。这些组织工作,我也都参加了。我们扶老携幼,亲手把一批批男女侨民送到火车站,送进车厢里,目送着满载归国侨民的列车开出安东站,这才放心地转回去,再着手组织

下一批侨民的遣返。我们还扶老携幼,亲手把一批批男女侨
民送到鸭绿江码头上,送进船舱里,目送着满载归国侨民的海
船驶离江岸边,驶向鸭绿江入海口……①

1946 年年初,军事调处执行部三人小组议定,安东日本侨俘由
东北民主联军直接负责,陆路经朝鲜,海路经仁川,径直遣送回国。
后与苏联方面协商,苏方反对陆路经朝鲜遣送日本侨俘,但海路输
送不予干涉。这样,东北行营日侨俘管理处与东北民主联军总司
令部遣送日人办事处对安东日本侨俘遣返计划进行修订,即由安
东民主政府负责将部分日本侨俘直接走海路遣送,其他输送到本
溪桥头军事分界线,转交给国民党方面,再向葫芦岛遣送。为接收
转运安东地区日本侨俘,东北行营日侨俘管理处在本溪设立转运
指挥分所。“日侨遣送转运指挥所安东分所副所长孙鹏飞先奔赴
本溪湖进行遣送工作的一切准备,该分所暂定设在宫原(本溪)。
最近开始遣送业务,安东方面的日侨遣送到桥头,在该地进行交
接。”②“为准备遣送共军地区安东方面及其附近一带的日侨俘,日
管派孙鹏飞组长到本溪湖。根据孙鹏飞组长最近回沈的报告,日
管把桥头站作为联络安东方面列车和徒步的继送站。9 月四五日
自安东来的日本侨俘在这里被国民党军队接收。日管最近在桥头
站完成了供给品、证明等日侨继送准备,派遣柏铨少佐担任本溪湖
遣送分所主任。从 5 日开始继送,安东方面及其附近一带的日本
侨俘约 5 万名,今后预定每天遣送 5 000 名,10 天完了。”③

8 月 28 日,安东省民主政府下达日本侨俘遣返命令,对日本侨
俘携带现金数额、携带品重量、遣送顺序和人员编队做出相关规

---

① 西虹、王之琪:《她从东瀛来》,北京:长征出版社 1987 年版,第 27—28 页。
②③ 沈阳《东北导报》1946 年 9 月 6 日,第 2 版。

定。9月10日,第一阵约800名乘遣送列车自安东车站出发;第二阵1 500名。之后,至9月27日,有十数列遣送列车自安东发出。其时在桥头以东的下马塘、南坟间有6公里铁道被破坏,日本侨俘需下车徒步12公里山路,进入国民党军队控制的刘家堡,然后步行到桥头,接受国民党军队的行李检查,再乘车到宫原收容所,稍事休整后,从宫原乘车达沈阳。据统计,安东地区共向葫芦岛输送日本侨俘21个大队34 644人。连同省内安东县、凤城县、田师傅遣送日本侨俘4 199人,共计38 843人。

安东日本侨俘遣送的另一路线是从鸭绿江码头上船,海上航行到南朝鲜仁川港,取道釜山回国。自8月下旬至10月下旬,前后遣返3次,每次都是30—40艘船的大船队,前后共遣送10 147人。

10月25日,国民党军队进攻安东,东北民主联军从安东撤退。国民党东北行辕日侨俘管理处设立安东日本人会,对未遣返的日本侨俘进行登记,并继续遣送。从11月23日至12月20日,共遣送7次、1 800余人,至此安东地区日本侨俘遣返完毕。

据10月26日新华社消息称:"东南满地区之日侨,65 820名至本月5日已全部遣送完毕,计安东市34 644名,通化17 977名,安东县884名,凤城县2 927名,复县6 500名,盖平县1 300名,熊岳城1 200名,田师傅388名,计用火车28次,送至本溪湖附近,汽船19次,送往南朝鲜仁川。在我通化地区用汽车载送400余次,大车无算。沿途均有我部队及专员干部护送。在安东、连山关、南坟以及通化、瓦房店等地,均有招待所、病院十数处。仅南坟一个病院即先后收容病人412名,救济弱者包括船车路费在内,共本币9 091 924元5角,粮食8 504斤,衣服被褥等共3 220件,被救济者约占总人数六分之一。"①

　　1946 年 5 月 7 日至 12 月 10 日,经葫芦岛港遣返的日本侨俘
1 016 636 人,其中国民党控制区遣返 773 764 人,中共控制区遣返
242 872 人。随后继续遣返留用解除日籍技术员工和剩余人员。
截至 12 月 31 日,全年第一、二期计划遣返日侨 1 001 574 人、日俘
15 974 人,合计 1 017 548 人。(见表 3 - 14、表 3 - 15)

表 3 - 14　1946 年全东北遣送日本侨俘统计表(1947 年 1 月 10 日)

单位:人

期间	日侨	日俘	合计
5.7—10.31	997 202	15 974	1 013 176
11.1—11.30	771		771
12.1—12.31	3 601		3 601
合计	1 001 574	15 974	1 017 548

资料来源:辽宁省档案馆馆藏资料,全宗号 JE1。

表 3 - 15　全东北遣送日本侨俘葫芦岛出港人数表

日期	批次	运出人数	累计	船只数	人数	日期	批次	运出人数	累计	船只数	人数
5.7	1	2 489	2 489	2	2 489	8.1	80	12 493	458 226	9	12 409
8	2	3 727	6 216	3	3 724	2	81	6 091	464 317	6	6 091
9	3	1 644	7 860	1	1 644	3	82	2 709	467 026	3	2 709
10	4	3 149	11 009	3	3 127	4	83	11 797	478 823	7	11 797
11	5	3 098	14 107	3	3 098	5	84	9 959	488 782	4	9 688
12	6	4 282	18 389	3	4 007	9	85	5 250	494 032	7	5 249
13	7	4 414	22 803	6	4 301	10	86	3 897	497 929	3	3 897
14	8	3 771	26 574	7	3 771	12	87	10 004	507 933	6	10 002

①《东北日报》1946 年 10 月 26 日,第 2 版。

日期	批次	运出人数	累计	船只数	人数	日期	批次	运出人数	累计	船只数	人数
15	9	3 001	29 575	5	3 001	13	88	11 861	519 794	9	11 861
16	10	1 349	30 924	1	1 335	14	89	10 259	530 053	6	10 359
17	11	999	31 923	2	999	17	90	9 905	539 958	8	5 509
18	12	1 678	33 601	2	1 678	18	91	11 795	551 753	9	11 757
19	13	1 895	35 496	3	1 895	19	92	8 906	560 659	7	8 806
20	14	2 505	38 001	2	2 502	20	93	2 676	563 335	3	2 648
21	15	1 637	39 638	1	1 637	24	94	6 605	569 940	5	6 605
22	16	1 346	40 984			25	95	3 412	573 352	2	3 412
23	17	5 129	46 113			26	96	11 832	585 184	8	10 967
24	18	2 540	48 653			27	97	2 242	587 426	1	2 242
25	19	4 050	52 703			28	98	7 900	595 326	4	8 190
26	20	4 812	57 515	6	4 813	29	99	6 301	601 627	10	6 301
27	21	5 965	63 480	7	5 966	30	100	1 416	603 043	3	1 416
28	22	4 797	68 277	7	4 808	31	101	3 371	606 414	3	3 371
29	23	1 348	69 625	1	1 348	9.1	102	5 832	612 246	3	5 922
30	24	2 805	72 430	5	2 805	2	103	4 748	616 994		
31	25	5 375	77 805	5	5 378	3	104	8 241	625 235	4	8 160
6.1	26	3 489	81 294	1	3 489	4	105	11 265	636 500	4	15 908
2	27	4 285	85 579	2	4 285	5	106	9 269	645 769	5	9 273
3	28	2 921	88 500	2	2 921	6	107	10 791	656 560	8	6 652
4	29	2 896	91 396	4	2 896	7	108	5 346	661 906	7	9 479
5	30	2 684	94 080	5	2 688	8	109	2 925	664 831	3	2 925
6	31	2 455	96 535	3	2 457	10	110	3 334	668 165	4	3 342
7	32	7 340	103 875	7	7 349	11	111	5 139	673 304	2	5 139

续表

日期	批次	运出人数	累计	船只数	人数	日期	批次	运出人数	累计	船只数	人数
8	33	9 273	113 148	8	9 272	13	112	12 211	685 515	13	12 211
9	34	5 684	118 832	6	5 678	14	113	10 197	695 712	9	10 197
10	35	10 383	129 215	8	10 369	15	114	11 751	707 463	8	11 751
11	36	3 525	132 740	4	3 525	16	115	12 684	720 147	6	12 688
12	37	4 306	137 046	4	4 306	18	116	8 695	728 842	6	8 693
13	38	3 928	140 974	3	3 929	19	117	4 712	733 554	2	4 712
14	39	4 625	145 599	4	4 624	20	118	6 301	739 855	5	6 293
15	40	4 357	149 956	3	4 357	21	119	4 059	743 914	4	4 059
17	41	2 474	152 430	4	2 471	22	120	11 498	755 412	6	11 498
18	42	5 584	158 014	7	5 584	23	121	14 424	769 836	5	2 322
19	43	2 478	160 492	5	2 474	24	122	15 497	785 333	7	8 634
20	44	1 005	161 497	2	1 006	25	123	7 180	792 513	7	14 043
21	45	8 572	170 069	5	8 572	26	124	14 106	806 619	9	14 124
22	46	6 074	176 143	3	6 074	27	125	12 774	819 393	9	12 771
24	47	14 847	190 990	9	14 936	28	126	7 450	826 843		
26	48	9 936	200 926	6	9 934	29	127	8 744	835 587	11	13 912
27	49	8 966	209 892	5	8 973	30	128	12 557	848 144	11	14 717
28	50	3 693	213 585	4	3 895	10. 1	129	5 061	853 205	4	5 061
29	51	6 810	220 395	6	6 810	2	130	6 441	859 646	5	6 441
30	52	6 709	227 104	6	6 709	3	131	11 303	870 949	9	11 303
7. 1	53	5 023	232 127	6	5 023	4	132	4 022	874 971	4	4 042
2	54	8 330	240 457	6	8 335	6	133	13 898	888 869	7	13 898
3	55	3 163	243 620	2	3 153	7	134	5 658	894 527	3	5 658
4	56	8 319	251 939	7	5 139	8	135	1 543	896 070	1	543

续表

日期	批次	运出人数	累计	船只数	人数	日期	批次	运出人数	累计	船只数	人数
5	57	3 326	255 265	6	3 330	9	136	9 414	905 484	6	6 003
6	58	7 818	263 083	7	7 817	11	137	4 556	910 040	1	3 300
7	59	5 780	268 863	5	5 765	13	138	15 333	925 373	8	12 604
8	60	7 395	276 258	10	7 395	14	139	6 598	931 971	6	10 588
9	61	10 330	286 588	6	10 330	15	140	8 547	940 518	5	7 270
10	62	8 174	294 762	10	8 184	16	141	8 389	948 907	6	9 666
11	63	8 467	303 229	6	8 647	17	142	12 614	961 521	10	12 202
12	64	9 124	312 353	4	9 125	18	143	3 324	964 845	4	3 334
13	65	8 252	320 605	7	8 252	19	144	8 441	973 286	7	6 517
14	66	12 916	333 521	9	12 940	20	145	10 519	983 805	6	9 030
15	67	7 593	341 114	5	7 549	21	146	9 444	993 249	10	12 857
16	68	11 927	353 041	11	11 924	22	147	4 079	997 328	2	4 180
17	69	6 140	359 181	4	6 140	24	148	3 629	1 000 957	2	1 912
18	70	10 054	369 235	3	7 537	25	149	2 756	1 003 713	4	4 474
19	71	11 539	380 774	8	14 036	28	150	2 578	1 006 291	1	2 575
20	72	11 341	392 115	12	11 391	31	151	2 535	1 008 826		
21	73	10 655	402 770	11	10 656	11.2	152	1 099	1 009 925	1	2 535
22	74	10 297	413 067	12	10 299	11	153	512	1 010 437	1	516
23	75	5 159	418 226	6	6 546	24	154	770	1 011 207	1	770
24	76	12 229	430 455	9	10 875	12.11	155	1 092	1 012 299	1	1 095
25	77	2 505	432 960	1	2 505	17	156			1	1 085
26	78	2 072	435 032	5	2 072	24	157			2	1 455
31	79	10 701	445 733	10	10 715	25	158			1	60

资料来源:辽宁省档案馆馆藏资料,全宗号 JE1。

鉴于东北日本侨俘遣返主体基本结束,国民党东北行辕日侨俘管理处自 1946 年 10 月开始着手筹备善后,如缩小机构、精减人员、整理资料等。据《中央时报》消息称:"关于遣送日侨归国,乃我国抗战八年胜利后,于受降外之首要工作。关内各地之遣侨工作,因日侨数目较少,早经遣送完毕。东北情势特殊,日侨散布地区较广,数目较多。据原始调查,实总 145 万之众。自本年 5 月 7 日东北开始遣侨以来,截至现在,除大连瓦房店地区有日侨 28 万名,因特殊情节尚未遣送,兼共军方面尚扣留青壮年若干留用未遣外,其已遣出者近百万人。至此东北之遣侨工作,业已大部告成,最近即可结束。该处李处长修业表示:胜利后我方将日侨俘适时遣送回国,实为我国历史上光荣之一页。"①

第四节   东北留用日籍技术人员的遣返

日本战败投降后,国民政府于 1945 年 9 月 30 日制定了《中国境内日籍员工暂行征用通则》,要求接收委员会对在华日籍技术员工因工作需要,分别予以征用。1946 年 2 月,国民政府制定《日籍技术员工征用实施办法》(4 月 22 日颁布),强调各地留用部分日籍技术员工,只做技术工作,不担任行政领导,享受和中国同级职员同等的待遇。5 月,国民党东北保安司令长官部决定成立留用日籍技术员工管理处(简称"技管"),并颁发了《留用日籍技术员工管理处组织规程》和《东北日籍技术员工留用实施办法》。

1946 年年底,随着东北各地日本侨俘遣返日渐接近尾声,留用

---

① 《中央时报》1946 年 10 月 4 日,第 3 版。

解除日籍技术员工的遣送接踵而至。在东北留用日籍技术员工中，分为"临时""缓送"和"留用"三种情况。临时留用者，一旦完成留用任务，即时遣返。如，盘山农场临时留用的6 000人，在农事结束后均被遣送回国。再如，派遣到葫芦岛港的服务队，阶段性任务一旦结束，即随遣返队伍回国。而对"缓送"人员，则在计划遣送基本结束时遣送。像东北日侨善后联络总处的部分职员、长春日侨善后联络处职员和哈尔滨日本人会职员，就在日本侨俘遣送大体完成后，作为第一期计划遣送的最后一批送出。

一、早期遣返

因工作需要，战后初期中国的机关事业单位和工厂留用了一些日籍技术员工，由于无法开展工作和恢复生产，部分留用日籍技术员工被解除留用，这些被解除留用的日籍技术员工也被安排在1946年内遣返。如此，从1946年9月初苏家屯中长铁路留用解除者第一大队625人到沈，到12月下旬，沈阳共有18个留用解除大队被陆续遣返。抚顺、本溪、辽阳、鞍山、营口、长春等地也有部分留用解除者先后被遣送归国。

据《东北导报》报道："协力东北建设的留用者和苏家屯中长铁路解除者作为第一阵被依次编成遣送。已经决定编成到第7大队，处于遣送待命中。留用解除者大队编成如下：留第2大队（总处职员1 403名）；留第3大队（中长铁路沈阳分局、交通部和皇姑屯车辆厂合计1 304名）；留第4大队（中长铁路沈阳现场有关人员1 207名）；留第5大队（中长铁路苏家屯1 040名）；留第6大队（铁西收容所来自各地流入的难民、营口留用解除者、沈阳一般剩余者混成928名）；留第7大队（旧满洲车辆、其他小事业体留用解除者混成904名）；还有，预定编成的留第8大队是总处资金部职员和其他留用解除者,留第 9 大队是铁西各工场和苏家屯、浑河农场的留用解除者。"①沈阳市留第 9 大队送出后,此后的留用解除者大队决定为:留第 10 大队,苏家屯中长铁路、浑河农场;留第 11 大队,第一次铁西各工场;留第 12 大队,沈阳兵工厂;留第 13 大队,第二次东北总处职员;留第 14 大队,第二次铁西工场、市内机关;留第 15 大队,沈阳中长铁路分局、交通部、经济部、机车车辆厂、长官部眷属工场。除此之外,各机关留用者也依次被留用解除,因遣送最近结束,东北总处输送科希望被解除的留用者,火速办理遣送手续。②

至 10 月 17 日,沈阳市内留用解除者,只剩下留第 16、17、18 三个大队 2 000 名。"自遣送开始以来到 15 日出发的第 181 大队为止,合计从沈阳送出 240 800 名。尚有留第 16、17 两个大队 20 日左右送出。总处职员的最后大队完成剩余工作后,25 日左右出发,预定途中与锦州、锦西、葫芦岛的职员会合一起乘船。"③23 日出发的留用解除者及其家人的第 16、17 大队 1 500 人,在日管和军运指挥部的交涉下,特别给予乘有盖车的优待离沈。"还有东北日侨善后联络总处的职员和家人编成留第 18 大队 800 名,今天从沈阳出发前往锦州。因这个大队的送出,估计东北遣送工作大部分完了。另外,对今后收复地区留用解除者和从中共地区脱出者,大多收容到集中营,预定达一定数量送出。"④

---

① 沈阳《东北导报》1946 年 9 月 18 日,第 2 版。
② 沈阳《东北导报》1946 年 10 月 5 日,第 2 版。
③ 沈阳《东北导报》1946 年 10 月 17 日,第 2 版。
④ 沈阳《东北导报》1946 年 10 月 24 日,第 2 版。

二、集中遣返

东北日本侨俘遣返基本结束之时，东北内战再次燃起。国民政府采取"南攻北守，先南后北"的作战方针，企图先消灭"南满"东北民主联军，而后集中兵力向"北满"进攻。1946 年 10 月 19 日，东北国民党军队 8 个师 10 余万人，分三路向"南满"进攻，先后占领安东、瓦房店、通化、辑安等市县，并以优势兵力继续向长白山压缩。到 11 月下旬，东北民主联军"南满"根据地仅剩下临江、长白、抚松、蒙江 4 县。面对国民党的大举进攻，东北民主联军采取灵活机动战术，发动了"四保临江"和"三下江南"战役，逐渐扭转不利局面；随后，又在 1947 年春季、夏季攻势中取得胜利，不仅收复了安东、通化等要地，而且控制了中长路两侧的大片地区，迫使国民党军队采取重点防御方针，龟缩于沈阳、长春、吉林、四平等城市。在这种形势下，国民党控制区留用日籍技术员工被纷纷解聘，约有 3 万人先后向沈阳集中，等待遣返。

1947 年 1 月，东北行辕留用日籍技术员工管理处对国民党控制区日籍技术员工及其家眷情况进行统计，共有日籍技术员工 8 893 人、家眷 20 131 人，合计为 29 024 人；解雇员工数为 25 人、家眷数 24 人，合计为 49 人。至 3 月 31 日，国民党控制区残留的日本侨俘 35 276 人，中共控制区残留的日本侨俘 28 030 人。（见表 3 - 16）①

---

① 4 月，东北行辕日侨俘管理处在向国民政府军政部呈报国共控制区残留日本侨俘人数时，将前面的数字更正为：国军收复区 41 370 名，包括技术员工 10 541 名，家眷 30 829 名（比原上报数增加了 6 094 名）；共军控制区 21 936 名（比原上报数减少了 6 094 名），苏军占驻区（旅大一带）270 500 名（原上报数未变）。但是，残留在东北国共控制区的日侨总人数未变。

表 3-16　东北国共区残留日侨人数表(1947 年 3 月 31 日)

单位:人

收复区		共军区		苏军占驻区	
地区	日侨人数	地区	日侨人数	地区	日侨人数
沈阳	8 953	哈尔滨	5 000		
长春	7 568	齐齐哈尔	1 480		
四平	473	佳木斯	5 850		
鞍山	6 183	海拉尔	650		
大石桥以南	223	牡丹江	5 020	大连地区	270 500(已遣送 8 万余名)
锦州地区	1 866	北安地区	1 200		
西安	1 051	吉林地区	330		
永吉	855	通化地区	8 500		
本溪湖	894	合计	28 030		
安东	642				
通化	450	合计		298 530	
抚顺	6 118				
合计	35 276				
总计			333 806		

资料来源:辽宁省档案馆馆藏资料,全宗号 JE1。

　　因时局变化,留用解除日籍技术员工遣返愈显特殊,东北行辕日侨俘管理处和留用日籍技术员工管理处制定了具体遣返方案。

　　第一,集中沈阳统一遣送。东北行辕日侨俘管理处和东北日侨善后联络总处派出人员,赴通化、西安、四平、阜新、抚顺、本溪、辽阳、鞍山等地,引导留用解除日籍技术员工向沈阳集中,然后在此统一编成大队,等待遣送。

　　第二,待遣日侨集中管理。东北行辕日侨俘管理处为使待遣日侨得到安全保护,特制定《待遣者日侨集中营暂行管理办法》,并

从 1947 年 4 月 2 日开始实施。这个规则不仅适用于沈阳集中营，
而且适用于分处在各地的待遣集中营。其要点是留用解除者和来
自各地的难民等遣送待命者，全部集合在集中营，由来自"日管"的
管理员和卫兵担当指导管理。遣送待命者分为有家庭集团（有家
人者）、独身集团（成人男子独身者）、女子集团（成年女子独身者）、
儿童集团（孤儿）4 个集团组织，各集团以 10 人为 1 个班，3 个班为
1 个小队，3 个小队为 1 个中队原则编成。集中营生活实施有规则
的作息时间表：6 时起床，1 个小时的清洁整理；8 时全体集合早礼、
点检、体操；10 时早饭。早饭后到午后 4 时个人时间（各种作业、上
班等）；午后 4 时晚饭，到 5 时为止允许散步等，6 时点检，7 时就寝。
除得到"日管"派遣的管理员许可外，绝对禁止任何人外出。①

　　第三，抓紧办理待遣手续。为明确留用者身份和一般日侨的完
全遣送，日侨俘管理处实施"待遣日侨总登记"和"发放日侨身份证明
书"，登记时间为 4 月 21 日至 30 日，符合者必须抓紧办理手续。这
种待遣日侨总登记的办法，是日管、技管根据东北行辕指令实施的。
"到现在为止，留用机关留用登记手续尚未办理完毕的人，登记遗漏
的留用者等没有正式手续的人和自称留用者等，在严格调查基础之
上，理应全部遣送。"日管、技管对未登记的符合者，以不良日侨、恶劣
日侨之名而断然实行强制检举、收容和遣送的方针。②

　　第四，预先进行防疫准备。东北日侨善后联络总处根据 1947
年度遣送计划，对沈阳市留用解除日籍技术员工的防疫工作进行
了各种准备。从 5 月 12 日开始在总处卫生科、和平医院、铁西池田
医院 3 个地方，同时进行预防注射，种类有种痘、肠伤寒、斑疹伤寒

① 沈阳《东北导报》1947 年 4 月 8 日，第 2 版。
② 沈阳《东北导报》1947 年 4 月 22 日，第 2 版。

3 科,种痘以 1 年为期,肠伤寒、斑疹伤寒以 6 个月为期。这个期限内已经实施完的人,需有医生证明书,并重新填写遣送用的预防接种证明书。再有,因没有收集病人大队的编成资料,希望编成的病人和妊产妇应尽快向总处卫生科提出。①

第五,强调遣送注意事项。随着 1947 年度遣送的迫近,东北日侨善后联络总处为保证遣返工作的万无一失,根据日管的要求,作成《东北日侨俘遣送事务指导要领》,提出有关遣送的注意事项。按照先沈阳及其周边地区、后长春及其周边地区的顺序进行遣返。

根据前述遣返方案,东北行辕日侨俘管理处和东北日侨善后联络总处实施了两期集中遣返。第一期是 1947 年初,东北行辕日侨俘管理处和东北日侨善后联络总处共同组织人员,奔赴各地引导留用解除日籍技术人员向沈阳集中。

1. 通化地区。国民党军队进占通化后,将 350 名留用解除者送至沈阳。3 月 10 日,来自辑安的 19 名(男子 14 名、女子 4 名和小孩 1 名)日侨到达沈阳。15 日,在日管王少校和日侨总处室井班长等人联络下,通化第一队 138 名日侨输送沈阳,进入站前集中营。日管王少校等耗用四旬时间,才使通化地区日侨第二队于 4 月中旬进入沈阳。5 月 22 日,通化地区又有 108 名终于脱出,在从通化出发后的第 13 天,踏上沈阳的土地。

2. 西安地区。日管运输组组长陈中校偕同东北日侨善后连络总处横川处员于 5 月 16 日从沈阳出发,指导西安留用解除者遣送,率领西安的留用解除者及其家人 869 名,加上四平的 208 名,合计 1 077 名,20 日早晨平安到达沈阳,立即进入铁西第四集中营(原启东烟草仓库)。

---

① 沈阳《东北导报》1947 年 5 月 11 日,第 2 版。

3. 其他地区。5月23日午后8时,阜新市留用解除者265名在日管金上尉的率领下,平安到达沈阳,进入第四集中营。25日由于日管王少校的努力,辽阳、烟台等地留用解除者180名,于午后5时到达沈阳;26日正午,北票、锦州等地留用解除者95名到达沈阳,分别进入第四集中营。至此,沈阳第一至第四集中营待遣的日侨数达到2 915名,加上在开明医院住院者,总数约有3 000名。

集中沈阳的留用解除日籍技术员工及家眷(含部分残留人员)的遣返,共分7批,编成20个大队。

第一批遣送编队:自1946年12月末遣送停止以后到沈的通化、安东等地的一般日侨作为"东北一般第一大队以第一集中营为主编成",还有"东北一般第二大队以第二、第三集中营为依据编成",两个大队共1 354人,6月23日从沈阳南站出发。

第二批遣送编队:共编3个大队,第3大队(西安留解人员848名);第4大队(四平、阜新、北票、锦州留解人员747名);第5大队(安东、通化以外的部分市内居住待遣者705名),合计2 300名。于6月30日午后8时10分和9时,分2次从沈阳南站出发。

第三批遣送编队:东北行辕日侨俘管理处决定7月5日实施第三批日侨遣送,制定遣送实施要点:(1)这次遣送实施区域是沈阳、抚顺二市;(2)凡是各留用机关、部队、厂所和个人企业等已经解雇者或预定解雇者,全部在7月2日以前办完解雇手续,还要把解雇者名簿送到本处;(3)凡是之前在本处领取待遣证明书的日本人,全部包括在这次遣送范围之内;(4)符合前二项的全体日本人必须于7月2、3日集中于铁西第四集中营待遣,以接受消毒、检疫;(5)符合遣送条件的日本人,各所属单位或其他保证人承担保证责任,万一故意逃避遣送,或者接受中国人的庇护,晚于遣送船出发日期的人,在搜查检举之后上报行辕,严重处罚。第三批遣送具体编队情况：沈阳 3 个大队，即第 6 大队（中长路有关人员 1 521 名）、第 7 大队（铁西 498 名）、第 8 大队（患者中队及市内混成 967 名）；抚顺第 9、10 大队 2 528 名，分别于 7 月 6、7、8 日从沈阳出发。

第四批遣送编队：到 7 月 15 日为止，第 11 大队（沈阳铁西剩余部分、经济委员会、煤气工厂 750 名）、第 12 大队（沈阳兵工厂原市内部分 700 名）、第 14 大队（鞍山 1 400 名），合计 2 850 名。14 日集中，20 日从沈阳出发。

第五批遣送编队：第 13 大队（抚顺 1 300 名）、第 15 大队（鞍山 1 100 名），合计 2 400 名。19 日集中，25 日出发。

第六批遣送编队：第 16 大队（沈阳 600 名）、第 17 大队（锦州 800 名）、证券护送中队（沈阳 300 名）、第 19 大队（混成 140 名），合计 1 840 名。24 日集中，30 日出发。

第七批遣送编队：第 18 大队（鞍山 1 800 名）、第 20 大队（沈阳 700 名），合计 2 500 名。24 日集中，30 日出发。

1947 年留用日籍技术员工遣返输送船只原定不再由东京盟军总部负责，而由日方自己解决，故该年度留用日籍技术人员遣送编队完成后，因船只未到，需在集中营停留一段时间。对此，东北日侨善后联络总处主任平岛敏夫曾给日本外务大臣芦田均发出急电，请求派船接运。电文如下："查东北日侨现在国军地区内者有三万三千名，在共军地区内者约三万至五万名，而国军地区内之二万名预定于本年五月中开始遣送，刻已集中沈阳，待遣者业达四千六百余名。只因中国船只一时难以拨派，且集中营内之大人小儿每人每日之食粮平均约需二百二十元，此项庞大之经费除一部依赖中国政府之贷款维持外，其余则由寄托金中开支之。然最近多数难民日见接踵集中于沈阳、长春等地，故食粮住房问题均较以前更感困难，而患疾病者亦见激增，前途实不胜忧虑也。现集中营收容之四千六百名业已将出发手续办竣,静候遣送,所余之一万余名一俟船只确定后,即可于一星期内出发。至另剩五千余名因中长铁路遭受破坏关系,出发较为困难,故预先以遣送一万五千名为目标,拟请速拨船只,以解倒悬。恳与 GHQ(盟国驻日占领军最高统帅总司令部)商洽为叩,谨呈。"①同时,东北行辕日侨俘管理处和东北日侨善后联络总处还派人赴天津寻求解决办法,希望前往天津运送货物的日本船只能在返航时绕道葫芦岛,将日侨运回国内。6月19日,恰巧有一艘货物船"越前丸"向阜新煤矿运送坑木,到达葫芦岛港。经与船长联络,同意在返回时搭运日侨。这样,第一批待遣日侨终于得以乘船归国。其后,日本政府经与盟国驻日占领军总司令部磋商,同意调配日本船只来葫芦岛接运日侨,遣返日侨的海上输送问题得到解决。

自 1947 年 6 月 25 日至 8 月 5 日,18 521 名留用解除日籍技术人员经葫芦岛遣返回国。(见表 3 - 17)

表 3 - 17　东北留用解除日籍技术员工第一期遣返实绩表(1947 年 8 月 7 日)

单位:人

批次	日期	船名	乘船人员	大队名	地区别	备注
第一批	6.25	越前丸	1 354	第1、2	安东、通化、沈阳	佐世保
第二批	7.3	大久丸	2 299	第3、4、5	西安、安东、阜新、通化、四平	佐世保
第三批	7.8	山澄丸	2 528	第9、10	抚顺	佐世保
	7.10	荣丰丸	2 983	第6、7、8	沈阳	佐世保
第四批	7.27	大瑞丸	2 922	第11、12、14	鞍山、沈阳	佐世保

---

① 辽宁省档案馆馆藏资料,全宗号 JE1。

续表

批次	日期	船名	乘船人员	大队名	地区别	备注
Ⅱ第五批	7.30	大久丸	2 629	第 13、15	鞍山、抚顺	佐世保
第六批	8.4	朝辉丸	623	第 17	锦州	佐世保
	8.4	橘丸	1 010	第 16、19	沈阳、锦县	佐世保
第七批	8.5	荣丰丸	2 173	第 18、20	沈阳、鞍山	佐世保
合计		9 艘次	18 521	20		

资料来源:辽宁省档案馆馆藏资料,全宗号 JE1。

集中沈阳的留用解除日籍技术员工遣返结束后,东北行辕日侨俘管理处即着手准备长春及周边地区留用解除日籍技术员工的遣返,即第二期集中遣返。1947 年 8 月,东北内战正酣,长春至沈阳间铁路交通陷入瘫痪,公路虽能通车,但沿线地带多为东北民主联军控制,处于时断时通状态。东北行辕日侨俘管理处和东北日侨善后联络总处经多次协商,决定采取利用向长春国民党军队运送给养的回程空车搭载日侨至开原,然后再乘坐火车到达沈阳的输送办法。《满蒙终战史》载:"行程是长春至开原间使用汽车需三天的时间,开原至沈阳间使用铁路,途中在范家屯、四平有来自长春的联络员常驻,在开原有来自沈阳技管的军官和总处的职员驻在,担当引导。从 8 月 9 日至 9 月 29 日期间,合计 6 346 名到达沈阳。"①

8 月 15 日,东北行辕日侨俘管理处在发给南京国民政府的电报中称:"本年度第二期待遣日侨共计八千名,除沈阳地区待遣者三千名,因交通便利,随时可能集中遣送外,刻在吉长地区者计有收容日籍难民五百名及解雇之技术员工及其家属四千五百名,共

---

① [日]满蒙同胞援護会編『満蒙終戦史』、584 頁。

计五千名。各该日侨多半解雇在长，生活极感困难，亟待遣送，早日返国。关于遣送计划，现已另文呈请核示。兹该地日侨已不克久待业，有一部日籍技术员工及家族共 106 名经留用机关电力局之协助，于 8 月 10 日由长赁乘卡车 4 辆于 13 日抵达开原，当经本处派员前往开原利用火车于 14 日接运来沈，现均收容于第一集中营内待遣。预定于 8 月 17 日以降，长市日侨尚有续行到达开原者，除由本处随时派员前往接运来沈，妥事收容，续行呈报外，理合将长市日侨第一批接运抵沈经过情形先行报请。"①8 月 18 日，第一阵 324 名到达沈阳。到 23 日为止，到沈者已达到 2 000 名。

　　8 月 27 日，东北行辕日侨俘管理处电告国民政府，请赐转依期拨配船只遣送。《东北导报》称："随着预定的第一船 23 日入港葫芦岛，决定本年度最后遣送配船计划。来自长春地区的待遣者优先遣送，准备工作正一步一步地进行着。沈阳市未编成的一般待遣者 20 日为止必须到总处救济科输送班办理手续，因已决定这是本年度最后遣送配船。为了当局的厚意，尽快完成遣送工作。或怠慢手续，或不得已而毫无意义地在此越冬，都会给余下很少的留用者带来麻烦。"②从 9 月 28 日至 10 月 14 日分 5 批遣送留用解除日籍技术员工。

　　第一批（长春）：第 21、22、23、24 大队，9 月 28 日从沈阳出发，29 日在葫芦岛乘"英彦丸"驶往佐世保，载有日侨 12 岁及以上男 1 016 名、女 1 055 名，11 岁及以下男 441 名、女 381 名，合计 2 893 名。

　　第二批（长春）：第 25、26、27、28、29 大队，10 月 1 日从沈阳出

---

① 辽宁省档案馆馆藏资料，全宗号 JE1。
② 沈阳《东北导报》1947 年 9 月 17 日，第 2 版。

发,10 月 2 日在葫芦岛乘"山澄丸"驶往佐世保,载有日侨 12 岁及以上男 1 079 名、女 1 044 名,11 岁及以下男 528 名、女 547 名,共 3 198 名。

第三批(沈阳):第 34 大队,10 月 6 日从沈阳出发,7 日在葫芦岛乘"信浓丸"驶往佐世保,载有日侨 12 岁及以上男 301 名、女 340 名,11 岁及以下男 178 名、女 187 名,共 1 006 名。

第四批(抚顺、长春、沈阳):第 30、31、32 大队,10 月 8 日从沈阳出发,10 日在葫芦岛分乘"海王丸""日本丸"驶往佐世保,载有日侨 12 岁及以上男 606 名、女 685 名,11 岁及以下男 222 名、女 308 名,共 1 821 名。

第五批(沈阳):第 33、35 大队,10 月 14 日从沈阳出发,25 日在葫芦岛乘"大安丸"驶往佐世保,载有日侨 2 188 名。

第二期留用解除日籍技术员工遣送自 9 月 27 日开始办理,至 10 月 25 日止,业已竣事,共遣送 15 个大队,计 11 106 名,并随船运大豆 50 吨及沈阳日侨证券 16 箱。(见表 3 - 18)

表 3 - 18　东北留用解除日籍技术员工第二期遣返实绩表　单位:人

批次	出发日期	离港日期	遣送人数					登船港口	驶往港口	乘船名称	备考
			12 岁以上		11 岁以下		合计				
			男	女	男	女					
1	9.28	9.29	1 016	1 055	441	381	2 893	葫芦岛	佐世保	英彦丸	
2	10.1	10.2	1 079	1 044	528	547	3 198	葫芦岛	佐世保	山澄丸	
3	10.6	10.7	301	340	178	187	1 006	葫芦岛	佐世保	信浓丸	大豆 50 吨
4	10.8	10.10	606	685	222	308	1 821	葫芦岛	佐世保	海王丸、日本丸	

续表

批次	出发日期	离港日期	遣送人数					登船港口	驶往港口	乘船名称	备考
			12 岁以上		11 岁以下		合计				
			男	女	男	女					
5	10.14	10.25					2 188	葫芦岛	佐世保	大安丸	证券16 箱
合计		11 106									

资料来源:辽宁省档案馆馆藏资料,全宗号 JE1。

三、后续遣返

1948 年 3 月,东北民主联军控制了东北大部地区,国民党控制区仅有长春、沈阳、锦州等几座孤城,长春至沈阳、沈阳至锦州的铁路和公路交通中断。在这种形势下,国民党控制区余下的 4 000 余名留用解除日籍技术员工及其眷属的遣送成为一个问题。

3 月末,长春留用解除日籍技术员工约百人冒着危险,徒步到达沈阳,以后又陆续有从长春逃出者。5 月 13 日,长春留用日籍技术员工管理处在《呈请东北行辕筹集款项,设法遣送日侨,以重国威》的行文中称:"查本市收容日侨 62 名于本月 6 日业已徒步南下,尚有一部解除留用之日侨及一部留用者家族,又屡经申请自费徒步南下转沈就遣。该等过去为我政府忠实工作,似应由政府出费遣送,并对即将就遣之一部高级技术人员准予飞机送沈,以免重要技术人材〔才〕流落匪手,兼重国威。"[①]在这种情况下,国民党东北行辕日侨俘管理处决定采取航空运输办法,将留用解除日籍技术员工用飞机运送至锦州,再从锦州用火车输送至葫芦岛。当时国

---

① 辽宁省档案馆馆藏资料,全宗号 JE1。

民党利用大型运输机向沈阳空运物资,返程时空机。东北行辕日侨俘管理处经请示南京国民政府国防部同意,遂制定航空输送方案。

　　1948 年 5 月 24 日,东北行辕留用日籍技术员工管理处魏华鹃处长到东北日侨善后联络所(东北日侨善后联络总处于 1947 年 12 月 23 日改称之,所长圆田一房、副所长山本纪纲),宣布于 6 月 1 日实施航空输送方案。届时该所有 6 名职员先期出发到锦州,准备一应事项。6 月 4 日至 7 日,第一批日侨乘飞机到达锦州,共使用飞机 49 架,乘坐 2 442 人,进入锦州女儿河集中营待遣。(见表 3 - 19)

表 3 - 19　飞机装载一览表

单位:乘客(人)、行李(件)、重量(公斤)

日期	机别	乘客								行李		总重量
		男	重量	女	重量	小孩	重量	人员	重量计	件数	重量	
6.4	1	23	1 386	11	630.5	15	194	49	2 210.5	83	1 464	3 674.5
	2	16	926	19	652	16	216	51	1 794	112	2 050	3 844
	3	20	1 133	14	742	10	170	44	2 045	97	1 973	4 018
	4	12	713	22	1 204	10	141	44	2 058	64	937	2 995
	5	23	1 308	13	734	14	160	50	2 202	71	1 116	3 318
	6	16	991	19	980	16	248	51	2 219	100	1 751	3 970
	7	20	1 137	15	790	18	270	53	2 197	100	1 925	4 122
	8	18	1 037	17	847	16	329	51	2 213	121	2 294	4 507
	9	17	976	18	936	10	91	45	2 003	97	1 770	3 773
	10	20	1 080	13	697	8	151	41	1 928	90	1 837	3 765
	11	10	500	25	1 348	33	473	68	2 321	80	2 129	4 450
	小计	195	11 187	186	9 560.5	166	2 443	547	23 190.5	1 015	19 246	42 436.5

续表

| 日期 | 机别 | 乘客 | | | | | | | | 行李 | | 总重量 |
		男	重量	女	重量	小孩	重量	人员	重量计	件数	重量	
6.5	12	11	605	24	1 293	15	255	50	2 153	79	1 917	4 070
	13	23	1 379	12	711	16	158	51	2 248	89	1 586	3 834
	14	20	1 122	15	823	16	97	51	2 042	103	2 443	4 485
	15	19	1 034	16	909	18	176	53	2 119	104	2 381	4 500
	16	18	962	17	985	21	267	56	2 214	102	2 178	4 392
	17	17	1 066	18	936	19	237	54	2 239	109	2 181	4 420
	18	19	1 057	16	826	16	172	51	2 055	115	2 462	4 517
	19	19	1 040	16	846	13	167	48	2 053	99	2 298	4 351
	20	18	893	17	835	12	179	47	1 907	94	2 071	3 978
	21	17	1 014	18	940	19	147	54	2 101	110	2 423	4 524
	22	20	1 072	15	782	21	207	56	2 061	129	2 552	4 613
	23	16	940	19	948	21	237	56	2 125	106	2 325	4 450
	小计	217	12 184	203	10 834	207	2 299	627	25 317	1 239	26 817	52 134
6.6	24	19	1 046	16	872	19	210	54	2 128	117	2 353	4 481
	25	19	983	16	830	19	258	54	2 071	120	2 387	4 458
	26	17	933	18	898	19	242	54	2 073	113	2 420	4 493
	27	17	924	18	960	17	221	52	2 105	108	2 247	4 352
	28	16	893	19	1 060	21	245	56	2 198	125	2 294	4 492
	29	13	888	20	1 058	19	348	52	2 294	91	2 187	4 481
	30	17	1 026	18	919	6	109	41	2 054	109	2 079	4 133
	31	23	1 304	12	636	8	40	43	1 980	113	2 229	4 209
	32	17	1 036	18	988	13	193	48	2 217	86	1 936	4 153
	33	17	919	17	854	9	52	43	1 825	106	2 223	4 048
	34	14	783	21	1 253	30	384	65	2 420	108	2 043	4 463

续表

| 日期 | 机别 | 乘客 | | | | | | | | 行李 | | 总重量 |
		男	重量	女	重量	小孩	重量	人员	重量计	件数	重量	
	35	17	916	18	1 073	16	153	51	2 142	103	2 222	4 364
	36	16	858	19	883	9	128	44	1 869	109	2 630	4 499
	37	16	942	19	1 080	13	142	48	2 164	103	2 239	4 403
	小计	238	13 451	249	13 364	218	2 725	705	29 540	1 511	31 489	61 029
6.7	38	18	1 023	17	921	14	198	49	2 142	119	2 350	4 492
	39	15	879	20	951	9	216	44	2 046	107	2 354	4 400
	40	20	1 099	15	773	6	149	41	2 021	102	2 400	4 421
	41	12	655	23	1 172	16	223	51	2 050	107	2 450	4 500
	42	18	1 049	17	890	6	74	41	2 013	108	2 259	4 272
	43	18	972	17	878	16	228	51	2 078	106	2 132	4 210
	44	16	942	19	1 079	16	207	51	2 228	124	2 219	4 447
	45	18	1 031	17	888	8	69	43	1 988	90	1 796	3 784
	46	15	776	20	1 092	14	199	49	2 067	103	2 108	4 175
	47	20	1 118	15	748	12	149	47	2 015	88	1 725	3 740
	48	15	766	20	1 127	18	194	53	2 087	66	1 031	3 118
	49	18	1 020	17	860	8	115	43	1 995	106	1 914	3 909
	小计	203	11 330	217	11 379	143	2 021	563	24 730	1 226	24 738	49 468
	总计	853	48 152	855	45 137.5	734	9 488	2 442	102 777.5	4 991	102 290	205 067.5

资料来源:辽宁省档案馆馆藏资料,全宗号 JE1。

6月8日第一批1 222名,9日第二批1 279名乘列车向锦西出发,乘坐"山澄丸",当日下午5时从葫芦岛出港,13日入港佐世保。①7月1日,国民党"东北剿总"制作的《本年度第一次东北遣送日侨

---

① [日]满蒙同胞援護会編『満蒙終戦史』、588頁。

名册》称:"查本年度第一次东北遣送日侨工作自 6 月 4 日开始至 6 月 9 日业已办理竣事,总共遣出日侨 2 501 名(为沈阳日侨 2 501 人空运锦转葫,佳申由山澄丸装运赴日,驶往佐世保)。"①(见表 3－20)

表 3－20　1948 年度第一批遣送日侨地区别总人数表　　单位:人

	男		女		合计
	12 岁以上	11 岁以下	12 岁以上	11 岁以下	
沈阳	483	137	446	121	1 187
抚顺	285	201	293	155	934
苏家屯	14	7	6	3	30
锦州	15	7	21	12	55
长春	33	7	34	6	80
阜新	16	20	50	23	109
本溪湖	26	18	25	8	77
烟台	2				2
吉林	11				11
西安	2	4	3		9
海龙			3	1	4
公主岭			1		1
鞍山	1				1
大连	1				1
合计	889	401	882	329	2 501

资料来源:辽宁省档案馆馆藏资料,全宗号 JE1。

　　第一批航空输送结束后,以抚顺留用解除者为主,包括沈阳联络所之职员和长春部分脱出者共 870 人,作为第二批待遣者准备

---

① 辽宁省档案馆馆藏资料,全宗号 JE1。

空运遣送。

7 月 26 日，国民党"东北剿总"专电："本年度第二次现将待遣日侨计八百五十名已大部分集中沈阳，诸项准备业已完毕，速电国防部转电东京盟军总部拨配船只，务于 8 月 5 日前抵葫港接运。"①8 月 7 日至 9 日，第二批航空输送开始，计：8 月 7 日，飞机 8 架；8 日，飞机 10 架；9 日，飞机 1 架。前后 3 天共用 19 架飞机，搭运日侨 870 人。其中，12 岁以上男 333 人、女 351 人，11 岁以下男 98 人、女 88 人。

9 日，南京国民政府国防部复电称："东京盟总已筹派高砂丸，定未寒驶抵葫港接运。"15 日，锦州地区在留日本人加入第二批遣送队伍，向葫芦岛出发，同日午后乘坐"高砂丸"出航，19 日到达舞鹤港。

第三批留用日籍技术人员遣返之日，正值辽沈战役打响之时，战局变化使其遣送变得十分困难。国民党当局预估这批留用解除者有 500 名，对其遣返有计划，也安排了资金，但最终乘坐之飞机、轮船等未见明确记载。②

1948 年留用解除日籍技术员工遣返两批计 3 371 人，所需经费超高，这与物价飞涨和乘坐飞机有一定关系，第一批使用飞机遣送每架 3 000 万元，第二批使用飞机遣送每架则上涨到 19 450 万元。③（第一批用飞机 49 架，运费合计为 147 000 万元；第二批用飞机 19 架，运费合计为 369 550 万元。两批遣送日侨仅飞机运费就达 516 550 万元。）

---

① 辽宁省档案馆馆藏资料，全宗号 JE1。
② 1948 年的前两批航空输送共遣返日侨 3 371 名，据《满蒙终战史》统计，1948 年遣侨总人数统计为 3 372 名，仅相差 1 名。由此可知，第三批日侨未被遣返。
③ [日]满蒙同胞援護会編『満蒙終戦史』、588 頁。

　　自 1946 年 5 月至 1948 年 9 月,经葫芦岛港遣返日本侨俘共
1 051 047 人。[①] 此外,安东有万余名日本侨俘通过海路运往仁川港
取道返回日本。1946 年 11 月 9 日,苏军当局作出大连地区日本侨
俘遣返决定。12 月 3 日,6 000 余名日本侨民乘上“永德丸”和“辰
春丸”返回日本。至 1947 年 3 月 31 日,共遣返日本侨俘 218 179
名(含日俘 10 463 名)。1948 年 7 月,“山澄丸”和“高砂丸”接走
4 933 名日本侨民。1949 年 9 月 23 日、10 月 3 日,“高砂丸”和“山
澄丸”分别搭载 1 127 名和 1 734 名日本侨俘离开大连港。至此,大
连地区日本侨俘遣返计 225 973 名。[②] 总之,从 1946 年 5 月至
1949 年 10 月,中国东北遣返日本侨俘达 128 万余人。

---

① 张志坤、关亚新:《葫芦岛日侨遣返的调查与研究》,“前言”第 5 页。
② [日]满蒙同胞援護会編『満蒙終戦史』、617－618 頁。

第四章　华北日本侨俘的遣返

抗战胜利后,据何应钦在《八年抗战之经过》中记载,日本投降前夕,日军在中国战区的兵力共 1 283 200 人,其中华北方面军有326 244 人,①约占中国战区总兵力的 1/4。另据国民政府统计,华北地区的日侨约 40 万人,约占在华日侨总人数的 1/6。两者合计72 万多人,约占在华日本侨俘总数的 1/5。虽然广袤的华北大平原上日本侨俘比例不如中国东北密集,但华北历来被视作"中原",是中国的核心区域,是七七事变后蒋介石即使坚持"攘外必先安内"政策也无法后退、被迫抗战的重要原因。因而,抗战胜利后国民政府审时度势,决定先关内、后关外,迅速在华北各地成立了日本侨俘集中管理处(所),尽快开启华北的日本侨俘遣返工作。

第一节　日本的华北侵略与移民

华北地区在近代历史上并不是一个固定的区域,在不同的时期,其所辖区域也不尽相同。在七七事变前,日本人对"华北"的认

---

① 何应钦:《八年抗战之经过》,沈云龙主编:《近代中国史料丛刊》第 79 辑,第 199 页。

识形成了这样的观念:所谓"华北","系根据地理学并参照目前正在进行的经济开发,此外又将在新的政治形势下产生的冀东自治区与内蒙古单独分列出来,从而将华北称为五省二区"。其中,"五省"指河北、察哈尔、绥远、山东、山西各省,"二区"指冀东和内蒙"两个独立行政区","前者从河北省分离出来,后者从绥远省及察哈尔省分离出来"。① 此"五省二区",大体上包括现在的京、津、冀、鲁、晋和河南、内蒙古的一部分。1931 年,日本侵占东北后,迅速将其视线转向华北地区。七七事变后,华北地区更成为日本侵略者着力经营的地区,大量的日本侨民也蜂拥而入。

一、日本在华北的侵略行动

华北地区作为中华形胜之地,从形势上说,地理位置十分重要,且自从日本占领东北后,华北已成为国防最前线。华北是联结东北、西北、华中及南方诸地的中枢地区和政治、经济、文化的中心地区。其"东北部与热河、辽宁等地相界,东南部分正是我国黄海沿岸,尤其是山东,正扼住黄、渤两海的咽喉,沿岸又多良好的港口,像龙口湾、芝罘湾、威海卫、荣成湾、胶州湾等地,西北部是甘宁的道路,南部正邻接中国本部的繁盛区域江苏、河南、陕西等省",②

---

① [日]"北支那社"编『北支の現勢』,天津、1937 年、2 頁,转引自余子侠、宋恩荣《日本侵华教育全史》第 2 卷,北京,人民教育出版社 2005 年版,第 49 页。按:绥远省,建于1928 年,省会为归绥市,即现在的呼和浩特市,1954 年,绥远省并入内蒙古自治区;察哈尔省,建于 1912 年,省会张家口。1952 年,察哈尔省废设,现主要在内蒙古自治区、河北省和山西省,延庆县划给北京市。沦陷时期,日本在华北地区成立了两个伪政权组织,分别为伪华北政权与伪蒙疆政权。其中,伪华北政权所辖包括河北、察哈尔、山西、山东 4 省,河南省北部 40 县,徐州市及江苏省北部 17 县,以及北平、天津 2市;伪蒙疆政权包括绥远省察、锡、乌、巴、伊 5 盟,以及厚和(归绥)、包头 2 特别市。
② 金曼辉:《我们的华北》,上海:上海杂志无限公司 1937 年版,第 75 页。

交通非常便利。更重要的是,华北土地肥沃、物产丰富。据统计,
当时华北面积"共计 1 018 952 平方公里,占全国总面积十一分之
一;华北的人口有 81 002 811 人,几及全国人口五分之一,平均密
度每平方哩 200 人,较全国平均密度为高"。①

　　七七事变前,日本特务机关在向关东军的秘密报告中介绍了
华北物产与市场,即:"消费市场主体人口——冀、鲁、绥、陕、豫(半
数)约一亿,为满洲三倍,消费能力当然在三倍以上,商品之输入则
多由天津、青岛;生产原料——为全华原料中心地,物产为丰富之
煤、铁、小麦、棉花、石油,就调查统计,煤次于美国占世界第二位,
山西一省之埋藏量占半数,当抚顺之二十倍;铁——约埋藏二万万
吨;小麦——晋、冀、鲁、察四省合计年产一亿一千万担;棉花——
约产三百三十万担;大豆——五千万担。将来在我帝国有计划的
指导与经营[下],则原料产量当能增加三倍,民众之消费力亦能大
为增强,故华北是我帝国之最好殖民地也。"②因此,日本认为,侵占
华北,"将华北圈入日满集团有三大利益:第一,原料供给便利,第
二,煤铁供给丰富,第三,是日本向华北移民可以顺利进行"。③ 而
"日满集团的缺乏将有重大的改变,直至现在尚未为日满集团建立
所满足的要求,将可因华北合并而得相当的满足","归并华北,可
供给大规模移民的机会。华北气候的情形,比满洲适宜得多,而相
当于本州——日本的主要海岛——的北半部"。④

　　七七事变后,华北地区更是日本侵略者着力经营的地区,特别

---

① 金曼辉:《我们的华北》,第 74 页。

②《日寇鹰爪下之我国北方五省之面积、人口、财富》,《救国时报》1937 年 7 月 15 日,第
　　3 版。

③《"开发华北"问题的检讨》,《申报每周增刊》第 1 卷第 16 期,1936 年 4 月。

④ 古超影、彭济川译:《日本的新"生命线"——华北(续)》,《华北》1936 年第 2 期。

是太平洋战争爆发后，日本对华北格外重视。这是因为：第一，在经济上，日人认为"作为日满华综合计划经济之一环的华北，是在中国当中最重要的地方"，"华北的四大资源即盐、铁、煤、棉等重要物资，使大东亚战争的兵站线得赖以维持"。① 日藏相贺屋在议会中曾经说："华北之自然资源为建设'大东亚共荣圈'所不可或缺。华北之煤藏为日本钢铁工业所不可缺的燃料；华北的盐与日本化学工业不可分离，又此后肥料工业的发展，将为华北棉花与粮食增产计划之主要工作。本此而论，开发华北之重要性迄无改变。"第二，在战略地位上，日军当时陷入长期战的困境之中，"为了准备最后的决战它已企图把华北变成它的后方，以备一旦与英美决战或北侵苏联时，成为它最有用的'兵站基地'"。② "华北作为大东亚战争的后方兵站，对于日本的协助是极可重视的，华北同时包括其背后的蒙疆，不论煤铁都有非常丰富的蕴藏量，而现在这些资源正在着着地开发，供给着日本以协助战争的进行，日本工业盐大部分仰给于华北的。因此，在资源上华北所能协助的力量，是极强大的。"③

　　基于以上原因，日本在发动九一八事变并占领东北后，就迅速将其视线投向了拥有丰富的自然资源和巨大的消费市场的华北地区，华北即成为其急欲侵占的下一个目标。从 1932 年开始，日本便酝酿入侵华北，但由于准备不充分，采取以军事力量为后盾，经济上加紧掠夺，政治上制造分裂的方式，通过策动"华北五省自治"，使其政权特殊化，最终达到完全占领华北的目的。

---

①③ [日] 津云国利、大木操：《华北最前线巡礼（对谈会）》，《申报》1942 年 12 月 22 日，第 3 版。

②《日寇与华北》，《新华日报》1943 年 7 月 24 日，第 2 版。

　　日本军国主义将其"利益线"正式推进到华北地区的标志,是1933 年 5 月《塘沽协定》的签订。1933 年春,日军占领热河,并大举进攻长城各口,侵入河北省境内,到达连接北京、天津、塘沽的北宁铁路。面对日军的挑衅,国民政府一味妥协,5 月 31 日,中日双方签订《塘沽协定》,规定中国军队撤至延庆、通州、宝坻、芦台所连之线以西、以南地区,以上地区以北、以东至长城沿线为非武装区,实际上承认了日本对东北、热河的占领,同时划绥东、察北、冀东为日军自由出入地区。① 《塘沽协定》的签订,虽然使九一八事变以来日本的军事行动暂时告一段落,但它强化了日本在华北的独占地位,冀东"非武装区"的形成使中国在该地区的部分主权丧失,从而使华北门户大开。

　　1935 年,日本在华北制造了一系列事件,推行分离华北的"华北自治运动"。日本利用"张北事件""察东事件",威胁国民政府于6 月 27 日签订《秦土协定》,规定成立察东非武装区,第二十九军从该地区撤退。7 月 6 日,《何梅协定》又迫使中国"取消国民党在河北及平津的党部;撤退驻河北的东北军、中央军和宪兵第三团;撤换国民党河北省主席及平津两市市长;取缔河北省的反日团体和反日活动"等。② 11 月 24 日,河北省蓟密区行政督察专员殷汝耕在日军唆使下宣布独立,成立了"冀东防共自治委员会",不久又改名"冀东防共自治政府"。该"政府"以通州为政府所在地,管辖滦河以东的临榆、抚宁、昌黎、卢龙、迁安、滦县、乐亭、申润、遵化、玉田、宁河、蓟河、宝坻、平谷、三河等 22 县。殷汝耕自任"冀东防共自治政府"政务长官,实际军政大权均被日本人操纵。

---

① 王铁崖编:《中外旧约章汇编》第 3 册,第 940 页。
② 王铁崖编:《中外旧约章汇编》第 3 册,第 1019 页。

1937 年 7 月 7 日，日军蓄意挑起卢沟桥事变，发动了全面侵华战争，华北地区成为日本侵华的首要战场。至 1938 年初，南至徐州、东到山海关、北达张家口、西至开封的华北地区大部沦落敌手。日军在华北沦陷区所采取的殖民统治方式，与伪满和伪蒙疆政权由日本人亲自出任伪政府官职不同，而主要是通过向各级伪政权派遣日本顾问及辅佐官来控制伪政权运作，如日本在北平扶植的伪中华民国临时政府即是如此。该伪政权根据华北日军的指令进行殖民统治，通过日本移民或日军机构掠夺殖民地的各种战争物资，试图将华北建成日本不断扩大侵略战争的军事补给站。

二、日本在华北的移民活动

其实，晚清时期即有日侨在华北居住，但数量不多且变动较小。进入 20 世纪后，日本在加紧侵略中国的同时，还积极推行殖民政策。于是，日本移民开始源源不断地进入华北地区。特别是在七七事变后，为配合日本侵华国策，日人大举移民至其占领区，华北日侨人数因而急剧增长。

1. 初到华北(1871—1914 年)

1871 年《中日修好条规》签订后，前往中国的日本官民逐渐增多，但在相当长的一段时间内，总体来说人数与其他列强的在华侨民相比较少且变动不大。山东龙口因其居渤海南岸，交通便利，自甲午战后便日形发达。至 20 世纪初，龙口的商业也日有起色，"外人群集，设立各种行栈"。1910 年时，日本三井物产已在该地设有支店，日本还于当年特派 30 余人赴龙口调查，以掠夺商权。[①] 至 1912 年，在龙口的日人计有 9 人，分别为关东都督府出差员 1 人、

---

①《山东龙口之现象》，《东方杂志》第 7 卷第 10 期，1910 年 10 月。

大正元号 1 人、满铁矿业课办事处 4 人、药商 2 人、为中国人妾 1
人。① 到 19 世纪末，侨居烟台的日人共 19 户，人口 74 人；1902 年，
烟台日侨 218 人，其中男性 150 人、女性 68 人。日俄战争爆发前，
侨居烟台的日侨约有 300 人；日俄战争爆发后，原居住于旅大的日
人有一部分为避战祸移居烟台，再加上从日本本土不断源源而来
的日人，烟台日侨激增至 2 000 人；日俄战争结束后，随着日侨或大
批回国或返回原住地，烟台日侨数量急剧下降，至 1907 年末，共有
日侨 171 户、680 人；1908 年，烟台日侨计有 129 户、412 人；②1909
年烟台日侨减至 320—330 人。③ 至 1912 年时，烟台日侨数量有所
上升，共 117 户，429 人，其中包括男 192 人、女 237 人。④

　　日侨最早进入青岛活动是在 19 世纪末 20 世纪初。据日人田
原天南在其所著《胶州湾》中记载，"日本之初来青岛在千九百零一
年左右。人数仅五六十名，而卖春妇居其多数……据千九百零七
年六月之调查，留青日人仅三十三户，一百九十六名……据千九百
十一年调查，在青岛日人已有五十一户，三百十二名"。⑤ 而另外一
则数据与此有所不同。据《日本工商资本与近代山东》所载《青岛
人口国别表》中显示，1902 年，青岛日侨为 78 人，1907 年为 161 人，
1916 日侨则为 316 人。⑥ 两项统计不一致，可能是调查方法或其

---

① ［日］吉田丰次郎：《山东省视察概要》，第 171 页，转引自［韩］李俊熙、赵显镐《1914 年
　　以前日本人在山东》，《东方论坛》2000 年第 4 期。
② ［日］航业联合协会芝罘支部：《芝罘事情》，1939 年，第 219 页，转引自庄维民、刘大可
　　《日本工商资本与近代山东》，北京：社会科学文献出版社 2005 年版，第 15、16、19 页。
③ 《芝罘经济界最近之观察》，《山东杂志》第 35 期，杂录，1909 年。
④ ［日］吉田丰次郎：《山东省视察报文集》，1913 年 12 月，第 142 页，转引自［韩］李俊熙、
　　赵显镐《1914 年以前日本人在山东》，《东方论坛》2000 年第 4 期。
⑤ 谭天凯：《山东问题始末》，上海：商务印书馆 1935 年版，第 46—48 页。
⑥ 庄维民、刘大可：《日本工商资本与近代山东》，第 26 页。

他原因造成的,但这也足以使我们了解当时青岛日侨的大貌。

1898 年,日本在天津设立了专管租界。随着天津日租界的扩大和开发,吸引着愈来愈多的日本人赴津。1894 年时天津日侨人数 50 人,1900 年为 88 人,至 1906 年时则骤增为 1 769 人,超过在津外侨中人数最多的英国侨民,其时相较于 1900 年时增加 1 681人,增长近 20 倍。之后,日侨人口增长趋缓,1911 年时天津日侨共有1 987人,日侨增幅为 12.3％。在天津定居的日本人在 1916 年时达 3 545 人,见表 4 - 1。

表 4 - 1　1894—1916 年天津日侨人数统计

年份	人数
1894 年	50
1900 年	88
1906 年	1 769
1911 年	1 987
1916 年	3 545

资料来源:尚克强、刘海岩主编:《天津租界社会研究》,第 167 页;杨大辛:《天津的九国租界》,第 60 页。

除以上地区外,华北地区的其他城市,其时也有一定数量的日侨。如在北平,其地的日本移民 1897 年时共 27 人,其中男性 23人、女性 4 人;到 1901 年时则有 172 人,其中男性 165 人、女性 7人;1903 年时更增长到 524 人,其中男性 356 人、女性 168 人,[1]此后一段时间内日侨数量变化不大。

---

[1] [日]丸山昏迷:《北京》,1921 年,转引自余子侠、宋恩荣《日本侵华教育全史》第 2 卷,第 77—78 页。

2. 初具规模(1915—1931 年)

第一次世界大战后,日本加快了向华北移民的步伐,特别是对山东地区的移民活动,尤其引人瞩目。1914 年 11 月 7 日,青岛的德军向日军投降,日本遂直接占领青岛。1922 年 2 月 4 日,中日两国签订了《解决山东悬案条约》及《附约》,此后又历经数月交涉,于同年 12 月 1 日签订了《山东悬案细目协定》,中国付出巨款,赎回了青岛主权和胶济铁路。1922 年 12 月 10 日,中日双方在青岛举行了交接仪式,中国正式收回青岛主权。日本占领青岛的直接后果,便是打开了日本向青岛移民的道路。据《申报》记载,1915 年,青岛"日人在正月底之调查计有 491 户,男丁 2 830 名,妇女 1 210 名,合共 4 040 名。迨至二月底调查户数已增至 1 050 户,人口亦增至 7 364 名,嗣后逐月锐增,及至 5 月底竟超过 1 万余人。今据 11 月 1 日最近调查现在青岛日人户数共有 1 389 户,男女人口合计总数共有 14 482 名之多"。[①] 另据记载:

> 日人占领青岛,即于 1914 年 12 月 28 日重开青岛为商埠,并努力作种种建设,日侨日渐增多。日人占领青岛之初,在青日侨不过 400 名;山东日侨,当不过千。至 1916 年末,在青日侨增至 14 241 名,华人 69 253 名,西人 491 名;1917 年末,日人为 18 576 名,华人 77 076 名,西人 494 名;1918 年末,日人 19 260 名,华人 78 804 名,西人 510 名。同时,在鲁日侨共增至 24 160 名。至 1922 年 12 月,吾国接收青岛时,全鲁共有日侨 3 万余;此中寓青者,共 24 132 名,此时寓青他国侨民共 387 名,而吾国人民 22 万名。[②]

---

① 《青岛中日两国人之最近确数》,《申报》1915 年 11 月 30 日,第 6 版。
② 谭天凯:《山东问题始末》,第 33—34 页。

在日本占领青岛的 8 年时间内,青岛日侨从占领之初的 400人,猛增至 24 132 人,日侨人数增长近 60 倍,平均每年增长约 3 000人。1915 年 11 月青岛日侨增至 1 389 户 14 482 人之时,其时青岛的华人仅为 1 731 户 25 359 人,且日人"源源而来",华人却"因觅利甚艰"而增迁有限,故时人指出,"在身游青岛者,几将疑为日本之市镇矣"。① 青岛成为当时山东日侨的主要聚居地,如 1918 年,山东日侨 24 160 人,其中青岛日侨 19 260 人;1922 年,山东日侨 3 万余日侨中,居住在青岛的有 24 132 人。自青岛收回后,随着日本军队和日本殖民政府官员的陆续撤离,日本移民也随之移回日本国内,青岛日侨人口因此而急剧下降。据记载:自接收青岛至 1924年 6 月间,"青岛日人渐减至 13 592 名,及高丽人 112 名。此时全山东日侨,当至多不过 2 万名,约计当有万余人离青也。此后,日侨数目即无若何巨大变动"。② 如下表所示,自 1922 年后,青岛日侨一直呈减少趋势,1922 年末与 1926 年末的日侨人口差达 10 664人。此后几年时间里,青岛日侨人口无大变化。1928 年 4 月 20 日《大阪每日新闻》载,"青岛、济南及山东铁路沿线居留日本之人口,合计一万六千八百人;其中在青岛及其附近者占一万一千二百人"。③ 至 1931 年时,青岛日人 14 319 人;④1932 年,青岛日侨14 228人。⑤

---

① 《青岛中日两国人之最近确数》,《申报》1915 年 11 月 30 日,第 6 版。

② 谭天凯:《山东问题始末》,第 34 页。

③ 松子:《日本出兵与我们的抵制手段》,《现代评论》第 7 卷第 177 期,1928 年 7 月。

④ 青岛市档案馆编:《帝国主义与胶海关》,北京:档案出版社 1986 年版,第 244 页。

⑤ [日]高纲博文:《上海的日本人居留民》,熊月之、马学强、晏可佳选编:《上海的外国人 1842—1949》,上海:上海古籍出版社 2003 年版,第 150 页。

表 4 - 2　1915—1926 年青岛各国人口变动表

年份	日本人	欧美人	中国人	合计
1915 年 2 月	316	2 095	187 000	189 411
1916 年末	11 613	483	163 975	176 070
1917 年末	18 561	525	183 292	202 468
1918 年末	18 652	510	180 363	199 435
1919 年末	19 998	362	192 201	212 561
1920 年末	24 536	398	207 824	232 759
1921 年末	24 262	469	215 669	240 400
1922 年末	24 132	387	217 355	241 874
1923 年末	15 266	404	231 246	236 916
1924 年末	13 504	575	236 175	250 254
1925 年末	13 439	657	263 492	277 588
1926 年末	13 468	630	269 944	284 042

资料来源:庄维民、刘大可:《日本工商资本与近代山东》,第 263 页。

　　济南与青岛的情况有所不同。1912 年底,济南有日侨 25 户计 79 人,其中男性 37 人、女性 42 人。[①] 一战爆发后,日本于 1914 年 10 月 23 日在济南设领事馆。随着日军对胶济铁路沿线的占领,移居济南的日侨人口迅速增加。到 1917 年 10 月,济南已有日人 3 056 人。此后日侨人口略有减少,据 1918 年 6 月统计,济南市区日侨共 1 140 户、2 770 人,其中男性 1 630 人、女性 1 140 人。[②] 中国收回青岛后,济南日侨人口曾一度回落至 1924 年的 1 670 人,但

---

① ［日］田原天南:《胶州湾》,第 549—550 页,转引自余子侠、宋恩荣《日本侵华教育全史》第 2 卷,第 81 页。

② 庄维民、刘大可:《日本工商资本与近代山东》,第 77 页。

到 1927 年时日侨又恢复至 2 800 余人，[1]1928 年 4 月，居住于济南的日侨又减至 2 200 人。[2]

除济南、青岛外，胶济铁路沿线各镇，如坊子、潍县、青州（益都）、博山、张店、淄川等地，也都有数目不等的日本移民，在一战结束前，约为 3 561 人；到 1921 年 8 月时，达到 4 452 人。[3] 中国收回青岛后，胶济铁路沿线的日侨也陆续撤离，日侨人口渐少。1928 年济南惨案后，日本在加紧对华北扩张的同时，加强了对日侨利益的保护和扶持，从而使山东各地的日侨数量缓慢回升，到九一八事变前，山东日侨数量较之 1925 年增加 1 万余人。

天津日侨数量较前一时期也明显增长。据统计，1911 年时，在津日侨为 1 987 人；[4]至 1916 年，日侨增加将近一倍，达到 3 545 人，[5]1928 年 10 月，在天津的日本侨民超过了 6 000 人。[6] 另外，据 1927 年 5 月日本驻华公使芳泽谦吉收到的日本外务省训令所示，如"通饬所有日侨退出张家口及开封，而集中于北京"，"先就在张家口、赤峰日侨之撤退发出命令"，"形势紧急时，旅居（华北）各地侨民即向青岛、天津集合"。[7] 据此，我们可以推测，当时华北地区的日侨已不仅限于天津、青岛、北平等地，而是已经开始向华北各地分散。

总体而言，这一时期日本向华北的移民主要集中于山东，这与

---

[1] 庄维民、刘大可：《日本工商资本与近代山东》，第 264 页。

[2] 周鲠生：《山东事件》，《现代评论》第 7 卷 181 期，1928 年 7 月，第 3 页。

[3] 余子侠、宋恩荣：《日本侵华教育全史》第 2 卷，第 81 页。

[4] 杨大辛：《天津的九国租界》，第 60 页。

[5] 尚克强、刘海岩主编：《天津租界社会研究》，第 167 页。

[6] 尚克强、刘海岩主编：《天津租界社会研究》，第 168 页。

[7] 季啸风、沈友益主编：《中华民国史史料外编：前日本末次研究所情报资料》第 24 册，桂林：广西师范大学出版社 1997 年版，第 4 页。

其对山东部分地区的殖民统治是分不开的。大批日本移民赴鲁，是巩固日本对山东部分地区殖民统治的重要手段，也是与其殖民政策相辅相成的一项长期方针。移入的日侨，在政治上享受领事裁判权而不服从中国法律的管辖；在经济上挟有较富之资金，垄断中国农工商业；在社会上，由于风俗习惯的不同，而处处影响中国社会的状态。

3. 逐渐扩散(1931—1937 年)

九一八事变后，日本实施其"满蒙移民"计划的同时，也加强了对华北的移民力度，以辅助其"华北政策"的实施，特别是自 1933 年中日《塘沽协定》签订后，华北的日本移民一直处于持续增长状态。

表 4 - 3　　20 世纪 30 年代初华北地区日侨人口统计表

地区	日侨	注
北平	1 020	据北平市公安局统计报告，但东交民巷日韩侨未在内。
青岛	10 979	据青岛市公安局统计报告，此为 1934 年 1 月的数字。
济南	1 675	据济南市公安局调查，韩侨包括在内。
塘沽	63	据塘沽公安局调查报告，计共 22 户。
周村镇	118	据山东长山县周村镇公安局调查报告，计共分 31 户，以经营毒品事业者为最多。
唐山	105	据唐山公安局调查报告，内计日侨 57 户，以卖白面、金丹、开当铺者为多。
潍县	45	据山东潍县公安局调查报告，内计日侨 27 户。
昌乐	6	据山东昌乐县公安局调查报告，其全为贩卖白面、金丹者。
抚宁	13	据抚宁县公安局调查报告，内计日侨 7 户，多以贩毒为业。

地区	日侨	注
张家口	19	据张家口公安局调查报告,内有张家口日领事馆职员及领事等 15 人,其余日侨 2 户。
天津	6 122	据 1934 年 1 月 31 日天津《大公报》统计。
秦皇岛	121	据秦皇岛公安局调查报告,内计日侨 43 户。
太原	0	据太原公安局调查报告。
玉田县	5	据河北玉田县公安局调查,为 1934 年 4 月情形。
山海关	859	据天津日本领事馆之调查报告,为 1935 年 5 月的数目。
合计		21 150

　　资料来源:据萧贻待的《日本海外移民与中国(续)》(《外交月报》第 6 卷第 5 期,1935 年 5 月)整理。

　　表 4 - 3 统计虽不全面,但也反映了华北日侨的大概情形。从日侨人口数量看,以青岛居首,天津次之。青岛日侨人口 10 979 人,约占华北日侨人口的 50%;天津日侨 6 122 人,约占总人口的 29%;济南占 8%;北平占 5%;其他地区总和占 8%。从日侨地域分布看,华北日侨仍基本集中于青岛、天津、济南、北平等城市及铁路沿线地区。山东虽政治地位上在华北地区不及北平、天津,但其作为日本进入中国大陆最早的地区及日本的多年经营之地,是华北日侨最多的省份。1922 年,中国收回青岛后,在山东的日侨便纷纷迁往他处或回国,日侨人口逐年下降,直到 1928 年后,才又逐渐恢复增长。如上表所示,从 1929 年至 1936 年,山东日侨仅增加 969 人,且 1930—1935 年日侨人口总数均不及 1929 年,其中 1930 年、1932 年的日侨人数还明显有所下降;而在 1936 年日侨人口最多时的 18 869 人,也远不及 1922 年时

的30 067 人。①

　　九一八事变后，随着日本推进分裂华北活动，日本的势力渐渐渗透于华北各地，这就为日本移民华北提供了更多可选择的地区，相较于山东日侨人口的缓慢增长，在这一时期，华北地区日侨增长幅度最快且散居最广的地区莫过于冀东，显然与日本的军事侵略是密切相关。1933 年 5 月，《塘沽协定》签订后，冀东一带被划为"非武装区"。1935 年 11 月 24 日，河北省蓟密区行政督察专员殷汝耕在日军唆使下宣布独立，成立了"冀东防共自治委员会"，不久又改名"冀东防共自治政府"。据报道，在伪冀东防共自治政府成立半年时间内，仅山海关日本领事馆管内的日本移民，已达 950 户2 880 人，其分别居留于山海关、台头营、抚宁、北戴河、昌黎、安山、迁安、卢龙、秦皇岛、柳江、石门寨、海阳镇等地。② 另外，从表 4－4中我们可以更清楚地看出冀东日侨的人数变化情况。

表 4－4　1935 年 4 月至 1936 年末华北各地日侨增加比较表

地名	1935 年 4 月末	1936 年 8 月末	1936 年末
天津	6 898	9 536	11 289
北平	1 661	4 461	4 478
塘沽	63	323	369
唐山	270	997	810
玉田	5	84	84
山海关	940	1 579	1 767

① ［日］日本外务省通商局：《海外各地在留邦人职业别人口表》，1923 年，转引自庄维民、刘大可《日本工商资本与近代山东》，第 364 页。
② 《冀东之日人》，《盛京时报》1937 年 7 月 10 日，第 9 版。日侨中包括来自日本内地的移民、朝鲜半岛的移民和从中国台湾移入者，特此说明。

续表

地名	1935 年 4 月末	1936 年 8 月末	1936 年末
秦皇岛	234	676	752
抚宁	15	88	88
通县	0	82	290
乐亭县	0	66	79
昌黎县	0	370	386
滦县	0	700	970
合计	10 086	18 962	21 362

　　资料来源:萧贻待:《中国日侨激增与日本对华政策》,《外交月报》第 11 卷第 1 期,1937 年 1 月。

　　从上表我们可以看出,1936 年末与 1935 年 4 月末相比,华北各地日侨增加一倍多,上述地区日侨增加数平均在 50% 以上。其中,以天津、北平、塘沽、唐山、玉田、山海关、秦皇岛、抚宁等处增加者为最多,而通县、乐亭、昌黎、滦县等地的日侨则是从无到有、从少到多。据记载,当时"平津道上,颇有'九一八'前南满铁道的'风味'",在由津至平的火车上,"'友邦'人士通常占了大半,宽袍大袖,顾盼自雄,履声答答,刺入耳鼓。膳车中备有'东洋素烧',报贩手中有日文平津日日新闻,不时还有穿黄制服红帽边的宪警巡查,过丰台车站还可看到高悬的太阳旗";且"不独火车上如此,颐和园、北海、中山公园等,每处的泥地上都是满印着木屐的痕迹"。① 至 1937 年,日本全面侵华战争之前,华北日侨数量已有相当规模,详见表 4-5。

---

① 胡不归:《平津杂话》,《是非公论》第 4 期,1936 年 5 月。

表 4－5　1937 年华北各地日侨分布表

地名	人数	地名	人数	地名	人数
天津	11 289	北平	4 478	保定	7
塘沽	369	唐山	810	周村镇	118
丰润县	209	遵化县	51	昌乐	6
玉田县	84	卢龙县	16	石家庄	8
迁安县	28	乐亭县	79	临榆县	82
山海关	1 767	秦皇岛	752	抚宁县	88
平谷县	8	蓟县	55	三河县	57
通县	290	兴隆县	32	潍县	47
昌黎县	386	丰台镇	134	太原	1
滦县	970	古北口	231	宁河县	31
张家口	770	青岛	11 632	济南	1 675
合计			36 560		

资料来源：萧贻待：《中国日侨激增与日本对华政策》，《外交月报》第 11 卷第 1 期，1937 年 1 月。

　　表中所列华北各地日侨数量为 36 560 人，就城市而言，以青岛的日侨为最多，为 11 632 人，其次为天津、北平、济南等地。另外，通过上表我们还可看出，1937 年时华北日侨分布之广。在 19 世纪末 20 世纪初，按规定，外人只能在华已开及约开通商口岸城镇来往、居住、从事工商事业。近代华北各地有多个城市或被动或主动地先后开辟为商埠，分别为天津、芝罘、北平、秦皇岛、青岛、济南、潍县、周村、威海卫、龙口、张家口、多伦诺尔、绥远等地。[1] 20 世纪 30 年代以前，日人主要聚居在被辟为商埠的华北各港口城市，到 30 年代以后，随着日本大陆政策的逐步实施，日人不顾条约限制，

———————————————

[1]［日］田中忠夫著，姜般若译：《华北经济概论》，北京：北京出版社 1936 年版，第 73 页。

开始逐渐深入华北各地。随着七七事变后日本全面侵华战争的开始,华北日侨呈现出急剧膨胀的态势。

　　总体而言,九一八事变后日本向华北移民,在原有基础上,有明显的扩张之势。日本占领东北后,采取了政治、经济、军事、外交等手段对华北进行渗透,企图使"华北特殊化"。华北日侨成为日本"华北政策"的有力参与者与执行者。正如日本殖民主义者所一直鼓吹的,要"培植实力","首在人口之增殖,而人口之增殖,又必须移植由日本精神培育出来的日本人"。① 在东北如此,华北也是如此。这一时期的日侨已不再局限于沿海商业城市和铁路沿线城镇等区域,呈现出向华北腹地发展的趋势,如冀东地区日侨的迅速增多,以及北平、保定、太原等地都已有日侨涉足。总之,华北各地已无处不有日侨,而各地日侨又无一日不有增加。

　　4. 急剧增长(1937—1945 年)

　　七七事变是近代日侨来华史的重要转折点。随着日本挑起全面侵华战争,华北沦陷区变成日本获取国防资源的重要地区,被视为日军的"兵站基地",日本也因此加快了对华北地区的移民,以保持该"兵站基地"稳定性和发挥实际效用。日军进据平津不久,面对富饶的河北大平原,便宣称"要向河北省各地移日籍十万户至三十万户,[朝]鲜籍三十万至五十万户";而当他们掌握了华北大部的交通线和重要城市后,随又宣布"五年移民华北二百万"。② 于是,"到华北去"的口号响遍了日本全国,从 1937 年下半年开始,

---

① [日]帝国在乡军人会本部:《满洲特别移民之真相》,1935 年 3 月,转引自范敬文、王静轩《必须正确认识日本移民侵略问题》,《北方论丛》2000 年第 3 期。

② 穆家人:《值得注视的敌寇"军事移民"——华北日寇移民之回顾与对策》,重庆《日本评论》第 16 卷第 20 期,1943 年 9 月。

"紧随坦克大炮之后,源源的输送日本国内'过剩的人口'来到足供冒险家自由行动、任所欲为的'乐国'",①形形色色的日侨尾随日本军事进攻和殖民统治的延伸而迅速扩展至华北沦陷区各地。频繁的战争诚然给予日本的移民计划以致命的打击,但沦陷区的日本侨民人数一直在增加。

据日人估计,"迄至 1944 年,居住在中国的日本人的人数是 1937 年的十倍",其中仅 1939 年"从神户搭船到(中国)大陆去谋求发迹的就有二十二万日本人"。② 沦陷之后的华北更是首当其冲,成为日本移民在中国关内的主要聚居区。1937 年 7 月,华北日侨共计 34 492 人,经历了日本全面侵华战争初期的暂时骤减后,到 1938 年 10 月,华北日侨已相较战前增加一倍余,达到 79 384 人。③一时间就"连很小的城镇中都有日本的浪人;(日)商民都跟着日军的后尾,到处活动着,到处都有日人的足迹";在"津浦、平汉、正太、同蒲路等的火车上,日鲜浪人占全车乘客的百分之五十以上,有时会占百分之八十"。④ 1938 年 9 月 30 日,北平日本大使馆⑤公布了"华北居留民统计",见表 4 - 6。

---

① 穆家人:《值得注视的敌寇"军事移民"——华北日寇移民之回顾与对策》,重庆《日本评论》第 16 卷第 20 期,1943 年 9 月。

② [美]约翰·亨特·博伊尔著,陈体芳译:《中日战争时期的通敌内幕》,第 142 页。

③ 沈殿忠主编:《日本侨民在中国》,第 1888 页。

④ 穆欣:《敌寇在华北的殖民统治》,《新华日报》1939 年 8 月 23 日,第 4 版。

⑤ 1937 年 7 月底,日军占领北平,并于 10 月将"北平"改为"北京"。中国政府和人民对此并未承认,继续延用"北平"的名称,直至 1945 年 8 月抗战胜利后将日伪的"北京"名称又改为"北平"。日本全面侵华战争期间,在北平仍保留了大使馆馆舍和部分使领职能。特此说明。

表 4-6　华北各地日侨统计表

城市	人口	城市	人口	城市	人口
北平	22 412	天津	29 736	包头	443
青岛	18 423	保定	870	德州	688
张家口	4 070	塘沽	900	济南	7 122
唐山	1 171	大同	3 013	石家庄	5 463
威海卫	63	太原	1 578	徐州	1 108

资料来源:穆欣:《敌寇在华北的殖民统治》,《新华日报》1939 年 8 月 23 日,第 4 版。

此前日侨在华北的人数并不算少,但无法与这一时期相比。七七事变后仅一年,日侨即遍布华北各地,且数目相当可观。上表的统计范围仅为几个较重要城市。此外,通县、沧州、潍县等也是日侨聚集地,华北日侨总计达 108 869 人,其中,日本人占 83 340人,其余为朝鲜人。[1] 从上表所统计的日侨人口看,天津日侨人口数在此时跃居首位,北平次之。从日侨地域分布看,华北日侨虽然仍集中于天津、北平、青岛等城市及铁路沿线地区,但相较前一阶段已有所分散。

1939 年 10 月,华北日侨相较上年几乎增加一倍,下表为华北地区 9 个主要城市的日侨增加数。

表 4-7　华北九市日侨数量比较表

地名	1938 年 9 月	1939 年 10 月
北平	22 412	30 545
天津	29 736	39 738
青岛	18 423	27 674

---

[1] 穆欣:《敌寇在华北的殖民统治》,《新华日报》1939 年 8 月 23 日,第 4 版。

续表

地名	1938 年 9 月	1939 年 10 月
济南	7 122	11 490
太原	1 578	15 970
石家庄	5 463	17 091
张家口	4 070	9 930
徐州	1 108	3 381
大同	3 013	6 338
合计	82 905	162 150

资料来源:穆家人:《值得注视的敌寇"军事移民"——华北日寇移民之回顾与对策》,重庆《日本评论》第 16 卷第 20 期,1943 年 9 月。

　　仅仅一年时间,华北日侨增加了 79 245 人,就以上 9 市而言,平均每天增加额为 217 人。据记载,1939 年 3 月底,太原日本领事馆公布了一个较为详细的日侨统计人数,太原日侨男女合计 5 517 人,[①]与 1938 年 9 月的日侨数目相比,6 个月内几乎增加了 4 倍;在天津的日侨人数 1935 年时为 9 641 人,[②]至 1938 年 9 月时日侨数量剧增至 29 736 人,[③]其增长比率约 200%;1937 年 8 月 25 日,日本驻青总领事因中日全面战争发出青岛日侨总撤退令,1.6 万余名日侨陆续撤离青岛。1938 年 1 月 10 日,日军再度占领青岛,日侨又随后而至,且迅速恢复并超过了战前原有数量,到 1938 年 9 月增至 22 412 人。再如济南,1938 年 9 月的日侨统计数为 7 122 人,1939 年 6 月间增至 9 600 多人,到 1939 年 9 月间,其地日侨已增至 11 490 人,到 1940 年春,则达 6 648 户、18 711 人。[④]

[①][③] 穆欣:《敌寇在华北的殖民统治》,《新华日报》1939 年 8 月 23 日,第 4 版。
[②] 杨大辛:《天津的九国租界》,第 171 页。
[④] 穆欣:《敌寇统治下的山东》,《新华日报》1941 年 2 月 8 日,第 2 版。

从 1940 年起,尤其经过 1941 年 3 月 30 日以后的历次"治安强化"运动,华北沦陷区的若干大城市是比较"安定"的,这就给予各地日侨一种"安逸感";同时,日本国内的贫困,也诱惑着日本国民到华北敌伪宣传的"乐园"来劫夺"致富"。于是,太平洋战争爆发后,日本又掀起了移民来华的热潮。至 1942 年 2 月 1 日,华北各主要城市日侨的增加与前段相比出现了较大"飞跃",华北日侨总数达 38 万人。据日本政府公布的数据,1942 年 1 月,华北日侨计有132 464 户、381 896 人,2 月较 1 月增加 1 961 人,总数共计134 834户、383 857 人,计"日本内地人 117 287 户,311 434 人;朝鲜人20 187 户,71 216 人;台湾人 360 户,1 207 人。其分布情形,在各主要城市者如下:北平 34 452 户,95 107 人;天津,16 939 户,61 161人;青岛,8 977 户,31 156 人;济南,7 787 户,21 382 人;张家口,8 250 户,18 198 人;太原,6 604 户,16 298 人;石门,4 321户,12 319人;徐州,4 058 户,12 130 人;开封,2 187 户,7 162 人;唐山,1 210户,2 475 人;保定,2 463 人"。① 此时,北平成为华北地区日侨最多的城市。

1942 年 4 月 18 日,美航空母舰出动 B-25 型轰炸机空袭东京、名古屋等地,这是美军第一次空袭日本本土。因为美机前往轰炸,日本民众异常恐慌,纷纷向华北一带移民逃避,"或藉口移民整荒,携老扶幼,向大陆迁移,疏散者来华者约二十余万"。其中,"散居太原附近村庄,及晋中各县者尤多"。② 据日方统计,1942 年 12月 1 日,华北沦陷区内日侨共 361 942 人,其中分布情形如下:"北平 99 909 人,天津 99 514 人,青岛 33 160 人,济南 24 928 人,开封

①《中央经济月刊》第 2 卷第 5 期,1942 年 5 月。
②《敌向华北移民》,《新华日报》1942 年 7 月 4 日,第 2 版。

9 582 人,塘沽 4 732 人,其他地方 82 982 人,总数中日本人计
295 467 人,朝鲜人 65 358 人,台湾人 1 117 人,另外,日人居留于内
蒙古者共 5 万人,居留于江苏北部者共 15 000 人。"①伪中国联合准
备银行调查室于 1943 年 5 月 31 日发行的《中外经济统计汇报》,刊
载北平日本大使馆对 1942 年 9 月到 1943 年 2 月华北日侨人数的
调查结果:

表 4-8　华北日侨人口统计表

时间 地区	1942 年 9 月	1942 年 10 月	1942 年 11 月	1942 年 12 月	1943 年 1 月	1943 年 2 月
北平	96 798	96 785	99 873	99 909	102 012	102 087
天津	68 608	67 122	68 258	69 514	71 062	71 536
唐山	3 568	3 215	3 296	3 303	3 346	3 587
塘沽	4 336	4 491	4 577	4 753	4 677	4 757
秦皇岛	1 116	1 060	1 063	1 074	1 165	1 171
山海关	2 481	2 505	2 516	2 580	2 580	2 593
芝罘	1 743	1 765	1 807	1 775	1 796	1 790
青岛	32 357	32 617	32 792	33 160	33 374	33 729
博山	843	858	890	899	933	943
潍县	325	328	342	340	344	343
济南	24 335	24 504	24 604	24 919	25 289	25 358
德县	1 623	1 650	1 615	1 704	1 771	1 855
济宁	740	724	776	826	861	901
兖州	1 126	1 153	1 326	1 133	1 180	1 081

---

①《敌对华北大举移民》,《新华日报》1943 年 1 月 22 日,第 2 版。

续表

时间 地区	1942 年 9 月	1942 年 10 月	1942 年 11 月	1942 年 12 月	1943 年 1 月	1943 年 2 月
徐州	13 268					
开封	8 557	8 722	8 742	9 582	9 816	9 921
保定	2 719	2 719	2 757	2 833	2 901	2 902
石门	12 936	13 204	13 327	13 582	13 762	13 820
顺德	1 751	1 748	1 751	1 765	1 819	1 864
邯郸	1 535	1 507	1 526	1 612	1 651	1 650
新乡	4 424	4 424	4 652	4 732	4 659	4 828
太原	17 528	17 858	18 335	18 404	18 452	18 595
运城	1 826	1 749	1 749	1 749	1 819	1 843
临汾	1 792	1 795	1 792	1 792	1 802	1 830
其他	102 335	115 108	59 268	60 002	61 404	61 854
总计	408 670	407 611	357 634	361 942	368 475	370 838

资料来源:伪中国联合准备银行调查室编:《中外经济统计汇报》第 7 卷第 5 期,1943 年 5 月。

由上表可知,日侨大多聚居于北平、天津、青岛、太原、济南等大城市,其中尤以北平、天津为最;以这些大城市为中心,又有少量日侨居住于其周围地区。与 1939 年以前相比,华北日侨总数在此后的几年时间里增长迅速,到 1942 年 9 月达到最高峰 408 670 人。时任日本众议院议员津云国利和秘书长大木操在华北"巡视"一番后,描述道:"在华北各大都市日本人的发展是极显著的。到张家口的是中秋节那天,而到太原的是假日,看看在街上走的还是日本人来得多,确实使我吃了一惊。运城的城里,日本人的酒店、赤豆汤店、饼干店等很多,在夜深人静时,我看到两个艺伎抱着三弦在黑暗的路上笑着走过。这种情景,活像日本内地的乡镇。"①如张家口,在抗战后期,在全城 10 余万人口中,其中日侨就有约1.6 万人。②

　　经历了上述一段时间的殖民狂潮后,由于日本国内已缺少可移之民,其军队兵员也日益紧张,日侨数量的增长即显出停滞之势。1942 年后,各地日侨人数只是略有增减而已。抗战胜利时,华北地区的日侨尚有 40 余万人。他们大多担负"特殊使命",在日军的特务机关领导下活动,刺探各种情报。其一切行动,"有时都全听日军特务机关的支配和驱使",在日本领事馆的策动下,"已有武装的军事性质的组织,遇到必要的事件,日本领事馆便把这些居留民给与武装,使其担任日军的任务"。③

第二节　华北日本侨俘的集中、管理与遣返

　　如前所述,华北的日侨主要来自九一八事变特别是日本挑起全面侵华战争之后,一方面尾随日军并在日军刺刀保护下到华北谋生,一方面作为日本"华北政策"和殖民统治的特殊产物,配合并服务于日本在华北的战争政策。随着日本战败投降,华北 70 多万殖民者和日军官兵成为尚待处置的日本侨俘。国民政府一方面接收投降日军,一方面指定日本侨俘向指定地点集中,并在相关各地设立日本侨俘管理机构,对这些日本侨俘进行集中管理和教育改造;另一方面出于维持和复兴战后华北经济的需要,留用部分日籍

---

① ［日］津云国利、大木操:《华北最前线巡礼(对谈会)六》,《申报》1942 年 12 月 27 日,第3 版。

② 《张家口小志》,《新华日报》1945 年 8 月 30 日,第 2 版。

③ 穆欣:《敌寇在华北的殖民统治》,《新华日报》1939 年 8 月 23 日,第 4 版。

技术人员,并在其留用解除后与其他日本侨俘一样遣送回国。

一、华北各地的受降

1945 年 8 月 1 日,为对华北地区日军进行反攻,进而收复华北地区,国民政府特成立第十一战区。18 日,中国战区最高统帅电令第十一战区司令长官孙连仲为受降主官,"指挥所属各部(新 8 军,第 30、32、40 军),负责接收北平、天津、保定、石家庄地区"。① 25日,中国陆军总司令何应钦电示孙连仲:"日军投降部队为第 9 旅团,集中天津;华北特别警备队,集中唐山;第 37 战车师团,第 3、8旅团,集中北平;第 7 警备队集中保定;第 1 旅团、第 2 步兵旅团集中石家庄。投降地点北平。"②

孙连仲随即按以上命令着手准备受降工作。其在北平设立前进指挥所,以副参谋长吕文贞为主任,军务处处长刘本厚为参谋主任。北平前进指挥所的主要任务是:"1. 传达本战区受降主官的命令,督促日军从速履行无条件投降;2. 关于本战区辖境内伪军的调查及处置,并向主官随时提出报告与建议;3. 为长官司令部及省政府的进驻做准备;4. 宣传国民政府德威,严密谍报组织;5. 根据工作需要,要求日军随时提供一切方便。"③9 月 9 日,北平前进指挥所主任吕文贞等人,自西安飞抵北平开展洽降工作。

10 月 10 日,第十一战区受降仪式在北平故宫太和殿前广场隆重举行,河北省政府主席、第十一战区司令长官孙连仲,代表中国战区最高统帅蒋介石接受日本华北方面军司令长官根本博的投

① 中国第二历史档案馆编:《第二次世界大战中国战区受降纪实》,第 65 页。
② 中国第二历史档案馆编:《第二次世界大战中国战区受降纪实》,第 72 页。
③ 中国人民政治协商会议南京市委员会文史资料委员会编:《中国战区受降始末》,第 87—88 页。

降。是日,"天气晴和,七时许,天安门、午门、东华门外,即已围满男女市民达十万人之多,由警察布置周密后,即引导男女市民各团体代表大中小学生等相继入场"。① "会场内外布置庄严肃穆,室内正面墙上悬挂着孙中山遗像,两旁是中国国旗及国民党党旗。四周高悬中、美、英、苏 4 国国旗及金色的'V'字符号。场内放着两张铺着白色台布的长桌,一张为受降席,一张为投降席。受降席两旁为中外来宾及记者席。出席会议的中外来宾有北平市市长及市政府各局局长,美军司令骆基中将、瓦顿参谋长,英国代表兰赖那,法国代表马至里,荷兰代表高克等 300 余人"。② 10 时整,太和殿前受降仪式开始。首先由根本博在投降书上签字,其次孙连仲在日本华北派遣军投降书上签字,再次以根本博为首的日军代表依次呈缴军刀,计共 20 把,最后,孙连仲令日军投降代表退席。受降仪式历时 15 分钟结束。③

自受降当日起,河北省及北平市的日军缴械投降,日本侨俘的集中管理与遣返工作随即展开。第十一战区司令部根据该受降区域的实际情况,分别在北平、天津、保定、石家庄地区办理日军缴械投降事宜。投降日军部队分别为:华北方面军司令部(北平)、战车第三师团(丰台)、独立混成第一旅团(定县)、独立混成第八旅团(通县)、独立混成第九旅团(沧县)、独立步兵第二旅团(石家庄)、独立步兵第三旅团(北平)、第七独立警备队(保定),总计投降官兵12.68 万人。④ 1946 年 1 月,河北平津地区的受降工作结束,日军缴械投降后分别集中于各指定地点,等待遣送回国。

---

① ③《十一战区受降礼成,李延年率部抵济南》,《中央日报》1945 年 10 月 11 日,第 2 版。
② 中国人民政治协商会议南京市委员会文史资料委员会编:《中国战区受降始末》,第91 页。
④ 黄力民:《中国战区对日受降实录》,《党史纵横》2015 年第 8 期。

1945 年 10 月 6 日，美军代表国民党在天津旧法租界凡尔登路
公议大楼前的雷孟梭广场接受了日军的投降。参加人员包括：美
方第三军团司令骆基中将及参谋长瓦顿少将、美海军中将巴尔伯
及参谋人员、美陆战队第一师司令官及副官与参谋长；中方为第十
一战区司令长官部代表吕文贞、天津市市长张廷谔、副市长杜建
时、天津警察局局长李汉元、外事局津沽区联络官周培章等，并有
美陆战队两栖师团将官以上军官及上校以上之特别参谋人员与瑞
士驻津领事乔和；日军在津最高司令官内田银之助中将及少佐副
官、少尉副官各一，津市日本外交专员一，以及少佐级之军官三
人。① 当日 9 时整，典礼开始。日军由第一一八师团师团长内田银
之助代表于降书之上（降书共十份）逐一签字，受降主官美军骆基
中将代表中国战区最高统帅蒋介石签字。② 受降仪式历时 20 分钟
结束。典礼举行时，"国人站立凡尔登路两端之中街及巴黎道围观
者达十万人，水泄不通"，民众"情绪热烈紧张"。③

8 月 18 日，中国战区最高统帅蒋介石电令第十一战区副司令
长官李延年指挥山东挺进军及第十九集团军所辖第十二、九十七
军，负责接收山东的青岛、济南、德州地区。④ 25 日，中国陆军总司
令何应钦电令李延年为济南、青岛、德州地区受降主官，日本投降
部队为第四十三军及所辖独立第五旅团，独立第十二警备队及海
军陆战队（集中青岛），独立第十一警备队（集中济南）。投降代表
为日军第四十三军司令官细川中康，投降地点在济南。⑤ 李延年于

① ③《天津受降一幕，十万市民围观鼓掌欢呼》，《大公报》1945 年 10 月 8 日，第 3 版。
②张家彦：《天津日军签降礼成》，《中央日报》1945 年 10 月 7 日，第 2 版。
④ 中国第二历史档案馆编：《第二次世界大战中国战区受降纪实》，第 65 页。
⑤ 中国人民政治协商会议南京市委员会文史资料委员会编：《中国战区受降始末》，第
156 页。

9月下旬部署所属分两路向济南挺进:一路由挺进军副总司令杨业孔任前进指挥所主任,带领参谋、军需人员,由西安空运至安徽阜阳,与驻此的山东省政府主席何思源联系,协商入鲁事宜;同时督促新近配属的廖运泽第九十六军、霍守义第十二军,迅速由滋阳(今兖州)等地集结徐州以北津浦铁路两侧,掩护总部向济南推进;另一路由参谋长梁栋新率总部人员从临潼乘火车经潼关、洛阳、郑州、开封于9月25日抵达徐州。① 10月15日,第十一战区副司令长官李延年在位于大明湖畔的中山图书馆举行受降仪式,日军第四十三军司令官细川中康代表日军投降。25日,在青岛登陆的美国海军陆战队第六师师长谢勃耳代表蒋介石接受了日军青岛驻军司令官长野荣二的投降。②

　　8月18日,中国战区最高统帅蒋介石任命阎锡山为第二战区受降主官,指挥战区所属各部队及第一战区的3个军,负责接收山西省日军投降,日军投降部队为第一军。25日,中国陆军总司令何应钦致电阎锡山,日军投降部队为第一军所属第一一四师团,第三旅团,第十、十四步兵旅团,独立第五警备队,集中地点由阎锡山决定,投降代表为第一军司令官澄田赉四郎,投降地点在太原。山西的日军华北派遣军第一军及所属部队,兵力共计6万余人,阎锡山根据日军在山西的分布情况,令其在指定地点集结,分区缴械投降。9月13日,第二战区受降仪式在太原举行,第二战区司令长官阎锡山代表蒋介石接受日本第一军司令官澄田赉四郎的投降。日

---

① 李致中:《山东挺进军与济南受降纪略》,中国人民政治协商会议全国委员会文史和学习委员会编:《文史资料选辑(合订本)》第50卷,总第146—148辑,北京:中国文史出版社2011年版,第194页。

② 李致中:《山东挺进军与济南受降纪略》,中国人民政治协商会议全国委员会文史和学习委员会编:《文史资料选辑(合订本)》第50卷,总第146—148辑,第195—196页。

军在缴械投降后,也相继进入指定集中营,等待遣送回国。

二、华北的日本侨俘管理机构

为管理训导日俘起见,国民政府制定《战俘管理计划纲要》,其中明确规定:在军事委员会之下设置战俘管理委员会,中国陆军总司令部设中国陆军总司令部战俘管理委员会的同时,各战区司令长官部(方面军司令部)设置战俘管理处,受中国陆军总司令部战俘管理委员会之指导实施管理之责。各战俘管理处,得依战俘集中情形设置若干管理所。[①] 对于日侨的集中管理,由各地日侨管理机关在中国陆军总司令部统筹领导下,以《中国境内日侨集中管理办法》为总则进行。《中国境内日侨集中管理办法》规定:"凡散处于中国境内(东三省除外)的日侨,均由各地中国陆军受降主官指定时间、区域集中,交由当地省市政府管理",在"每一日侨集中居住区域设一日侨集中管理所"。[②] 由此,中国陆军总司令部授权各受降战区长官督导各省市政府,按既定步骤成立管理日本侨俘的机构,具体负责他们的集中管理与遣送回国。

1945 年 10 月 6 日,美军代表国民党在天津接受了日军投降。1946 年 1 月 18 日,天津市政府成立日侨管理处,该处直隶于天津市政府。在此之前,日侨事务主要由当时的天津市政府外事处和天津市警察局分管。日侨管理处由天津市市长张廷谔任处长,下设管理、教育、总务三组,具体负责日侨的集中、管理、教育及遣返等各项事务。与此同时,天津的塘沽港作为北平市和冀、晋、察、绥

---

① 中国第二历史档案馆编:《第二次世界大战中国战区受降纪实》,第 463 页。
② 中国陆军总司令部编:《处理日本投降文件汇编》(下卷),沈云龙主编:《近代中国史料丛刊》第 82 辑,第 177—178 页。

等华北大部分地区的日俘日侨登船返国的港口。第十一战区司令长官部在此设立了塘沽港口运输司令部,会同各有关机关办理日侨遣返事宜。

1945 年 10 月 10 日,河北省政府主席、第十一战区司令长官孙连仲在北平接受了日本华北方面军司令长官根本博的投降,自受降当日起,河北省及北平市的日侨遣返工作随即展开。12 月 15 日,在第十一战区司令长官部及河北省政府的统筹下,河北省日侨集中管理处以丰台为处址开始办公,以温辑五为处长。考虑到日侨大多散居,为便于集中管理及防范流散,管理处选择丰台、长辛店、石家庄三地先后设立了管理所:丰台第一管理所奉令于 1945 年 12 月 15 日成立,勘定丰台镇东安街前日本小学校为所址进行筹备,并于 20 日开始正式办公;长辛店第二管理所于 1946 年 1 月 20 日成立,在该镇铁路花园办公,后又于 2 月 8 日在石景山设立一办事处;石家庄第三管理所也于 1946 年 1 月 20 日成立,选定民生街 36 号日本居留民团旧址为所址。① 至 1946 年 5 月底,各管理所顺利完成遣侨任务后即行结束。河北省日侨集中管理处也于 6 月 15 日结束,前后存在 6 个月。

1945 年 10 月 25 日,美军在汇泉跑马场举行了青岛地区受降典礼,青岛市的日侨遣返工作随即开始。青岛市政府饬令警察局会同市府第三科、第十一绥靖区司令部军法处、胶澳关等单位共同负责日侨的遣返。1945 年 12 月,青岛市日侨集中管理处成立。青岛是中国北方的主要口岸之一,也被作为华北地区日侨登船返国的港口。因此,除遣返青岛地区的日侨外,还集中并遣返山东、河南、河北等地的日侨。

---

① 《河北省日侨集中管理处工作概况汇编》(1946 年 6 月),国家图书馆藏。

总之,随着战后受降工作的展开,华北各地均建立起相应的日本侨俘管理机构,开启日本侨俘的遣返工作。

三、华北的日本侨俘集中与管理

1946 年 1 月,华北各地区的受降工作全部结束,日本侨俘也分别集中于各指定地点。天津是中国北方最大的港口城市,国民政府规定,平、津、冀、晋、察、绥等华北地区的日俘日侨在各地集中后,分批分期来天津,经塘沽港集中遣返。

天津受降仪式后,日军受降代表内田银之助将日本驻军名册、军事装备和军用物资等清册交由美军第三军团参谋长瓦顿少将。瓦顿"指定地点安置内田,叫他随时听候调询,并派员分别接收武器、物资。所有车辆都集中在天津跑马场,约有几百辆。河东、河西的仓库仍由日军驻守,美军派部分士兵监视"。[1] 10 月 24 日,第十一战区驻津、唐、榆代表杜建时与美方第三军团司令骆基中将举行会谈,决定"由美国海军陆战队第三军团后勤运输处长某上校和第十一战区少将高级参谋刘雪松、刘云楷组成日俘日侨管理处",负责管理和遣送事务。[2] 1946 年 1 月 18 日,天津市政府成立了日侨管理处。第十一战区司令长官部设立了塘沽港口运输司令部,会同各有关机关办理日俘侨遣返事宜。

初时,日本侨俘集中地点设在天津小孙庄南货场。小孙庄南货场是日本占领天津期间最大的后勤仓库,占地 16 平方公里,内有 40 多处库房,包括粮秣厂、粮秣库、被服物品库、卫生器材库、兽

---

[1] 杜建时:《国民党劫收平津的经过》,王楚英、陈远湘等:《亲历者讲述受降内幕》,北京:中国文史出版社 2010 年版,第 94—95 页。

[2] 杜建时:《从接收天津到垮台》,政协武清县委员会文史资料研究委员会编:《武清文史资料选辑》第 4 辑,1990 年,第 83 页。

医器材库等。① 仓库四周设有围墙、外壕、电网,极其坚固,日俘、日侨集中营即设于此处,由美军看守。"在集中营等待遣返的战俘,组成千人为一大队,三百余人为一中队,一百余人为一小队,各级队长由士兵普选日本军官充任。"②由于华北其他地区赴津的日本侨俘日益增多,该集中营已不能满足需求。于是,又先后在芙蓉小学、共立小学、本愿寺、同光会、金光教会、北洋大学、西站屠宰场等地建立了集中营。③

对待遣期间的日本侨俘,国民政府实行了严格管理。为杜绝日本侨俘在遣返过程中的潜逃或滋扰事件的发生,蒋介石于1946年1月12日电令第十一战区司令长官部:"(一)除负有特殊任务之日军人员由行营战区方面军指定办公地点,给予身份证明书并派宪警监视外,所有日俘日侨应一律拘禁敌伪集中营,不得在任何地区自由活动;(二)日俘日侨应分别集中,并分别给予不同之臂章号码以资鉴别;(三)凡未持有身份证明书或臂章号码之日俘日侨一律拘捕;(四)从事秘密图谋之日方人员均予逮捕查照;(五)准许日侨告发日本官兵之不法行为,并随时逮捕之……(八)对日俘官兵应严加看管,勿使逃远以免滋扰平民。"④因此,天津日俘管理处规定,日本战俘必须在指定集中区集中,不得随意外出。日侨管理处为日侨特制了一种臂章,规定16岁以上的日侨必须佩戴;向日侨集中区的工作人员及被天津市各机关聘用的日籍技术人员发放了

---

① 杜建时:《国民党劫收平津的经过》,王楚英、陈远湘等:《亲历者讲述受降内幕》,第94—95页。
② 杜建时:《从接收天津到垮台》,政协武清县委员会文史资料研究委员会编:《武清文史资料选辑》第4辑,1990年,第83页。
③ 周利成:《天津遣返日俘日侨纪实》,《世纪》2015年第5期。
④ 胡荣华:《战后天津暨华北地区日俘日侨遣返研究》,《抗日战争研究》2008年第3期。

工作证和通行证；对确实急需外出的日本人发给临时通行证；明令
日籍技术人员不得穿着中国人的服装，未领有通行证的日侨严防
外出等。①

　　按照中国陆军总司令何应钦发布的《中国陆军总司令部第一
号命令》，"各地区日本代表投降部队长之原有司令部，着均改为日
本官兵善后连络部。其投降代表长官原有名义，着一律取消，改称
地区连络部长"，办理各该地区内的日军投降后的一切善后事宜。②
华北地区各日俘集中营均依上述规定设有自治组织，称"联络委员
会"，设正、副主任。如西苑日俘集中营的联络委员会主任是赤穗
津，副主任为高桥韧，凡是与日俘管理处商洽的事宜，均由其办
理。③ 1945 年 11 月 3 日，华北方面军天津联络部成立，后改称天津
地区日本官兵善后联络部，负责日俘日侨归国前的输送及与中美
双方的联络工作，帮助日俘日侨兑换货币、征收伙食费、管理寄存
金、整理证券和移交的文件、指导侨民生活及填发各种证明文件
等。④ 该部最初由日本华北派遣军总司令根本博负责，后改由坂本
吉太郎接任。在成立日本徒手官兵善后联络部的同时，天津日侨
归国准备会也于 12 月 29 日成立，主要负责协助处理日侨遣返中的
问题及与天津日侨管理处和塘沽港口运输司令部的沟通联络。在
完成华北日本侨俘遣返的工作后，日本徒手官兵善后联络部于

----

① 胡荣华：《战后天津暨华北地区日俘日侨遣返研究》，《抗日战争研究》2008 年第 3 期。
② 当时，"连络部""联络部"均有使用，除引文中保留原貌外，其他均改为"联络部"，特此
　说明。中国第二历史档案馆编：《第二次世界大战中国战区受降纪实》，第 144—
　145 页。
③ 梅桑榆：《侵华日俘大遣返》，济南出版社 1991 年版，第 152 页。
④ 周利成：《中国遣返华北地区日俘日侨往事》，《中国档案报》2015 年 10 月 16 日，第
　3 版。

1946 年 7 月 3 日宣告结束，日侨归国准备会也于 8 月 12 日正式结束。

　　中国政府高度重视对待遣日本侨俘的教育工作，为消除日俘的军国主义思想，使"战俘均能觉悟"起见，中国陆军总司令部还要求各管理处"除原有管教人员随时施教"外，应聘请中外学者名流演讲，使其明了"日本军阀穷兵黩武之错误，及战败之原因；日本军阀对此次战争应负之责任；盟国为正义、和平作战之意义；联合国宪章及其民主政治思想；揭破日本神权与伪造历史观念，授以实在史实"。同时，在各日俘管理处"设置各种书报杂志，以供阅览"，使其了解同盟国的一般政策。① 在日侨集中的地方，同样也对其进行教育。按照相关规定，中美联合管理处对在天津待遣的日俘侨进行了一定的政治教育，其内容主要是："1. 中国人民与日本人民同是黄种人，不应自相残杀；2. 日本入侵中国是日本军阀犯罪行为，他们应负完全责任；3. 士兵们应忏悔在中国杀人放火的罪过；4. 揭发神权是迷信，武士道是暴行；5. 讲孙中山先生的三民主义，讲遣返战俘是蒋介石'仁德为怀的宽大政策'。"② 天津广播电台第二播音室每天定时为在津日本人播放日语节目、播放日语歌曲；派人到他们中宣讲国民政府对他们的遣返安排，组织日侨自己演讲；③ 每周放映抗日电影或表演话剧。此外，管理处设有医疗所，并组织文娱活动、体育活动。④ 日本侨俘经过短期教育后即送往塘沽新港，由美国登陆艇遣回日本。

----

① 中国第二历史档案馆编：《第二次世界大战中国战区受降纪实》，第 469 页。

②④ 杜建时：《从接收天津到垮台》，政协武清县委员会文史资料研究委员会编：《武清文史资料选辑》第 4 辑，1990 年，第 83—84 页。

③ 周利成：《天津遣返日俘日侨纪实》，《世纪》2015 年第 5 期。

四、华北的日籍技术人员留用

日本侵华期间,给中国人民造成了巨大的生命、财产损失,作为补偿的一种形式,中国陆军总司令部一方面对于在华日俘及日侨中的技术人员斟酌情形,予以留用;另一方面要求日俘回国前要从事复旧工作。日伪时期,华北各地的交通、通信、电力、钢铁等许多重要事业均由日人把持,战后的中国民生凋敝,百业待兴,极其缺乏训练有素的各种人才,若对这些日本侨俘中的技术力量善加利用,对恢复发展中国的经济有一定益处。于是,华北各地遵照中国陆军总司令部所颁相关办法的规定,根据实际需要对部分日籍技术人员予以留用。

日本战败投降后,冈村宁次在 1945 年 8 月 18 日的《和平后对华处理纲要》中即已提出:"在华我侨民,在中国方面之谅解与支援下,以努力在中国大陆工作为原则,特别是民间工厂、企业,以及个人工商业者,应改变与中国进行无用的竞争,发挥技术才能为中国经济作出贡献";"对交通、通信、重要企业、工厂及公共事业等,日、中合办国营企业中的日方社员,如一齐撤退,将使机构丧失机能,对社会及经济造成严重影响",[①]主动表示协助战后中国经济的维持、恢复与发展。

1945 年 9 月 30 日,中国陆军总司令部颁布《中国境内日籍员工暂行征用通则》,明确规定:各接收委员会接收各部门事业时,对在华日籍员工于必要时分别酌予征用;征用的标准为"事业不能中断、其技无人能接替者;其技术为我国目前所缺乏者;非征用不能

---

① 王德贵、徐学新、郑晓亮编:《八一五前后的中国政局》,长春:东北师范大学出版社1985 年版,第 363 页。

为业务上之清理者;情形特殊有征用之必要者"。[1] 各地征用日侨
的手续,"由征用机关具报受降主官或省市政府核准后,自各日侨
管理处所经行调用,由省市政府报(陆军总部)部备查"。[2] 之后,为
解决在实际操作中出现的某些问题,陆军总司令部又于 1946 年 1
月 30 日,将《补充日籍人员征用规定》电发各地日侨集中管理处:
"1. 征服劳役之日俘应尽量遣送回国;2. 各机关工作如因一时无人
接替准继续征用日籍技术人员,受征用而不愿意留华者应于最后
一批遣送,愿留华者可随我之需要以定其征用时间;3. 征用日人前
颁征用规定不给工资,如工作努力,成绩优良,可由征用机关酌给
奖金;4. 征用人员眷属理应遣送回国,如因生活问题影响工作效力
时,可由征用机关斟酌实际暂准其眷属留华,但给养住宿由征用机
关负责。"[3]据此,各地根据实际所需留用部分日籍技术人员,以利
用其技能和经验协助中方工作或经营。

　　华北各地日本侨俘集中管理处成立后,随即根据各机关团体
业务及技术上的需要,遵照中国陆军总司令部所颁相关办法的规
定,展开了日籍技术人员的留用工作。关于留用人员的生活管理,
《中国境内日籍员工暂行征用通则》规定:"其待遇在同盟国与日本
的和平条约未成立前,仅发给生活费;和平条约成立后,如必须雇
用其薪金另定。"[4]在留用工作逐渐开始后,因各地生活费不同,故
行政院未对留用人员的待遇做普遍硬性的规定,只指示各地,"原
则上一般普通事业留用日人,可使其与中国同等人员受同样之待
遇,藉使其衣食可以无忧而能安心工作,至有少数特殊事业所用较

---

①④ 中国陆军总司令部编:《处理日本投降文件汇编》(下卷),沈云龙主编:《近代中国史
　　料丛刊》第 82 辑,第 182 页。
②《北平市政府训令》(1946 年 1 月 11 日),北京市档案馆馆藏,J9-1-138。
③《北平警察局训令》(1946 年 2 月 23 日),北京市档案馆馆藏,J183-2-34086。

为特殊之人,仍可另定办法"。①

国民政府虽对日籍技术员工的留用做了详细规定,但在办理过程中仍有不少问题。如:"1. 日籍技术人员家属留居日本者,可否准其汇寄薪金之半数接济家属;2. 留用之日籍技术人员,其家属可否准其随同居住;3. 其物资、衣服、家具等项是否准其全部保留。"1946 年 1 月 8 日,第十一战区司令长官部对此做出规定:"1. 依据《征用通则》第三条内载,和平条约未成立前仅发给生活费之规定,当以维持留居现地家属生活为准,其家属留居日本者既在发给生活费标准以外,则该征用员工何有余裕资金接济,且日侨汇款出国现所严禁,薪金外汇自难准行;2. 依据《日本在中国私人产业暂行处理办法》第七条规定,征用日籍员工家属应准随同留居,惟其住所须由征用机关指定;3. 依据上项办法同条规定,该项员工及其家属所有之私有物品应准其保留自用,惟应以日常应有物品为限,如系重要物资,仍须依据《日侨集中管理办法》第三条规定办理。"②各地日本侨俘集中管理处受命依照以上规定办理此类事件。

在办理留用工作期间,竟有日侨为了逃避遣送假冒技术人员骗取留用证书的现象。鉴于此,第十一战区司令长官部一方面要求管理处对此事要"特别注意,对于留用日人务必按照行政院核定日本技术人员留用办法审慎考核,以往确无罪行且有特殊技术者方得留用";③另一方面,又召集各留用机关成立河北平津区留用日籍技术人员审核委员会。之后,各机关的留用事宜由该会负责,由

①《北平市警察局训令》(1946 年 1 月 8 日),北京市档案馆馆藏,J185 - 2 - 301。

②《北平市政府训令》(1946 年 1 月 22 日),北京市档案馆馆藏,J181 - 10 - 417。

③《河北省政府训令》(1946 年 2 月 13 日),河北省档案馆馆藏国民政府政务档案 616 -
　　1 - 361。

其许可留用者,才可暂缓集中,否则一律集中遣送返国。

河北平津区留用日籍技术人员审核委员会(以下简称"审委会")于1946年2月5日成立,15日开始办公。在审委会成立大会上,第十一战区司令长官孙连仲再次强调日籍技术人员的留用标准:"非有特殊技术专长者不能留用;战争罪犯不得留用;对于留用日籍人员之思想行动未经调查审核清楚者,亦不得留用。"同时,根据陆军总司令部指示,审委会做出以下决定:"1.关于日籍技术人员之待遇一事,以国民政府所颁发之公务员待遇为给予之原则,分留用与候用两种,留用者较丰,候用者较少;2.经济部接收之各工厂,如转移至民间时,该厂留用之日籍员工亦可随厂转移。"①审委会成立后,所有留用日籍技术人员均须由其审核,原已留用的也由其重新加以审核。审委会以《中国境内日籍员工暂行征用通则》为标准,制定留用日籍技术人员申请书及家属调查表分发各机关填报以备审核。经核准后,每人均发佩用章一枚、身份手摺一件(家属亦同),此后方可留用。"被留用的日人只准保留其归国时盟军所规定准予携带之物品,其余私有财产一律查封,收归国有。该事宜由留用机关调查所属留用日籍员工财产后,会同当地政府办理"。②

中国政府对于日籍技术人员的留用工作做了严格规定。例如,河北平津区审委会强调:"《征用日籍员工暂行通则》之规定限制极严,各机关工作如因一时无人接替非征用不能为业务上之清理者,或其技术为我国目前所缺乏者始可继续征用,其不必要留用

---

① 《河北平津区留用日人审委会成立》,《大公报》1946年2月6日,第3版。
② 《查封留用日员财产》,《大公报》1946年2月6日,第3版。

之人员应尽量避免征用，以便按照预定计划遣送回国。"①虽然如此，但在实际操作中仍然出现一些不正当现象，敲诈勒索和贿赂之事时有发生。一部分国民政府官员还将留用一事当作捞取"政治资本"的筹码，趁机建立各种名义的机构，贩卖留用证明书，最为突出的是以"中国的丰富资源和日本人的技术结合起来，为中国工业的复兴、东亚经济的发展做出贡献"为口号而成立的北平综合技术研究所。② 该所于 1946 年 4 月由许惠东、王捷三、周范文、姚晋檠等人主持成立，名义上是研究机构，但在"红砖建筑的研究所里"，仅"偶然有一、两个事务员露露面，在新印的留用的证明书上盖章"，其所留用的日人"究竟有多少，谁也不清楚，最多的时候，可能有三、四百名"。③而对留用的日人情况，因语言隔阂，生活上又完全隔绝，并未进行深入的调查了解，以致留用了重要战犯而不自知。④

　　在地方接收之后，公私事业多陷停顿，而日本技术人员的留用，使这一问题暂时解决。于是，不少国民政府官员就产生了一种错误的看法：对于日本技术人员宜多多留用。然而，"技术人员"解释起来是十分广泛的，凡有一技之长的均可称之为技术人员。"地方在军事接收之后，为了避免重要事业青黄不接的情形，留用日本技术人员，原则是不错的。如大沽新港工程已进行过半，留用其主要工程师以完成之，当然可以。但有一点要注意，就是留用限于绝

①《河北平津区留用日籍技术人员审核委员会代电》(1946 年 3 月 18 日)，北京市档案馆馆藏，J181－10－417。

②③[日]山本市朗著，胡传德等译：《一个日本人眼中的新旧中国》，北京：光明日报出版社 1984 年版，第 64 页。

④姚晋檠：《安置留用日人的北平综合技术研究所始末》，中国人民政治协商会议全国委员会文史资料委员会编：《文史资料存稿选编》，北京：中国文史出版社 2002 年版。

对必要,而不可流于泛滥。"①没有严格标准的留用,从长远来看是有害而无利的。

在留用日籍技术人员的过程中,留用日人与非留用日人之间也矛盾丛生。当时的不少日侨愿意在中国服务,一则是因其在中国有一定财产,二则是因日本战后国民生活异常艰苦,他们害怕回国后生活没有着落。日人如被留用,就可以住在北平城内喜欢住的地方,而且可以按照自己的意愿来安排生活,而非留用日人则必须强制集中待遣。留用人员的经济状况也要好于非留用人员。除此之外,非留用人员"由于没有被留用,产生一种自卑感,处处对留用人员白眼相加"。留用人员则认为"现在自己是中国需要的人,那些没有被留用、散居在城内的同胞,是和中国方面发生各种摩擦的根源,还是全部早日回国为好",颇为自负,"很瞧不起街头巷尾的一般日本人"。②留用日人与非留用日人的矛盾和冲突使中国政府的受降遣返工作受到一定影响。

遭受过战争创伤的中国人民,坚决主张严惩日本侵略者,彻底清除日本的残余力量,他们对留用的日籍技术人员始终持怀疑态度,认为"在华日人,尤其是在北方沦陷区的日人,大多并没有体会到日本军阀给他们带来的灾祸,且并未因为日本对中国所犯下的罪行而彻底忏悔。对日籍技术人员的留用也许正中其下怀,使其自以为可以充当日本再次侵华的先锋"。因此,为避免发生不必要的事端,"在华的日本人应一律遣送回国,现在留用的原则既已确定,为了目前的需要,我们希望这是一时的权宜措施,留用的标准必须严格,而且限于必要。留用的日人在相当时间内,可由国人代

---

① 《受降遣俘与留用日人》,《大公报》1946 年 1 月 21 日,第 2 版。
② 〔日〕山本市朗著,胡传德等译:《一个日本人眼中的新旧中国》,第 64 页。

替之时,立即遣送回国;至于本来可以由国人做的事项,还应该尽量的任用国人"。①

在中国人民的要求和美方的坚持下,国民政府为迅速铲除日本势力和影响,决定将日本侨俘一律遣返回国。1946 年 4 月 8 日,中国陆军总司令部电令各地,"所有中国境内各机关、部队、学校、工厂征用之日籍人员,不论其志愿与否,除台湾可准留用 28 000 名至明年(1947 年)1 月 1 日,并应详缮名册呈报陆总核备外,其余各地区所征用之日籍技术人员统限于 4 月底以前送至各该辖区港口集中,于 5 月底或 6 月中旬分别予以遣送返日"。② 到遣返接近末期时,由于"接收的机关、工厂等,在相当一段时间里,如果没有日本技术人员则无法继续工作和经营,所以在需要面前,只得继续留用日人"③,于是,国民政府又留用了相当数量的日侨到年末。

五、华北的日本侨俘遣返

根据中美双方及华北各地日本侨俘管理机构的协商,原则上优先遣返日俘和外地向天津集中的日侨。其原因,一方面在于大量的日俘聚集天津,对社会稳定造成一定威胁;另一方面是中国战后的艰难形势使得天津的粮食供应不能支撑如此众多日俘日侨的需求,而外地日侨所带粮食和款项更为有限。④

华北各地日本侨俘在塘沽港口出境时,由港口运输司令或其代表率同该港军宪警及有关人员依照遣送计划的规定,对他们实

---

① 《受降遣俘与留用日人》,《大公报》1946 年 1 月 21 日,第 2 版。

② 《天津市政府公函》(1946 年 4 月 13 日),天津市档案馆馆藏,J9 - 2 - 2747。

③ [日]稻叶正夫著,天津政协编译委员会译:《冈村宁次回忆录》,第 111 页。

④ 周利成:《中国遣返华北地区日俘日侨往事》,《中国档案报》2015 年 10 月 16 日,第 3 版。

施严格检查。此次检查最为全面,且在上船前进行。出境检查的
主要事项有:

1. 出境登记。上船前均须履行登记手续,登记项目为姓名、性
别、年龄、籍贯、职业、在中国住地及来华几次等。

2. 卫生检查。上船前必须接受体检,凡患有天花、伤寒、霍乱、
黄热病、鼠疫及淋病等传染病者,不准上船,令移送防疫部门;所有
俘侨上船前必须注射疫苗和消毒,以 DDT(注:一种杀虫剂)喷洒人
的周身及所有行李。卫生检查由中方负责,日医参与,疫苗和消毒
用品由美军供给。

3. 战犯检查。港口运输司令依照战犯主管部门下发的战犯名
单,搜查该港待遣侨俘中是否混有指定的战犯。一经查出,即予拘
捕并解送战犯主管部门。

4. 违禁物品。包括炸药、武器弹药、军刀佩剑;军鸽、军犬;毒
品;照相机、望远镜及光学仪器;金条(块)、银条(块),未镶的宝石
及艺术品;股票证券;珠宝及奢侈品而不合持有者身份者;超过正
常所需的烟草、雪茄及香烟;古物、历史书籍、文件、报告书、统计数
字及其他类似资料,均属违禁物品不得运出。

5. 准带钱款、行李及物件。钱款:“日侨以日金 1 000 元为最
大限度,外通货钞以登船后不能再用无庸携带,应交由中国国家银
行收存。”①到遣返后期时,中国陆军总司令部又做出规定:“日俘侨
回国时,准予携带台、满银行之钞票,惟携带总数不得超过原规定
携带现款最高额,即官佐 500 日元,士兵 200 日元,侨民 1 000 日

---

① 《中国陆军总司令部训令》(1945 年 11 月 20 日),河北省档案馆馆藏国民政府政务档
　　案 616‐1‐361。

元。"①行李重量：起初定为每人 30 公斤（但不包括被褥服装）；1946
年 2 月 6 日，东京会议改为"每人携带其能自行携带之行李为限，不
另规定重量，惟不准分二次搬运上船，及不准雇用苦力帮助搬
运"。② 物件：准带的物件系被褥服装及随身用品，计有盥洗具一
套，毡毯（或棉花被褥）1 套，棉花被 1 条，冬季衣服 3 套，夏季衣服 1
套，大衣 1 件，皮靴 3 双，短裤 3 条，衬衫 3 件，手提包 1 件，手提袋
1 件，钢笔、铅笔各 1 支及表 1 只，"日本医务人员回国时除所定行
李限额外，准带回十公斤医学书籍"。③ 到气候转暖后，又准日侨将
冬季衣服三套、夏季衣服一套改为各两套。出境检查中超出规定
的物品、金钱、饰物即予扣留。按照《日人返国检查办法》规定，军
品则交军政部门接收；民品由负责检查的机关呈报第十一战区受
降主官核定后，拍卖变款，连同金钱、饰物存入国家银行，并上报陆
军总司令部备查。

　　需要指出的是，在对日侨实施检查的过程中，对于日侨自治会
提出关于放宽检查的要求，管理处在经过请示商讨后，本着宽大的
原则多采取接纳的态度。1945 年 12 月 12 日，日侨自治会呈请北
平市日侨集中管理处，称："第二次日侨回国时，被检查没收物品有
毯子、西服、手提包、皮鞋、铺盖，另有备到津时的御寒之具，各件统
共约计数百余件之多，概行没收。尚有预备到津时所有之炊具亦
复不少。本会查日侨遣送回国临时动身时，应受相当之检查当然
不能抗拒，惟携带许可之物品自不能亦受检验。设有违禁之品，自

---

① 《北平市警察局训令》（1946 年 5 月 7 日），北京市档案馆馆藏，J184 - 2 - 34043。
② 中国陆军总司令部编：《处理日本投降文件汇编》（下卷），沈云龙主编：《近代中国史料
　 丛刊》第 82 辑，第 323 页。
③ 中国陆军总司令部编：《处理日本投降文件汇编》（下卷），沈云龙主编：《近代中国史料
　 丛刊》第 82 辑，第 326 页。

应没收,仍应判以相当之罪;如系平常之物,经军警当局所允许者自当放行,未便没收,以利行人而示宽大。为此特请嗣后对于遣送回国日侨临行之检查予以便利,该侨民所携之物品,如确无违禁之件,免于拘留,随时放行。"①另据根本博报称:"业已开始返国输送之日侨中,因包含当地之退伍者为数不少,且该退伍者中带有前由军部充为私物交给之防寒帽、外套等,值城门通过时,钧方军警检查之际间,有被没收之事。当开始远大旅行之秋,颇感异常困难,呈请鉴察下情,惠予格外考虑,以免没收。此后,凡持有退役证之日侨准许着此种御寒衣帽。"②中国方面除对于以上类似的请求基本予以接受外,还主动提出一些改变原定检查事项的建议,如原规定日本侨俘返国时准许携带的服装为夏服1套、冬服3套,后因遣返后期气候渐热,准其增减各为2套。这些也是对"以德报怨"政策的一种诠释吧。

经检查,凡符合规定的日本侨俘,由第十一战区港口司令部施发船票,准其上船出港归国。日本侨俘由日本轮船运送回国,大约五六天可抵达日本。至于日侨返国的车船费问题,根据中国战区日本官兵善后总联络部长官冈村宁次所呈请,由于"日侨渐趋贫穷,故遇有迁移所需车船资费无力缴付",中国陆军总司令部"准其后付或作借款由日本政府负责清偿"③,但事实上也了不了之。

总之,战后中国政府在华北各地相继成立了日本侨俘集中管理处(所),按照既定遣返计划,全力以赴地展开了一系列复杂而颇有成效的工作,最终将他们安然遣送返国。1946年7月16日,驻

---

① 《北平市警察局训令》(1946年2月8日),北京市档案馆馆藏,J181-24-1167。

② 《北平市警察局训令》(1946年1月7日),北京市档案馆馆藏,J183-2-34077。

③ 《中国陆军总司令部代电》(1946年1月10日),河北省档案馆馆藏,国民政府政务档案618-1-521。

华美军指挥部宣布,华北日本侨俘已基本遣送完毕。从 1945 年 10
月到 1946 年 8 月,在美国和日本的协助下,国民政府分期分批将华
北各地约 34 万日俘日侨经天津安全有序地遣返回国。① 其中,经
塘沽港共遣送 236 883 名日侨;②从 1945 年至 1949 年的 4 年,经青
岛港口遣送之日侨人数计为 74 729 人。③ 此外,还有少数日侨经
秦皇岛和烟台两地被遣回国。

第三节　微观透视——以北平市日侨为例

作为华北的政治经济中心,北平市是日伪时期日侨的聚集地
之一。战后北平市政府根据国民政府和中国陆军总司令部的指示
成立日侨集中管理处,按照既定的遣返计划,逐次将日侨安然遣送
返国。北平市对日侨的遣返工作在华北而言颇具代表性,故本节
拟对北平市的日侨遣返工作做深入、具体、细致的研究,以此管窥
华北日本侨俘遣送的历史概貌。

一、北平的日本移民

北平虽然是华北地区的大都市之一,但在近代相当长期一段
时间内较青岛、天津的日侨为少,且当地日本移民人数增长缓慢。

---

① 胡荣华、李可意:《抗战胜利后华北日俘日侨遣返综述》,陈乐人主编:《北京档案史
　料》,北京:新华出版社 2007 年版,第 244 页。

② 胡荣华:《战后天津暨华北地区日俘日侨遣返研究》,《抗日战争研究》2008 年第 3 期。

③ 青岛市史志办公室编:《青岛市志·外事志/侨务志》,北京:新华出版社 1995 年版,第
　128 页。

1903 年北平有日侨 524 人,1926 年增至 1 616 人。[1]　七七事变之前,北平也仅有日侨 4 000 余人;之后,随着北平沦陷,形势大变,"从山海关跨过塘沽、古北口,从青岛……各线的火车、各线的轮船,装了千万个穿着木屐的旅客",[2]直奔北平而来。据统计,1937 年 12 月,北平日侨计有 1 584 户、4 647 人;[3]1938 年 3 月底,日侨增至 9 546 人,其 4 月之增加数为 2 998 人,5 月之增加数达 3 843 人,当时日侨人数达 16 387 人。[4]　1938 年 4 月,根据日伪的《北京都市计划大纲》,可知其目的有三点:"1. 应付人口增加问题。2. 都市道路设施不健全时,成为经济上、军事上之障碍。3. 尽量避免日本人与中国人混合居住,以避免摩擦。"[5]这一方面反映了北平日本移民人数增长加快,另一方面为实现其长期占据北平的目的,在距北平市区八华里的西郊修建"新北京",准备容纳 25 万之众的日本移民。该"新北京"的建设计划,虽在太平洋战争爆发前夕停止了,建成房屋仅有 435 幢,[6]但仍然刺激了北平日本移民人数快速增长。至 1942 年 5 月,据日本商工会议所调查统计,北平市的日本人已有 38 519 户、106 487 人,具体见表 4 - 9。

① ［日］丸山昏迷:《北京》,1921 年,转引自余子侠、宋恩荣《日本侵华教育全史》第 2 卷,第 77—78 页。

② 《魔掌下的北平》,《新华日报》1940 年 9 月 19 日,第 4 版。

③ 《中外经济统计汇报》第 6 卷第 2 期,1942 年 8 月。

④ 《北京之日本人》,《盛京时报》1938 年 7 月 23 日,第 7 版。

⑤ 孙冬虎、王均:《1928—1948 年北平日侨的数量及其作用》,《北京联合大学学报》2001 年第 1 期。

⑥ 王杰:《北平日侨集中区巡礼》,《中央日报》1945 年 11 月 5 日,第 3 版。

表 4-9　北平市日本人口统计表(1937 年 12 月—1942 年 5 月)

年月		户数	人口	人口指数 (1936 年＝100)	每户平均 人数
1937 年	12	1 584	4 647	104	2.9
1938 年	12	10 371	26 072	582	2.5
1939 年	6	13 977	36 314	811	2.6
	7	14 211	37 430	836	2.6
	8	14 747	39 049	872	2.6
	9	15 328	40 812	911	2.7
	10	15 634	41 624	930	2.7
	11	16 275	43 853	979	2.7
	12	16 672	45 416	1 014	2.7
1940 年	1	17 796	46 252	1 033	2.6
	2	19 036	51 345	1 147	2.7
	3	20 944	55 594	1 241	2.7
	4	22 770	60 480	1 351	2.7
	5	24 089	65 278	1 458	2.7
	6	25 129	67 437	1 506	2.7
	7	25 664	68 461	1 529	2.7
	8	26 025	70 063	1 565	2.7
	9	26 490	71 940	1 607	2.7
	10	26 887	73 965	1 652	2.8
	11	27 386	76 324	1 704	2.8
	12	28 593	79 137	1 767	2.8
1941 年	1	28 993	80 065	1 788	2.8
	2	29 367	80 983	1 808	2.8
	3	29 841	82 918	1 852	2.8

续表

年月		户数	人口	人口指数 (1936 年＝100)	每户平均 人数
	4	30 615	85 888	1 918	2.8
	5	31 103	87 732	1 959	2.8
	6	31 516	89 616	2 001	2.8
	7	32 599	92 041	2 055	2.8
	8	33 117	93 198	2 081	2.8
	9	33 678	94 589	2 112	2.8
	10	34 421	96 035	2 145	2.8
	11	35 052	97 674	2 181	2.8
	12	35 584	99 098	2 213	2.8
1942 年	1	36 026	100 463	2 243	2.8
	2	36 841	102 029	2 278	2.8
	3	37 473	103 462	2 310	2.8
	4	38 176	105 457	2 354	2.8
	5	38 519	106 487	2 378	2.8

资料来源:《中外经济统计汇报》第 6 卷第 2 期,1942 年 8 月。

由表 4-9 可见,北平日侨数量在经历了沦陷初期的骤增之后,呈现出平稳增长之势。从日侨人数来看,在北平沦陷之初的 1937 年 12 月,该地日侨仅为 1 584 户 4 647 人,远远少于青岛、天津等地日侨人数。但是,到 1942 年 5 月,北平日侨已达 38 519 户 106 487 人,较之 5 年前增加约 23 倍!且在 1940 年初,北平就已成为华北地区日侨人数最多的城市,直到日本战败投降,北平日侨仍有 8 万余名。[1] 从日侨每户平均人数来看,基本保持在 2.8 人左右,表明

---

[1]《北平市日侨管理处工作概况》,北京市档案馆馆藏,J181 - 10 - 412。

日人多是以家庭为单位移民至北平的。这一点还可以从日侨男女
比例上得到证明。

表 4 - 10　1939—1940 年北平日侨户口统计表　　单位：人

日期		内外城				四郊				合计
		户数	男	女	合计	户数	男	女	合计	
1939 年	5 月	9 460	15 468	9 402	24 870	117	166	60	226	25 096
	6 月	11 064	17 130	11 107	28 237	121	170	63	233	28 570
	7 月	11 237	17 625	11 545	29 170	132	186	73	259	29 429
	8 月	11 687	18 523	12 022	30 545	134	188	76	264	30 809
	9 月	12 167	19 369	12 543	31 912	137	192	79	271	32 183
	10 月	12 410	19 811	12 793	32 604	139	194	78	272	32 876
	12 月	12 894	20 746	13 333	34 079	144	206	82	288	34 367
1940 年	1 月	13 142	21 277	13 784	35 061	146	209	84	293	35 354
	2 月	—	—	—	39 643				322	39 965

　　资料来源：据伪北京特别市社会局编纂委员会编辑发行的《社会统计月刊》第 2 卷
第 6 号（1939 年 6 月）至第 3 卷第 4 号（1940 年 4 月）统计数据整理而成。
　　说明：其中缺 1940 年 2 月日侨具体日侨户数及男女人口等项的统计。

　　与同期在北平的其他外侨相比，日侨人数要多出数倍。据
统计，1939 年 9 月在北平的英、美、法、德、俄、意等 28 个国家外侨
总人数为 1 452 人，而日侨人数在该 8 月底已达 30 545 人，是外侨
总数的 21 倍多。[①] 翌年，日侨人数大增，其在所有外侨中占比越来
越大。（见表 4 - 11）

----

① 据国家图书馆所藏由伪北京特别市社会局编纂委员会编辑发行的《社会统计月刊》统
　　计数据整理而成。

表 4-11　1940—1943 年北平市外侨人口统计表　　单位:人

日期		日本	英国	美国	法国	德国	苏联	意大利	其他外侨	合计
1940年	11 月	34 994	146	415	149	254	274	57	205	36 494
	12 月	35 144	149	407	153	255	274	63	219	36 664
1941年	1 月	35 243	156	401	154	256	274	63	220	36 767
	5 月	37 103	148	375	156	269	307	65	229	38 652
	10 月	37 307	135	350	167	269	300	60	205	38 793
	12 月	37 679	137	329	167	243	297	58	217	39 127
1942年	1 月	37 530	132	322	161	239	297	56	220	38 957
	5 月	40 223	108	206	156	237	296	60	229	41 515
	6 月	106 487	110	206	156	233	156	60	238	107 789
	12 月	109 263	222	55	166	304	89	170	253	110 522
1943年	1 月	109 449	221	55	166	304	88	169	236	110 689
	2 月	109 378	221	55	166	304	88	169	236	110 617

　　资料来源:据伪北京特别市公署秘书处编《市政统计月刊》第 1 卷第 1 号(1941 年 1 月)至第 3 卷第 3 号(1943 年 3 月)《本市外侨户数及人口统计表》整理而成。

　　说明:此统计包括朝鲜侨民在内。

　　据上表显示,日侨占当时北平市外侨的比例,最多时竟达到 99％,最少时也有 95％。由此可见,日本侨民在北平外侨人口中占绝对优势,日侨数量的变化是引起北平市外侨数量变化的决定性因素,是反映日本对北平乃至华北地区推行殖民政策过程的最明显例证。据时人记载,沦陷后,"日本木屐'踢踏踢踏'的声音和日本的摩登爵士音乐充满在北平的街头";[1]"暇时如果你在热闹街上走走,眼中所能看到的是那些穿和服着木屐的日本男女,耳中所能听到的是由东京宣传播放的歌曲,就是晨夕的电车上,也是日本学

————————

[1] 密勒:《北平见闻》,《中央周刊》第 4 卷第 11 期,1941 年 10 月。

生代替了中国学生往来穿梭着"；[①]"星期天的东单、西单、王府井的人行横道上，成群结队的日本妇女，用背带背着吃奶的孩子、手提篮子，用日本东北部的方言唧唧喳喳地说着婆婆的坏话，木屐的呱嗒声响成一片。在日本式酒吧间、咖啡馆、菜馆鳞次栉比排列着的新开路的夜晚，官员们和招待他们的承包商、推销员，挤得到处都告客满"。[②]　综而言之，日本向北平的大量移民反映出其欲长期占据该地的侵略野心。

二、北平市日侨集中管理处

日伪时期，北平市的日侨人口最多时达到 10 万以上，统由日本驻北平总领事管辖，并于总领事监导下设有其自治组织"居留民团"，职掌日侨大小事务。在侵略者的庇护下，日侨以占领者的姿态为所欲为，使得中国人民因此遭受了巨大的经济损失和精神创伤。日本投降后，由于北平市远离西南大后方，国民政府无法及时对其予以接管，在接收人员未到达的时期内，日侨人心惶惶，个个自危。原日本大使馆先后组织了华北在留邦人指导委员会、华北日本人委员会、北平日本人委员会、北平日本人归国准备会等机构以维持日侨秩序——这一方面是便于对日侨的管理和遣归，另一方面也是怕中国人报复。9 月底，北平行营及第十一战区司令长官部的工作人员陆续抵达北平，开始主持接收事宜。1945 年 10 月 10日，北平市的受降仪式在故宫太和殿举行，第十一战区司令长官孙连仲代表中国战区最高统帅蒋介石接受了日本华北方面军司令长

① 沈韵：《沦陷后北平学生生活》，国民党冀察战区战地党政分会战地宣传委员会《最后胜利月刊》第 1 卷第 2 期，1942 年 2 月。
② ［日］山本市朗著，胡传德等译：《一个日本人眼中的新旧中国》，第 31 页。

官根本博的投降。受降仪式后,即成立了以根本博为联络部长的
平津地区日本官兵善后联络部。北平市政府也于随后成立,组织
开展日侨遣返工作。

11 月 5 日,北平市政府任命时任警察局局长的陈焯组织日侨
集中管理处,对日侨进行集中管理。11 月 16 日,市政府会议议决
通过了《北平市日侨集中管理处组织规程》,将该机构定名为北平
市日侨集中管理处,直隶于北平市政府,掌理日侨管理事宜。19
日,大致准备就绪后,管理处以警察局后院为处址正式开始办公。
管理处处长暂由警察局局长陈焯兼任,另设副处长 2 人助理处务,
之下设秘书室、总务科、组训科。秘书室掌理机要、审核规章文稿
及审议兴革计划等事;设有秘书主任 1 人,秘书 2 人,科员、办事员
3 人,译员 2 人;总务科掌理人事、会计、庶务、配给、运输等事项;设
有科长 1 人、科员 3 人、译员 3 人;组训科掌理日侨编组、训练、生活
指导、治安、思想纠正等事项;设有科长 1 人、科员 3 人。各室科均
配用雇员办理缮写事务。(见表 4-12)

表 4-12 北平市日侨集中管理处职雇员夫役定额表

职务	处长	副处长	秘书主任	秘书	科长	科员	译员	办事员	雇员	夫役
定额	1	2	1	2	2	9	5	3	10	10
备	兼任	专任一名兼任一名		荐任一名委任一名						

资料来源:《北平市日侨管理处工作概况》,北京市档案馆馆藏,J181-10-412。

管理处成立后,又在日侨较集中的地区相继成立几处日侨集中
管理所。如,11 月 30 日成立的西郊日侨集中管理所(又称第一管理

所),以及西苑日侨集中管理所(又称第二管理所)。12 月 13 日,管理
处又在城内东单北大街日商松阪屋旧址成立东城日侨集中管理所
(又称第四管理所所),将内一、内三、内五各区划作日侨集中区。以
上各所每所设所长 1 人,下分总务、行政、训练 3 股,分置股长 3 人、
干事 4 人、办事员 6 人及雇员 4 人处理所务。(见表 4－13)

表 4－13　北平市日侨集中管理处各所职雇员夫役定额表

职务	所长	股长	干事	办事员	雇员	夫役	合计
定额	5	15	20	30	20	15	105

资料来源:《北平市日侨管理处工作概况》,北京市档案馆馆藏,J181－10－412。

北平市日侨管理处及各管理所职雇员共 125 人,工役 25 人,合
计 150 人。据《北平市日侨集中管理处组织规程》规定,北平市日
侨集中管理处实际上共设管理所 5 所。其中,第一、二、四所为日
侨集中管理所,第三所为韩侨集中管理所,并于前外西河沿正阳寮
旧址设立韩侨管理所第一分所,于外八角琉璃井豫章中学旧址设
立第二分所分管韩侨事务。[1]

1946 年 5 月底,各管理所顺利完成遣侨任务后即行结束。北
平市日侨集中管理处也于 6 月底解散,前后存在 7 个月的时间,但
在此期间全力以赴地展开了一系列复杂而颇有成效的工作:策划
拟订组织规程及办事细则,并督饬各所施行;于西苑、西郊、城内等
地设管理所三处办理集中管理及遣送各项事务;保障日侨的安全,
纠正其谬误思想,并最终将他们安全遣返回国。

三、北平市日侨的集中

日本战败投降之时,中国陆军总司令部即"责成日军总部命令

---

[1]《北平市日侨管理处工作概况》,北京市档案馆馆藏,J181－10－412。

日侨自动集中,并自行负责筹备日常生活必需品,听候我地方官署登记检查并派军警监护"。① 9 月 9 日,中国陆军总司令部发给日本中国派遣军司令官冈村宁次的第一号命令中规定:"关于日侨之处理亦责成各该区日军司令官指定地区集中侨民,并负责其衣食、医药等物品,不得违反。"②据此,1946 年 1 月 1 日,在第十一战区司令长官部指导下,北平市政府令全市日侨,"分别向西苑、西郊、城内一、三、五区日本学校及日本私有公司、住宅、商店集中,集中后之日侨由北平市政府指定专门人员负责监督管理"。③

北平市日侨集中管理处及各管理所相继成立后,由其接办日侨集中管理事宜。管理处为办理北平市日侨的集中事项,特规定办法如下:"1. 自本年(1945 年)12 月 26 日至 28 日三日间,调查城内外散居日侨人数、房舍地点等,责由日侨自治会负责办理;2. 自 12 月 29 日至 31 日三日间,外城日侨一律集中于城内一、三、五区(留用者除外);3. 自 1946 年 1 月 1 日至 1 月 7 日间,城内二、四、六区散居之日侨(留用者除外)集中于一、三、五区,同时将一、三、五区禁止区(以奉长官部规划平市地图为标准)居住日侨,无论已否留用均须集中于禁止区域以外。"④为收容日侨难民,管理处利用各管理所邻近处的原有工厂、学校、兵营等规模较大的建筑物充作集中营,并将集中营内的房舍均先期清扫、修整,设诊疗室、公共浴室、理发室、厕所等,使得来自各地的日侨随时可以被收容,直接入住其内。其中,西苑集中营为原日军兵营,收容量为 2.1 万至 2.6 万人;西郊集中营也为原日军兵营,收容量为 4 万至 5 万人;北平城

---

① 《北平市警察局训令》(1945 年 12 月 8 日),北京市档案馆馆藏,J181 - 17 - 154。
② 《北平市警察局训令》(1945 年 12 月 8 日),北京市档案馆馆藏,J181 - 17 - 154。
③ 《北平市警察局训令》(1945 年 12 月 7 日),北京市档案馆馆藏,J183 - 2 - 34096。
④ 《北平市日侨管理处工作概况》,北京市档案馆馆藏,J181 - 10 - 412。

内一、三、五区集中区设于原日本学校及日人私有公司、商店、住宅内，收容量为 1.5 万至 2 万人。① 以上集中营所集中之日人，为平津地区日本官兵善后联络部官佐军属、日本涉外部人员、交通电气及特殊技术人员等。②

　　应行集中的日侨，由日侨自治会督导，每天早晨于市内规定地点集合，用汽车向市外输送。日侨往西郊集中者出复兴门，往西苑集中者出西直门，在出城门时由管理处对其实施检查。检查人员按陆军总部规定由"各受降主官或各受降主官授权之当地卫戍部队或日俘侨管理处所长行之；负责检查人员应持有检查证件，会同日俘侨管理处人员前往检查，不容有非法之敲诈行为；接收日俘侨财务应先行查封然后由各主管机关统一接收"。③ 依照《中国境内日侨集中管理办法》第三条的规定："奉命集中的日侨，其正常生活必需物品如衣履、寝具、炊具、盥洗具及原有的粮食准予携带，其私有款项，每人准带中国法币五千元，不准携带或不能携带的物品一律点缴省市政府暂予封存。不准携带或不能携带的款项（包括中国、日本及其他国家的各种钱币与金银、金饰、宝石等）与有价值的货品，一律自行存入中国政府银行，作为将来赔款的一部分，但纪念用的饰物如结婚戒指等等除外；对于不遵守第三条规定的日侨得没收其私藏的财产及物品，没收后不得计入将来的赔款内。"④但是，集中日侨的工作并不顺利，遇到的问题不少。

　　战后，对与中国人有婚姻关系的日人应否予以集中，成为一个

---

① 《北平市日侨管理处工作概况》，北京市档案馆馆藏，J181－10－412。

② 《北平市警察局训令》（1945 年 12 月 7 日），北京市档案馆馆藏，J183－2－34096。

③ 《北平市警察局训令》（1946 年 1 月 23 日），北京市档案馆馆藏，J181－17－163。

④ 中国陆军总司令部编：《处理日本投降文件汇编》（下卷），沈云龙主编：《近代中国史料丛刊》第 82 辑，第 178 页。

亟需解决的问题。上海日侨集中管理处曾对日侨与华籍女子结婚做彻底清查,结果显示以临时结合者占多数。据此情况,北平市日侨集中管理处在给市政府的报告中称:"其在战争以前结婚者情尚可原,但际此集中之时,难免有临时结合逃避集中等情事,自应严禁,以杜流弊。"①根据北平行营的指示,市政府回复办法为:"查抗战期间中日人结婚者,日人应集中,不得以为逃避之借口,倘有日女不愿集中,可以声请入我国籍,华女不愿集中,可以脱离夫妻关系。"②另外,关于伪内政部许可嫁与日人为妻的中国女子,是否以敌人看待予以集中的问题,经请示后得出:"中国女子因在沦陷地区与日本人或他国人结婚者自属无效;上项中国女子在未依照中国国籍法及国籍法施行条例之规定,呈经许可丧失中国国籍以前,自仍为中华民国国民,其有危害国家之行为者应依法办理。"③行政院后又颁发《处理日侨婚姻办法》,对与中国人有婚姻关系的日人做出统一规定:"1.中国女子为日本人之妻者,如已依法脱离中国国籍,一律遣送还日,其未经内政部许可丧失中国国籍者,准其自行选择随夫赴日或留华;2.华男日女无论战前战后结婚者,均准其自择去留,华男为日女赘夫者亦同;3.日本男子娶外人为妻,本国法取得日本国籍者,一律遣返;4.日女外男者,如有国籍证明或结婚证书均准留华。"④

　　另有许多日侨由于不愿回到战后已经残破不堪的祖国,便在集中前或集中后设法潜逃;有的竟假冒中国人姓名,藏匿于民间。

---

① 《北平市日侨集中管理处呈》(1945年12月12日),北京市档案馆馆藏,J1-1-274。
② 《国民政府军事委员会委员长北平行营代电》(1946年1月),北京市档案馆馆藏,J1-1-274。
③ 《北平市警察局训令》,北京市档案馆馆藏,J183-2-34081。
④ 《北平市警察局训令》,北京市档案馆馆藏,J183-2-33090。

对此,中国陆军总司令部规定:"日侨冒用中国人姓名系属违法行为,自不能视为业经取得中国国籍,须按照一般规定集中管理或遣送回国,如经查照另有不法企图,得依照国法讯办。"[1]不论日侨情愿与否,都须集中遣送回国,这是不可避免的。《中国境内日侨集中管理办法》第五条规定:"凡于期限内不遵令集中的日侨,应由各地区中国陆军受降主官会同地方政府详细调查,强迫执行,不负保障其生命安全之责。"[2]1946 年 3 月 11 日,北平市警察局对日侨逃避集中的事发出指示:"除留用之日人及其眷属外,其余日侨应迅予集中内城,日侨集中尤须迅速办理;对集中之日侨,其食住卫生及安全等必要条件,务饬属妥为筹办。"[3]4 月,遣送日侨工作已经接近尾声,而据日侨自治会向管理处的报告,日侨未向该会登记者仍然不少,以致无法集中。4 月 14 日,第十一战区司令长官部饬令未集中的日侨,应"迳向自治会登记,否则拘禁扣压"。[4]在各方努力下,日侨集中工作得以继续进行。西郊、西苑及东城三个日侨集中管理所的日侨集中状况如表 4 – 14 所示。

表 4 – 14　北平市日侨集中状况表　　单位:人

日期		西郊集中区		西苑集中区		城内集中区	
		集中人数	月末实有人数	集中人数	月末实有人数	集中人数	月末实有人数
1945 年	11 月	12 968	12 968	5 276	5 275	—	
	12 月	6 882	19 859	5 795	10 142	29 484	—

---

①《北平市警察局训令》,北京市档案馆馆藏,J181 – 5 – 223。

② 中国陆军总司令部编:《处理日本投降文件汇编》(下卷),沈云龙主编:《近代中国史料丛刊》第 82 辑,第 178 页。

③《北平市警察局训令》(1946 年 3 月 11 日),北京市档案馆馆藏,J183 – 2 – 34097。

④《北平市警察局训令》,北京市档案馆馆藏,J183 – 2 – 34081。

续表

日期		西郊集中区		西苑集中区		城内集中区	
		集中人数	月末实有人数	集中人数	月末实有人数	集中人数	月末实有人数
1946年	1月	1 606	19 331	472	8 555	624	29 014
	2月	4 334	21 422	1 084	8 578	500	23 884
	3月	719	7 778	1 522	2 326	1 254	20 951
	4月	1 451	63	—	—	1 087	2 502
	5月	—	—	—	—	305	1 048

资料来源：据北京市档案馆馆藏档案,J181-10-412中的资料制作。

由上表可知,在三个日侨集中管理所成立之初,当地已经集中了相当多的日侨。管理所人员将原有集中的侨民加以整理后,继续办理收容事宜。1946年5月底,前后共集中日侨75 363人,其中第一管理所集中总人数为27 960人,第二管理所为14 149人,第四管理所为33 254人。日侨的集中是一个过程,各管理所内每天都有新集中的日侨,再加上遣送、留用及生老病死等原因,故集中的日侨数几乎天天都有变化,流动性很大。另外,由于前期遣送的速度跟不上,集中的日侨并不能随到随遣。所以,每月各管理所需管理的日侨实有数,与当月日侨的集中数并不相同,总的来说,前者基本上要大大多于后者。以上情况均给对日侨的管理带来了极大困难。

四、北平市日侨的管理

北平市集中日侨的管理,由各管理所在北平市日侨集中管理处监督指导下专门负责。管理处及各管理所以《中国境内日侨集中管理办法》为总纲,以"以德报怨"政策为原则,对集中日侨实施统一管理。

1. 日侨自治会的成立

《中国境内日侨集中管理办法》第十二条规定："准许日侨内部自行成立一种自治组织藉使管理,臻于便利。"[1]北平市日侨集中管理处成立后于 1945 年 12 月 1 日组织北平市日侨,在原居留民团的基础上,成立了北平市日侨自治会。自治会以"战败国民之反省与被抑留者之自觉遵行中国政府方面之命令、指示,毫无违背,并以基于民意之互相扶助,组织维持最低之生活,处理关于集中归国一切等事务"[2]为宗旨,协助办理日侨管理事务。

北平市日侨自治会以北平市全体日侨为会员。自治会设会长 1 人、副会长 2 人统辖会务。会长为前居留民团团长西田畊一,副会长为前日本驻平总领事华山亲义和前横滨正金银行北平分行经理二宫谦。以上人员均在北平市日侨自行选出后,由管理处加以任命。会长、副会长下设干事会,干事会选干事长 1 人与常任干事若干,由日侨推选产生,组织决定会务方针;干事会下设事务局,直辖于会长,负责实施干事会所定的各项措施;事务局下分设医疗部、相谈部、救恤部、自治部、物资部、运输部、归国部、经理部、联络部、总务部、管财部 11 部,掌医疗、保甲、集中、遣送回国、主副食的配给、日侨私有财产的清理等事项。自治会又于各集中区设置区自治会,共有内一、二、三、四、五、六区,外城区及西郊区、西苑区 9 处分会,受各集中区管理所的监导,推行区内日侨自治。各自治分会均设正副分会长各 1 人掌理分会事宜,之下设联络班、事务局;事务局下辖总务班、调查班、归国班,办理相应事务。

---

① 中国陆军总司令部编:《处理日本投降文件汇编》(下卷),沈云龙主编:《近代中国史料丛刊》第 82 辑,第 179 页。
②《北平市日侨管理处工作概况》,北京市档案馆馆藏,J181 - 10 - 412。

北平市日侨自治会及各自治分会成立后,即在北平市日侨集中管理处的指导下开始运作,协助办理日侨管理的日常事务,如督导日侨卫生清洁、集中日侨户口的调查、日侨行为动态的报告、往来信件的检查及收转、请领日侨回国许可证、检查日侨携带物品有无超出规定范围等。

2. 日侨的编组及户口清查

为便于对日侨的管理和训练,管理处令日侨自治会及各分会将集中的日侨,依照国民政府《保甲法》编组保甲,推选保甲长负责执行管理事务;令各管理所对编组日侨实施户口清查;并为辅助实施日侨编组保甲而制定了《日侨保甲连坐罚则》。

日侨在指定地点集中后,各管理所所长便令日侨自治会转知各户主填写户口调查表,送管理所查核。管理所于户口调查表汇齐后,分别整理编组保甲,并填发各户户牌,贴在各户门旁以便考查。日侨保甲按十进制编组。每户指定其户主,十户编组为一甲,十甲编组为一保,十保编组为一联保;甲设正副甲长,保设正副保长,均由自治会从年龄、身份较高的户主中推选,再经由管理所所长指派,并造册呈报管理处备案;联保设正副联保主任各一人,由正副保长推荐,经日侨管理处处长审核批准后委派,受管理所所长的指挥监督,负责办理所属日侨的管理编组训练事宜。表4-15 为北平市集中日侨编组保甲概况。

表 4-15　北平市集中日侨保甲户口统计表

区别		联保数	保数	甲数	户数	人口数
集中区	内一区	6	57	384	5 939	17 345
	内三区	8	24	228	2 317	7 177
	内五区	1	4	33	221	1 194

区别		联保数	保数	甲数	户数	人口数
	西苑	3	42	186	5 372	14 149
	西郊	4	36	373	6 612	27 960
非集中区	内四区	5	16	52	360	1 343
	内六区	5	23	216	965	3 256
	内二区	5	45	160	1 035	3 224
	内七区	5	5	12	427	1 572
	外城区				207	503
合计		42	252	1 644	23 455	77 723

资料来源:《北平市日侨管理处工作概况》,北京市档案馆藏 J181 - 10 - 412。
说明:该表原统计有误,笔者予以修正。

前已述及,日侨的集中和遣送是一个持续过程,集中的日侨人数几乎天天都有变化,流动性很大。为减轻编组工作的难度,管理处规定在各甲编成后,若有日侨新加入居住,就不再另外新设保甲番号,均受该管区甲长的管理,由该甲长呈报户口调查表,请领户牌;日侨户口如有异动,便由该户另填户口调查新表,报告甲长转报管理所所长查核。

在编组保甲的同时,为确保各日侨集中区域的治安及确知各管理所管理日侨的人数,管理处制定《北平市日侨集中管理所清查户口办法》,[1]并组织各管理所对各日侨集中区的日侨户口进行清查。户口调查人员一般由各管理所连同各日侨自治分会及武装警察队警士担任;并由其组成户口清查班 3 班,每班 6 人,计管理所职员、武装警察队警士、日侨自治分会警务班班员各 2 名。管理处令各管理所在 1946 年 3 月 1 日起至 3 月 7 日止一周的时间内,对日

---

[1]《北平市日侨管理处工作概况》,北京市档案馆藏,J181 - 10 - 412。

侨户口进行清查,如于预定期间内不能完成的,得延长日期继续实施。① 户口清查范围包括该管理所辖下的全部日侨,即由联保第一保第一甲查起至末保末甲止。在调查中如发现户口及家族的姓名与户口册不符者,随时更改;如有未经许可擅自他往、隐匿他人而不呈报者则对当事者予以申诫;如有战犯责任、秘密组织而心存暴动、意图搅乱治安、隐匿军械及其他军用品、隐匿违禁物品者则即时予以逮捕,送交相关机构法办。

为辅助日侨编组保甲法的实施,管理处还制定了《日侨保甲连坐罚则》,以根除日侨不良思想及不法行动。该"罚则"规定:凡日侨有违法行为,该管甲长、保长、联保主任及日侨自治分会会长应负连带责任,如其畏罪隐匿时,应由该管甲长及保长、联保主任、自治分会会长负责交出该犯,否则分别议处;各户有相互监察之责任,遇有可疑人物速向该管甲长报告,并监视其言动状况;每户须取同甲内二户之保证,以资加重责任,达到严密管理之效果,如一口有犯法行为,其他二户应负连带责任;日侨之户口人数如有呈报不实,由自治分会及其以下保甲系统各首长受连坐处罚。②

由于对编组日侨进行了严格的户口清查,并施行严厉的连坐制度,故集中日侨极少有逃亡或户口不清的事情。但是,由于遣返后期第二管理所和第三管理所在管理上的松弛,日侨逃亡273人,其中女66人、男207人,③约占集中管理日侨总数的3‰,因而只能从总体上说实现了对日侨的监管。

3. 日侨的治安

为了保证日侨安全,也为维持地方治安,1945年12月21日,

---

①②③《北平市日侨管理处工作概况》,北京市档案馆馆藏,J181-10-412。

北平市政府奉北平行营之命,规定:"应停止一切日人行动自由,对于出境日人务须严密检查,非有我方正式通行证概予扣留押训;应制发日人临时居留证以便管理;凡日人须佩带特别标识,由第十一战区会同市政府制发;合理保护日侨,严禁随意抢夺日人财产物资;取缔日侨集会结社,如必须集会时应严加监视;查禁日侨所经营之刊物新闻纸。"①鉴于日军在解除武装后仍有海陆军军官利用日方原有机关从事各种秘密活动,并自由穿着服装藏于民间,挑拨中美感情、干涉日本民主分子自由等,第十一战区司令长官部电令北平市日侨集中管理处,再次强调:"为防止意外,除负有特殊任务之日军人员由行营战区方面军指定办公地点给予身份证明书并派宪警监视外,所有日俘日侨应一律不得在任何地区自由活动;日俘日侨应分别集中,并分别给予不同之臂章号码以资鉴别;凡未持有身份证明书或臂章号码之日俘日侨一律拘捕;各行营战区方面军征用日籍人员应将征调工作人数列报,未经核准不得调用;对日俘官兵应严加看管毋使逃逸,以免滋扰平民。"②

依照以上办法,北平市日侨集中后,各管理所规定,每日午前6时以前及午后8时以后为日侨留营时间,在此时间以内不得外出;依据第十一战区司令长官部"日俘侨应分别给予不同之臂章号码以资鉴别"的规定,由管理处制定日侨臂章,其上写着"北平市日侨集中管理处集中日侨第○号"的字样,令日侨自治会依式赶制后,分发日侨各自佩带。为使集中日侨生活纪律化,就其习惯及管理上的必要,管理处特制定起居时间表令其遵守。规定:上午6:30起床,7:00进行清扫,7:30—8:30户外运动,9:00早餐,

---

① 《北平市警察局训令》(1945年12月21日),北京市档案馆馆藏,J184-2-1220。
② 《北平市警察局训令》(1946年2月6日),北京市档案馆馆藏,J183-2-34085。

10：00—12：00 为读阅书报时间；午餐时间为中午 12：30；下午 13：00—17：00 家务操作，18：00 晚餐；晚上 22：00 上床就寝，23：00 熄灯。①

　　北平市日侨集中管理处还"对未集中、已集中之日俘侨人数、姓名详确登记，以便监视约束；限制所有日俘侨个人活动之自由，俾尽量隔绝与外界之接触，并防止其潜逃；已集中者限制其外出，未集中者监视其行动"。② 为易于明了集中的情形及统计数字的精确，管理处令各管理所每天都要制定日侨人数日报表。报表须分别填明日侨男女的原有人数、新增人数、出生人数、归国人数、死亡人数、他往人数、现实人数及调查者等，经各所所长签字后呈交管理处。为使日侨与一般民众隔离，各管理所还于集中营内配备岗哨，指派兵士轮流值宿；在集中营外围架设电网，使两者不能互相接触。集中日侨如因必要理由需要暂离集中处所，其范围在市区以内的，由各管理所发给出入许可证。申请领证时，须由该领证日侨自行填写日侨外出许可证申请书。申请书所要填写的项目包括：申请人姓名、性别、年龄、现住所、外出理由、所往地点、外出时间等，经保甲长注明后，由申请人前一日持申请书亲自前往管理所呈请，管理所发给证明后才准其外出。

　　4. 日侨的通信

　　国民政府允许集中日侨与中国境内及其国内的邮件互通，但据《中国境内日侨集中管理办法》第十二条规定："对于日侨通信应受日侨集中管理所的检查。"③

---

① 《北平市日侨管理处工作概况》，北京市档案馆馆藏，J181-10-412。

② 《北平市警察局训令》(1946 年 1 月 15 日)，北京市档案馆馆藏，J183-2-34076。

③ 中国陆军总司令部编：《处理日本投降文件汇编》(下卷)，沈云龙主编：《近代中国史料丛刊》第 82 辑，第 179 页。

1945 年 10 月 13 日，中国陆军总司令部准予中国战区日本官兵善后总联络部长官冈村宁次呈请的邮件寄往日本的事情："依照中国境内日侨集中管理办法第十二条之规定对于通信应受日侨集中管理所之检查；检查后贴足邮资投送邮局；前项邮件遇有开往日本船只时准予搭载，交日本本土邮局，希查照饬知各地区日侨集中管理所、邮局及航运机关遵照办理。"①12 月 16 日，中国陆军总司令部又颁布《中国战区日本官兵及侨民寄递邮件限制办法》，对中国战区日本侨俘通邮事情做了详细规定。其中，有关日侨部分为："中国战区内地各地日本官兵善后联络机关等寄往中国境内或日本各地之邮件，以关于日俘、日侨归国及其他善后问题之普通信函和明信片为限；中国战区内地日侨寄往中国境内或日本各地之邮件，以关于纯私事之普通信函及明信片为限，应由各地日侨集中管理所检讫放行后，贴定邮票，送交当地邮局寄发。"②据此，北平市警察局于 1946 年 1 月 2 日令日侨集中管理处："嗣后本市日本官兵善后联络部机关所寄之公事邮件、普通信函、明信片或图表等，由该联络机关标明'联络公事'字样，并由负责首长盖章证明，送由本市中国陆军受降主官指定之检查机关检查后，方可送交本市各邮局交寄；本市日侨所寄关于纯粹私事普通信函、明信片，应由本市日侨集中管理所检查盖戳放行后，贴足邮票送交本市各邮局寄递。"③

5. 日侨的给养

关于日侨的给养，《中国境内日侨集中管理办法》第十四条规

---

①《第十一战区代电》(1945 年 10 月 27 日)，北京市档案馆馆藏，J1－1－234。
②《中国战区日本官兵及日侨寄递邮件限制办法》，北京市档案馆馆藏，J181－10－216。
③《北平市警察局训令》(1946 年 1 月 2 日)，北京市档案馆馆藏，J181－24－1173。

定："日侨集中后的给养,其主副食与日俘待遇同,以由各当地省市政府办理为原则,但初期可由各地区中国陆军受降主官代办,又日侨给养主副食均可发给代金,必须按实有人数计算,并须由管理所所长取得日侨自治组织代表人之受领证,以便汇呈中国政府将来要求日本赔偿。"①其后,中国陆军总部又电令："各地日俘侨集中后,给养由省市政府负责办理,不与日俘同等待遇,主副食不分,一律按地方生活程度发款自购,迳电请行政院核发,并报本部备查。"②

在北平市日侨集中之始,第十一战区司令长官部就规定"每人随身携带主副食品燃料各七日份及其余给养品,不能携带的,准交日本官兵善后联络部存储备用;除准予携带者外,另需用之粮秫、燃料,经本部核准后,可由日本官兵善后联络部统一筹办,运输补给"。③ 1945 年 11 月 23 日,长官部又改令其"每人随身准携带(粮食)至 12 月底,照所需之粮秫计算每名二十公斤"。④ 因此,北平市日侨大多数对食粮及日用品有所准备,在 1945 年 12 月前生活均无问题。但是,1946 年之后,日侨因收入断绝,加以物价波动,一部分已渐感不支。为解决日侨生活问题,管理处一方面劝告资财丰富的日侨出资办理救恤,另一方面在当时粮食不足的状态下,仍设法配给食粮、煤炭,并督促日侨自治会设法维持,使日侨在集中之后无冻馁之虑。

---

① 中国陆军总司令部编:《处理日本投降文件汇编》(下卷),沈云龙主编:《近代中国史料丛刊》第 82 辑,第 195 页。

②《河北省日侨集中管理处代电》(1946 年 2 月 20 日),河北省档案馆藏国民政府政务档案,616 - 1 - 361。

③《北平市政府训令》(1945 年 11 月 8 日),北京市档案馆馆藏,J9 - 1 - 138。

④《北平市警察局训令》(1945 年 11 月 28 日),北京市档案馆馆藏,J183 - 2 - 34096。

据北平市日侨集中管理处统计,"本市日韩侨所需煤炭曾由经济部冀热察绥区特派员办公处拨给煤末 1 225 吨",其中,第一日侨集中管理所用去 224 吨,第二日侨集中管理所 224 吨,第四日侨集中管理所 112 吨,[1]即是说北平市日侨总计用煤 560 吨。日侨所需粮食由粮食部北平粮政特派员办公处拨发。1946 年 1 月,管理处从该处领到日韩侨杂粮 1 100 吨;2 月,领到 353 吨,共 1 435 吨。其中,配给第一日侨集中管理所 374.581 吨,第二日侨集中管理所 154.590 吨,第三日侨集中管理所 424.255 吨,共计配给日侨粮食 953.426 吨。[2] 在奉令日侨主副食均发款自购后,至 1946 年 6 月 30 日,中央银行北平市分行账上共结存北平市政府日侨给养费 147 292 260 元。[3]

6. 日侨的医疗及救恤

北平市日侨集中管理处对日侨的卫生及相关设施高度重视。为使各集中区侨民保持清洁健康,以及预防疫病流行,管理处令各管理所随时举行清洁扫除。清洁扫除包括室内清洁、室外清洁及街道清洁三部分。室内清洁包括居室内被服家具、厨房内炊具食品、厕所内便器水道、浴室内池浴水道的清洁整理,由各户户长督导本户妇女儿童分工合作进行扫除;室外清洁包括庭院积存污秽、存放物件煤炭木柴、饲养猪鸡狗的居处食料、门窗玻璃墙壁的清洁整理,由各甲长督率各户联同扫除整理,并由保长支配该保的清洁工作小组协助;街道清洁包括街道堆积污秽的清洁整理及一般道路的扫除整理,由各保的保甲长督率清洁工作小组分别

①《北平市日侨管理处签呈》(1946 年 6 月 13 日),北京市档案馆馆藏,J1 - 7 - 195。
② 据北京市档案馆馆藏 J181 - 10 - 412 的资料整理而成。
③《中央银行总行签呈》(1946 年 7 月 23 日),北京市档案馆馆藏,J9 - 3 - 91。

扫除。

对于日侨疾病的治疗,管理处在各日侨集中区设立医院、诊疗所等,以方便集中日侨的就医。经各管理所与各日侨自治分会筹备,在西郊区设立了西郊区日侨临时医院及永定路分院,医院内设有内科、外科、小儿科、眼科、耳鼻科、齿科、产科等科目;西苑区设有西苑病院,内有内科、外科、皮肤科、耳鼻喉科、小儿科、产科等科目;城内区设有日侨自治会临时病院及内五区自治分会附设诊疗室,内有内科、外科、皮肤科、耳鼻喉科、小儿科、产科等科目。各医院及诊疗所共有医师 85 人、看护人员 61 人、病室 68 间,每日平均就诊人数为 2 543 人。①

管理处鉴于日侨经济来源告绝,生活渐趋穷困,遂令各管理所同日侨自治分会共同妥为拟定救济办法,并分别实施。对于生活贫困的日侨,除由管理处发给食粮、煤炭外,还另由自治分会筹购食粮或给予现金以资补助;对于贫困患病的日侨,由日侨自治会救恤班根据日侨的申请予以调查,并视其情形轻重代为负担医药费的全部或一部;对于孕妇及死亡的日侨,无力负担生育费者,仍由救恤班调查情形代为负担其医药费的一部或全部,无力火葬者,由自治分会发给火葬费 1 万元及紫草 500 斤;如日侨遇其他的困难,概由自治分会视其情形酌予救恤。其中,西郊、西苑日侨集中区日侨救恤状况为:西郊日侨集中管理所和日侨自治分会共救恤患病日侨 60 户计 424 人,贫苦日侨 106 户计 327 人,以及由各地避难来此集中者 131 户计 301 人;西苑日侨集中管理所与日侨自治分会共救恤患病日侨 86 户计 153 人,贫苦日侨 94 户计 290 人,以及由各

①《北平市日侨管理处工作概况》,北京市档案馆馆藏,J181 - 10 - 412。

地避难来此集中者 95 户计 184 人。①

可见，在对集中日侨的管理上，从日侨自治组织的设立到日侨给养问题的解决，从允许日侨互通信件到对日侨救恤医疗的关注，人道主义精神贯穿始终。中国人民没有像日本侨俘预料的那样对他们进行报复和摧残，而是相反，国民政府竭尽全力地履行了作为战胜国的义务。当战后中国人民很多仍过着缺衣少食、露宿街头的生活时，作为战败国侨民的日侨却享受以上较为优厚的待遇。这充分体现了中国人民"不念旧恶""以德报怨"的博大胸怀和高尚品格。

五、北平市日侨的教育

日人长期受军国主义思想毒害，加之日本政府一直以来对他们进行有组织的欺瞒宣传，故他们对中国的认识谬误较多。即使在日本战败后，一些日侨也没有失败之感，甚至未放弃其原有的错误观念。尤其是"在北方的多数日本人并没有真正体验战争的况味，日本受到怎样的打击而失败的，他们也不完全清楚，甚至以为这不过是'和平'而已，而幻想将来之日本或有如德国在第一次欧战之后不到二十年又能复兴"，②然后卷土重来。为使日侨认清形势，消除其黩武主义思想，为战后和平打下基础，中国陆军总部在《中国境内日侨集中管理办法》中规定：各管理所应对日侨施以民主政治、消除军国主义教育。北平市日侨集中管理处及各管理所利用日侨集中后待船回国的时机，由处组训科及各所训练股负责，对日侨实行精神教育，向他们灌输民主主义精神，并纠正其思想中

---

① 《北平市日侨管理处工作概况》，北京市档案馆馆藏，J181 - 10 - 412。
② 《受降遣俘与留用日人》，《大公报》1946 年 1 月 21 日，第 2 版。

的谬误。

那么,究竟如何着手,才能收得再教育的效果呢?时人纷纷出谋划策,提出"第一,我们要设法清楚他们过去种种错误的成见。比如说,关于军事力量的优越感;关于日本文化的自大性。自傲这里,可以给他们知道许多事实,让他们从事理上获得认识,产生新观念出来。第二,揭发他们一意奉行的军国主义所造成的罪行。关于这些,除了由他们亲手制造的这一部分人之外,其余的人是一向受蒙蔽的,现在我们特意要暴露给他们看,使他们知道许多闻所未闻惊心动魄的故事。第三,再从生活方面入手,使他们参加种种民主的集体生活,解放他们的奴隶性,要他们自动地来矫正种种旧习惯,产生新观念。尽可能地让他们过渡着新的组织生活,使他们发生互相教育互相监督的作用"。①

据此,北平市日侨集中管理处在成立之始就着手拟定《北平市日侨集中管理处日侨训练大纲》,②作为此后各管理所对日侨实施精神训练的依据。该"大纲"对实施训练的目的、方法、形式、内容等都作了要求。1946年2月6日,中美日东京会议上制定的《中国战区遣送计划》规定:对中国境内的日人的教导,主要方式为报纸、传单及画片,并由美国新闻处予以协助。③ 2月10日,美军日俘侨遣送组奥士木少校函送北平市日侨集中管理处的《日人再教育方针》,包括:"1.对于日本历史尤其是最近世界大战之原因事实以及日本之战败理应有真确之描述;2.应针对日本战时所鼓吹之种族及国家主义思想;3.应指示何为民主生活尤其关于四大自由及联

---

① 方曦:《论日俘日侨之再教育》,《民众周刊》第1卷第8期,1945年11月。
② 《北平市日侨管理处工作概况》,北京市档案馆馆藏,J181-10-412。
③ 中国陆军总司令部编:《处理日本投降文件汇编》(下卷),沈云龙主编:《近代中国史料丛刊》第82辑,第195页。

合国组织;4.应使现留华日人获知日本经济政治社会情况;5.为日人回国参加政治活动做准备。"①根据以上准则,管理处及各管理所采取了以下具体措施对集中日侨进行再教育。

1. 各种训练课程及讲座

为使集中日侨改变其旧日思想,管理处开办了一系列的训练课程。各管理所依《北平市日侨集中管理处日侨训练大纲》,将日侨分为成年组、青年组、妇女组三组实施训练。凡年在 20 岁以上的日侨男子均入成年组受训;15 岁至 19 岁的青少年男女均入青年组受训;20 岁至 40 岁的女子,无论结婚与否均入妇女组受训。中国国情、三民主义、精神讲话、华语、健身运动等为三组均有的训练课程。另又根据各组的特点,分别在成年组增设世界情势、中日外交史料;在青年组增设三民主义青年团教育精神、中日关系、常识;在妇女组增设中日关系、妇女修养讲座。各组训练人员由日侨管理处及管理所人员选派,并聘请北平市各界名流学者及各机关首长担任训练讲师,按照规定时间前往各所讲授(见表 4 - 16)。自 1946 年 3 月 2 日至 3 月 23 日,各管理所共计施训时间为 78 小时,听讲人数累计达 5.1 万人。②

表 4 - 16　日侨训练讲师名录

姓名	讲授课程	现在职务
陈鏊	中日外交史料及世界情势	教育部特设北平临时大学补习班第二分班讲师
梁乙真	精神讲话	第十一战区司令长官部党政处副处长
刘协功	中国国情	国民党中宣部平津区专员办事处秘书

①②《北平市日侨管理处工作概况》,北京市档案馆馆藏,J181 - 10 - 412。

续表

姓名	讲授课程	现在职务
王春熙	三民主义	三民主义青年团平津支团部视导
温崇信	精神讲话	北平市社会局局长
陈岱荪	精神讲话	国立清华大学法学院院长
朴青茂	精神讲话	国民党中宣部平津区专员
英千里	精神讲话	北平市教育局局长
董洗凡	精神讲话	辅仁大学文学院院长
周范文	精神讲话	第十一战区司令长官部党政处处长
祝维平	精神讲话	北平市警察局副局长
杨宣诚	精神讲话	北平市政府秘书长

资料来源:《北平市日侨管理处工作概况》,北京市档案馆馆藏,J181-10-412。

为转变日侨观念,增进其对民主思想及中日关系的认识,管理处在各集中区成立了临时训练组、三民主义研究会等,召集日侨共同研讨;并用日侨自治会的名义刊印《民主主义》《三民主义问答》等小册子,发给每位日侨阅读,还聘请名流教授以讲座形式为其轮流讲述这些内容。

2.儿童教育

为净化日侨儿童的思想,也为使其教育不致间断,管理处准各日侨自治会由侨民中选任有教学经验者担任教师;并依男女儿童的多少排定班次,如学校教育一般正常上课,使其在收容期间无辍学之忧。

各管理所均遵令为日侨儿童设立了中小学校数所,列表如下:

表 4‑17　北平市各日侨集中管理所所设中小学校状况

学校所在区	学校程度	学校数	教师人数	学生人数	备考
西郊	中	2	4	400	学校设于帐幕之中，教师由日侨之经验者选之
西郊	小	3	34	1 986	
西苑	中	1	7	50	
西苑	小	1	18	200	
城内	中	1	7	16	
城内	小	20	40	576	

资料来源：《北平市日侨管理处工作概况》，北京市档案馆馆藏，J181‑10‑412。

依表 4‑17 可见，各地所设中小学校共计 28 所，受教儿童累计达 3 228 名。其中，所设小学校均为 6 个年级，其教育科目包括精神教育、算术、理化、国语、华语、健身运动、修身、体操等；中学为 4 个年级，中学学生所要学习的是精神教育、理化、物象、华语、英语、常识、数学、地理、音乐、健身运动、修身、体操等。学校教育所用教材由北平市教育局编订，在未编竣前由自治会自行准备，但必须经由管理处核定通过，在讲授时也由各所轮流派员监察。这对他们回国后参加将来日本的民主建设颇多有益。

3. 壁报、刊物及广播台

北平市日侨众多，为使政令能够迅速且普遍地传达，以及广泛宣扬中国政府的宽大政策，管理处令各个管理所刊行壁报以供日侨传阅。各壁报均由日侨自治分会主办。按规定，日侨自治分会每次先把即将刊行的原稿送交各自所属管理所，待检查后方可刊发。所刊行的壁报见表 4‑18。

表 4 - 18　北平市各日侨集中管理所刊行壁报状况

壁报名	创刊日期	发行日期	发行数（每日）	发行人	宗旨
西郊回览报	1946 年 2 月 1 日	每周一	二百份	西郊区日侨自治会	摘录新闻通告政令
西郊儿童之友	1946 年 3 月 5 日	每周二、周五	三百份	西郊区日侨自治会	宣导国策
西苑回览报	1945 年 12 月	每日刊行	二百份	西苑区日侨自治会	

资料来源：《北平市日侨管理处工作概况》，北京市档案馆馆藏，J181 - 10 - 412。

　　管理处还给日侨提供一些刊物和报纸：每日分派北平市区内各主要集中营 500 份日文版《华北日报》，供日侨阅读；以《日人再教育方针》为依据，搜集各杂志材料，出版《星期特刊》；每周由北平美国新闻处转送最近日本东京出版的报纸杂志及周刊，经审查后，发各集中营轮流阅读，或分贴于集中营墙壁，以便日侨普遍阅览后获知日本最近经济、政治及社会状况；用日侨自治会的名义刊印《民主主义》《三民主义问答》等小册子，以培养日侨的民主主义思想，并使其能够了解三民主义。

　　美军日俘侨遣送组奥士木少校在 1946 年 1 月到北平时，提出在各集中区"应建立短波无线电以接收东京广播新闻，盖日人对之必感兴趣"，[1]随后，管理处即着手进行。但是，所装的无线电只能收听北平广播台，于是改由"'XRRA'广播台转播东京电台。经试验，不感若何困难"。[2]

　　4. 电影、画片剧等

　　管理处为扩大训练效果，特用电影、画片剧等娱乐的形式辅助

————————————

[1][2]《北平市日侨集中管理处呈》，北京市档案馆馆藏，J184 - 2 - 35497。

再教育的推进，以达到事半功倍的效果。经与美国新闻处、中国电影服务社等商洽后，自 1946 年 2 月 1 日起分别在第一、二、四管理所放映有关第二次世界大战及揭露军国主义罪恶的新闻影片。前后放映共计 13 次，观众累计 8 296 人。关于放映地点、时间、片名、观看人数等见表 4 - 19。

表 4 - 19　北平市各日侨管理所放映电影情况

电影放映区	放映期	影片名	观影日侨人数	备
第一管理所	3 月 26 日	美国新闻处及中国电影服务社供给新闻片	300	
第二管理所	自 2 月 1 日起先后放映 7 次	同上	5 000	日俘在内
第四管理所	3 月 1 日起先后放映 5 次	同上	2 996	

资料来源：《北平市日侨管理处工作概况》，北京市档案馆馆藏，J181 - 10 - 412。

画片剧构造简单，携带便利，常被日人用作儿童娱乐之用。管理处把它用作辅助教育的另一种手段，组织日侨自治会人员编辑含民主思想的画片剧。这些画片剧经核定通过后，即在各所轮流表演。1946 年 3 月到 4 月间，在三个日侨集中管理所表演的画片剧主要有《回国之土物》《河岸之小石》《有那传记》《耶稣传记》等。

另外，管理处召集日侨举行日侨恳谈会、保甲长恳谈会、教员及学生恳谈会等，漫谈时局，这样不但可以丰富其精神生活，而且可以使管理人员了解其思想变化，及时纠正其不当言行。

管理处及各管理所通过以上方式对待遣日侨实施了为期数月的再教育，那么，其结果如何呢？据《大公报》记载，在每批归国日侨从北平走之前都要总集会一次，由管理人员对其进行精神讲话，要他们对侵华战争作沉痛的回忆，以及思考一下什么样的人、什么样的日本才适合于未来的世界，而其领队答词，总是客套一番，说些"感谢中国的宽大"之类的话。① 当有记者问他们"过去对于日本政府的措施的意见，多数日侨摇首不答，有一个人说，当然有许多的错误，可是这也是历史造成的局面"。② 经过中国政府的再教育后，他们是真的觉悟、真的忏悔了吗？通过上述言行来看，恐怕不然。因日人多年受军国主义思想毒害，若想仅凭短短数月的精神教育使其发生质的转变，难度是相当大的。但是，不论再教育的成果如何，至少管理处及各管理所对日侨的精神教育确实做了一些努力。

六、北平市日籍人员的留用与劳役

北平市日侨集中管理处成立后，随即根据北平市各机关团体业务及技术上的需要，遵照中国陆军总司令部所颁相关规定，进行了日籍技术人员的留用工作。同时，由于第十一战区在北平集中的"日本徒手官兵"人数较少，驻地较远，且随时有可能遣送回国，故北平市政府挑选集中的日侨担当北平市的清洁工作。

1. 日籍技术人员的留用

1945 年 11 月 1 日，北平市政府训令管理处："奉第十一战区司令长官部代电开，为维持各机关工作之推行，对于原有之日方专门技术人员，在认为有保留之必要时，可予继续留用，缓期集中。"③与此同时，北平市政府制定了北平市征用日籍员工的实施方案——《各机关日本技术人员留用办法》，规定了留用人员种类：甲、交通

---

① 《沉默的访问》，《大公报》1945 年 12 月 5 日，第 3 版。
② 《看回国日侨受检查》，《益世报》1945 年 12 月 10 日，第 3 版。
③ 《北平市政府训令》（1945 年 11 月 1 日），北京市档案馆藏，J9 - 1 - 138。

事业,包括大沽新港;乙、经济事业,包括农林水利事业及钢铁冶炼、煤矿洗煤炼焦及副产品、金属矿、机械工业、电器制造工业、化学工业、电力工业、造布工业、窑业工业、纺织工业、地质调查与工业研究、农林研究改良推广、水利事业等。① 原在华参加以上事业及经营的日侨,由平津地区日本官兵善后联络部通过涉外部部长及日本大使馆,选择品性纯良、忠于职守者,开列名单请求留用。此外,各机关单位认为在事业上确有需要者,也可开具名单送请河北平津区敌伪产业处理局核准,然后由该局呈报行政院。

北平市日侨集中管理处自开始办理留用工作,至河北平津区审委会成立,办理留用的日人总数为 4 212 名(家属除外)。② 中国陆军总司令部根据 1946 年 7 月 24 日以前各地有关单位的呈报,整理制作了《中国战区现有日俘侨人数驻留各地一览表》。表中显示北平市尚有留用人员 508 名,均是工矿单位所需的技术人员,其征用时间暂定到 1946 年年底。③ 1946 年 6 月,北平市警察局局长陈焯向市政府报告,该局开展户口总检查显示,北平市日侨已于 5 月20 日遣送完毕,剩余留用日侨为 1 007 人。④ 1946 年 12 月底,据国防部统计,在北平仍有日籍技术人员及其家属 898 名。⑤

2. 日籍员工的劳役

1946 年 1 月 12 日,北平市政府接到国民政府军事委员会来电,称:"各省市居民集中市区多属污秽纷乱,每次清洁运动对于偏

---

① 《各机关日本技术人员留用办法》,北京市档案馆藏,J181－10－417。
② 《北平市日侨管理处工作概况》,北京市档案馆藏,J181－10－412。
③ 《北平市警察局训令》(1946 年 11 月 19 日),北京市档案馆藏,J183－2－34097。
④ 《北平市警察局局长向市政府纪念周的报告》(1946 年 6 月),北京市档案馆藏,J181－1－103。
⑤ 《国防部代电》(1946 年 12 月 14 日),天津市档案馆藏,J2－3－2－147。

僻地方小巷之内,亦多未予以注意,查日本人尚有清洁习惯,希在当地俘房之中挑选其具有卫生道路之能力者,多则一二千,少则数百,编组若干小队,分区布置,将最污秽纷乱、最偏僻腐败之地区以及公共场所,如公共之运动场与主要道路及其路口指定勤务,明确其责任,拟定其工作标准,责成清除污秽、整洁道路、搬垃圾、出污桶等项,尤其穹坏偏巷、难民穷人所居最污浊之地区,特别指定其修治污沟,整洁环境,并以协助居民养成户内外之清洁习惯。此项俘房应给予相当工资;如其工作不合标准,则应予处罚;如此项俘房愿留中国服务至三年以上而未过犯时,则另予优待,希照此意从速详加规划,限 2 月 1 日起开始实施。"①接到命令后,北平市政府即开始拟具利用日侨进行清洁工作的方案。

　　1946 年 1 月 19 日、22 日,由北平市政府主持,先后两次在警察局召开了临时清洁工作会议。参加会议的单位有:北平市卫生局、工务局、警察局、第十一战区司令部日本徒手官兵集中管理处及北平市日侨集中管理处。会议对清洁工作开始日期、工作方式、使用日侨人数、扫除街巷次序及场所地点、工作日侨的工资及筹划办法、编配分区工作人员等做了规定;同时,为与各有关单位密切联系,提高工作效率,会议决定由北平市政府连同参加会议的六个机关共同成立北平市临时清洁工作委员会,作为负责清洁工作的管理机构。1 月 30 日,以警察局局长陈焯为主任委员的临时清洁委员会成立,并开始工作。该委员会拟定的使用日侨清洁工作次序为:"1.清除积土;2.疏通龙须沟;3.举行大扫除,督市民养成清洁习惯。"②

---

① 《国民政府军事委员会代电》(1946 年 1 月 16 日),北京市档案馆馆藏 J181 - 16 - 2549。

② 《北平市临时清洁委员会呈》(1946 年 3 月 2 日),北京市档案馆馆藏,J181 - 16 - 2559。

北平市在沦陷期间,对于清道治沟等卫生方面的工作一向废弛,致使全市积土量很大,且战后还有逐日增加之势。因此,北平市临时清洁工作委员会将清除积土作为其第一个工作对象,并为此制定了《清除积土工作办法》。

承担清除积土工作的,是北平市临时清洁工作委员会利用日侨组设的清洁大队。清洁大队分成扫除队和运除队,分别负责扫除道路和运除垃圾。扫除队以日侨300人组成,共分为5个分队(每队日侨60人)。第一至第四分队,每一分队分为4个小队(每小队日侨15人),置小队长1人,由15名日侨中择选精通华语的人充任,负责率领该小队各日侨工作;卫生局的各清洁区队指派队附或队目,分别监督率领4个分队,清扫本市内六区干线各街巷;凡各巷内零散小量存土,即由负责该街巷的小队抽派手车随时收集,送往界内各待运场倾卸,遇雪时界内扫雪工作亦由该队担任。第五分队由工务局派技术人员负责监督率领,办理修整沟口、平垫道路及清理房渣等工作。运除队以日侨200人及马力大车200辆组成。日侨200人负责积土装卸工作,分别派在内六区各积土待运场;马力大车及工作分配,由卫生局各清洁区队指派队附或队目,参考各待运场的存土量情形而定。扫除队和运除队的工作,每日上午8点前由日侨工作队队长带领日侨分赴各指定工作场所。卫生局派员在场守候,按单点名后即行分配工作。在日侨工作时,由警察局分派员警随时监护至下午5点工作结束,然后仍由担任监护工作的员警将日侨送回各集中住所。①

清除积土工作"先由内六区开始工作,并由卫生局负责工作计

----

① 《北平市临时清洁工作委员会清除积土工作办法》,北京市档案馆馆藏,J181-3-765。

划;准在内六区界内设置临时积土待运处,地点交由(警察局)内六区分局调查决定"。① 自内六区实施后,依次再向其他区推广。

位于北平市城南的龙须沟,历年失修,已污浊不堪,急需治理。临时清洁工作委员会成立后,即由北平市政府工务局拟定《利用日俘日侨掏挖龙须沟实施方案》,按照该《实施方案》规定,日侨的工作范围为,由外五区精忠庙南口起至外三区左安门西水关止,共长3 800公尺,所要掏挖的泥土为1.5万公方,其所需工具由工务局借用,预计工作限期为200日。②

日侨每天上午8点开工12点收工,下午1点开工5点收工,计每日工作8小时。每天工作人员计有300人,分为5班,每班60人,设正副班长各1人督促工作;并由工务局派2名技术人员前往监督指导。挑挖工作由下游往上游分段进行,其应掏挖深宽,由监工指定;掏出的泥土先堆至岸上,再用抬筐运至附近洼地,其地点也由监工临时指定。为增进工作效率起见,临时清洁工作委员会还设立奖金,发给工作优良的人,故清洁工作最初进展顺利。但是,到1946年4月,北平市日侨已大部遣送回国,散在城内的也正准备在中旬前全部返国,利用日侨进行的清洁工作已无法继续下去。清洁工作除利用日侨清除颐和园和中山、北海公园等处名胜及掏挖龙须沟已经实施外,原计划利用日侨自内六区开始再依次向其他地区推进的清洁工作,只能留待卫生机关另行办理了。

在清洁工作开展期间,凡参加工作的日侨"除其应得之配给主副食外,酌给工资国币每名40元";③在掏挖龙须沟时,日侨"每日

---

① 《北平市临时清洁委员会呈》(1946年1月28日),北京市档案馆馆藏,J181-16-2554。

② 《利用日俘日侨掏挖龙须沟实施方案》,北京市档案馆馆藏,J17-1-3046。

③ 《北平市清洁委员会通知》(1946年3月2日),北京市档案馆馆藏,J181-16-2559。

得奖金者 20 人,每人平均奖金 50 元"。① 另外,对于参加工作日侨
的困难,临时清洁工作委员会也非常照顾。最初为便于日侨集中
工作,委员会特规定其集中居住。3 月 16 日,北平市日侨自治会
的一封公函由北平市日侨集中管理处移交临时清洁工作委员会。
日侨自治会会长西田畊一在函中称:"如(日侨)本人不克每日回
寓住宿,其家属无人与管,甚感不便。"②经查明其所称日侨集居
困难属实后,委员会便准日侨每日扫除工作完毕后,各自回到住
所住宿。

　　虽然由于日侨的不断遣返而最终未完成原定计划,但北平市
政府遵照指示组织成立北平市临时清洁工作委员会,制定各项规
则,并利用集中日侨进行北平市的清洁工作,一定程度上有助于战
后中国重建。

七、北平市日侨的遣返

　　根据国民政府与美日两方商定之遣返计划,塘沽是北平市日
侨集中管理处所辖各管理所日侨登船返国的港口。第十一战区司
令长官部在此设立了塘沽港口运输司令部,会同各有关机关办理
日侨遣返事宜。经与盟军商妥后,北平市日侨于 1945 年 12 月 5
日开始遣送。每批日侨在遣送之前,均先由第十一战区司令长官
部与盟军洽妥船位容量及出发日期后,通知管理处令日侨自治会
依照"1. 独身男子;2. 独身女子;3. 贫困者;4. 农矿土木人员;
5. 民主党员"等先遣送的原则,"编成一千名乃至千四百名左右之

① 《利用日俘日侨掏挖龙须沟实施方案工程概算修正对照表》,北京市档案馆藏,J17 -
　　1 - 3046。
② 《北平市清洁委员会通知》(1946 年 3 月 22 日),北京市档案馆藏,J181 - 16 -
　　2562。

大队"，①并由日本官兵善后联络部转请第十一战区司令长官部发返国许可证。许可证要求分别填明出发地点、返国人数、携带物品数量、率领人姓名、出发站、抵达站各名称、出发月日，以及所需车辆及吨数，呈请核准，填发有效期间，逾期无效。日侨自治会领取许可证后，通告侨民出发日期、上车地点、准许携带物品数量、回国途中注意事项等。日侨按照预定日期会集于距离集中处所最近的车站，由管理处派员监护，乘火车送至天津车站货物厂，交由第十一战区日本徒手官兵集中管理处天津管理所负责送至塘沽登船。

为照顾日侨病人及孕妇，管理处将其单独组织大队，以便乘用病院船返国。对于日侨到天津后，候船回国期间的管理与补给等事，第十一战区司令长官部做出如下规定："关于日侨遣送，于天津待船回国期间，暂由天津日俘集中管理所统筹收容管理。候船期内所需给养准由出发地省市发给十日之食粮带备食用，如乘船前有余粮时，由天津日俘集中管理所收缴。"②

为防止归国日侨携带违禁物品或越出规定数量的物资，同时也为避免战犯嫌疑人混入其中，故从北平上车至港口等船前，其必须接受多次检查。在北平车站的临行检查，由管理处人员会同宪兵第十九团和国家银行所派代表依照中国陆军总司令部颁布的《日人返国检查办法》共同实施。《日人返国检查办法》规定："遣送归国日俘侨港口、内地之检查由各受降主官监督，令俘侨管理处所负责，当地军宪警及运输机关实施之；由内地向各港口输送之日俘侨，携带行李物品与金钱可斟酌实地情形与行程，由受降主官规定

---

① 《北平市日侨管理处工作概况》，北京市档案馆馆藏，J181-10-412。
② 《在津候船返国日侨由日俘管理所管理》，《大公报》1946年2月21日，第3版。

以每人能携行者为原则；扣留超出规定之物品，金钱、饰物悉予充公，军品交当地军政部机关接收，其余物品由负责检查机关呈报各受降主官核定后拍卖变款，并金钱饰物存入国家银行，取据报本部备查。"①

鉴于战争刚刚结束，形势依然很混乱，为防止有假借检查名义夺取日本侨俘财物的事情发生，中国陆军总司令部再次电令各地，强调道："对日俘侨之检查应遵照本部命令，由各受降主官或受降主官授权之当地卫戍部队或日俘侨管理处所长行之；负责检查人员应持有检查证件，会同日俘侨管理处所人员前往检查，不容有非法之敲诈行为；接收日俘侨财务时，应先行查封，然后由各主管机关统一接收。"②按照以上要求，第十一战区规定：除塘沽港口运输司令部及丰台检查站为固定的检查机关外，各地警备司令部、日俘日侨管理处必要时也可对日俘侨施行检查，此外无论任何机关部队不得擅自检查。③

在离津赴塘沽港口前，日侨仍然必须接受检查。其检查事项大体与在北平上车前相同。据天津《大公报》记载：日侨在出发前，需要"经过中美两方人员检查。女人由中国女人检查，检查很严格，衣服和鞋子都要看过。其次，有人看日本男人的面孔，看他是不是战犯，以免他们乘机混入逃走。第三是行李检查，任何可以藏东西的地方，例如一面镜子的后面，也要检查。到上车时，再让他们重新包装起来"。④

乘车到达塘沽港口出境时，由港口运输司令或其代表率同该

①《北平市警察局训令》(1946年2月8日)，北京市档案馆馆藏，J181-24-1167。
②③《检查日俘侨办法规定》(1946年1月18日)，北京市档案馆馆藏，J181-10-417。
④《塘沽海滨看日军归国》，《大公报》1945年12月8日，第3版。

港军宪警及有关人员依照遣送计划的规定,在上船前再次对日侨实施严格检查。经检查,凡符合规定的日侨,由第十一战区港口运输司令部施发船票,准其上船出港归国。

北平市日侨的遣返,计自北平市日侨集中管理处接管日侨事宜至 1946 年 5 月底,先后遣送日侨 69 批,共 78 536 人。其中,西郊日侨集中管理所遣返日侨 22 个大队、1 个独身大队、1 个病人大队,共 24 批,28 485 人;西苑日侨集中管理所遣返日侨 11 个大队和 1 个独身大队,共 12 批,14 373 人;东城日侨集中管理所遣返日侨 22 个大队、6 个独身大队、4 个病人大队及 1 个农矿大队,共 33 批,35 678 人。具体情况如表 4 - 20 所示:

表 4 - 20　北平市集中日侨遣送回国状况一览表

日侨遣送日期			西郊	西苑	城内	合计
1945 年	12 月	4	926			6 814
		5		1 107	1 000	
		6			825	
					748	
					475	
		7			1 443	
		12			290	
1946 年	1 月	29	953	1 036	1 176	6 239
		30	916	1 051	1 107	
	2 月	9		1 084		5 651
		10	982		1 143	
		20	1 328		1 114	

续表

日侨遣送日期			西郊	西苑	城内	合计
3 月		6	1 149	1 159		25 328
		20		1 337		
		22	1 304			
		23	1 271			
		24	1 345	1 340		
		25	1 776	1 319	1 501	
		26	1 297			
		27	1 294			
			1 318			
				1 308		
		28	1 287	1 334		
			1 347		1 222	
		29	1 420			
4 月		4	969		759	33 117
		5	1 437	1 200		
				1 098		
		6	1 347		1 265	
			1 370			
		7	1 332			
			1 209			
		8	1 237		1 422	
					1 318	
		9			1 243	
					749	

续表

日侨遣送日期			西郊	西苑	城内	合计
		11			1 532	
					1 457	
		12			1 569	
		13	277		1 083	
					1 455	
					1 500	
		14			1 348	
					777	
		15			1 462	
		25			616	
		27			1 088	
		28			998	
	5 月	7			416	2 001
		25			946	
		26			639	
合计			29 091	14 373	35 686	79 150

资料来源:《北平市日侨管理处工作概况》,北京市档案馆馆藏,J181-10-412。

由于前期遣返中日侨行李多、组织欠周密及交通不畅、运输工具缺乏等原因,遣侨的速度较慢。如上表,在 1946 年 1、2 月份所遣日侨总数仅为 11 890 人。有鉴于此,1946 年 1 月 4 日至 5 日,中美双方召开第二次上海会议,专门讨论将集中的日人自内地运往港口事项,并达成水运、车运、步行三者并用的运输方案,以增强运输能力,加快遣返速度。2 月 6 日,中美日三方又在东京召开联席会议,明确各方在遣侨工作中的责任。3 月开始,中国战区的遣返速度大大加快。3 月,北平市日侨集中管理处遣返日侨 19 批,共

25 328人，比前 3 个月的遣返总和还要多。4 月，共遣送 28 批，33 113人。5 月底，北平市日侨集中管理处完成遣侨任务。

1946 年 6 月底，北平市"日侨除留用日籍技术人员另案办理外，业经遣送竣事"，北平市日侨集中管理处及各管理所相继结束，"所有残留事务已移交本市警察局外事科办理"。[①] 平津地区日本官兵善后联络部也在遣返后期取消，其工作人员大部遣送回国，留下 10 人在北平成立联络班，处理最后的遣返问题，但到 1946 年年底必须遣返日本。

北平市对日侨的集中管理与遣返，仅是战后华北地区乃至整个中国日本侨俘大遣返中的一幕。北平市日侨集中管理处是中国陆军总司令部因遣返日本侨俘的需要而成立的临时机构，其受命之后，即在陆军总司令部、第十一战区司令长官部、市政府等的统筹下，开展日侨的集中管理、日籍技术人员的留用、日侨的遣返等一系列工作，有条不紊，连续有力，在较短时间内完成了遣侨任务。

近代日本侵略者在中国犯下了滔天罪行，但在其战败投降后，中国人民不计前嫌，未对日本侨俘实施报复和虐待，而是本着"与人为善""以德报怨"精神优待战俘和侨民，且耗费了大量的财力、人力、物力将他们遣送回国。但是，各地在遣返日本侨俘过程中过分强调"宽大"，对他们再教育力度不足等，大多数日本侨俘未经彻底改造便遣返回国。时至今日，一些日本人特别是日本右翼，歪曲侵略历史、美化侵略战争、否认战争责任，成为影响战后中日关系和两国民众感情的障碍性因素，个中缘由值得深思。

---

① 《北平市警察局训令》(1946 年 7 月 11 日)，北京市档案馆馆藏，J181-24-1004。

第五章　京沪地区日本侨俘的遣返

1945年9月9日,中国战区受降仪式结束后,南京、上海地区的受降工作随即展开。南京是国民政府的首都,也是日伪时期伪中央政权所在地。上海作为远东国际大都市,既是日本在华殖民统治的重要区域,又因其作为重要港口和便利的交通,故在日本战败投降前已集中不少日本移民和日军官兵。日本无条件投降后,南京、上海不仅是当地和周边地区日本侨俘的集中之地,也是宜昌、武汉等长江两岸和华中地区日本侨俘遣返回国的转运之地。因此,京沪地区①日本侨俘的遣返并非仅仅当地的日本侨俘遣返,还包括浙江、湖南、湖北、安徽等地日本侨俘的转运。

第一节　京沪地区受降及日本侨俘管理机构

1945年8月18日,中国战区最高统帅蒋介石电令"第三方面军派汤恩伯为受降官,指挥新六军及第七十四军,自芷江空运,负

---

① 当时的京沪地区,指南京、上海地区,为尊重历史原貌,保留此种用法。特此说明。

责接收南京、上海地区"。① 随着南京、上海地区受降工作开始,该地区日本侨俘的集中、管理和遣返工作也随之展开。

一、京沪地区受降与日本侨俘

1945 年 8 月 22 日,中国陆军总司令部致冈村宁次第二号备忘录,指出"第三方面军司令官派出前进指挥所于上海",望其转饬上海日军最高指挥官对"前进指挥所主任所要求之事项迅速照办"。② 25 日,中国陆军总司令何应钦再次电示冈村宁次,第三方面军汤恩伯为京沪受降主官,日军投降代表,上海为十川次郎,南京为松井太久郎,"分别在京、沪办理投降事宜"。③

9 月 4 日,第三方面军副司令兼前进指挥所主任张雪中偕副司令郑洞国、总参议徐祖诒、副参谋长李元凯、主任秘书胡静如、第三区兵站司令部参谋长何以鸣等 24 人,并美方联络指挥部参谋长狄巴斯及工程人员等一行共 40 余人,分乘 C－54 巨型运输机 7 架,自柳州飞抵上海,④随即成立第三方面军前进指挥所,开始接收上海的准备工作。是日晚 6 时,张雪中在华懋饭店召见上海地区日方军事负责人第十三军参谋长土居明夫等,举行首次接收会议。张雪中责令土居明夫将中国陆军总司令部先后向冈村宁次所提备忘录应准备文件报告表册中属于上海范围内的,包括"上海兵力配备、海空军设备器材、各种军管理事业仓库、粮食、公产等"表册交于前进指挥所,同时责令日方"所有上海市及市郊,在未经本军接

---

① 朱成山主编:《二战大受降:中国抗战与世界反法西斯战争胜利史料》,第 35 页。

② 中国人民政治协商会议南京市委员会文史资料委员会编:《中国战区受降始末》,第 200 页。

③ 中国第二历史档案馆:《第二次世界大战中国战区受降纪实》,第 72 页。

④《张主任等一行昨晨飞抵沪,前进指挥所成立》,《申报》1945 年 9 月 5 日,第 1 版。

收前，一切地方治安秩序及公用事业如水电、电话、电车、公共汽车等之维持，应由日方完全负责"。①

9 日，第三方面军前进指挥所又召集上海党、政、军，以及经济、文化、交通各方面的主管机构负责人举行联席会议，讨论有关接受各项问题。对于上海接收工作，张雪中称第三方面军"在统一协调原则下，当竭尽一切力量，予以协助"，各机关"务须做到命令统一，步调一致，以期顺利执行，并纠正一切分歧现象，防止流弊"。②

9 月 11 日下午 2 时，上海地区受降仪式在上海第三方面军司令部隆重举行。第三方面军司令汤恩伯召见日军第十三军司令松井太久郎，面交沪字第一号命令，饬其遵照："1. 日本驻华派遣军总司令冈村宁次大将，已遵照日本帝国政府及日本帝国大本营之命令，率领在中国（东三省除外），越南北纬 16 度以北，台湾、澎湖列岛之日本陆海空军，于中华民国三十四年九月九日（1945 年 9 月 9 日），在南京签具降书，向中国战区最高统帅特级上将蒋中正特派代表中国陆军总司令一级上将何应钦无条件投降；2. 遵照何总司令命令，及何总司令致冈村宁次大将中字各号备忘录，指定本官及本官所指定之部队接受南京、上海两地区内日军之投降；3. 除南京方面部队另有命令外，贵官所属各部队，拟于明日（12 日）起陆续接收，调部事宜另行命令。今后贵官应遵照本官命令明确执行。"③参加仪式日方人员还包括参谋长土居明夫、副参谋长川本芳太郎、上海方面根据地队司令森德治等，受降仪式历时 20 分钟遂告完成。

---

① 《召见日军负责当局，指示接收准备事宜》，《申报》1945 年 9 月 5 日，第 1 版。
② 《前进指挥所召开各机关座谈会》，《申报》1945 年 9 月 11 日，第 2 版。
③ 《汤总司令面交松井沪字第一号命令原文》，《申报》1945 年 9 月 12 日，第 2 版。

9月5日,第三方面军副总司令郑洞国奉命赴南京成立前进指挥所南京分所,负责办理南京地区之接收准备工作。[1] 7日,郑洞国召见日军第六军司令官十川次郎代表佐藤良一,将第三方面军总司令汤恩伯代电二件递交佐藤,即席签具收据,并告以南京区日军应交出图表尚多漏缺,应早日补缴齐全,在未接收南京以前,凡有治安及公用事业如水电等,仍由十川次郎督饬所部切实负责维持。[2] 9月10日上午,第三方面军新六军军长廖耀湘在黄浦路新六军司令部召见日军第六军司令官十川次郎,面交命令该军集中缴械和规定其驻地的备忘录。[3]

投降仪式后,驻军南京、上海的日军部队,开始在指定地点向中国军队缴械投降。第三方面军司令官汤恩伯令第94军军长牟廷芳负责上海日军接收,南京方面则由新六军廖耀湘代表接收。京沪地区的日军投降部队包括"中国派遣军总司令部(南京)、第6军司令部(南京)、第13军司令部(上海)、第3师团(镇江)、第27师团(苏州、无锡)、第34师团(浦镇)、第40师团(芜湖)、第60师团(苏、常、锡)、第61师团(吴淞口)、第69师团(昆山)、第161师团(南京、句容)、第13飞行师团(南京)、独立混成第89旅团(真如)、独立混成第90旅团(南通)、中国方面舰队司令部(上海)、上海方面根据地队、上海海军陆战队;投降官兵上海165 000人、南京138 830人(两数字包括杭州地区投降日军)"。[4] 其缴械情形如表5-1所示。

---

[1]《郑洞国中将飞京,成立前进指挥分所》,《申报》1945年9月6日,第1版。

[2]《第三方面军在京设指挥所》,《申报》1945年9月9日,第1版。

[3] 王楚英:《国民党新六军接受日军投降纪略》,中国人民政治协商会议南京市委员会文史资料研究委员会编:《抗日风云录——纪念抗日战争胜利四十周年》(南京文史资料专辑),1985年,第234页。

[4] 黄力民:《中国战区对日受降实录》,《党史纵横》2015年第8期。

表 5-1　南京、上海地区日本陆军及海军陆战队缴械情形一览表

受降		投降		缴械地点	开始缴械日期	缴械完毕日期	备考
主官	部队	主官	部队				
第三方面军司令长官汤恩伯	N6A74A	第六军司令官十川次郎	6A161D13FD	南京		9月26日	空军第十三师团由空军第一路司令张廷孟接收
	74A		34D	浦镇		11月26日	
	57D/74D		3D	镇江		11月19日	主力在镇江缴械，一部在丹阳缴械
	5D/94A		60D	苏州	10月1日	10月5日	
	51D/74A		40D	芜湖	11月21日	11月27日	
	43D/94A		13A61D89Bs	上海	9月20日	10月10日	
	94A		海军陆战队	浦东	9月14日	9月30日	
	94A		海军特别根据地队	浦东	9月14日	9月30日	
	94A		海军陆上人员	杨树浦	9月14日	9月30日	
	94A		空军地上人员	杨树浦	9月14日	9月30日	
	94A		69D	嘉定、昆山、太仓	10月1日	10月5日	
	94A		27D	无锡、常州	12月4日	12月18日	主力在无锡缴械，一部在常州缴械
	100A91D/71A		90Bs	镇江	1946年1月14日	1946年1月16日	

资料来源：中国第二历史档案馆编：《第二次世界大战中国战区受降纪实》，第509页。

由表 5-1 可见,京沪地区的缴械工作自 1945 年 9 月 14 日开始,直至 1946 年 1 月 16 日才最终完成,共"缴收日军步枪 56 985 支,手枪 1 493 支,轻机枪 856 挺,重机枪 201 挺,掷弹筒 898 具,刺刀 35 419 把,军刀 1 056 把,追击炮 760 门,山炮 159 门,野炮 130 门,榴弹炮 115 门,高射炮 23 门,高射机关炮 18 门,战防炮 87 门,步机弹 1 118 708 粒,手枪弹 43 072 粒,各种车辆 2 220 辆,马 11 083 匹"等。①

二、京沪地区的日本侨俘管理机构

根据《战俘管理计划纲要》及《中国境内日侨集中管理办法》的规定,第三方面军司令部设置战俘管理处及日侨集中管理处,具体负责日本侨俘的集中管理与遣送回国。

1. 南京、上海的日俘管理机构

1945 年 9 月 9 日,中国战区中国陆军总司令部对日本投降后的第一号命令中明确规定,取消"支那派遣军总司令部"名称,并自 10 日起,改称中国战区日本官兵善后总联络部,"各地区日本代表投降部队长之原有司令部,着均改为地区日本官兵善后联络部,其投降代表长官原有名义,着一律取消,改称联络部长",传达及执行各受降主官之一切命令,办理该地区内日军投降后之一切善后事项。②

上海、南京日军投降后,即成立京沪地区日本官兵善后联络部,十川次郎为联络部部长,下设 10 人左右的联络班。而缴械

---

① 郭大钧、吴广义:《浴血八年树丰碑——受降与审判》,桂林:广西师范大学出版社 1994 年版,第 124 页。
② 胡菊蓉:《中国战区受降始末》,南京:南京出版社 2016 年版,第 175 页。

之后的日军也须按照《战俘管理计划纲要》的规定施行集中管理。《纲要》规定，"战区司令长官部（方面军司令部），设置战俘管理处，受中国陆军总司令部战俘管理委员会之指导实施管理之责"，"各战俘管理处，得依战俘集中情形设置若干管理所"。各管理处、所均奉行蒋介石所提出的"以德报怨"原则，对日本战俘宽大处理。

9月12日，在上海日军投降仪式结束后，日军受降代表松井太久郎将日军驻军名册、军事装备和军用物资等清册交第三方面军，汤恩伯即令松井太久郎："1.一切缴械及各项接收办法望予切实遵照办理；2.上海军事接收由第94军军长牟廷芳担任负责；3.在该军未接收前仍由日军担任警戒；4.第94军只担任军用品的接收事宜；5.其他方面接收工作，概由市政府负责，但须本人下达命令方可执行；6.公营事业财产、物资在未接收前不得移动；7.技术职工当予正常工作；8.居留民问题当与市政府商定妥善办法；9.日军粮准暂保存原有数量、仓库，但须造册登记，如有不敷，当另筹补给"等。①

9月14日，上海方面日军缴械工作正式开始，解除武装后的数千徒手官兵于9月16日开始入集中营，日海军方面在浦东集中营，陆军则在江湾集中营。9月24日，新六军开始办理南京市郊及其外围日军的缴械。缴械工作共分市区与近郊、浦口与浦镇、龙潭与汤山、镇江与句容4区进行，缴械后的日本官兵分别集中于汤山、龙潭、栖霞等地。②

---

① 张铨、庄志龄、陈正卿：《日军在上海的罪行与统治》，上海：上海人民出版社2000年版，第442页。

② 《南京外围缴械完成》，《申报》1945年10月14日，第2版。

2. 南京、上海的日侨管理机构

《中国境内日侨集中管理办法》规定："凡散处于中国境内（东三省除外）的日侨，均由各地中国陆军受降主官指定时间、区域集中，交由当地省市政府管理"，在"每一日侨集中居住区域设一日侨集中管理所"。① 南京、上海受降仪式结束后，即在受降主官第三方面军总司令汤恩伯督导下，按既定步骤成立管理日侨的机构，具体负责日侨的集中管理与遣送回国。

1945 年 10 月 1 日，上海日侨管理处在上海狄思威路 1177 号正式成立。内部设置处长 1 人，由第三方面军参谋长王光汉兼任；副处长 1 人，由邹任之兼任，下设秘书、指导员、组训科、宣导科、总务科，分掌业务，共有职员 38 人。② 秉承蒋介石"以德报怨"的广播训示、中国陆军总司令部颁发的《中国境内日侨集中管理办法》及第三方面军司令官汤恩伯指示，上海日侨管理处慎重从事，以期顺利完成遣返日侨任务。

随着南京受降仪式的结束，南京日侨开始受到管制。1945 年 9 月 17 日开始，"按照规定，侨民在每天上午六点钟以前，每天晚上八点以后都必须留在居所内，不能随意外出"。③ 9 月 27 日，中国战区日本官兵善后总联络部部长冈村宁次"决定将南京侨民集中于江岸下关之兵站营房"。④ 11 月 5 日，南京市日侨集中管理所即在此成立。

---

① 中国陆军总司令部编：《处理日本投降文件汇编》（上卷），沈云龙主编：《近代中国史料丛刊》第 82 辑，第 177—178 页。

② 《日侨管理处工作报告（三）》，《导报》1945 年第 3 期。

③ 王艳飞：《南京日侨日俘的集中与管理》，硕士学位论文，南京师范大学，2004 年，第 11 页。

④ ［日］稻叶正夫著，天津政协编译委员会译：《冈村宁次回忆录》，第 74 页。

　　南京市日侨集中管理所设所长、副所长各 1 人,其下设总务、管训、经济 3 组。南京市日侨集中管理所先由郑燊畚担任代理所长,后由郑兆辰接任。总务组主要负责管理所管理工作的整体筹划,下设文书股、庶务股、卫生股、出纳股、配给股、警卫股(调查兼翻译)6 个小组,其职责包括"管理所人员的进退和文书处理事项、管理所出纳事项、管理所清洁卫生和医疗事项、管理所警卫指挥调遣事项,以及一些不属于其他两组管理的事务"等;管训组下设指导股、宣传股、教育股和登记统计股 4 个小组,主要负责"管理日侨组织及自治事项、日侨户口检查登记和核发付号凭证事项、日侨技能艺术调查事项、日侨思想纠正及训育检查事项、日侨劳役征调事项";经济组主要进行日侨的日常生活管理,下设生产股、消费股、公开股 3 个小组,其职责包括"日侨财产物资登记保管给养供应统筹事项、日侨消费合作指导事项、日侨手工生产事业指导事项、日侨食物及日常用品支配事项"等。①

　　南京市日侨集中管理所先后颁布《南京市日侨管理所组织规则》《南京市日侨集中管理办法》《南京市日侨管理所警卫规则》等,对日侨进行集中、管理。1946 年 6 月,南京市日侨集中管理所因完成遣侨工作而结束。

第二节　京沪地区日本侨俘的集中、管理与遣返

　　随着京沪地区受降工作的展开及日本侨俘管理机构的建立,当地日本侨俘遣返工作也逐步进行。

---

① 王艳飞:《南京日侨日俘的集中与管理》,硕士学位论文,南京师范大学,2004 年,第16—17 页。

一、京沪地区日本侨俘的集中与管理

1946 年 1 月,南京、上海各地区的受降工作全部结束,日本侨俘也分别集中于各指定地点。国民政府规定,南京、湖南、湖北、浙江、安徽等地区的日俘日侨在各地集中后,分批分期运至上海,经上海集中遣返。

1. 京沪地区日俘的集中与管理

在投降仪式之前,在上海市区之日军各种部队,已于 9 月 7 日起开始撤出,移住指定之集中地点。9 月 14 日,汤恩伯在第三方面军司令部招待新闻记者时称:"上海日方官兵计有四师四旅,尚有一部分海军陆战队,共计十五万人……日方官兵于解除武装后,将先集中于江湾及市中心区以北,海军陆战队则驻浦东,日侨先集中于虹口地区,再候命撤回国内。"①

表 5-2　京沪地区日俘集中地点及人数

集中地点	人数	集中地点	人数
江湾地区集中营	41 721	宪兵集中营	1 284
南通地区集中营	2 935	苏州地区集中营	16 078
高资地区集中营	5 255	栖霞山地区集中营	7 208
南京城地区集中营	22 397	浦口地区集中营	8 094
马鞍山地区集中营	15 387	吴淞地区集中营	25 681
杨行镇地区集中营	9 990	松江地区集中营	8 126
无锡地区集中营	15 597	镇江地区集中营	28 202
龙潭区集中营	13 292	汤山地区集中营	5 580
尧化门地区集中营	7 424	谢家店地区集中营	6 613
总计		245 264	

资料来源:《参观日本徒手官兵集中营特辑》,《导报》1945 年第 4 期。

---

① 《汤司令官招待记者谈接收京沪工作》,《申报》1945 年 9 月 15 日,第 1 版。

　　9 月 14 日,上海日军开始缴械后,为规范与加强对缴械日本"徒手官兵"的管理,以及解决管理工作中的系列问题,汤恩伯在其后连下数道命令。9 月 15 日,第三方面军司令部发布"沪字第十五号命令",规定接收虹口日本司令部事宜,内称:"1. 虹口日本海军陆战队及附属房舍,限于 9 月 18 日前,点交本部接收,以待本部之移驻;2. 日本海军陆战队司令部内,所有一切设备及通信网等,均应保持完好,逐项点交。"① 为约束日方军民行动,第三方面军于 9 月 16 日下达"沪字第 16 号命令",规定:"1. 自本月 17 日起,日军官兵,一律不准携带武器及刀剑,进入市区;2. 日军及侨民,自本月 17 日起不得悬挂日本国旗;3. 日军所有汽车(卡车坐车)及油料配件,应切实遵照命令一律缴出,但日方徒手官兵在未遣送回国前,为补给联络便利计,得向本部酌借若干辆,并须向本部领取通行证,无通行证者,一律不准行驶;4. 日军徒手官兵应一律遵照命令,迅速移驻指定地区,并由各级率领人员严加管束,无故不得外出。"② 为解决日本"徒手官兵"的粮食及中方留用日籍技术人员的待遇问题,第三方面军又于 9 月 20 日下达"沪字第二十六号命令",规定:"第一,日本徒手官兵自 10 月 1 日起,每月暂发伙食费每人法币 1 500 元,由松井太久郎造具名册向中国第三方面军司令部领取;第二,由中国方面留用之日军技术人员,在中国陆军总司令命令未下达前,由各留用部队机关参照中国官兵同等待遇支付。"③

　　1945 年 12 月 16 日,第三方面军京沪区日俘管理处招待中外记者,参观上海的江湾第十六集中营、吴淞第二集中营及江湾第十四集中营。江湾地区集中营是京沪地区日俘集中最多的地区。日

---

① ②《第三方面军司令部发布重要命令》,《申报》1945 年 9 月 16 日,第 2 版。
③ 张铨、庄志龄、陈正卿:《日军在上海的罪行与统治》,第 361 页。

本第十三军集中长江、黄浦江交叉地约有 7 万人,其中"有一万三千人因为有病住在十三个医院里",其余主要在江湾集中营内。江湾第十六集中营共集中日本官兵 2 400 人,其时正奉管理处命令做劳役,"计分搬移物件、豢养马匹、修理公路、修理铁路"等;①在日俘教育上,"以灌输新思想及改良农业为主体,再以中国语、英语为副"。②吴淞第二集中营 1 800 人,"大都从上海南部方面集中而来","这里的集中营仅由军事当局指定地区,所有木屋都是日俘自行建筑的,因为材料缺乏,所以营房非常简陋,屋顶壁间都有小洞缝"。③江湾第十四集中营有从日本国内投身军伍的日本女军属 1 075 人,年龄 15 岁至 24 岁。她们直接参加军队工作,其中有看护妇、打字员、发报员、通讯员等。④

　　南京和蚌埠的一部分日军缴械后,集中在南京城南 70 里的汤水镇一带,共 6 416 人。"在这里集中的日军,分住于四个地方,计为步兵教育队,炮兵教育队,下士官候补者队,和经理部下士官候补者队。每一队即系敌在此设立的军事教育机关。集中的日军,亦以四个学校的教官学生占大多数。四地相距十余里,统派由敌步兵教育队少将教官能势雄三负责联络管理。这四处统名之曰'汤水地区日军集中营'。"⑤按照中国陆军总司令何应钦发布"中国陆军总司令部第一号命令",南京、上海地区各日俘集中营均设有自治组织,称"联络委员会",设正、副主任。如汤山日俘集中营的联络委员会主任是能势雄三,凡是集中营日俘生活及与日俘管理处商洽的事宜,均由其办理。

　　日俘集中营的生活紧张而有规律:"上午 5 时 30 分起床,盥洗、

①②③④《参观日本徒手官兵集中营特辑》,《导报》1945 年第 4 期。

⑤ 韩笑鹏:《汤山日军集中营》,《导报》1945 年第 4 期。

早餐,然后按各自的分工开始劳动。下午则大部分时间开展娱乐活动,或打篮球、练单双杠,或下棋、读报。黄昏时,各种活动一律停止。晚 9 时,熄灯就寝。"①日俘深知中国军民的宽大和平的精神和政策,"知道绝不会侮辱他或伤害他的"。管理处规定,"只要有臂章,可以自由上街买办伙食",且集中在营的官兵吃、住都照中国军队的待遇,"营中生活相当不坏"。② 日俘的副食费,"无论官兵,每人每天八十元(伪币),由日俘管理机关支付。日俘的衣着,仍然是原来的军装"。③

1946 年初,国民政府军事委员会电令各地组织日俘进行清洁和复旧工作。接到命令后,南京、上海即开始拟具利用日俘进行清洁工作的方案,利用待遣归国的日俘修理铁路、公路,清洁城市卫生。在敌伪时期,淞沪铁路所有路轨大部遭日军拆除,运往他处应用。日军投降后,淞沪铁路仅有上海北站至高境庙间一段,故"吴淞与上海间市民往返极感不便"。④ 上海市政府为积极兴修起见,奉国民政府军事委员会令征用日俘从事铺设路轨工作。同时,征用日俘约 5 000 人,"负责修理完成上海、苏州、松江间之公路"。⑤

日本侵华期间,不断的战乱造成了南京的残破局面,"到处的山冈都掘下纵横的隧道(储藏军火)、到处的马路都挖下陷人的洞窟(防空壕)、到处的仓库广场狼藉着通过伪政府保甲挨家挨户叫人民献纳的废铜烂铁",⑥"中山路的两侧常看到朽破和泥塘,城西的上海路,则更破坏得高低不平,一个洼塘连着一个洼塘。白天的

---

① ③ 梅桑榆:《侵华日俘大遣返》,第 157 页。

② 韩笑鹏:《汤山日军集中营》,《导报》1945 年第 4 期。

④ 《日俘修理淞沪铁路》,《导报》1946 年第 8 期。

⑤ 《参观日本徒手官兵集中营特辑》,《导报》1945 年第 4 期。

⑥ 方间:《日俘在南京》,《周报》1945 年第 8 期。

时候，汽车颠颠簸簸的过去，一阵尘土起飞，令人睁不开眼。晚间，有几段地方因为路灯缺少，很是黑暗；遇到路旁的水塘，使人深感行路之难。至于街巷里的积水污泥，那更是随处可见。雨后，尤令人通行不易。在偏僻的地方，人家屋后，电线杆旁，常有垃圾和马粪点缀着"。① 总之，日伪统治期间，南京各街道路面破损惨重，市内污浊水塘到处皆是，市政建设十分糟糕。日军投降后，市政府即征用日俘填平各低洼处，污浊水塘也由日俘一一加以填塞。

在所有工程中，疏浚秦淮河是最为困难的。"秦淮河年久淤塞，水位已经很高。大雨数日后，几高出京市及城外地面。河身中淤积有三万立方。岸上垃圾，有二万七千立方。为了降低水位，必须排除淤泥和垃圾。"② 南京市政府征用 3 000 日俘专负秦淮河疏浚工作。自1945 年 11 月起，南京市政府工务局即计划兴修城外城内各马路，人力方面则利用徒手日本兵俘，并由市府供给财力，陆军总部负责物力。工务局在人力、财力、物力皆具备后，即"开始兴修由中央门至燕子矶、燕子矶至尧化门、尧化门至中华门、燕子矶至下关宝塔路。城内则由陆军部至光华门外飞机场，及中山路明故宫广场修理附设之美军停车场，市中心区之汉中路、莫愁路，全长计四十公里，于 1946 年 5 月全部完工。经费一亿两千万，动员日俘为一万二千名"。③ 到 1946 年 4 月，南京、上海的日俘大部遣送回国，其余也正在准备返国，因此利用日俘进行的修复及清洁工作已无法继续下去。虽然由于日俘的不断遣返而最终未完成原定计划，但各地政府利用日俘进行道路修复、城市清洁等，在一定程度

① 明理：《春寒看京沪》，《中央日报》1946 年 3 月 13 日，第 5 版。
②《日俘在京服役》，《申报》1946 年 4 月 8 日，第 5 版。
③ 魏望：《参观日俘修路》，《申报》1946 年 5 月 25 日，第 7 版。

上具有积极意义。

2. 京沪地区日侨的集中与管理

1945 年 9 月 15 日,第三方面军司令部发布沪字第七号训令,内称:"1. 日本侨民暂指定集中虹口居住,在市内居住者,自 9 月 17 日起应开始向虹口迁移,并限五天内迁移完毕;2. 关于日本居留民之管理,由松井太久郎负责派员编组管理,造册具报;3. 日本侨民如有武器,应一律报请收缴,倘有私藏从严惩办。"①上海日侨集中分 4 区,"其一二三区系北四川路以东,及杨树浦路以北一带;第四区则在新市区中心,全部集中共 79 755 人"。② 奉命集中的日侨,依照《中国境内日侨集中管理办法》第三十三条的规定:"其正常生活必需物品如衣履、寝具、炊具、盥洗具及原有的粮食准予携带,其私有款项,每人准带中国法币五千元,不准携带或不能携带的物品一律点缴省市政府暂予封存。"③为便于管理,上海日侨管理处对集中日侨实施保甲制度,"日侨人必归户,十户至十六户为甲,十甲至十六甲为保,分设户长、甲长、保长,同时各保分属四区,各设区长以为统率,最初编整为 10 429 户,1 100 甲,114 保"。④后因遣归,除户数有变动外,保甲番号仍旧。

南京日侨主要集中于下关原日本兵站营房。南京市日侨集中管理所对集中日侨进行严格管理,在日侨进入集中营后即分发给日侨身份证,印制户籍册,对其姓名、性别、年龄、籍贯、职业、入营及归国时间等进行详细登记。因长江中上游等地的日侨均需经由南京赴上海遣归,且由于遣返工作的持续进行,故南京市日侨集中

---

① 《第三方面军司令部发布重要命令》,《申报》1945 年 9 月 16 日,第 2 版。

②④ 《上海日侨管理处工作简明报告》,《导报》1946 年第 9 期。

③ 中国陆军总司令部编:《处理日本投降文件汇编》(下卷),沈云龙主编:《近代中国史料丛刊》第 82 辑,第 178 页。

管理所内日侨并无确数，且人数变化极大。

表 5-3　南京市日侨集中营管理所人数统计表
（1946 年 1 月 31 日—3 月 12 日）

日期	人数	日期	人数	日期	人数	日期	人数
1 月 31 日	7 998	2 月 1 日	8 005	2 月 2 日	8 005	2 月 3 日	8 006
2 月 4 日	8 008	2 月 5 日	8 012	2 月 6 日	8 028	2 月 7 日	7 952
2 月 8 日	7 942	2 月 9 日	7 944	2 月 10 日	7 941	2 月 11 日	7 942
2 月 12 日	7 939	2 月 13 日	7 938	2 月 14 日	7 103	2 月 15 日	7 103
2 月 16 日	6 095	2 月 17 日	6 074	2 月 18 日	5 781	2 月 19 日	4 877
2 月 20 日	4 815	2 月 21 日	4 821	2 月 22 日	4 842	2 月 23 日	4 853
2 月 24 日	4 517	2 月 25 日	3 087	2 月 26 日	3 087	2 月 27 日	2 748
2 月 28 日	2 748	3 月 1 日	2 462	3 月 2 日	2 466	3 月 3 日	449
3 月 4 日	449	3 月 5 日	459	3 月 6 日	459	3 月 7 日	466
3 月 8 日	466	3 月 9 日	466	3 月 10 日	472	3 月 11 日	472
3 月 12 日	462						

　　资料来源：王艳飞：《南京日侨日俘的集中与管理》，硕士学位论文，南京师范大学，2004 年，第 15 页。

　　为便于管理日侨，各地均根据《中国境内日侨集中管理办法》第十二条"准许日侨内部自行成立一种自治组织"的规定，成立了日侨自治组织。上海日侨管理处监督成立日侨自治会，设会长、副会长各一人，由日军联络部推荐土田丰担任自治会会长，该会直接承受管理处命令，督率各区保甲执行管理任务。南京日侨则在南京市日侨集中管理所督导下成立"南京市日侨集中营自治试验区委员会"，委员会会长由南京总领事田中彦藏担任会长，在南京市日侨集中管理所管理指导下进行活动。为消除日侨的军国主义思想，南京、上海日侨管理部门根据相关规定采取各种形式对日侨进行再教育，使其明了"日本军阀穷兵黩武之错误，及战败之原因；日本军阀对此次战争应负之责任；盟国为正义、和平作战之意义；联合国宪章及其民主政治思想；揭破日本神权与伪造历史观念，授以实在史实"；同时，在各日侨管理处"设置各种书报杂志，以供阅览"，使其了解同盟国的一般政策。①

二、京沪地区日籍技术人员的留用

日本投降后，冈村宁次在 1945 年 8 月 18 日的《和平后对华处理纲要》中即已提出："在华我侨民，在中国方面之谅解与支援下，以努力在中国大陆工作为原则，特别是民间工厂、企业，以及个人工商业者，应改变与中国进行无用的竞争，发挥技术才能为中国经济作出贡献"；"对交通、通信、重要企业、工厂及公共事业等，日、中合办国营企业中的日方社员，如一齐撤退，将使机构丧失机能，对社会及经济造成严重影响"。②

9 月 30 日，中国陆军总司令部颁布《中国境内日籍员工暂行征用通则》，明确规定：各接收委员会接收各部门事业时，对在华日籍员工于必要时分别酌予征用；征用的标准为"事业不能中断、其技无人能接替者；其技术为我国目前所缺乏者；非征用不能为业务上之清理者；情形特殊有征用之必要者"。③ 各地征用日侨的手续，"由征用机关具报受降主官或省市政府核准后，自各日侨管理处所经行调用，由省市政府报部（陆军总部）备查"。④ 之后，为解决在实际操作中出现的某些问题，陆军总司令部又于 1946 年 1 月 30 日将

---

① 中国第二历史档案馆编：《第二次世界大战中国战区受降纪实》，第 469 页。

② 王德贵、徐学新、郑晓亮编：《八一五前后的中国政局》，第 363 页。

③ 中国陆军总司令部编：《处理日本投降文件汇编》（下卷），沈云龙主编：《近代中国史料丛刊》第 82 辑，第 182 页。

④《北平市政府训令》（1946 年 1 月 11 日），北京市档案馆藏，J9－1－138。

《补充日籍人员征用规定》电发各地日侨集中管理处:"1. 征服劳役之日俘应尽量遣送回国;2. 各机关工作如因一时无人接替准继续征用日籍技术人员,受征用而不愿意留华者应于最后一批遣送,愿留华者可随我之需要以定其征用时间;3. 征用日人前颁征用规定不给工资,如工作努力,成绩优良,可由征用机关酌给奖金;4. 征用人员眷属理应遣送回国,如因生活问题影响工作效力时,可由征用机关斟酌实际暂准其眷属留华,但给养住宿由征用机关负责。"①据此,各地根据实际所需留用了部分日籍技术人员。

京沪地区日本侨俘集中管理机构成立后,随即展开日籍技术人员的留用工作,并对留用日籍技术人员作了严格规定。上海日侨管理处成立后,遵照第三方面军 1945 年 9 月 24 日第 44 号训令拟定《日籍技术人员登核考记及就业指导办法》,经呈准实施后,即着手办理日籍技术人员登记事宜。该《办法》规定:"凡日籍技术人员应将姓名、年龄、性别、原籍、现住地、电话号码、出身、专门技能详历、愿意担任何种工作等事项,用普通中国十行纸以毛笔填写一式两份,连同证明文件,经交本处日籍技术人员登记处申请登记,听候考核通知";"凡已登记之日籍技术人员,经考核合格,由管理处在其申请书上批注就业范围";"在办法公布前已受雇佣之日籍技术人员,应于办法公布日起,五日内向管理处申请登记,管理处就日籍技术人员登记类别,分门编造统计随时公布";"各机关工厂学校商行,如需雇佣该项日籍技术人员,须经管理处审查允准"。②

至 1945 年 11 月 12 日,经上海日侨管理处登记的日籍技术人员共有 3 115 人。"其专长技术,可大别为铁道、船舶、航空、通信、

---

① 《北平警察局训令》(1946 年 2 月 23 日),北京市档案馆馆藏,J183 - 2 - 34086。
② 《日侨管理处工作报告(二)》,《导报》1945 年第 2 期。

重工业、化学工业、纺织、一般轻工业、电气、水道、土木、医疗、兽畜、矿业、其他等 16 部门。就其程度考查，可列为甲等 874 人，乙等 1 289 人，丙等 747 人，丁等 205 人。"①日本的船舶工业及轻工业，尤其是纺织业发达，而重工业，尤其是矿业，则较为落后。故日侨中的技术人员，"最多者为纺织，计 416 人；次为船舶，计 312 人；再次为重工业 219 人，矿业 189 人，食品 160 人，医师 141 人，土木建筑 127 人，化学工业 101 人；最少为畜牧及自来火，各为 15 人，铁道也只有 33 人。而技术人员中大学程度最多的是医师，计 89 人，其次是矿业及纺织，各有 14 人，船舶、食品各 13 人；高等专门学校卒业者最多的是纺织，计 74 人，次为船舶，计 69 人；技术程度列为甲等的最多者是船舶，计 130 人，乙等为 101 人，列为丙等的最多者为铁道，计 19 人，列入丁等的最多者为矿业，计 59 人"。② 上海的留用人员主要居住在吴淞路的义丰里（332 弄）和东兴公寓（444 弄），在遣返之前成立"上海日籍技术人员互助会""留用日侨互助会"来维护自身利益。③

　　日籍技术人员经上海日侨管理处指派工作，即领取服务证前往工作。在工作期内，日籍技术人员应遵守服务工厂、学校、商行等主管长官的命令。关于留用人员的生活管理，《中国境内日籍员工暂行征用通则》规定："其待遇在同盟国与日本的和平条约未成立前，仅发给生活费；和平条约成立后，如必须雇用，其薪金另

①《日侨管理处工作报告（三）》，《导报》1945 年第 3 期。

②王坪：《空前的工作：上海日侨被管理了》，《民众周刊》第 1 卷第 7 期，1945 年 11 月。

③陈昌福：《近代上海日侨社会的形成及其异化》，徐静波、陈建安、王少普主编：《中日文化与政治经济论：依田憙家先生古稀纪念论文集》，上海：复旦大学出版社 2003 年版，第 323 页。

定。"①在留用工作逐渐开始后，因各地生活费不同，故行政院未对留用人员的待遇做普遍的硬性规定，只指示各地，"原则上一般普通事业留用日人，可使其与中国同等人员受同样之待遇，藉使其衣食可以无忧而能安心工作，至有少数特殊事业所用较为特殊之人，仍可另定办法"。② 上海日侨管理处规定："日籍技术人员之生活待遇，由管理处会商雇用机关规定；日籍技术人员于服务期内病伤或事故时，由该机关工厂学校商行转告管理处备案，但费用暂仍由该雇用处所担负；日籍技术人员有怠工及不规则行为时，应先转告管理处予以警告或惩罚；日籍技术人员有所改良发明时，经管理处审核予以奖励，或代为呈请专利。"③

上海留用的日侨实质上并非全部为真正的技术人员，真有特殊技能者不过占留用人员的1/3，留华日侨中还有诸多另有动机而假借技术人员的名义滥竽充数者。1948年8月，留沪日侨总数共1 649名，其中"家族（包括老幼妇女）占941名，候船待遣者5名，其余703〔713〕名为被留用人员，703〔713〕名中纺织关系者139名，渔业关系者81名，农业关系者24名，贸易关系者136名，医药关系者47名，文化关系者57名，其他229名均各分布为国营工厂或民营商家所留用"。④ 以上留用人员，除纺织及医药等因属专门技能而不能冒任外，其他均多鱼目混珠、真伪参半。至于其留沪目的，大致为以下几种："1. 日男华女的中日结婚，使日男进退维谷……唯有日男或以技术人员或以人情，觅取留用厂商，以获留华，此类日

---

① 中国陆军总司令部编：《处理日本投降文件汇编》（下卷），沈云龙主编：《近代中国史料丛刊》第82辑，第182页。

② 《北平市警察局训令》（1946年1月8日），北京市档案馆馆藏，J185-2-301。

③ 《日侨管理处工作报告（二）》，《导报》1945年第2期。

④ 许中天：《日侨在上海》，《警声月刊》第2卷第1期，1948年1月。

男计 170 名左右；2. 日本老家已毁，不得不想法留华，苟延残喘，此类日侨有百数人；3. 久居上海或达数十年反在日本无亲类，视上海若故乡，愿终老于斯者，此类日侨亦有百数人左右；4. 匿有财产，暂图潜赴，勾结无知国人，虚造留用名义，以待时机者。"①总之，留沪日侨绝非只因所谓"技术"而已。在中国人民的强烈要求和美方的坚持下，国民政府决定将在华日本侨俘一律遣返回国。

三、京沪地区日本侨俘的遣返

1945 年 9 月 29 日，中美在重庆举行遣送中国战区日人返国联合会议。在会议通过的《重庆中美联合参谋会议致本部备忘录》中，就遣送日侨问题达成共识，京沪区日侨自上海出口，"汉口长沙区，日人逐渐东移，代替已自上海遣散之日人"。同时，中国战区应尽一切准备，以使遣送工作得以迅速及顺利完成，如"日本被解除武装部队及被集中侨民之数量，粮食存量情形，可供人员调动、使用之车辆情形，各集中区内被服之存量；日本被集中侨民数及其财产之情形；预测可能何时准备完毕，按照上述遣散次序计划，开始遣散工作，并其数量；预估日本所不能供给之粮食，及其他补给所需要之数量；分类被遣散人员"等。②

1945 年 10 月 25 日至 27 日，中美双方在上海召开第一次遣送日本侨俘联合会议，制定的《中国战区日本官兵与侨民遣送归国计划》规定，中国战区日本官兵和日侨之遣送由中国政府负责，在计划实施上应尽量利用日方人员，由中国战区美军总部或其继承者

---

① 许中天：《日侨在上海》，《警声月刊》第 2 卷第 1 期，1948 年 1 月。
② 中国陆军总司令部编：《处理日本投降文件汇编》（下卷），沈云龙主编：《近代中国史料丛刊》第 82 辑，第 221—222、223 页。

派少数美方人员协助，并担任中国政府与美国最高统帅及美海军各中间之联络事宜。另外，该《计划》还规定"尽量利用日本之兵舰及商轮以资遣运；所有日本兵舰及最初指定载运人员而非搭载内岛或海岸乘客之商轮均调供遣送日本军侨之用；人员遣送将由货船运载，惟以不影响货载为主，所有遣送轮只之业务员工及给养等均由日本政府尽量供应之；日本陆海人员优先遣送，次及日侨；所有日本军侨在送返日本土之前均须解除武装"等。中国战区的待遣日本侨俘人数（包括朝鲜人及台湾同胞在内）预计为 1 971 518人，其中从上海遣送日本侨俘人数约为 830 968 人，计划每月遣送6.4 万名。在 1946 年 1 月 5 日举行的中美"第二次联合遣送日人会议"上，据统计显示，1946 年 1 月 1 日起自上海待遣送的日人为759 250人，另需用病船载运的病侨有 11 312 人。①

　　1946 年 2 月 6 日，中美日三方在东京召开中国战区遣送会议，议定《中国战区遣送计划》，规定由美军"协助中国自中国本土，东北、台湾、海南岛、越南北纬十六度以上，各地区遣送日俘日侨返国"，同时明确中、美、日各方在遣返日俘侨中的负责事项，并对日本侨俘遣返工作具体实施中的实际问题，如出口登记、病疫检查、搜捕战犯、财政管理、补给办法、所需船只数量及地点、启航通报、行李邮件也做了详细说明。

　　南京、汉口、芜湖等地日侨集中至上海港口出境时，由港口运输司令或其代表率同该港军宪警及有关人员依照遣送计划的规定，对日本侨俘实施严格检查。出境检查中超出规定的物品、金钱、饰物即予扣留。按照《日人返国检查办法》规定，军品则交军政

---

① 中国陆军总司令部编：《处理日本投降文件汇编》（下卷），沈云龙主编：《近代中国史料丛刊》第 82 辑，第 224、232、242、265—266 页。

部门接收；民品由负责检查的机关呈报第三方面军受降主官核定后，拍卖变款，连同金钱、饰物存入国家银行，并上报陆军总司令部备查。经检查，凡符合规定的日本侨俘，可施发船票，准其上船出港归国。1945 年 11 月 17 日，首批自上海遣返的日侨 2 000 余人归国，到 1946 年 7 月，上海日本侨俘的遣返工作基本完成。

第三节　微观透视——上海市日侨的遣返

上海市是近代外国侨民比较集中居住的城市之一，是远东著名的国际性大都市，即使中日全面战争爆发后，欧美列强租界作为"孤岛"，仍有外国侨民在此生活，至少在 1941 年 12 月太平洋战争爆发前仍是他们的"乐园"。日本在太平洋战争爆发后占领整个上海，日本移民"一枝独秀"，在日军刺刀保护下从事各种经营和生活，主动或被动地配合日本侵华战争政策。日本投降后，他们作为侵略战争的工具和战败国的侨民，根据国民政府和中国陆军总司令部关于日本侨俘的规定进行集中，等待遣返。

一、日本的上海移民侵略

日本在国土面积有限，人口不断增加的大趋势下，"一般学者和政治家大起恐慌，因此遂袭帝国主义的故智，在世界上，尤其是亚洲，遍找其殖民的地方，大施其殖民政策"。① 近代以来，上海在日本人心目中是中国最知名的大都市，在他们看来，"上海是远东的国际都市、避难所，也是发财的泉源地，所以每年必有整批的浪人、失业群，和有闲阶级的太太小姐们涌进充满了日本色彩的虹口

---

① 储祎:《上海日侨调查》,《三民半月刊》1930 年第 5 期。

区,甚至清静的沪西住宅区,也有似'蝴蝶夫人'般的木屐儿出现着".①

1. 近代日本的上海移民

1870年,上海日侨仅7人。② 1871年《中日通商条约》签订,日侨人口逐渐增加。在19世纪末,上海日侨数量总体不多且变动不大。1904年日俄战争后,特别是第一次世界大战爆发后,日本对上海的移民增势较为明显,当地日侨人数相当可观。若言在华日侨人口最多的地方,仅从东北地区之外的中国关内地区看,应属当时的上海。

表5-4 上海日侨统计表

年度	男	女	合计
1893	477	389	866
1895	386	220	606
1899	698	390	1 088
1900	737	435	1 172
1901	935	538	1 473
1902	1 207	684	1 891
1903	1 427	789	2 216
1904	1 961	1 077	3 038
1905	2 739	1 592	4 331
1906	3 774	2 051	5 825
1907	3 950	2 318	6 268
1908	4 477	2 848	7 325

---

① 宝琛:《上海日侨的妇女组织》,《上海妇女》1939年第11期。

② 中国国民经济研究所编:《日本对沪投资》,上海:商务印书馆1937年版,第9页。

续表

年度	男	女	合计
1909	4 984	3 073	8 057
1910	4 761	2 921	7 682
1911	3 862	3 174	7 036
1912	4 375	3 342	7 717
1913	5 208	4 065	9 093
1914	6 237	4 901	11 138

注:1910 年与 1914 年统计数字包括韩侨与日籍台湾同胞。

资料来源:福岛圆照:《战前时期中国日本侨民人口统计(稿)》,《和歌山大学教育学部纪要——人文学科》第 33 集,1984 年,第 24 页,转引自[日]高纲博文《上海的日本人居留民》,熊月之、马学强、晏可佳选编:《上海的外国人 1842—1949》,上海:上海古籍出版社 2003 年版,第 152—153 页。

表 5-5　1900—1914 年旅华日侨统计表

年份	日本委员会的统计	中国海关的统计	年份	日本委员会的统计	中国海关的统计
1901	4 739	4 170	1908	40 119	44 143
1902	5 306	5 020	1909	76 116	55 401
1903	8 914	5 287	1910	76 678	65 434
1904	8 908	9 139	1911	51 794	78 306
1905	16 175	16 910	1912	97 384	75 210
1906	27 891	15 548	1913	107 732	80 219
1907	32 956	45 610	1914		84 948

原注:表中日本委员会的日本人口统计包括香港和澳门,不包括台湾;中国海关的统计不包括香港、澳门和台湾。

资料来源:杜询诚:《日本在旧中国的投资》,第 372 页。

　　到 20 世纪 20 年代,据调查数据显示,上海日侨除 1924 年、1925 年外,其余年份都是增加的。从 1922 年至 1928 年 7 年中,共增加 8 644 人,其中日本人 8 600 人,朝鲜人减少 16 人,台湾同胞增

加 60 人。1924 年、1925 年两年之所以日侨出现减少的现象，主要
是受江浙战争的影响。其时上海一带均属战区，日本人为避难起
见，纷纷回国。但是，战争停止后，日侨即于 1926 年、1927 年两年
猛增，总计增加 9 000 余人，而所增之人数，尽属日本本部，朝鲜人
和台湾同胞增量极少。据 1928 年 12 月底调查，上海日侨的总数为
27 660 人。其中，日本人计 26 518 人，朝鲜人计 652 人，台湾同胞
计 490 人，如以比例而言，则日本人占 96％，朝鲜人占 2.3％，台湾
同胞占 1.7％。

表 5 - 6　1922—1928 年上海日侨数量增减统计表

年度	日本人		朝鲜人		来自台湾者		总计	
	人数	比上年增减	人数	比上年增减	人数	比上年增减	人数	比上年增减
1922 年	17 918		668		430		19 016	
1923 年	19 863	增 1 945	767	增 99	439	增 9	21 069	增 2 053
1924 年	17 620	减 2 243	652	减 115	387	减 52	18 659	减 2 410
1925 年	16 760	减 860	616	减 36	388	增 1	17 759	减 900
1926 年	20 557	增 3 797	847	增 231	486	增 98	21 890	增 4 131
1927 年	25 876	增 5 319	704	减 143	442	减 44	27 022	增 5 132
1928 年	26 518	增 642	652	减 52	490	增 48	27 660	增 638

资料来源：储祎：《上海日侨调查》，《三民半月刊》1930 年第 5 期。
说明：该表原统计有误，笔者予以修正。

表 5 - 7　1928 年上海日侨户口统计表

	日本人				朝鲜人				来自台湾者			
	户数	男子	女子	合计	户数	男子	女子	合计	户数	男子	女子	合计
公共租界	3 696	11 905	7 947	19 852	24	24	19	43	28	119	42	161

	日本人				朝鲜人				来自台湾者			
	户数	男子	女子	合计	户数	男子	女子	合计	户数	男子	女子	合计
法租界	73	154	113	267	163	219	132	351	19	116	21	137
华市附近	2 100	4 237	2 162	6 399	38	143	43	186	6	89	31	120
总计	5 869	16 296	10 222	26 518	225	458	194	580	53	396	94	418

资料来源:储祎:《上海日侨调查》,《三民半月刊》1930 年第 5 期。
说明:该表原统计有误,笔者予以修正。

20 世纪 30 年代,上海日侨数量增速平稳。1937 年 8 月,八一三事变爆发,上海日侨出现短暂的骤减,但随着上海在 11 月沦陷,日侨人数又开始急剧上升。从人口数量上看,上海日侨由七七事变前的 23 613 人猛增至 1943 年的 103 968 人,增长了 4 倍多,是中国关内地区日侨人数增加最多的地区之一。具体见表 5－8。

表 5－8　上海日侨统计表

年度	男	女	合计
1931	13 087	11 148	24 235
1932	15 006	11 718	26 724
1933	15 113	11 788	26 901
1934	15 021	11 789	26 810
1935	12 712	11 279	23 991
1936	12 565	11 048	23 613
1937	12 585	11 087	23 672
1938	19 520	15 156	34 676
1939	30 322	20 771	51 093
1940			65 621

续表

年度	男	女	合计
1941			87 277
1942			92 676
1943			103 968
1944			102 442
1945			72 654

资料来源：陈祖恩：《上海日侨社会生活史（1868—1945）》，第533页。

由表5-8可见20世纪30年代以后上海日侨人数变化的情况。淞沪会战后，日本掠夺了租界以外许多中国人的工厂、企业，如造船厂、炼钢厂、纱厂、发电厂、食品厂等，又增设了不少为侵略战争服务的公司、商行、机关，大批日侨举家赴沪任职做工。上海又是华中地区日本陆海军的大"兵站"，因此，一部分日本国内的大商店也来上海设立分店。不少日侨到上海后也开设以日军、日侨为对象的小商店，但这种小商店以服务行业居多，如成衣店、饮食店、鞋袜店、百货店等；同时也出现了许多吃喝玩乐的场所，如乍浦路的"艺者院""东语"、虹江路的"明月"等高级妓院，吃茶店（咖啡馆）、大小料理店更是难计其数。① 随着日侨不断增加，他们逐渐深入到上海各地。兹将上海及附近各地日侨统计列表于表5-9。

表5-9　1943年2月上海日侨人口统计

	男	女	合计		男	女	合计
闸北	26 077	20 888	46 965	嘉定	22	4	26
虹口	11 423	9 376	20 799	太仓	14	4	18

① 张绍甫：《日军强占下的上海日侨与"日本人居留民团"》，中国人民政治协商会议文史资料委员会编：《文史资料存稿选编》第12辑，"政府、政党"，北京：中国文史出版社2002年版，第659页。

续表

	男	女	合计		男	女	合计
杨树浦	9 653	7 165	16 818	崇明岛	49	13	62
新市街	2 595	2 155	4 750	金山	7	0	7
旧英租界	2 247	2 039	4 286	南汇	0	0	0
法租界	1 047	780	1 827	南翔	20	25	45
沪西	1 934	1 007	2 941	青浦	11	2	13
南市	875	446	1 321	彭浦镇	9	2	11
吴淞镇	202	339	541	罗店镇	24	1	25
江湾镇	249	171	410	杨行镇	8	0	8
真如	57	6	63	南通	728	271	999
浦东	290	116	406	舟山岛	44	29	73
松江	125	45	170	象山	21	19	40
宝山	1	1	2	刘行镇	24	1	25

资料来源：《上海日侨人口统计》，《经济特讯（日译）》1943 年第 145 期。

　　全面抗战爆发前，上海日侨集居在苏州河北虹口地区，其中最多的是吴淞路、三角地、乍浦路、海宁路、靶子路、横浜桥及虹口公园附近，苏州河南及其他地区，日侨为数不多，浦东、吴淞、江湾、南市则难得看见日侨。[①] 但在全面抗战爆发后，日侨迅速广泛地深入上海各个地区。日侨增加原因主要有以下几点：(1) 日本人口增加，在本国谋生不易，只得向外发展；(2) 日本政府奖励向外移民；(3) 日本政府利用大批日人，行破坏中国经济、毒害中国人民等事，以达其侵华的目的。至于此时上海的日侨来源大致是：(1) 在全面抗战爆发前已居住在上海的，这类人按比例来算不多；(2) 全面抗

---

① 张绍甫：《日军强占下的上海日侨与"日本人居留民团"》，中国人民政治协商会议文史资料委员会编：《文史资料存稿选编》第 12 辑，第 657 页。

战开始后,不少日本人全家迁来上海经商或就业,这类人最多,街上小商店多为这种人开的;(3)在侵华战争中,随日本陆海军来华的官兵或部队工作人员中,由于作战受伤或年龄关系退职,或因病及其他原因离开部队的,部队给予退伍证或遣归同意书,他们因上海有人事关系谋得职业而定居下来,这类人也不少。其中,军官做老板或当高级职员的多,士兵则大多当职工做伙计。①

总之,大批日人不断涌入上海,特别是太平洋战争爆发后,"在虹口吴淞路、海宁路、乍浦路、犹思威路、昆山路、施高塔路、闵行路、横浜桥、三角地、北四川路等地,中国人已很少。这些街上一片日本木屐声和日本人特有的招呼声,日本商店里的扩音机放着日本民歌。这些街上的里弄内,奶千爱里、施高塔里、丰盛里、义丰里等等,充满了穿着白布罩衣的日本妇人。中国小贩则以日本话在弄内叫卖。日本的节日又多,每逢节日,大街小巷挂满了太阳旗。走到这些街弄,犹如身入异国"。②

2. 上海地区日本移民的特点

第一,城市日侨人数多。

自日人初到上海至 1945 年日本战败投降止,上海因交通便利、经济贸易发达,一直是日侨的主要聚居地。20 世纪之初,上海日侨已有千余人,占在华日侨的 1/3 强,而此时天津日侨 88 人,占当时在华日侨总数的 3%;1902 年,上海日侨已有 1 891 人,占其时在华日侨总数的 38%,而其时烟台 218 人、青岛 78 人,分别占当时在华日侨总数的 4%、1.5%;在 1905 年,烟台日侨人口为 2 000 人,达到一战前的最高峰,而其时上海日侨人数 4 331 人,是烟台日侨

①② 张绍甫:《日军强占下的上海日侨与"日本人居留民团"》,中国人民政治协商会议文史资料委员会编:《文史资料存稿选编》第 12 辑,第 660 页。

的两倍多；日俄战争后，各地的日侨如烟台，数量剧减，而其他地区的日侨如天津、青岛也增长缓慢，变化不大，但上海日侨的增长势头依然不减，到1914年时，上海的日侨已突破万人，达11 138人。至1937年，日本全面侵华战争之前，上海日侨数量已有相当规模，详见表5-10。

表5-10　1937年日侨在华分布表（不含东北地区）

地名	人数	地名	人数	地名	人数
天津	11 289	北平	4 478	上海	28 573
塘沽	369	唐山	810	周村镇	118
丰润县	209	遵化县	51	昌乐	6
玉田县	84	卢龙县	16	福州	11 878
迁安县	28	乐亭县	79	无锡	7
山海关	1 767	秦皇岛	752	广州	57
临榆县	82	抚宁县	88	岳阳	1
平谷县	8	蓟县	55	重庆	32
三河县	57	通县	290	长沙	89
昌黎县	386	古北口	231	潍县	47
兴隆县	32	滦县	970	厦门	8 393
丰台镇	134	宁河县	31	苏州	72
保定	7	石家庄	8	太原	1
张家口	770	青岛	11 632	汉口	1 827
济南	1 675	芜湖	35	沙市	12
九江	62	宜昌	54	南京	123
合计			87 775		

注：该表日侨包含韩侨与日籍台湾同胞。

资料来源：萧贻待：《中国日侨激增与日本对华政策》，《外交月报》第11卷第1期，1937年1月。

说明：该表原统计有误，笔者予以修正。

　　表中所列,就地区而言,华北地区日侨稍多于华东、华南等地;就城市而言,以上海的日侨最多,为 28 573 人,占中国关内地区日侨总量的 32.5%;其次为福州、青岛、天津等地。七七事变后,北平、天津、青岛等华北各地日侨数量均骤然增长,特别是北平日侨数量还一度超过上海而跃居关内地区的第一位(1943 年 2 月,北平日侨人口达 102 087,而上海为 101 716 人),但上海依然是关内日侨最多的地区之一。据战后统计,在华日侨总数约为 190 万,其中东北日侨 110 万人,中国关内各地日侨总计为 784 974 人,①而上海市日侨有 7 万余人,约占关内日侨总数的近 1/10。

　　第二,更具政治、经济、军事目的,且往往以企业为侵略掩护与先行。

　　近代上海日侨与一般意义上的外国侨民有所不同,他们不纯粹是以旅游、商务、留学等为目的的"自主选择"跨国滞留和定居,而是在日本侵华的时代背景下迁至上海地区,是日本政府所鼓励的扩张性移民,带有明显的政治、经济、军事目的。明治维新以后,日本快速走上军国主义道路,制定了以对外扩张为目标的"大陆政策",移民侵略是实施"大陆政策"的重要一环,移民成为日本侵略中国的仅次于战争的重要方式。20 世纪 30 年代以前,为了征服"满蒙",日本采取军事占领、经济控制和向东北移民三种做法。在东北如此,在上海也是如此。

　　日侨打着经商办企业的幌子,实为日本对华经济侵略的重要机构与先行部队。"有的专门设在上海,有的是日本国内垄断资本的分支,范围之广与深入,手段之狡猾,往往使其他帝国主义国家甘拜下风。如设于上海的日清轮船公司,创办于清朝末年,拥有江

---

① 何应钦:《八年抗战之经过》,沈云龙主编:《近代中国史料丛刊》第 79 辑,第 214 页。

海客轮数十艘,有定期与不定期的客货轮往返于上海、南京、九江、安庆、汉口、青岛、大连、天津、广州、厦门、香港等地,以价格低廉、清洁、安全快速,与当时称霸中国航运业的英商'太古'、'恰和'两家公司相竞争;又如沪西日商'公大纱厂'、'内外棉纱厂',以其机器设备优良完全,纱锭数量巨大,成了中国纱业中的一霸,又首创'养成工'制度,对中国工人残酷剥削,令人谈虎色变;租界市区银行街耸立了许多日本垄断资本的大厦,日资正金银行、帝国银行、朝鲜银行、台湾银行及三菱、三井、住友、安田、岩崎的分行(包括银行、洋行),不仅勾结中国军阀操纵中国金融,并且将衣食住行用品及枪炮子弹等东洋货,从日本运到上海,再分散至华中各地,吮吸中国人民的血汗。""老上海"中的日侨大资本家、间谍分子,往往获得日本的鼓励和嘉奖。"如创办内外棉纱厂的川村,在上海活动了30年,为日本经济侵华立了大功,死后日本在上海替他立碑造铜像;上海铜沙引水协会引水员菊地,在上海20多年,以引水员身份进行间谍活动,抗战时,菊地率领日舰进攻中国军队,后来菊地官封海军大佐,成为海军陆战队司令部中仅次于司令的高级军官。"①

第三,日侨人口决定上海外侨人口比例变化。

与同时期在沪的其他外侨相比,随着日侨人数大增,其在所有外侨中所占比例越来越大。相对而言,日侨要晚于欧美等地的侨民到达上海地区。在上海的侨民主要有日本人、英国人、美国人、法国人、德国人、俄国人,此外尚有其他外国人居住。近代西方各国侨民在鸦片战争后就陆续来到上海,日侨最早踏足上海是在19

---

① 张绍甫:《日军强占下的上海日侨与"日本人居留民团"》,中国人民政治协商会议文史资料委员会编:《文史资料存稿选编》第 12 辑,第 657、658 页。

世纪 60 年代初。1862 年 6 月 3 日,日本官船"千岁丸"载着幕府官吏及其随员、长崎商人等不同身份的日人抵达上海外滩天文台码头。[①] 1871 年,中国与日本在天津签订《中日修好条规》及《中日通商章程》,其第四条规定"两国均可派秉权大臣并携带眷属随员驻劄京师或长行居住或随时往来经过内地各处"。[②] 虽然日侨晚于欧美侨民来到上海,但从人口变化趋势看,随着日侨涌入,日侨数量是不同时期上海外侨数量变化的决定因素。1898 年,在华日侨为 1 694 人,继英国侨民 5 148 人、美国侨民 2 065 人之后,处于在华外侨的第三位。[③] 进入 20 世纪后,上海日侨人数逐年增加,日侨在外侨中的比例也逐渐攀升。从 1914 年第一次世界大战爆发到 1937 年全面抗战之前,日侨占上海外侨总人口的百分数,往往超过 40%,甚至高达 50% 以上。其中,在 1918 年第一次世界大战结束之际,上海日侨人口已达 15 413 人,占在沪外侨总数的 57.63%。

表 5 - 11　上海日侨占外侨人口百分率

年份	外侨总人口数	日侨人口	日侨占总数百分比
1914 年	23 230	11 138	47.95%
1918 年	26 747	15 413	57.63%
1930 年	44 340	25 268	56.99%
1935 年	65 635	27 299	41.59%

资料来源:中国国民经济研究所编:《日本对沪投资》,第 11 页。

　　据 1928 年 10 月 8 日调查,上海华市中正户副户合计为

---

① 参见冯天瑜《"千岁丸"上海行》,北京:商务印书馆 2001 年版。

② 王铁崖编:《中外旧约章汇编》第一册,第 318 页。

③ [日]织田一:《中国商务志》,上海:广智书局 1902 年版,第 51—52 页,转引自杜恂诚《日本在旧中国的投资》,第 371 页。

308 894 户,1 503 970 人,其中华人 1 494 587 人,外人 9 383 人。又据 1927 年的调查报告,公共租界的人口总数为 858 685 人,其中华人 827 075 人,外人 31 610 人;法租界人口总数为 358 453 人,其中华人 348 076 人,外人 10 377 人。据此,上海市人口共计 2 717 423 人,其中华人 2 666 053 人,外人 51 370 人。[①] 据 1927 年 12 月底调查,上海日侨为 25 827 人,占外侨总数的 47%,居在沪外侨人数第一位;次为英侨,共 10 775 人,占 19%;再次为俄侨,共 6 587 人,占 12%;美侨占 6%,葡侨占 3%,法侨占 2.6%,德侨占 2.3%。

表 5-12　1927 年 12 月上海外侨人口统计表

国别	人口数	国别	人口数	国别	人口数
日本	25 827	英国	10 775	瑞典	139
俄国	6 587	美国	3 573	罗马尼亚	103
葡萄牙	1 673	法国	1 485	波斯	35
德国	1 265	意国	383	叙利亚	39
波兰	285	西班牙	242	奥国	81
瑞士	221	荷兰	203	挪威	153
希腊	193	丹麦	346	土耳其	34
匈牙利	39	其他各国	691		
合计	54 372				

资料来源:储祎:《上海日侨调查(续)》,《三民半月刊》1930 年第 6 期。
说明:该表原统计数有误,笔者予以修正。

上海公共租界为各色外人杂居之处,1870 年外侨的总数为 1 666 人,其中英国 849 人,占全数 54%,美国 255 人,占全数 15%,德国 138 人,占全数 9%,葡萄牙 104 人,占全数 6%,而日本仅 7

_____

[①] 储祎:《上海日侨调查》,《三民半月刊》1930 年第 5 期。

人。其后，日侨人数渐见增加。

表 5‒13　上海公共租界外侨人口增减比较表

	1870年	1875年	1880年	1885年	1890年	1895年	1900年	1905年	1910年	1915年	1920年	1925年
日本	7	45	168	595	386	250	736	2 157	3 361	7 169	10 215	13 804
英国	894	892	1 057	1 453	1 574	1 936	2 691	3 713	4 465	4 822	5 341	5 879
葡萄牙	104	168	285	457	564	731	978	1 331	1 495	1 322	1 301	1 391
美国	255	181	230	274	323	328	562	991	940	1 307	2 264	1 942
德国	138	129	159	216	244	314	525	785	811	1 155	280	776
印度			4	58	89	119	296	568	804	1 009	954	1 154
俄国	3	4	3	5	7	28	47	354	317	361	1 266	2 766
法国	16	22	41	66	114	138	176	393	330	244	316	282
西班牙	46	103	76	231	229	154	111	146	140	181	176	185
荷兰	9	35	32	51	69	86	76	121	113	145	175	176
奥国	7	7	31	44	38	39	83	158	102	123	16	68
意国	5	3	9	31	22	83	60	148	124	114	171	196
土耳其				4	18	32	41	26	83	108	9	33
挪威	3	4	10	9	23	35	45	93	86	82	96	99
瑞士	7	10	13	17	22	16	37	80	69	79	89	131
瑞典	8	11	12	27	28	46	63	80	72	73	78	63
其他	164	59	67	134	71	349	247	353	224	224	550	1 002
合计	1 666	1 673	2 197	2 673	3 821	4 684	4 774	11 497	13 536	18 519	23 307	29 947

资料来源：储祎《上海日侨调查》，《三民半月刊》1930 年第 5 期。

由表 5‒13 可知，1870 年上海日人仅 7 人，1875 年增至 45 人，1885 年约 600 人，其后渐见减少，至 1895 年甲午战争，减至 250 人，后又渐趋于增加，日俄战争后其增加之势大激。1905 年超过葡萄牙，1915 年凌驾英国而居于第一位，至 1925 年上海公共租界日侨人口已增至 13 804 人，占侨居外人全数 46％，英人居第二位，占数不及 20％,其他如俄占 9％,美占 6％强,葡萄牙占 5％弱,印度占4％弱,其余各国约占 19％。七七事变后,日侨几乎成为上海地区唯一的外侨。总之,日本侨民在上海外侨人数中长时间占有绝对优势。

3. 上海日侨居留民团

正如日本思想家加藤周一所说,在日本,"超越集体的价值决不会占统治地位"。① 在思维方式上,日本民族具有强烈的集团归属意识,人们时时意识到自己是集团的一员,"自我"是以社会群体方式体现的;而个人应该属于某一集团,集团成员由一种共同命运和共同利益联系在一起。在华日侨是一个有着特殊利益的群体,其所成立的社团可以说是所有在华外侨社团中最有组织性的,在华日侨的活动也主要依托于众多的日侨社团而展开。这既体现了日本民族的集团主义特质,也反映了在中日民族矛盾激化时其保护自身利益的本能。

(1) 居留民团的设立、组织及活动

日本居留民团是在华日本人的"自治团体",又称"侨民团"。法国学者安克强在提到上海日本居留民团时,形象地称其是在中国境内的"小日本"。1896 年,日本政府通过了《移民保护法》,并从1901 年开始积极研究如何使"日本帝国宪法能延伸应用于在外日本人的管理监督"。在此基础上,日本政府于 1902 年通过《移民保护法》修正案,规定居住于中国和朝鲜的日本侨民不属于移民的范畴,而是受当地日本领事监督和保护的"居留民"。② 1905 年 3 月 7

---

① 〔日〕笠谷和比古『士の思想』,東京、日本経済新聞社、1993 年、53—57 頁,转引自李卓《日本国民性的几点特征》,《日语学习和研究》2007 年第 5 期。
② 余子侠、宋恩荣:《日本侵华教育全史》第 2 卷,第 78 页。

日，日本政府制定和公布了《居留民团法》，规定在日本"专管民留
地、各国居留地以及其他地方居住的帝国臣民，依据其状态，必要
时由外务大臣划定区域设立由其区域内居住的帝国臣民组成的居
留民团"。居留民团作为法人接受管理、监督，在法令及条约允许
的范围内，依据公共事务法令、条约、惯例来处理其所属事务。《居
留民团法》中明确规定，"居留民团顺次接受领事、公使及外务大臣
的监督"。①

　　1907 年 8 月 1 日，日本外务省发布第 18 号告示，明确要求上
海、天津、汉口、牛庄、安东等中国五城市的日本"居留民"，根据《居
留民团法》设置居留民团。居留民团是由居住在租界中的"帝国臣
民"组成的，决议机构是居留民大会，执行机构是行政委员会，该组
织具有法人资格，在总领事的监督下，有一定的自治权利。②

　　上海日本居留民团于 1907 年 10 月宣告成立。1871 年《中日
修好条规》签订后，上海日侨虽与日俱增，但并无统一的组织。
1893 年 9 月，日本驻上海领事馆发布《居留民管理规则》，限定在上
海日侨经商、居住、旅行等方面的行为准则，以强化对日本居留民的
控制。1905 年，根据日本政府公布的《居留民团法》，日本人俱乐部和
日本实业俱乐部在日本领事馆召开联席会议，成立"日本人协会"。
1907 年 10 月，该协会解散，改组为上海日侨居留民团。该组织除
协调日本侨民行动外，战时又协调和配合日本政府和军事行动。

　　上海日本居留民团是日本在沪侨民的半官方组织，"其法律性

---

①『居留民委員會書類』、北京档案馆馆藏，J61－1－340。

②［日］木村健二：《20 年代天津日本人商业会议所的分析》，《千叶史学》1987 年第 11
　期，转引自［日］桂川光正著，周俊旗、郑玉林译《租界日本侨民的中国观——以天津为
　例》，《城市史研究》第 19—20 辑，天津：天津社会科学院出版社 2000 年版，第 101 页。

质是公法人"。① 居住于租界内的日侨,除服从居留地规则外,并遵照《居留民团法》,负有纳税义务,且须服从日本领事馆公布的各种法令。上海日侨除遵守日本法令外,并享有《中日通商航海条约》所订的各种权利与义务。日侨对于条约规定的各种事项,凡日本政府或日领事馆所承认的,亦有服从中国各种法规的义务,其自治机关为上海日本居留民团。该团在上海日本总领事监督下,由上海居留民团团长执行一切行政事宜。

居留民团依照《居留民团法》设置居留民会、参事会、其他委员会等。居留民会由选举的议员组成,是居留民团的权力机关。每年 3 月,得日本驻上海总领事的许可后,由居留民团团长召集会议,以便审查次年度预算及其他各项设施。必要时在得总领事的许可后,亦可召集临时会议。居留民会议员由居留民中纳税且有选举权者选举,并得总领事的许可者任之,任期两年。

上海日本居留民团成立之初,"每月向民团缴税二元以上者皆为议员,由议员中选出行政委员 15 名,组织行政委员会,执行民团行政事务,并由行政委员内公推委员长 1 名,代表民团"。据 1908年 1 月日本领事馆以特第 1 号令公布的《居留民团法施行细则》规定,凡在居留民团地区内的日本人,或事务所设于居留民团地区的日本法人,连续 6 个月交纳居留民团税金者,有资格当选为居留民团议员;同年 5 月 1 日,在日本人俱乐部召开第一次上海居留民团会议,出席议员 148 人,正式选举 15 人为行政委员,组成行政委员会,作为居留民团的理事机关。② 至 1924 年,《居留民团法施行规

---

① 唐培吉:《上海抗日战争史通论》,上海:上海人民出版社 2015 年版,第 14 页。

② 陈昌福:《近代上海日侨社会的形成及其异化》,徐静波、陈建安、王少普主编:《中日文化与政治经济论:依田憙家先生古稀纪念论文集》,第 316 页。

则》修订后,遂改由纳税而有选举权者,选举居留民会议员 70 名,
再由居留民会议员中公选 11 名为行政委员。至 1935 年 1 月 1 日,
《居留民团法施行规则》再行修正,居留民会议员遂减为 40 名,同
年 2 月由临时居留民会议决采用民团长制度,并同时取消行政委
员会,改设参事会。参事会由参事会员组织,"为民团团长之咨询
机关,民团团长于实施居留民会决议之税金征收、教育、卫生、墓
地、救助、社会文化事业等,皆须咨询该会","会员由居留民会议员
中公选 7 名,得总领事之许可者任之"。①

　　居留民团设有各种委员会,如会计检查委员会、学务委员会、
卫生委员会、社会设施研究委员会、法规改正研究委员会、对外交
涉委员会、课税调查委员会、税制研究委员会、土地价格调查委员
会、课税异议审查委员会、土地价格异议审查委员会、生业资金查
定委员会、金融机关设置研究委员会、复兴资金审查委员会等。②
居留民团还设有正副团长,但其不在团内领取工资,是义务兼职。
民团团长为民团行政事务之执行者,由居留民会选定后,得总领事
之许可者任之,任期为 4 年。

　　上海日本人居留民团成立早期,其主要工作纯为办理日侨的
公共福利,如设立日侨中小学,婚丧作证,设火葬场、庙宇,调解日
侨纠纷,帮助日侨解决困难等。经费由日侨商店及住户临时分摊,
金额甚小,较大支出者由日侨大企业捐助。1938 年,居留民团在老
靶子路上自建大厦。团内设立各部各组,增添大批专职人员,工作
和任务扩大,成为日侨的一个重要机构。据当时的居留民团年报
所载,居留民团增强和扩大的原因有两个:"1. 坚决执行'皇军'指

---

① 中国国民经济研究所编:《日本对沪投资》,第 132 页。
② 中国国民经济研究所编:《日本对沪投资》,第 133 页。

示,完成各项任务,在'兴亚大业'中领导日侨不断迈进。2.抗日期间日侨突然大增后,日本领事馆警察署人力有限,急需'居留民团'的协助,分担警察控制日侨的任务。"①居留民团的任务主要为"担任日军向导、协助巡查"等,在日本投降后又多方对战犯进行掩护。同时,其也直接接受日本驻上海陆海军当局的命令,配合日军对中国人民进行种种罪恶活动。

（2）居留民团的职能与定位

首先,日本居留民团是在华日侨的自治团体。日本居留民团是在中国境内的一个"小日本",是根据 1905 年《居留民团法》成立的在华日侨行政机关,是有权对其成员收缴捐费的财团法人。居留民团的运作虽然受到外来势力的支配,使其组织的结构和职能均有所削弱,但它事实上仍是一个日本侨民的自治团体。在华日侨的"生活区、商铺和公司聚集在一起,尽管他们生活在中国,但是却不大同中国现实社会打交道。他们通过媒体、通过他们的组织和领事馆了解一切事情"。② 居留民团也是日侨社区的喉舌和代表。

其次,国家干预是居留民团成立及发展的决定因素。日本政府一向注重对本国人民的控制,日侨社团组织的成立及发展,尽管在一开始是自发的,但在日本政府强有力的干预之下不断强固与重塑。近代日本驻华领事官不但密切监视各"帝国臣民",实际上也统治着在华日侨生活的各个方面。19 世纪末 20 世纪初,日本外务省为控制"臣民"生活颁布了各种法案,如 1873 年的《日本居民在清国的行为规范》、1902 年的《日本社区的临时规则》及《中国条

---

① 张绍甫:《日军强占下的上海日侨与"日本人居留民团"》,中国人民政治协商会议文史资料委员会编:《文史资料存稿选编》第 12 辑,第 668—669 页。

② ［法］安克强:《上海的"小日本"——一个外界隔离的社团》,熊月之、马学强、晏可佳选编:《上海的外国人 1842—1949》,第 190 页。

约口岸的日本人》等。① 随着在外日侨数量的迅速增长,日本政府以"为了谋求他们的统一,与其签订协会会员那样的合同,不如成立具有约束力的民团"为由,②于 1905 年颁布了《居留民团法》,决定在各日侨聚居地成立居留民团。

各居留民团成立后,日本政府对民团事务拥有极大的监督权。居留民团的活动不但必须接受总领事馆的命令,有时还直接接受来自天皇及外务省的命令,这在《居留民团法》里已明确规定:"居留民团顺次接受领事、公使及外务大臣的监督。"③如天津日本居留民团,它自成立伊始即受制于日本驻津总领事的监督指导,日本政府还经常以驻津领事馆"馆令"的形式对居留民团发号施令。不论居留民会还是行政委员会,其所做出的重要决定都要经日本驻天津总领事认可才可施行,民团吏员的任免、民团事务的开展都要得到领事的批准。

再次,居留民团以维护日侨的经济利益为主旨。受日本领事馆的委托,居留民团负责日本人居住区内公共建设、租地造屋、日侨的赋税查定和征集,以及日本学校、义勇队、消防队、斋场、火葬场、墓地等处的经营维持。

最后,这些居留民团、日本人会作为日侨的社团组织,"具有共同的目的和使命"。④ 日侨在各地所从事的各种活动,多数并非个人的、无组织的行为,而是以居留民团、日本人会等社团组织为依

---

① [法]安克强:《上海的"小日本"——一个外界隔离的社团》,熊月之、马学强、晏可佳选编:《上海的外国人 1842—1949》,第 184 页。

② 陈祖恩:《寻访东洋人——近代上海的日本居留民(1968—1945)》,第 148 页。

③ 『居留民委員會書類』,北京档案馆馆藏,J61-1-340。

④ [日]樋口弘著,北京编译社译:《日本对华投资》,北京:商务印书馆 1959 年版,第 193 页。

托进行的。以居留民团为依托的日侨活动,同时与日本政府的殖民政策保持着高度一致性。20世纪以来,在日本政府扶植下迅速壮大的侨民团体,成为其对付中国人民抗日运动的重要工具。特别是1915年中国人因日本政府提出"二十一条"要求发起反日运动后,"造成了日本人的脆弱感,相应滋生被中国人包围而采取自卫的姿态",①并最终得出"排日运动是对自己生活的威胁,民族运动是日侨之大敌"的认识。②

　　1932年1月20日,第四次日本居留民大会于"日本人俱乐部"紧急召开。在日本军部和右翼分子鼓动下,"会场上杀气腾腾",最终决议:"帝国政府必须下定决心,立即增派海陆军,行使自己的权利,消灭抗日运动"。会后,1 000多名日本人走上北四川路游行闹事,捣毁公共车辆、电车和贴有"抵制日货,爱用国货"标志的中国商店,殴打中国行人。③

　　1932年3月26日上午9时,上海日侨又在日本小学召开居留民大会,会议议决:"1. 主张闸北辟为中立区,永远不得驻扎军队;2. 组织国际警察,维持闸北治安;3. 向国际宣传中国人之暴行,并声明日本对华之主张;4. 不赞成日本军队撤退;5. 向重光公使请愿;6. 请求白川大将植田中将不得撤兵;7. 集募巨款慰劳日军。"各参会者还于会后"在虹口一带游行,自靶子路至汤恩路、吴淞路、东虬江路、北四川路、嘉兴路等处,沿途高呼口号,形势甚为

---

① [法]安克强:《上海的"小日本"——一个外界隔离的社团》,熊月之、马学强、晏可佳选编:《上海的外国人1842—1949》,第185页。

② [日]桂川光正著,周俊旗、郑玉林译:《租界日本侨民的中国观——以天津为例》,《城市史研究》第19—20辑,第123页。

③ 陈昌福:《近代上海日侨社会的形成及其异化》,徐静波、陈建安、王少普主编:《中日文化与政治经济论:依田憙家先生古稀纪念论文集》,第318—319页。

严重"。① 1934 年,虹口区域内的日本浪人在 6 月 27 日至 30 日滋事 3 次,"击伤华妇杨莫氏,殴辱英捕法军以及英法侨民"等,英人捕房向日方交涉,毫无效果。"工部局迄无表示,而日方层层压迫,形势反日趋严重。日侨居留民民团竟致函工部局,要求对于虹口区警务权,当即改组,撤换英人总区长,另选日人担任。"②

上海日本居留民团肆意妄为,积极支持日本侵华政策,网罗日侨参与旨在危害上海乃至中国主权的各种政治活动。由此可以看出,日本政府在各地设立的居留民团,实质上是在各地建立的进一步扩大侵略的据点。居留民团的几次改制,均与日本海外侵略政策的推进和在上海地区乃至华东地区殖民扩张形势的变化有着密切联系。当然,日本政府的决策有时也不能忽视在上海拥有巨大经济利益的日本侨民的态度。七七事变后,日本居留民团发动日侨以财力、物力协助日军作战,成为抗日战争中日军的帮凶。1945年日本投降后,日本居留民团随之消亡。

二、上海日侨管理处

1945 年 9 月初,第三方面军司令部工作人员陆续赴沪主持接收事宜。9 月 11 日下午 2 时,上海地区受降仪式在上海第三方面军司令部隆重举行。第三方面军司令汤恩伯代表中国战区最高统帅蒋介石,接受日军第十三军司令松井太久郎投降。投降仪式后,即成立了以松井太久郎为联络部部长的上海地区日本官兵善后联络部,第三方面军司令部也筹划成立集中管理日侨的相应机构。

---

① 《本周国内大事记》,《中华周报》1932 年第 22 期。
② 《半月要闻:上海日侨要求虹口警权》,《国讯》1934 年第 73 期。

1. 成立及其组织

1945 年 9 月 24 日,上海日侨管理处着手筹备,10 月 1 日在上海狄思威路 1177 号正式成立。管理处设置处长 1 人、副处长 1 人,由第三方面军派参谋长王光汉兼处长,并派邹任之为副处长。其下设秘书、指导员及组训科、宣导科、总务科,分掌业务,共有职员 38 人。[①]

表 5 - 14　上海日侨管理处业务分配表

处长 副处长	秘书室	关于处理纪要、综核文稿、人事考查及任免升调之登记、缮校收发文件、保管印信文卷、工作报告、撰拟发布各种文告、处长副处长特别指办等事项
	组训科	关于日侨集中之指导监督、日侨集中期间之编组督导、日侨生活之指导保障、日侨行动搬运证之签发、日侨技术人员之登记考核及就业指导、日侨房产接管、日侨之纠纷处理、调查统计、司令官交办涉及日侨管理及其他有关组训各事项
	宣导科	关于日侨思想之指导纠正、发布刊物、宣传、日侨集合指导、日侨文化等有关宣传事项
	总务科	有关经费领用报销、给予、警卫、管理处士兵夫役管理、通讯交通、日常事务及其他有关总务事项
	指导员	关于其他有关总务、日侨生活思想行动之视察指导、日侨房产物品之查封接收、其他经处长副处长特别交办事项

资料来源:《上海日侨管理处工作报告》,上海市档案馆馆藏,Q3 - 1 - 23 - 11,转引自周武主编《二战中的上海》,上海:上海远东出版社 2015 年版,第 453—454 页。

上海日侨管理处的主要任务有三:"1. 将上海及华东、华中地区的日本侨民集中在原日租界一带,划为日侨自治区(侨区内也有许多中国人杂居),由他们自选会长成立日侨自治会,管理日常各种事务。日本侨民不得擅自离开侨区,否则即视为不守法而受惩。

[①]《日侨管理处工作报告(三)》,《导报》1945 年第 3 期。

他们的生命、财产、安全受到保护。2. 以上海为港口，遣返在华东、华中(陆续集中上海)的日本战俘及日本侨民。3. 没收日本工商业的一切财产及其掠夺的一切财物。"①随之，该处即拟定并通过《日侨搬运通行证签发办法》《日侨房产货物接管办法》《日侨编组管理办法》《日侨管理处宣导计划》《日籍技术人员登核考记及就业指导办法》等法令，制定工作计划和日程表，详见下表。

表 5-15　上海日侨管理处实施计划简明表

期别	起讫日期	办理事项	办法及办理程序
第一期	1945 年 10 月 1 日至 13 日	实施集中	由自治会通知在沪日侨，如限期集中、所需房屋等，遵照司令官布告统筹办理其规定事项。
第二期	10 月 13 日至 16 日	编造名簿	由自治会转饬保甲长编造后转自治会统计分类汇报管理处。
	10 月 16 日至 18 日	调查户口	由各分区宪兵队及管理处人员按册调查重编户口调查表，并颁发日侨身份证。
	10 月 19 日至 20 日	编组保甲	由各分区宪兵队及本处人员按照实施集中时之临时编组证号码与户口，依照原来户口编组规定编组保甲。
第三期	10 月 21 日至 31 日	保甲训练	自治会会长及职员、区长(联保长)每日上午八时至十时(在会议室)，保长每日下午二时至四时(在会议室)(四区长、保甲长、户长训练在四区分别举行)，二三区保长、甲长、户长在二三区适当地区分别举行；保长、甲长每日上午六时至八时在指定之广场，以不妨害治安秩序为原则，户长训练另定之。

资料来源：《日侨管理处实施计划简明表》，《导报》1945 年第 1 期。

---

① 周本正：《抗战胜利后在上海日侨管理处见闻》，中国人民政治协商会议四川省双流县委员会文史资料研究委员会：《双流县文史资料选辑》第 11 辑，1993 年，第 152 页。

上海日侨管理处成立后，每日接办事件主要有以下十余类。即：（1）技术人员登记；（2）搬运登记；（3）日侨财产货物查封接管；（4）签发日侨身份证，奉命赴沪集中日侨经证实其名籍后，逐次由管理处签发日侨身份证；（5）人事调查，过去日本在沪设有各种性质不同的特务机构，其规模之庞大与组织之精细出人意料，因此该工作尤为重要；（6）日侨财产之接管；参照《中国境内日侨集中管理办法》第三条规定及《日侨在中国私人产业暂行处理办法》另定实施细则；（7）教育文化及宣导工作之实施，由管理处按照各级长官之指示适应当时环境相机推进；（8）清洁卫生，由日侨自治会负责主持，管理处随时派员视察考核；（9）疾病治疗，经管理处指定集中区域内日侨医院为治疗机构；（10）死亡埋葬之处理，由各户长经报保甲区长，经日侨自治会转报管理处备案，填具死亡报告表，由管理处签发火葬通行证；（11）婚嫁出生之处理，依照保甲条例规定由自治会办理后，填具报告表，报告管理处备案。①

在上海日侨管理处监督下，上海日侨组织成立日侨自治会，直接承受日侨管理处命令，督率各区保甲执行管理任务。自治会设会长1人、副会长2人、书记长1人，另设4组，每组设组长1人、组员若干人。自治会会长秉承日侨管理处命令，综理会务；副会长辅佐会长，处理会务；书记长承会长、副会长之意旨，督率各组办理日常事务，第一组承办组训事宜，第二组承办宣导事宜，第三组承办文书事宜，第四组承办总务事宜。② 日侨自治会会长为土田丰，系由日军联络部推荐。

上海日侨管理处秉承蒋介石"以德报怨"的广播训示、中国陆

---

① 《日侨管理处实施计划简明表》，《导报》1945年第1期。
② 《日侨管理处第一次保甲训练会记录》，《导报》1945年第1期。

军总部颁发的《中国境内日侨集中管理办法》及第三方面军司令官汤恩伯指示,制定工作方针如下:"在积极方面,当使日侨身有所寄,心有所托,以期奠定中日两民族和平合作之初基;在消极方面,务使日侨痛改前非,各就范围,不致有丝毫越轨行动,其军国主义与民族优越感,尤尽可能加以肃清,同时广泛调查日侨中之人才与物资,送请主管机关处理,俾有助于建国大业。"在此基础上,"经即拟定日侨编组管训办法、日侨技术人员登核考记及就业指导办法、日侨房产货物接管办法、日侨文教工作实施计划呈奉核准施行",以使对于日侨人与物的管理工作,有准绳可依,循序推进。[①] 至1946 年 7 月 12 日,最后一批日侨 1 350 人乘最后一艘驶还船离沪赴日。上海日侨管理处顺利完成遣侨任务后即行结束,前后存在 9个月。

2. 关于日侨的集中与管理

日本战败投降前,上海的日侨共计 48 931 名;日本投降后,奉命赴沪者有 30 355 名,共计 79 286 名。因其居住散漫,管理困难,在上海日侨管理处成立前,即经划定地区,统于 1945 年 10 月 13 日前遵令集中。上海日侨集中分四区,"第一区:东至斐伦路河浜,西至北四川路,南至百老汇路,北至北四川路与斐伦路交叉之间;第二区:东至杨树浦河浜,西至斐伦路河浜,南至杨树浦路跻百老汇路,北至旧公共租界;第三区:东至黎平路,西至杨树浦河浜,南至杨树浦路,北至旧公共租界;第四区:东至加纳路,西至齐家宅、刘家宅,南至高家宅陈港、蔡家宅,北至旭街"。[②] 以上 4 个集中区中,第一区最大,集中的日侨也最多。至 10 月初,各地区日侨均如期

---

①②《日侨管理处工作报告(三)》,《导报》1945 年第 3 期。

集竣,全部集中共 79 755 人,另由外埠赴沪集中者,计 7 000
余人。①

　　实际上,在 1945 年 8 月 15 日日本投降之时,上海日本居留民
团便立即召开紧急会议,当场做出集中日侨的决定。上海吴淞、江
湾、浦东、市区、南市各地的日侨得到居留民团通知,立即集中在虹
口地区。上海附近各县,如松江、嘉兴、苏州、无锡等地的日侨,也
在几天内迁入了指定地区。"在这地区的里弄里,如义丰里、丰盛
里,挤满了各色日侨,一间小屋最少要住四五人。闵行路的一家日
本小旅店,被指定供海军女工作人员五十余人居住,也是十分拥
挤。"②在日侨集中待遣期间,上海日侨管理处对集中日侨实施统一
管理。

　　(1)日侨的保甲编组及训练

　　为便于管理人数众多的日侨,各地日侨管理处均依照国民政
府《保甲法》编组保甲,并由所推选保甲长负责执行管理日侨事务。

　　依照 1945 年 9 月 24 日第三方面军第 44 号训令,上海日侨管
理处制定《日侨编组管理办法》,规定:"日侨之编组按其指定集中
区域,依照我国保甲条例办理。编制准备:①以户为单位,十户为
一甲,十甲为一保,②编余之户,六户以上者得另立一甲,五户以下
者并入临近之甲,③如以房屋合居不敷时,十户或超过十户得并为
一甲,④编余之甲,六甲以上者,得另立一保,五甲以下者,并入临
近之保,⑤临时加入或暂时离开之户,仍并入其附近甲内。编组方
法:①编组方向,各户由各甲之左方起,顺序比邻之家屋挨户编组,

---

① 《上海日侨管理处工作简明报告》,《导报》1946 年第 9 期。

② 张绍甫:《日军强占下的上海日侨与"日本人居留民团"》,中国人民政治协商会议文史
　　资料委员会编:《文史资料存稿选编》第 12 辑,第 672 页。

②编组时应在该户门首,粘贴临时编组证。清查户口后,发给正式日侨户口登记,③户长以家长充任为原则,但有特殊原因行辈较次之,成年人亦得充任户长。区保甲长之人选:(推举)①甲长由本甲内各户户长公推一户长充任。②保长由本保内各甲甲长公推一甲长充任,③区长由本区内各保保长公推一保长充任。(限制)①须正式公推不得假借权势利诱以当选。②须通达各户方得当选。(职务)①户长负责本户家政,②甲长负责一甲事宜,③保长负责一保事宜。④区长负责一区事宜,⑤区长下设组训、宣导、总务、文书等组,组长及组员由区长在日侨中指派。区保甲办公所:①保甲长办公处设于本人住户内,但在大门之左上方显明处粘贴日侨第某区某保某甲甲长办公处等字牌,②区长办公处设立于该区适中区域内,其房舍由区长勘定,呈准使用之。"同时规定,承受管理处一切命令者,是"土田丰为中心组织之上海日侨自治会为奉行机关","所有自治会及各区各甲,一切经费统由自治会及各区各甲自筹","凡日侨向本处有所申请时,应逐层经各甲保区长,转由自治会经报管理处核办"。①

上海日侨管理处根据以上规则对日侨进行编组,户设户长,十户一甲,十甲一保,保以上有四个区,所有区保甲长的产生,以公推为原则,区之上则为自治会,自治会秉承日侨管理处的命令,辅助管理的进行。根据上海日侨自治会的人口调查,1945 年 10 月 28日居住在上海的日本人有 79 086 人,在日侨集中区内被编整为 4区、1 100 甲、114 保,后因遣归除户数有变动外,保甲编号仍旧。集中日侨保甲制的状况如表 5 - 16。

---

① 《日侨编组管理办法》,《导报》1945 年第 1 期。

表 5-16　日侨保甲编组表(1945.10.28)

区别		保	甲	户	人
第一区	北分区	41	372	3 511	29 663
	南分区	32	168	3 512	27 973
第二区		20	168	1 462	10 331
第三区		11	91	854	3 177
第四区		10	114	1 090	7 673
指定区域外居住					469
合计		114	913	10 429	79 286

　　资料来源:《改造日报》1945 年 10 月 31 日,转引自[日]高纲博文著,陈祖恩译《近代上海日侨社会史》,上海:上海人民出版社 2014 年版,第 269—270 页。

　　日侨自治会职员及各区保长的训练,由上海日侨管理处组训科和宣导科会同处理。10 月 22 日上午 10 时至 12 时,上海日侨管理处在该处会议室举行第一次保甲训练会,由管理处处长王光汉、副处长邹任之主讲。王光汉着重就自治会的成立及其任务、实施保甲制度的意义,以及日侨管理中的相关注意事项进行说明。其中,在谈到实施保甲制度的意义时,王光汉指出:"听到上海日侨集中管理后,或有少数浅见的人把'集中区'这个名词,误为什么纳粹的'集中营',至少也须想象要受到严格的约束,却不知道日本侨民这次集中居住,正是为了避免杂居的种种不便,并且必须集中起来,才能实施所预定的保甲制度,保甲制度是实行自治的一种良好法则,如果按照细则实行起来,可使侨民们在有组织,有训练的生活中,获得种种的便利与保障。切望各负责人要领导上海十万侨民履践笃实的奉行。"[①]邹任之则对日侨自治会、各区保长的具体工作做了安排:"已集中之日侨,定期分别实施编训;凡在十岁以上之

————————

[①]《日侨管理处第一次保甲训练会记录》,《导报》1945 年第 1 期。

男女日侨于 11 月 1 日开始佩带白布质'日侨'袖章,但自治会职员,可另制证章,其袖章式样,由指导员设计,送交日侨自治会筹制;指定之四个日侨集中区内,选适当地点各设'日侨意见箱';自治会与管理处须切取连系,严密纠正日侨错误的思想,注重'政治教育',凡有关之报章杂志刊物等发布事项日侨自治会与管理处宣导科应确实负责;各日侨集中区域,应绘制'标志图'等。"①

　　10 月 24 日上午 10 时起至 12 时 30 分,上海日侨管理处召开第二次保甲训练会。处长王光汉着重强调了"对编组保甲应有的认识",称:"我们编组保甲自然是自治的初步方法,然而其广泛的意义在于实现'管'、'教'、'养'、'卫'的政治能力……保甲是我们精神的发扬,保甲是具有管理的意义,这个管理并不是由上而下的统治,而是由下而上的一种自我管理……这种自我管理精神的表现,这种自我精神的发扬,利用保甲来培养来锻炼,是最适当的。保甲是民主政治的基础,保甲是一种有理性的结合,是含有一种自然团结的意识……这种基于责任心的组织,基于协力作用的实施,也是良好民主政治的基础。"另外,王光汉还特别指出,各保甲长应切实负责,特别注意关于户口调查及户口异动登记、各区保甲内任意出入取缔、火灾之警戒及救护、环境卫生改进、保甲人员之考勤、监督或辅助执行职务、教诫侨民勿为非法事项、检举违犯保甲规约、检举甲内不良分子等诸事项。② 该次会议还决定"成立日侨财产处理办法研究小组,专门研究日侨财产的处理,以奖励日侨自动呈献为目的;成立日侨小本经营办法研究小组,以限定资金在集中区内开设小商店;筹设日侨图书馆,利用日侨原有图书,分区设立,

---

① 《日侨管理处第一次保甲训练会记录》,《导报》1945 年第 1 期。
② 《日侨管理处工作报告(二)》,《导报》1945 年第 2 期。

遴选妥员负责管理;设立小规模博物馆,由自治会负责征集日侨私存之文物古玩及其他有价值之物品,遴选委员管理之"。①

　　总之,上海日侨管理处的负责者对于日侨保甲的实施寄予极大的希望,"希望这是日本民主政治的试验,希望这些受管理的日侨将来回国成为推行民主政治的楷模"。保甲长的训练共分四期,第一期为自治会职员及区长,第二期为保长,第三期为甲长,第四期为户长。"自治会会长及职员,区长(联保长)等,每日上午八时至十时到管理处会议室受训。保长的受训时期在下午二时至四时;甲长、户长的训练,是在每区的适当地区分别举行"。② 训练内容除讲习各项管理法令规章外,并特别揭发日本侵略者的罪恶及其惨败之因果关系,强调蒋介石的"不念旧恶""与人为善"的宽大政策,以启发一般日侨民主和平思想,同时听取关于管理日侨的意见。在训练时期,处长王光汉、副处长邹任之都亲自主讲,管理处各高级职员亦参加演讲。每当训练完毕,便举行讨论会,是为民主的试验。

　　(2)日侨的日常生活

　　上海日侨管理处规定,凡在上海而未迁入集中区域者,限于 10月 13日以前集中竣事。集中期间房屋的分配,其原则由管理处规定,交由日侨自治会办理。第三方面军司令官汤恩伯所颁布告规定:(1) 集中区外日侨原住房一律由上海日侨管理处封存候令办理;(2) 集中区内日侨原住房屋仍准暂时继续租赁居住。③ 因此,指定的集中区域内日人骤增,原来只住一家人口的房屋,改为五家六家共同居住,不免拥挤。但是,"日侨虽云集中,实际限于环境与

---

①《第二次保甲训练记录》,《导报》1945 年第 2 期。

②王坪:《空前的工作:上海日侨被管理了》,《民众周刊》1945 年第 7 期。

③《日侨管理处实施计划简明表》,《导报》1945 年第 1 期。

房舍关系，仍有与我国军民杂居者"。①

为了保证日侨安全，也为维持地方治安，上海日侨管理处对集中日侨进行了严格的管理。日侨迁往集中区后，户口如有异动，保甲必须层层上报管理处处理，日侨临时到集中区外行动须先申请核发临时外出证。因限制严格，至 1945 年 12 月仅发出 169 号，其中因公事外出者 105 人，因私事外出者 64 人。② 同时，日侨管理处还为留用日籍技术人员核发各机关留用日籍人员出入证。日侨的迁出迁入须报日侨管理处核准，出生死亡须报管理处备查；日侨自治会及区保甲职员因为公务联络需不时到区外者，得核发定期通行证；各机关留用日籍人员，亦应函请管理处填发上海地区留用日籍人员出入证。

集中日侨均须在左臂戴一条白底黑字的"日侨"臂章。除规定日侨必须佩戴臂章外，更签发身份证以资识别。根据《日侨身份证签发办法》规定，"凡属日籍侨民，不分男女长幼，一律均须填具日侨户籍报告表，由管理处签发日侨身份证每人一张；日侨身份证所填各项，均应与户籍报告表相符合；签发日侨身份证，其编号与日侨民籍簿号相符；日侨如遗失其身份证，经核准补发时，仍照其原来号码补发；如已死亡，其身份证应随同死亡报告表呈缴注销，但其编号仍保留；婴孩满一月后，应将生产报告表呈缴管理处备案，同时签发身份证；身份证不得随意涂改"。③ 凡是经证明籍贯的日侨，均由上海日侨管理处签发日侨身份证，所有日侨均应遵照身份证之注意事项随身佩戴。各地奉命赴上海集中的日侨，"于抵境后

---

① 《日侨管理处工作报告》，《导报》1945 年第 1 期。

② 《日侨管理处工作报告（三）》，《导报》1945 年第 3 期。

③ 《日侨管理处工作报告（二）》，《导报》1945 年第 2 期。

两小时内须向日侨自治会报到，转请管理处编组签发日侨身份证"。① 此外，日侨的生死婚嫁一切人事动态事项，均由日侨自治会遵照上海日侨管理处所制定的各种规定径自办理，并随时将办理情形报请管理处备案。

日侨迁居时，应遵照上海日侨管理处所订《日侨搬运通行证签发办法》，向管理处申请领取行李搬运通行证，以备军警询查。《日侨搬运通行证签发办法》规定：日侨在集中期间，奉命迁移搬运时，由管理处签发搬运通行证；签搬运通行证时，应编号登记，未经核准迁运者，不得擅自迁运；如由外埠来沪集中之日侨，另有证件者，管理处不再发给通行证；签发搬运通行证有关数字时，应用大写，涂改处应盖章；搬运通行证俟搬运完竣后，应缴还管理处注销。②

集中待遣时，日侨的主副食品按规定由上海市政府办理，在未确实供应前，上海日侨管理处呈准以日侨民生商会原有物资配给，"藉此可免我供应之烦，减轻国库负担"。③ 日本投降前，日侨的生活用品由民生商会配发。在日本投降后，民生商会物品寄存处所被各机关查封。1945 年 11 月 15 日，上海日侨管理处"以日侨遣归，为期未定，其生活必需品，自应积极筹备，严密管理，以免恐慌"为由，拟具集中管理计划呈请第三方面军司令部核示，并称"一俟奉准，即将会同有关机关启封民生商会各物品寄存处，统筹配发。据民生商会报告，该会原存各仓库食米计 299 155 公斤，如能全部保留，配发沪上日侨，以大口每月 10 公斤，小口每月 5 公斤计，尚足以维持至本年(1945 年)年底"。④

---

① 《日侨身份证签发办法》，《导报》1945 年第 2 期。

② 《日侨搬运通行证签发办法》，《导报》1945 年第 1 期。

③ 《上海日侨管理处工作简明报告》，《导报》1946 年第 9 期。

④ 《日侨管理处工作报告(三)》，《导报》1945 年第 3 期。

在上海日侨管理处的督导下，一般日侨的日常生活尚能维持。不过，也有少数贫穷的日侨。贫穷日侨为维持生活，在其他日侨集资帮助下，在虹口等地设摊营业，故虹口街头到处都是日侨摆设的小摊小馆，既不清洁也不雅观。1945 年 12 月 31 日，上海市日侨管理处与上海市警察局会商订定《上海日侨集中区日侨临时摊贩取缔办法》对其进行规范管理。该"取缔办法"规定："拟摆设摊贩者以日侨中生活困难而非摆设摊贩不能维持生活为限，并应取得直属保甲长之证明，领得许可证后始准营业；每一摊贩须有二人以上共同经营之，已经经营之摊贩不得再与其他摊贩共营或投资；所得利益须按照经营者应扶养之家族人数分派之；希望摆设摊贩者须于所定之用纸签名盖章，连同保甲长之签名，申请日侨自治会呈日侨管理处核转警察局核办；日侨自治会对于申请开设经查合格者发给执业证，该证须于营业时间中挂出之，但于指定营业区域内如无空地时应保留之；日侨摊贩除售卖饮食物品（包括燃料烹料菜蔬等）、日用品（包括肥皂、香烟、茶叶、咖啡、洗漱用具、普通药品、旧衣服、旧食器）及经营理发业外一律禁止经营；摊贩之营业区域由日侨管理处指定之，如在指定区域外不得以任何名目设摊营业。"①

上海日侨管理处还规定其营业时间为上午 8 时至下午 6 时，并划定设摊区域供日侨作摆摊之用。如，第一区准设摊区域最多，为"宝安路 71—76 号前空地、以施高塔路大陆新邨（一街）为中心之南北 200 米以内之路面、狄思威路小菜场前空地后面（用芦席遮住、背向路面以免有碍观瞻）、狄思威路面靠小菜场之不能通过之小街（俗称死胡同）、五条（但不包含小菜场之两旁）、东宝兴路 96

---

① 《第三方面军上海日侨管理处公函（1946 年 1 月 14 日）》，《上海市政府公报》第 2 卷第 8 期，第 187 页。

号—125 号空地以及自该空地起至桥间之路面、邢家桥路 104 号—125 号空地以及自该空地至桥之间路面、四川里敏礼总街崇顺里、海山路寺德里、北哈尔滨路与桥之间路面、北海宁路空地及不能通过之小街（不包含路面）、百花街同四街、吴淞路 296 号前空地、文路邮政局前空地、密勒路铃木病院前小路"。①

　　上海日侨众多，因诸种原因患病者不少。除允许日侨进行户外个别运动，以防疾病外，上海日侨管理处还应实际需要，经呈准"将日侨原设医院，改为管理处直属医院六所（即仁寿医院一、二、三所，及田中、川村、难波医院三所）展开医疗工作"。② 但因日侨患病者较多，六所医院供不应求，经管理处呈请，上海市卫生局又拨交日侨医院五所。③

　　总之，上海日侨的生活是比较幸运的，虽然被集中管理，但是"他们依然很自由地可以在街上来往着，不少的日本少女，还穿了中国的旗袍，有时到中国商店购东西，还喜欢讲一口纯熟的中国话"。④ 据鲁夫的《日侨集中区巡礼》记载，就生活状况而言，集中日侨"都很满意对战败国的待遇"，米、面等物资大多数可以维持到1945 年年底，甚至 1946 年一二月。此外，他还"在吴淞路一所高大的楼房里，曾看到有堆积如山的米、面、煤、炭、饼干、薯片、布匹、棉毯及罩着玻璃纸的新光衬衫"。⑤

---

① 《第三方面军上海日侨管理处公函（1946 年 1 月 14 日）》，《上海市政府公报》第 2 卷第 8 期，第 187—188 页。

② 《日侨管理处工作报告（三）》，《导报》1945 年第 3 期。

③ 《上海日侨管理处工作简明报告》，《导报》1946 年第 9 期。

④ 《上海日侨动态》，《天文台》1946 年 3 月 30 日，第 3 版。

⑤ 鲁夫：《日侨集中区巡礼》，《导报》1945 年第 1 期。

（3）日侨的宣导工作

日本虽已战败，但在沪日侨大多没有失败之感，并未放弃原有的错误观念。正如上海日侨管理处处长王光汉所说："日侨管理的工作是'甚少前例'的，也是极其艰巨的，加之日本民族在长期的军国主义的训练下及其环境的影响下，其狡诈的残忍，确实难得有出其右者，所以在集中的初期，竟有日人假借日侨管理处的名义向其余日侨摊款，说是日侨管理处的人要办；又闻在日侨中潜伏了不少军国主义者的残余分子组织称什么'沪挺队'、'武德会'、'赤城会'、'雪耻会'之类，企图破坏我政府的威信，且阻碍民主思想在日侨中的生长。"[①]为消除日侨军国主义思想，纠正其思想中的谬误，为战后和平打下基础，中国陆军总司令部在《中国境内日侨集中管理办法》中规定：各管理所应对日侨施以民主政治、消除军国主义教育。故，上海日侨管理处成立之初，即着手拟定日侨宣导计划，利用日侨集中待船回国的时机，以学校教育、社会教育、讲座、发行刊物、电影、小组会等多种形式，对日侨实施了一定程度的精神教育。

表 5-17　上海日侨管理处宣导计划

项目	实施目的与办法
发行定期刊及丛书	目的：为改正日侨之军阀黩武思想，发扬我中华民国之崇伟精神，使趋向于和平民主之途；办法：每半月出刊一次，分拨或定价低廉，使日侨普遍阅读，必要时可编印各种专门问题或特殊需要之小丛书低价分销。
流动讲座	目的：为转变其观念，增进其对中国之认识及民主思想，以达成我宣传目的；办法：1.每区集中演讲，2.每周一次，3.本处各级主官或聘请各界名流讲座。

---

① 王坪：《空前的工作：上海日侨被管理了》，《民众周刊》1945 年第 7 期。

续表

项目	实施目的与办法
填表测验	目的：为明了日侨之身世及其最近意识形态，以为思想考核、言行纠正之根据；办法：列造一能详明其身世并能明了其最近意识形态的简明问答表，于户口调查时分发每人答填。
家庭访问	目的：真实明了其生活近况及其动态；办法：根据填表测验所得以确定访问的家庭，访问时先应准备访问要点并作记录存考。
电影辅导	目的：以辅导教育宣传之不足；办法：以宣扬中国文化及含有教育意义之影片，每周分区放映。
标语漫画之缮制	目的：以造成足以改正其思念之环境；办法：于每区择要处缮制大幅宣传标语或漫画以资宣传。
举行各种小组会	每区每周举行小组会议一次，由自治会关系者及各区甲长以上出席参加。

资料来源：《日侨管理处宣导计划》,《导报》1945 年第 1 期。

关于日侨的学校教育与社会教育，据统计，1945 年底上海集中日侨中有"中学教师 90 名，小学教师 260 名"，有"中学生 2 176 名（男 1 312 名，女 864 名），小学生 5 412 名"，故上海日侨管理处在原有日侨师资的基础上，"设置小学 132 所"，并拟在每区设中学校一所。① 后经呈准"设立中学 20 所，小学 91 所"。② 日侨管理处先组建师资讲习会对日侨教师进行训练，以"灌输其民主教育之思想，并藉以审核各教师之程度，如有不足，另于日侨中设法补充或另聘华籍教师担任"。日侨中小学教材和课程也由日侨管理处审定。日侨学校所用课本"暂时利用原有课本加以审核，除删除军国教育

---

① 《日侨管理处工作报告（四）》,《导报》1945 年第 4 期。
② 《上海日侨管理处工作简明报告》,《导报》1946 年第 9 期。

部分外，并编补新材”，经核定中学课程为“国语、数学、物理、生物、华语、英语、图画、体操（女子添家政）”八种，小学课程为“国语、算术、理科、图画、华语、体操”六门。① 为明了日侨文教具体实施，并督导其彻底实施起见，日侨管理处专门组织日侨文教督导班，每周由督导班派员分赴各区督导。

　　在日侨的社会教育上，上海日侨管理处针对不同日侨群体采取了不同的方式，多措并举，以求实效。首先，为消除日侨的军国主义思想，深植民主意识，日侨管理处创刊《导报》半月刊；其次，为适应日侨儿童的需要，根除日本青少年之军国思想，由日侨管理处指导日侨自治会刊行《新生少年》杂志；第三，设置日侨图书馆 96 所、博物馆 81 所。②《导报》半月刊，分中文版、日文版两种。1945 年 11 月 10 日《导报》第 1 期正式出刊，日侨管理处处长王光汉在发刊词中称：“我们一向是承认日本国民有团结有组织的。只是多年来受了军国主义教育的毒素，竟而失掉了辨正邪、明是非的能力，把国家观念逐渐变成对军阀的迷信与盲从。因而误入歧途，铸成近日之大错……民主潮流，已成为世界上无可抗拒的力量，一个国家能否永恒的存在，就看他能否顺此潮流前进。中国方面，就基于这种认识及历史地理上的关系，有促醒日本民族趋向光明的道义上的责任。留在上海的十万日本侨民……残留在思想上的毒素，应迅速的消灭。民主政治的真谛，应剀切的阐明……由于以上的主客观条件，促成本刊发行的动机。”③《导报》共发行 14 期，其中，第 6、7 期和第 13、14 期为两期的合辑。1946 年 5 月底，在日侨遣归工作即将结束之际停刊。

　　日侨管理处还出版了一张小型的《改造日报》（日文）。改造日

---

①②《日侨管理处工作报告（四）》，《导报》1945 年第 4 期。

③ 王光汉：《发刊词》，《导报》1945 年第 1 期。

报社由汤恩伯任董事长，金学成任总经理，陆久之任社长，总编辑
是符涤尘。① 日文版《改造日报》"大受日侨欢迎，因为其中有许多
日本国内的消息，是上海其他报纸所未有的"。② 其日发行量 10 余
万份，"凡日侨、日俘集中地区，由美军新闻处用飞机代为分发"。③
《改造日报》自 1945 年 10 月 5 日至 1946 年 9 月，约发行 1 年，在日
俘日侨中有比较广泛的影响。改造日报社除发行《改造日报》外，
"还出版了日文《改造周刊》、《儿童三日刊》、《改造评论》月刊及中
文《改造论坛》、《改造画报》等"。④

　　除以上学校和社会教育之外，日侨管理处还采取多项措施对
日侨实施精神教育。首先，"召开日侨文化座谈会，内分文化、教
育、宗教、政经四组，每周分别召开一次或二次，每次均由本处拟
题讨论，并邀集我国文化界人莅会指导"；其次，"奖励日侨思想正
确之文化团体发行小型报章杂志，以发挥日侨之自由思想"；第
三，设流动讲座，"聘请各界首长名流专家分向日侨各区讲述，纠
正其思想"。⑤ 1945 年 11 月 12 日下午 2 时到 4 时半，上海日侨
管理处举行日侨文化人茶会，日侨管理处处长王光汉、国民政府

---

① 金学成：《有关改造日报社的一些情况》，中国人民政治协商会议上海市委员会文史资
　　料工作委员会编：《文史资料选辑(1982 年)》第 3 辑，总第 40 辑，上海：上海人民出版
　　社 1982 年版，第 58 页。
② 张绍甫：《日军强占下的上海日侨与"日本人居留民团"》，中国人民政治协商会议文史
　　资料委员会编：《文史资料存稿选编》第 12 辑，第 673 页。
③ 陆久之：《创办〈改造日报〉的经过》，吴汉民主编：《20 世纪上海文史资料文库》第 6
　　辑，新闻出版，上海：上海书店出版社 1999 年版，第 155 页；金学成：《有关改造日报社
　　的一些情况》，中国人民政治协商会议上海市委员会文史资料工作委员会编：《文史资
　　料选辑(1982 年)》第 3 辑，总第 40 辑，第 59 页。
④ 陆久之：《创办〈改造日报〉的经过》，吴汉民主编：《20 世纪上海文史资料文库》第 6
　　辑，第 155—156 页。
⑤《日侨管理处工作报告(四)》，《导报》1945 年第 4 期。

参政员刘百闵、第三方面军参议张玉麟、《大公报》记者王平、管理处宣导科科长王念忱，以及日方人士小岩井净（同文书院教授）、天齐（《朝日新闻》驻沪记者）、森下觉（前振兴会社社员）、速水颂一郎（自然科学研究所研究员）、千叶成夫（上海经济研究所研究员）、竹本节（前大陆新闻记者）及女作家山岸多嘉子等 30 余人参加。① 11 月 24 日、12 月 1 日，日侨管理处分别召开日侨文化人文化组、教育组两大座谈会，对于日本的文化及教育发展问题进行讨论。② 12 月 22 日，日侨管理处又组织日侨妇女座谈会，中国方面的《时事新报》记者麦少楣、《神州日报记者》顾静仪等，以及日侨方面山岸多嘉子、管原爱子、长谷川道子等，围绕"日本妇女自觉运动"进行讨论。③

　　日侨管理处还采用播放儿童画片剧、指导日侨组简易剧团、电台广播、教育影片等辅助日侨的再教育。随着日侨遣归工作的进行，"学校里的学生和学生的家长们，无论在心理上或是生活中，都时时刻刻的准备着遣归，所以对于学校教育的意义比较冲淡了一点"。针对此种现象，日侨管理处处长王光汉于 1946 年 1 月 31 日对上海日侨发表广播演讲，称从该周起要加强社会教育，利用日侨日俘们空闲的时间，在第三方面军的广播电台"请名家们轮流讲演以补助教导工作"。王光汉并于当日发表题为《中庸进解》的演讲，对"中庸之道"进行解释，"希望各日侨日俘们深深的体察，更能应用到实际生活方面，以促进世界的永久和平"。④

　　战后日侨"对日本黩武分子侵略失败后，心理上究有若干变

① 花红、之江：《上海日侨文化人茶会》，《导报》1945 年第 2 期。

② 陈金煌：《日侨文化人两大座谈会：文化组、教育组》，《导报》1945 年第 3 期。

③《日侨妇女座谈会》，《导报》1946 年第 5 期。

④ 王光汉：《中庸进解》，《导报》1945 年第 6、7 期合辑。

化，又对日本行将举行之普选之各政党政治方向，究抱有何种态度，颇堪注意"。因此，为更好地了解战后日侨的心理，上海日侨管理处于 1946 年 2 月 7 日协同《改造日报》，举办日侨民意测验，"受测验日侨达 4 万人，年龄均在 20 以上，测验题目涉及天皇制度问题，神道问题，战犯问题，民主战线问题，日侨生活问题"等。[①] 日侨民意测验统计结果显示，"关于天皇制、天皇及各政党，态度虽纷歧，然对于民主统一战线，赞成者居多数，此点颇堪注意。检讨各重要项目，首先关于天皇制问题，主张照旧维持以及限制大权而予以保留者居多数，主张绝对废弃者仅占 1％，此点表示日人对于天皇制及天皇之信仰心理，根深蒂固，骤难拔除，然主张照旧维持者，只于 44％，在半数以下，可见日人对天皇之绝对神圣性，已作适当之批判，又认天皇负战争责任者，达 4 448 人，占 16％，过去认天皇为神者达 1 907 人之大多数，可见日人对天皇之态度，渐行改变。关于政党问题，附和自由党者居多数，社会、进步两党居伯仲之间，国民协同党次之，共产党仅占 3％，此固由于上海日侨大多数属中工商业者，惟赞成社会党者竟达 4 767 人，仅次于自由党，而附和民主统一战线者，亦居最大多数，由此可窥日人战败后之政治意识。又赞成妇女参政权者占 47％，反对者占 31％，而认为追究战犯似属过分者，仅 30％，亦可窥见日人之政治思想"。总之，由该测验结果可大致管窥战后日侨的心理，其"心意中一方面仍残留过去封建法西斯之影响，而另一方面则冀求建设民主国家之企望日形高扬"。[②]

　　国民政府鉴于"这些直接间接参加侵华战争的敌俘们，素日所

[①]《日侨民意测验》，《导报》1946 年第 9 期。
[②]《日侨民意测验统计结果》，《导报》1946 年第 10 期。

受毒化教育之深。思想上的武器,比所看见的飞机大炮还要厉害,所以管理日本侨俘,便侧重在再教育的工作"。① 上海日侨管理处在日侨待遣之时,采取不同措施,通过灵活多样的形式,对日侨进行再教育,以期"导人于善",达到"日本同成为民主国家,同成为世界上爱好和平民族的最高目的"。② 不论再教育的成果如何,上海日侨管理处对日侨的精神教育主动作为、积极努力,正如王光汉所言"我们慢慢在做着,希望能收获效果"。③

三、上海日侨的遣返

　　1945 年 10 月 25 日,中美双方在上海召开第一次遣送日本侨俘会议,并制定《中国战区日本官兵与日侨遣送归国计划》。该《计划》确立了"日俘优先、次及日侨"的遣送原则,明确了日本侨俘遣送工作的阶段划分及各方在日本侨俘遣送过程中的分工,规定:第一阶段"向港口之输送上船时之检查由中国陆军总司令部担任之";第二阶段"由中国本土台湾及日本间之水运用登陆艇之运送由美第七舰队担任"。④ 据统计,中国战区自上海遣送日俘侨人数约为 830 968 人,计划每月遣送 6.4 万名。⑤

---

① 王光汉:《平凡的实践》,《导报》1946 年 6 月,第 13、14 期合辑。
② 王光汉:《发刊词》,《导报》1945 年第 1 期。
③ 杭舟:《日侨归国感言》,《导报》1945 年第 2 期。
④ 中国陆军总司令部编:《处理日本投降文件汇编》(下卷),沈云龙主编:《近代中国史料丛刊》第 82 辑,第 224 页。
⑤ 中国陆军总司令部编:《处理日本投降文件汇编》(下卷),沈云龙主编:《近代中国史料丛刊》第 82 辑,第 232 页。

表 5‑18　上海日本官兵侨民遣送数目

	军			侨			总计
	健康	患病	合计	健康	患病	合计	
日本人	645 000	38 478	683 478	123 000	1 000	124 000	807 478
朝鲜人	6 000		6 000	9 980	380	10 360	16 360
日籍台湾同胞	1 000		1 000	5 880	250	6 130	7 130
小计	652 000	38 478	690 478	138 860	1 630	140 490	830 968

　　资料来源:据中国陆军总司令部编:《处理日本投降文件汇编》之《日本官兵侨民遣送所在地与数目表》整理而成。中国陆军总司令部编:《处理日本投降文件汇编》(下卷),沈云龙主编:《近代中国史料汇编》第 82 辑,第 236 页。

　　上海日侨于 1945 年 12 月 4 日开始遣送。每批日侨在遣送之前,均由上海日侨管理处会同海关港口司令部、警察局依照中国陆军总司令部颁布的《日人返国检查办法》共同进行临行检查。12 月 3 日,日侨管理处 20 人、第二十三团宪兵 22 人、警察 30 人、港口司令部检查组 10 人、海军人员 35 人、第三方面军司令部外事处 12 人,以及美国海军代表在前沪江大学操场对第一批待遣日侨施行检查。"日侨们都很服从,好像一队曾受训练的军队,一组检查之后又一组,工作一点不繁乱。检查完毕,每人将行李收拾妥当,搬至检查台后面,照样排队"。海关同时又"派了 6 个女检查员专检查妇女,在检查台旁边另设一室,以便检查"。在检查时"如超过规定物件,方予充公,所有充公物件,全部交与日侨管理处保管"。日侨所带回去的行李,"衣物、铺盖、日用品都是旧的,现钞超过规定数目的很少,但正金银行的汇票最多,而且每人都带有一袋米,还有一斤或半斤白糖"。① 检查人员在检查日侨行李物品的同时,也

———————————

① 陈金煌:《检查第一批归国日侨素描》,《导报》1945 年第 3 期。

要检查有无战犯混杂其中。12 月 4 日下午 1 时半，上海第一批遣归的日侨 2 185 人乘"明优丸"自虬江码头启程返国。[①]

南京、汉口、芜湖等地日侨集中至上海港口出境时，由港口运输司令或其代表率同该港军宪警及有关人员依照遣送计划的规定，对日本侨俘实施严格检查。出境检查中超出规定的物品、金钱、饰物即予扣留。经检查，凡符合规定的日本侨俘，可施发船票，准其上船出港归国。

表 5 - 19　上海市遣返日俘侨（1945. 12—1946. 7）

时期		侨俘共计	日侨		日俘		船只数
			男	女	男	女	
总计		812 847	75 757	50 983	683 188	2 919	705
1945 年	12 月	12 550	3 643	1 521	6 026	1 369	4
1946 年	1 月	82 176	8 413	4 207	69 412	136	81
	2 月	75 680	11 349	6 842	57 243	249	74
	3 月	186 793	23 720	17 700	145 154	219	138
	4 月	122 105	17 082	13 748	90 539	736	115
	5 月	150 139	3 413	2 075	144 651		145
	6 月	162 756	7 809	4 716	150 173	58	138
	7 月	20 648	337	174	19 990	147	10

资料来源：《上海市遣送日俘侨》，《上海市统计半年刊》1946 年（上），第 43 页。

前期遣返速度较慢。如表 5 - 19，1945 年 12 月所遣日侨总数仅为 5 164 人。据统计显示，1946 年 1 月 1 日起自上海待遣送的日人为 759 250 人，另需用病船载运的病侨有 11 312 人。[②]　为提高遣

[①] 平凡：《满船怅望一帆风：第一批归国日侨上船情形》，《导报》1945 年第 3 期。

[②] 中国陆军总司令部编：《处理日本投降文件汇编》（下卷），沈云龙主编：《近代中国史料丛刊》第 82 辑，第 265—266 页。

返效率，中国陆军总司令部、军政部、交通部、中国后勤司令部、第七舰队第七十八派遣队、战时船舶运输管理处等于 1946 年 1 月 5 日在上海又举行了第二次联合遣送日人会议。美军总部日俘侨遣送组组长魏特曼上校对遣返进度过缓表示不满，更就华中及南京、汉口、杭州一带区域，上海以西一带区域，中国运输工具（水路、铁道、步行）每日未能运输日人一万至上海提出质疑。于是，各方商定："1.将运量增加至每日有 3 架登陆舰开日本承担遣返任务，每舰载 1 000 人；2.又将原有的运输舰增为 12 条，这样加上前者每天可遣返达 6 000 人以上；3.将中国接收的 25 艘日舰艇暂时全用于国内江河运输，以减轻已极为繁重的国内复员铁路运输压力；4.由美军提供万吨轮 100 艘、3 000 吨级坦克登陆舰 35 艘、接收日轮 80 艘，配备日本船员驾驶，来加快这一工作。"①2 月 6 日，中美日三方又在东京召开联合会议，明确各方在遣侨工作中的责任。上海日侨遣返工作得以顺利实施，遣返速度大大加快。1946 年 1 月，上海日侨管理处遣返日侨共 12 620 人；2 月，共遣送 18 191 人；3 月是遣送日侨最多的一月，共遣送 41 420 人，超过前三个月的遣送总和，其后的 4、5、6 月分别遣送日侨 30 866 人、7 488 人、12 525 人。1946 年 7 月 12 日，最后一批日侨乘最后一艘驶还船离沪。② 上海日侨管理处完成了遣侨任务，并随之宣告解散。

　　抗日战争结束前，"日本人在战场与沦陷区表现的面目是狰狞凶恶；当投降以后，却变得像驯顺的绵羊"，而"世界各国对待战败后的日人，无过于中国的宽大了"。③ 日本侨俘在遣期间，上海日侨

① 张铨、庄志龄、陈正卿：《日军在上海的罪行与统治》，第 366 页。
②《最后一批日侨，定期乘轮离沪》，《申报》1946 年 7 月 11 日，第 4 版。
③ 杭舟：《日侨归国感言》，《导报》1945 年第 2 期。

管理处本着"不念旧恶、与人为善"的方针,对日侨"生活、教育、卫生各方面,作种种之设计",希望日侨提高警惕,"从自身的觉悟上,迅速的开辟一条自新的道路","都成为世上爱好和平的分子"。①虽有不少日本人深受感动,但并未从内心深处根除军国主义余毒,未能深刻反省日本侵略战争带给包括日本人民在内的亚洲各国人民巨大灾难的责任,一旦遇到合适的国际国内环境,特别是随着战后美国转变对日政策、日本经济高速增长、右翼势力死灰复燃,似乎又找到重新滋长的肥沃土壤。于是乎,战后日本社会歪曲侵略历史、美化侵略战争的奇谈怪论和错误言行再次泛滥,成为影响中日民众感情和两国关系的一大障碍。

---

① 《日侨管理处工作报告》,《导报》1945 年第 1 期。

第六章　华南日本侨俘的遣返

　　在鸦片战争爆发前，由于日本处于锁国状态，故没有参与以广州为唯一口岸的对华贸易。鸦片战争后，香港逐渐取代广州成为华南首要国际商港。明治政府掌握权力后，面对东亚贸易环境的变化，选择以香港作为参与华南贸易的途径，于1873年设立了日本驻香港领事馆，并要求该馆兼领广东省内日本领事事务。①1888年8月，日本初次于广州设置驻广东领事馆，②但似因当地日本人过少，领事事务无从展开而关闭。直至1906年才重设日本驻广东领事馆，并于1909年升格为总领事馆。③

　　但是，近代日本对中国的渗透和侵略主要集中在东北、华北及

① 奥田乙治郎『明治初年に於ける香港日本人』、台北、台湾総督府熱帯産業調査会、1937年、1-2頁。

② 奥田乙治郎『明治初年に於ける香港日本人』、251頁。近代日本人习惯称广州为"广东"，当指称行省时则称"广东省"，故"广东领事馆"即"广州领事馆"之意。

③ 奥田乙治郎『明治初年に於ける香港日本人』、251-254頁。抗战前日本在包含香港在内的华南地区共设有5处日本外交机构，地点分别为福州、厦门、汕头、广州及香港。其中广州与香港2处为总领事馆，其他3处为领事馆。参见飯島渉「香港—日本関係のなかの香港日本商工会議所」、波形昭一編『近代アジアの日本人経済団体』、東京、同文館出版株式会社、1997年、196頁。

华东地区,华南地区则着力于控制福建,对于广东省则视其为英法势力范围而未大力"发展"。抗战前广州的日本居留民数量始终处于缓慢增长状态,至 1937 年被日本驻广东总领事馆(以下简称"总领事馆")登记在案者也仅有 500 余人。[①] 广州的日本居留民群体规模虽然小于厦门或汕头,但因该地为华南政治经济中枢,故各类日本居留民团体及公共设施完备,且如同总领事馆一样被赋予华南地区的最高规格。如,1911 年成立日本居留民自治机构"广东日本人会",后于 1921 年在总领事馆指令下改组升格为"广东日本居留民会",负责经营和管理当地的日本人小学校及日本人墓地。[②]广州日本人小学校开设于 1915 年,并于 1917 年获日本外务省及文部省认可,成为华南唯一的"在外指定校"。[③] 1918 年 12 月,广东日本居留民在广州郊外购入日本人墓地,[④]1919 年又成立广东博爱会医院。[⑤]

　　抗战爆发前广州的日本居留民主要为商业移民,[⑥]但在日货贸易领域,当地日本居留民始终被粤港两地商人压制,双方之间的经

① 张传宇:《抗日战争前的广州日本人群体——以人口及职业问题为中心》,《中山大学学报》2012 年第 5 期,"附表 1"。

② 飯島渉「香港—日本関係のなかの香港日本商工会議所」、196 頁;中村孝志「広東日本人小学校その成立と終焉」、『天理大学学報(学術研究会誌)』第 159 輯、1988 年、2、5 頁。

③ 中村孝志「広東日本人小学校——その成立と終焉」、2、4 頁。

④ 森清太郎『広東名勝史跡』、広州、岳陽堂薬行発行所、1922 年、60 頁。

⑤ 中村孝志「広東博愛会医院をめぐる諸問題(1)——台湾総督府の対華文化工作」、『天理大学学報(学術研究会誌)』第 165 輯、1990 年、36 頁。

⑥ 张传宇:《抗日战争前的广州日本人群体——以人口及职业问题为中心》,《中山大学学报》2012 年第 5 期,"附表 2"。

济矛盾无法化解。① 1928 年 5 月"济南惨案"发生后,面对广州民众高涨的反日情绪,大部分日本居留民开始躲入狭窄的沙面租界长期生活。② 1937 年 4 月 1 日,广州的主要日商成立了"广东日本商工会议所",但在七七事变爆发后,广州日本居留民于 8 月 17 日全部迁至香港,暂时从广州消失。③ 1938 年 10 月 22 日,日军占领广州,随即攻陷周边地域,形成以广州为中心的珠三角占领区。至日军战败为止,广州受日伪统治时间长达 6 年又 10 个月。

第一节　广东受降与日本侨俘

进入 1945 年后,日本虽然败局已定,却仍企图进行垂死挣扎。同时,处在同盟状态下的中美两国也开始筹备对侵华日军进行大规模反攻。就在中日双方都意识到决战时刻即将来临,并为此积极准备之时,却迎来了日本无条件投降的消息。对于抗战多年的中国军民而言,这无疑是喜从天降。但是,对于同样缺乏心理准备的侵华日军与在华日本居留民,其感受也许恰如遭遇突如其来的末日。国民政府前线军队此时最为担心者,恐怕是数十年来对华桀骜不驯的日本军民在战败的屈辱和可能随之而来的投降、缴械乃至监押面前,是否能够遵守日本政府的承诺,是否会负隅顽抗?而具体到广东战场,国军在真正着手解决该问题时才发现,所要面对的问题远比预想的复杂得多。

---

① 张传宇:《近代日本与广州间的国际贸易——以日货贸易为中心》,《近代史研究》2012 年第 6 期。

② 张传宇:《抗日战争前的广州日本人群体——以人口及职业问题为中心》,《中山大学学报》2012 年第 5 期。

③ 「支那事変と南支座談会引揚邦人を繞る」,『台湾時報』1938 年 10 月号。

一、日本投降前的广东局势

广州沦陷后，日本居留民很快随日军脚步回归，其人口规模大大超过战前，至 1942 年 1 月达到峰值 13 395 人，超出战前 20 余倍，其后则受太平洋战争影响而逐步减少。[①] 在太平洋战争爆发前，广州日本居留民呈现出畸形的战时繁荣，各类民间团体纷纷重建或升格。如 1940 年 3 月 1 日重设广东日本商工会议所后，该机构被置于总领事馆掌控下，成为维持广州统制经济和配合东南亚日军占领地行政的特殊团体。[②] 同年 4 月 1 日，广东日本居留民会升格为"广东日本居留民团"（以下简称"居留民团"），后其主业逐渐变为秉承占领当局指令，将当地日本居留民编入统制经济内，并进行物资配给的统制化团体。[③]

占据广州的日军第二十一军后于 1940 年 2 月重编为"南支派遣军"，在太平洋战争爆发后，由珠三角占领地攻取香港。1941 年 7 月"南支派遣军"再次改编为第二十三军。1944 年 12 月，日军第二十三军司令官田中久一兼任香港占领地总督，使行政权力分离百年的粤港两地再度合为一体。此态势持续至战争末期。[④] 日本投降前夕，日军第二十三军辖有第一〇四师团、第一二九师团、第一三〇师团，以及第八、第十三、第二十二、第二十三共 4 个独立旅

① 张传宇：《沦陷时期广州日本居留民研究》，《抗日战争研究》2014 年第 2 期。

② 平野健『広東之現状』、広州、広東日本商工会議所、1943 年、305 頁。张传宇：《抗战与华南日本经济团体的蜕变》，《暨南学报》2018 年第 4 期。

③ 広東日本商工会議所編『新広東』、広州、広東日本商工会議所、1940 年、250 ノ 1 頁；张传宇：《沦陷时期广州日本居留民研究》，《抗日战争研究》2014 年第 2 期。

④ 军事委员会委员长广州行营参谋处编：《广东受降纪述》，出版机构不详，1946 年，第 15 页。

团,负责控制广东省所有日军占领地区,总兵力达到 13.73 万人。①
为固守广州及香港,日军第二十三军按其制定的防御计划从 1945
年 7 月起收缩防线,期于 9 月末完成相关战备。然而,8 月 10 日前
后,他们却收到"总军"密令,要求其做好全军开赴南京以北地带的
准备,后于 14 日接到正式指令,故次日日军第二十三军命令所辖
各部向广州周边集结,预备突围北上。②

  1945 年 7 月初,中国陆军总司令部下令第二方面军和第三方
面军从东西两个方向协同进攻广州。③ 对此,第二方面军司令官张
发奎积极响应,每星期与幕僚及美军军官团召开 3 次会议讨论反
攻的具体步骤。第二方面军虽然内部派系关系复杂,但因调入了

---

① 张发奎口述,夏莲瑛访谈及记录,胡志伟翻译及校注:《张发奎口述自传》,北京:当代
  中国出版社 2012 年版,第 304 页。上述日本驻军部署情况为:日军第二十三军军部
  及其直属部队、独立第八、第十三、第二十三 3 个步兵旅团在广州市区;第一二九师团
  在广九沿线之东莞、宝安一带;第一三〇师团在中山、江门一带;独立第二十二旅团和
  第二十三旅团各一个大队在雷州半岛;日本海军所属的海南镇守府及海南警备队在
  海南岛;此外第一〇四师团及以约 2 个大队为基干编成的潮汕支队在汕头、惠州一
  带,属于第七战区受降区。香港日军亦由日军第二十三军负责其投降事宜。参见李
  汉冲《广州受降接收纪实》,中国人民政治协商会议广州市委员会文史资料研究委员
  会编《广州文史资料》第 4 辑,1961 年,第 119 页。李汉冲时任第二方面军司令部作战
  处处长,1946 年春设立"军事委员会委员长广州行营"后任行营参谋处处长。
② JACAR(アジア歴史資料センター)Ref. C15010494800(第 0008 画像目)、第 1. 接收
  事務開始前に於ける我か方部隊の態勢の概要及一般治安状況/1. 停戦前に於ける
  軍全般の状況 2. 戦闘行動停止前後の状況(防衛省防衛研究所)。"总军"指第二次
  世界大战时期日本陆军于战区设置的最高编制单位。此处"总军"当指"支那派
  遣军"。
③ 1945 年 7 月初,中国陆军总司令部命令第二方面军在 9 月 1 日前派一个军兵力进攻
  雷州半岛,并以方面军主力自梧州进攻广州;同时命令第三方面军派一个军兵力攻击
  曲江和翁源,并进军东江地区及汕头等地,从东面进逼广州。中美两国空军则对地面
  部队予以策应,美国海军且会协助进攻雷州半岛、广州与香港。参见张发奎口述,夏
  莲瑛访谈及记录,胡志伟翻译及校注《张发奎口述自传》,第 299 页,"注释 1"。

从缅甸战场获胜归来的新一军等美式装备部队,故张发奎对于反攻广东充满期待。① 后来,陆军总司令部命令第二方面军于 8 月 15 日进攻广州湾。就在该部筹备发起作战前夕,8 月 10 日传来了日本接受《波茨坦公告》的消息,在抗战当中始终处于守势的张发奎为此叹息不已。②

二、中日接洽与受降仪式

日本宣布接受《波茨坦公告》之初,侵华日军官兵大多并不知情。8 月 11 日,负责破译电报的广州日军情报部门发现所有"敌国"电台突然都在收发电文的首或尾附加"日本政府、无条件投降"或"联军大胜"等信息。广州街头百姓虽然受到占领当局严厉的舆论监控,却貌似早已通过口耳相传知晓了这个消息,只有日军仍被蒙在鼓里。负责破译工作的士官丸山康夫立即向其上司特高课电防班班长汇报情况,对方仅冷淡地回答道:"这是敌方的谋略。"③于是,直至 8 月 15 日广州日军普通官兵才被告知天皇发布"玉音放送"宣布无条件投降的消息,随即日军第二十三军各部门迅速组织销毁文件,仅上述情报部门为焚烧窃听和谍报资料就

---

① 张发奎口述,夏莲瑛访谈及记录,胡志伟翻译及校注:《张发奎口述自传》,第 299 页。
② 8 月 10 日及 13 日第二方面军似曾对雷州半岛的日军发动攻势。参见张发奎口述,夏莲瑛访谈及记录,胡志伟翻译及校注《张发奎口述自传》,第 300—301 页。张发奎于 8 月 22 日参加芷江举行的侵华日军投降仪式时,从日方代表今井武夫处获得侵华日军兵力布置资料,才弄清广州日军的雄厚兵力和完备的防御部署,于是庆幸第二方面军未及发起全面反攻日军便已投降。参见张发奎口述,夏莲瑛访谈及记录,胡志伟翻译及校注《张发奎口述自传》,第 304 页。
③ 丸山康夫『広州俘虜収容所』,東京、日地出版株式会社、1985 年、35 - 36 頁。

连续工作了 3 天。① 突如其来的日本投降消息,使国民政府和军队来不及预先布置接收工作,为日军毁灭侵略证据提供了充分的时间。

日军第二十三军于 8 月 16 日一度接到继续执行北上任务的上峰指令,但很快即修改为停战命令,要求其自 16 日起以 6 天为限实现停火,并向“总军”报告每条战线的停火时间。② 17 日又收到“总军”命令称,考虑到日本的“百年大计”,“支那派遣军”严禁在停火后轻举妄动,要求日军以森严的军纪和团结的面貌使中方感到“恐惧”与“敬意”。③ 18 日及 21 日,日军第二十三军先后于雷州半岛及韶关两条战线与中国军队实现停火。为便于自卫和预备遣返,日军第二十三军随即命令各地日军向广州周边进军,并于 8 月末集结完毕。④

8 月 22 日,张发奎作为战胜国代表之一参加了芷江受降仪式。随后,在讨论对中国各地日军的受降办法时,何应钦要求张发奎负

① 丸山康夫『広州俘虜収容所』、37 頁。1945 年 10 月,第二方面军收缴日军第二十三军文件工作毫无进展,后者回应称所有与作战有关的文件及档案都已于日本投降之初奉支那派遣军总司令部命令销毁完毕。参见中国陆军总司令部编《处理日本投降文件汇编》(下卷),沈云龙主编《近代中国史料丛刊》第 82 辑,第 125 页。

② JACAR(アジア歴史資料センター)Ref. C15010494800(第 0009 画像目)、第 1. 接収事務開始前に於ける我か方部隊の態勢の概要及一般治安状況/1. 停戦前に於ける軍全般の状況　2. 戦闘行動停止前後の状況(防衛省防衛研究所)。

③ JACAR(アジア歴史資料センター)Ref. C15010495000(第 0015 画像目)、第 2. 接収事務準備の概要/4. 準備の基礎的事項(防衛省防衛研究所)。

④ JACAR(アジア歴史資料センター)Ref. C15010494800(第 0010、0012 画像目)、第 1. 接収事務開始前に於ける我か方部隊の態勢の概要及一般治安状況/1. 停戦前に於ける軍全般の状況　2. 戦闘行動停止前後の状況(防衛省防衛研究所)。

责广东、海南和香港三处的日军投降事宜。① 8 月 24 日，张发奎返回第二方面军司令部所在地南宁，即刻开会讨论受降问题。为显示战胜国军威，张发奎本想传召日军第二十三军司令官田中久一于 9 月 3 日来南宁投降，但中国陆军总司令部（以下简称"陆军总部"）明令其亲赴广州受降。② 于是，第二方面军将受降过程划分为接防、缴械、监押三个步骤，对物资接收及广州以外日军的投降问题也进行了部署。③

　　为了完成受降的第一步即"接防"工作，第二方面军决定派遣装备精良的新一军和中央嫡系部队第十三军进驻广州，并命令前者负责维持市内秩序，后者则维持郊区及广九铁路沿线秩序，④在中国军队到达前，广州治安仍由日军负责。⑤ 此时，国民政府内部

---

① 张发奎自知不曾受蒋介石信任，但在芷江有美国代表告知张发奎，国民政府原定对中
　央非常忠顺的余汉谋负责上述地域的受降事宜，不过由于美国人对余汉谋有好感，故
　要求由张发奎负责。为顾及余汉谋颜面，在张发奎主动要求下，国民政府指派余汉谋
　负责潮汕地区受降工作。参见张发奎口述，夏莲瑛访谈及记录，胡志伟翻译及校注
　《张发奎口述自传》，第 303—304 页。
② 张发奎口述，夏莲瑛访谈及记录，胡志伟翻译及校注：《张发奎口述自传》，第 307—
　308 页。
③ 上述内容引自以下资料：张发奎《进军广州受降》，何邦泰主编《广州文史》第 48 辑，
　"广州抗战纪实"，广州：广东人民出版社 1995 年版，第 459—461 页。
④ 张发奎口述，夏莲瑛访谈及记录，胡志伟翻译及校注：《张发奎口述自传》，第 307 页。
　新一军接到受降命令时正在由云南进军广州湾途中。此后先至梧州集中，再乘船沿
　珠江奔赴广州。参见龙国钧《新一军进入广州纪略》，中国人民政治协商会议广州市
　委员会文史资料研究委员会编《广州文史资料》第 12 辑，1964 年，第 184—186 页。龙
　国钧时任新一军新三十八师副师长兼参谋长。而第二方面军所辖其他部队中，除第
　六十三军改归第一方面军指挥并赴越北受降外，其他部队也立即向东开进。第二方
　面军命令第四十六军负责海南受降。各部队于进军途中未遭日军任何抵抗或阻挠。
　参见张发奎《进军广州受降》，何邦泰主编《广州文史》第 48 辑，"广州抗战纪实"，第
　460—461 页。
⑤ 张发奎口述，夏莲瑛访谈及记录，胡志伟翻译及校注：《张发奎口述自传》，第 307 页。

多种势力已渗入广州。原汪伪广州要港司令招桂章在得知日本无条件投降的消息后,立即拜访日军第二十三军司令官田中久一,自称重庆国民政府代表,要求日军承认其身份,但被日方拒绝并遭申饬。孰料 8 月 22 日招桂章再度拜访田中久一,表示自己已承蒋介石之命受任为先遣军总司令,要求日军允其行使权力。日军亦乐于将广州治安之责推卸给中方,便准许招桂章于 23 日在伪广东省政府内设立"广州先遣军总司令部筹备处",由其指挥所有汪伪军警人员。实际上,早在 23 日前已有国民政府便衣人员进入广州市内活动,且向日军派发传单,讲述八年来中国人民所遭受的种种磨难。另有自称"别动队参谋"者径至日军第二十三军司令部,宣称自己肩负防止共军潜入广州的任务,要求日军为其提供方便。① 中方亲历者也证实,军统"别动军"徐光英部和军统地下工作头目陈劲凡等乘新一军未到之时,于广州大肆活动,如标封房屋、抢劫物资、敲诈勒索等无所不为,甚至擅令日本宪兵缴械,因此造成双方武装冲突。②

与此同时,日军因受战败投降冲击,出现了许多"前所未有"的严重"军纪"问题,如成群结队携械向中共武装投降、对上司施加"暴行"等情况。据日军第二十三军统计,8 月 15 日至 10 月 10 日间其所辖各部队中擅自离队者共 17 人,而在逃亡者中包括将校及准尉 7 人、下士官 26 人、士兵 76 人、军属 40 人。以上趋势在日军

---

① JACAR(アジア歴史資料センター)Ref. B18090017700(第 0244 画像目)、ポツダム宣言受諾関係一件/戦後措置及び各地状況関係　第 4 巻(中国の2)(外務省外交史料館)。

② 李汉冲:《广州受降接收纪实》,中国人民政治协商会议广州市委员会文史资料研究委员会编:《广州文史资料》第 4 辑,第 121 页。

进入集中营后才被扭转。① 而广州日本居留民方面,其用于居住或经商的房产多来自逃难者留置的空屋,此时陆续有中国难民从国统区返回,并要求日本居留民归还产业,使后者迅速陷于混乱状态。②

迟至 9 月 1 日,中日两军才围绕受降问题进行接洽。当日第二方面军派遣刘观凯中校携带致日军第二十三军司令官田中久一的第一号备忘录由南宁飞抵广州,交付完毕后即于当晚返程。该备忘录的主旨在于确认双方身份和任务,并要求日军于 9 月 3 日前派代表飞赴南宁接受中方受降要求及汇报日军详情。③ 第二方面军后于 9 月 5 日连续向日军发送了第二、第三、第四号备忘录。第二号备忘录旨在说明即将设立的"广州前进指挥所"(以下简称"前进指挥所")的任务、构成和人员,并要求日军委派一名高级军官常驻该指挥所以供随时咨询。④ 第三号备忘录通告日方新一军即将进入广州,有关接防事宜将由前进指挥所主任张励监督实施。⑤ 第四

---

① JACAR(アジア歴史資料センター)Ref. C15010495900(第 0065－0068 画像目)、第 5. 交渉開始後に於ける軍内一般の態勢/14. 軍紀(防衛省防衛研究所)。

② JACAR(アジア歴史資料センター)Ref. B18090017700(第 0245 画像目)、ポツダム宣言受諾関係一件/戦後措置及び各地状況関係　第 4 巻(中国の2)(外務省外交史料館)。

③ 军事委员会委员长广州行营参谋处编:《广东受降纪述》,第 3 页。据张发奎回忆中校"刘观凯"应作"刘光凯"。参见张发奎口述,夏莲瑛访谈及记录,胡志伟翻译及校注《张发奎口述自传》,第 308 页。此处以公文记录为准。

④ 日军派出熊川中佐常驻该指挥所接收命令。上述内容引自以下资料:军事委员会委员长广州行营参谋处编《广东受降纪述》,第 7—8 页;李汉冲《广州受降接收纪实》,中国人民政治协商会议广州市委员会文史资料研究委员会编《广州文史资料》第 4 辑,第 120 页。

⑤ 军事委员会委员长广州行营参谋处编:《广东受降纪述》,第 8 页。该资料中关于广州前进指挥所的负责人,先后记载为中将高参张觉非与中将高参张励。二者或为一人。

号备忘录规定日军在交防后须立即携轻武器开赴指定区域集中，到达后仍保持原建制，且要求日军第二十三军在 9 月 7 日前将上述要求下达至所辖部队。[①]

上述"广州前进指挥所"为第二方面军受何应钦之命所设，主要任务为通报中方命令和听取日方意见，调查日军物资、交通和通信状况，监管和处置汪伪人员，筹备受降事宜，指挥中国军队等，待第二方面军司令部进驻广州后即行撤销。9 月 6 日清晨，第二方面军中将高参兼前进指挥所主任张励率 135 名官兵乘美军运输机由南宁飞抵广州，指定原广东省政府旧址作为前进指挥所办公地点，并于午后致祭黄花岗烈士墓。[②] 7 日，他于前进指挥所会见日军第二十三军参谋长富田直亮，同时再次面交第二号及第四号备忘录。此为第二方面军同日军第二十三军正式"交涉"之始。日军则于次日就日军集结计划中的部分内容向前进指挥所提出修正意见，并获部分采纳。[③]

9 月 7 日，新一军先头部队进入广州。前进指挥所命令新一军军长孙立人负责指挥包括汪伪军队在内的所有中国军队，分驻市区各处要冲，由即日起对日军进行接防和监视。至 11 日接防工作

---

① 军事委员会委员长广州行营参谋处编：《广东受降纪述》，第 26—27 页。

② 上述内容引自以下资料：军事委员会委员长广州行营参谋处《广东受降纪述》，第 5—7 页。

③ JACAR(アジア歴史資料センター)Ref. C15010495500(第 0037－0039 画像目)、第 4. 交渉経過の概要/10. 第 2 方面軍との交渉(防衛省防衛研究所)。富田直亮 (1899—1979)生于日本熊本县，日本陆军士官学校第 32 期、陆军大学校第 39 期毕业生，曾任驻美武官。因抗战期间担任日军第二十三军参谋长，熟悉华南情况，并在战后被国民政府无罪释放回国，故于 1949 年 9 月 10 日成为国民政府秘密聘请的日本军官团团长，化名为"白鸿亮"，该军官团因此被称为"白团"。参见野岛刚著，芦获译《最后的大队：蒋介石与日本军人》，北京：社会科学文献出版社 2016 年版，第 163—169 页。

完成,日军于广州市内彻底绝迹。[1]　交防后的日军各部队按照中方既定指令,携轻武器开赴位于郊外的指定集中地候令缴械[2],并将日军及日本居留民的全部武器和财产原地封存,交由中方接收。[3]

就在展开广州接防工作之时,9 月 8 日第二方面军遵照何应钦的指令,决定受降典礼将在张发奎等人抵达广州的次日与美军代表一同举行。9 月 15 日,张发奎等在美国军机护送下由南宁飞抵广州,[4]随后立即检阅了由新一军举行的欢迎仪式,并在广州市民的夹道欢迎中巡视了市区主要街道。[5]　16 日上午 10 时,受降仪式在广州中山纪念堂举行,日军投降代表为第二十三军司令官田中久一中将、参谋长富田直亮少将以及海南岛日军指挥官的代表肥后大佐。由第二方面军司令部作战处处长李汉冲宣读"中国战区陆军第二方面军命令国字第一号",其中除强调日军需向中方移交的各类资产和提交的各类资料外,特别注明所有日本居留民的财产均不得移动、使用和破坏,而应造具清册等候接收,日本居留民需原地待命,并登记姓名、居留地点和所持武器情况呈缴中方验收。上述

[1] 李汉冲:《广州受降接收纪实》,中国人民政治协商会议广州市委员会文史资料研究委员会编:《广州文史资料》第 4 辑,第 121 页。

[2] 军事委员会委员长广州行营参谋处编:《广东受降纪述》,第 26—28 页。该处内容源于该资料所载《中国战区陆军第二方面军接收日军防地之部队及日军移防后之集中地点表》,其标识时间为 9 月 18 日,但审其内容,该日期当为"9 月 8 日"之误。

[3] 龙国钧:《新一军进入广州纪略》,中国人民政治协商会议广州市委员会文史资料研究委员会编:《广州文史资料》第 12 辑,第 186 页。

[4] 张发奎口述,夏莲瑛访谈及记录,胡志伟翻译及校注:《张发奎口述自传》,第 309—311 页。同行者主要有第二方面军参谋长甘丽初、作战处处长李汉冲、后勤司令部副司令何世礼、秘书长麦朝枢,以及美军联络部博文将军。参见军事委员会委员长广州行营参谋处编《广东受降纪述》,第 8—9 页。

[5] 张发奎:《进军广州受降》,何邦泰主编:《广州文史》第 48 辑,"广州抗战纪实",第 462 页。

文件宣读完毕后,由田中久一签署投降书,受降仪式完毕。①

三、日军的缴械与收监

就在 9 月 16 日日军第二十三军正式投降当天,广州日军依照命令分区集中。24 日,中国军队开始逐次解除日军武装,②日军官兵同时被要求卸去衣帽上表明军阶的徽章。③ 25 日,何应钦命令取消日军第二十三军及其所辖部队番号,改设"广东地区日本官兵善后联络部"(以下简称"日军善后联络部"),任命田中久一担任联络部部长,继续负责管理全体日本侨俘。④ 29 日起,日军先后进入位于广州芳村以及河南南石头、石涌口、白蚬壳等处的集中营,其

---

① 军事委员会委员长广州行营参谋处编:《广东受降纪述》,第 9—13 页。另据李汉冲回忆,在受降仪式上宣读的第一号命令中还规定:日军受降后,应即就现集中地,按我指定之仓库,按先重武器后轻武器之顺序自动卸下一切装备纳入仓库,随即将武器、弹药、车辆、航空器材、海军舰艇,以及人员、马匹和其他军需物资、现存财物等分别造具结册各 5 份呈送方面军司令部,派员按册清点。日军卸下武器后,依原部队建制,徒手进入指定之集中营,以战俘身份听候处理,田中久一及各级部队长即解除指挥权,田中久一改为日军善后联络部部长。按,上述内容大致与日后事实相符,但经查该"国字第一号"命令中并无以上记载。参见李汉冲《广州受降接收纪实》,中国人民政治协商会议广州市委员会文史资料研究委员会编《广州文史资料》第 4 辑,第 122—123 页。

② 军事委员会委员长广州行营参谋处编:《广东受降纪述》,第 91 页。所有由第二方面军负责受降的日军部队,直至 11 月中旬始全部缴械完毕。参见李汉冲《广州受降接收纪实》,中国人民政治协商会议广州市委员会文史资料研究委员会编:《广州文史资料》第 4 辑,第 123 页。

③ 丸山康夫『広州俘虜収容所』、42 頁。

④ 李汉冲:《广州受降接收纪实》,第 123 页;军事委员会委员长广州行营参谋处编:《广东受降纪述》,第 93、120 页。田中久一被指为战犯,日军善后联络部部长改由日军第二十三军参谋长富田直亮少将代理。参见李汉冲《广州受降接收纪实》,中国人民政治协商会议广州市委员会文史资料研究委员会编《广州文史资料》第 4 辑,第 123 页。

身份正式从敌军转变为战俘,[1]但进入集中营后日俘仍被要求保留战时编制。[2] 集中营四周以铁丝网包围,并于各交通要道及出入口设置岗哨严密监视。[3] 总体看来,除因检查日俘携入集中营的私有财产时,因中方制定的规则不够具体而造成不少争执外,解除日军武装并监押至集中营的过程中并未遭遇任何抵制,[4]而日军官兵亦认为中国军队在受降过程中对待日军的态度十分宽大。[5]

在日军第二十三军正式投降之初,第二方面军并未设置专门机构管理日本侨俘。此时,第二方面军正为处理治安和接收问题焦头烂额,其在 10 月份与日军善后联络部所接洽事宜多与此相关,诸如要求后者节制所辖日军不得擅自破坏或贩卖物资、交代汉奸名册、追查潜逃日酋、处理日军内讧、晓谕顽抗日军迅速缴械投降、"纠察"向中共武装投降或出售武器的日本官兵等。在涉及日侨事务时亦要求日军善后联络部负责处置,如令其晓谕仍旧占据市区民房的日侨迅速撤出,再如 10 月 21 日电令日军善后联络部派员将被中国军队截获的在逃日侨赤尾久藤等 19 人押送至集中营关押。[6]

因第二方面军一时难以兼顾,又无专门机构负责日俘问题,故在日俘缴械并收监后,中方的监管安排甚为粗陋,日俘甚至需要自

① 李汉冲:《广州受降接收纪实》,中国人民政治协商会议广州市委员会文史资料研究委员会编:《广州文史资料》第 4 辑,第 123 页。

② 张发奎口述,夏莲瑛访谈及记录,胡志伟翻译及校注:《张发奎口述自传》,第 313 页。

③ 军事委员会委员长广州行营参谋处编:《广东受降纪述》,第 95 页。集中营外围铁丝网皆是利用日军上缴之材料,在中方监督下由日俘铺设完成。参见 JACAR(アジア歴史資料センター)Ref. C15010514600(第 1684 畫像目)、別紙第 14　昭和 20 年 9 月 27 日中國戰區第 2 方面軍新編第 1 軍命令　立参字第 3 號　広州(防衛省防衛研究所)。

④ 李汉冲:《广州受降接收纪实》,中国人民政治协商会议广州市委员会文史资料研究委员会编:《广州文史资料》第 4 辑,第 123—124 页。

⑤ 丸山康夫『広州俘虜収容所』,42 页。

⑥ 军事委员会委员长广州行营参谋处编:《广东受降纪述》,第 116—120 页。

行建造部分集中营营房。① 但"陋"并不等于"无",总体而言,在日俘进入集中营后至设置日俘管理机构前,第二方面军的监管措施主要集中在以下三个方面。

首先是制定集中营管理章程,但并未对日俘与日侨进行区分,而是颁布了总计 26 条通行条例。其要旨可概括如下:任何人员若无该地监视部队长许可皆不得随意进出;日俘每日外出人数需在一定限额内;日俘外出时监视部队需派员监护;无论在集中营内或外皆禁止穿便服;不准携带包括报纸在内的违禁品进出集中营;邮件之邮资自理,经监视部队检查后始准收发;非经许可之书报不得随意阅读;在集中营内举行各类训练、集会、游戏前需获监视部队批准;起居时间自行安排;如日俘或日侨触犯法律,事关刑法者按中国刑法审判,不涉刑法者按中国陆海空军军法进行处罚。②

以上规定貌似繁复,其要旨却在日本侨俘离营外出时的秩序维持,对集中营内部的管束细则甚少关心。作为旁证,据日俘回忆,第二方面军完全任由日俘自治,投降前日军的组织方式在集中营内依旧发挥作用,而守军仅在营外警戒,绝不随意踏入集中营。③这种监管方式无疑使日俘在集中营内享有极大自由。集中营内的秩序凭借日军原有的组织和纪律进行维持,因而日军旧习也得以

① 用作监押日本侨俘及收容台胞和韩侨的所谓"集中营"并非军队营房,而由多种来源构成:其一为征集普通民房,原有居民被暂时迁往别处,日俘则需以 5—10 人为单位合住一间房屋;其二为闲置的工厂厂房,如战时被日军没收的英美工厂等,此类集中营比较宽敞;其三为日俘自建房,建材来自各种废弃物资。参见以下资料:张发奎口述、夏莲瑛访谈及记录,胡志伟翻译及校注《张发奎口述自传》,第 312—313 页;丸山康夫「広州俘虜収容所」,46 頁;军事委员会委员长广州行营参谋处编《广东受降纪述》,第 98 页。

② 军事委员会委员长广州行营参谋处编:《广东受降纪述》,第 96—97 页。

③ 丸山康夫「広州俘虜収容所」,49 頁。

延续。如,1946 年日本新年时(即中国元旦——笔者注),集中营内
日俘即按投降前的部队编制分别集中,部队长训话后竟然依旧例
率众进行皇宫遥拜仪式。① 在监押日侨的集中营内,则仍以居留民
团作为自治机构,并于其下新设"保安部",再于"保安部"之下成立
若干"自卫班",目的在于对集中营内的治安和风纪实行有效"自
律"。在此期间日侨内部曾发生过恶性治安事件,1 名案犯被扭送
中方依法处置。②

　　其次是确定日本侨俘伙食供应办法。按照国民政府有关规
定,集中营内日本侨俘的伙食标准应与国军相同。③ 但是,由于国
军尚在改编过程中,军中新旧两种待遇并行,第二方面军认为若对
日本侨俘待遇过优,不仅增加国家财政负担,且难令国军将士心
服,故要求上级降低日本侨俘伙食待遇,却未被上峰采纳。于是,
最终落实的供应标准为,主食每人每日供给大米 25 市两,由广东
供应局拨发。副食费标准在 1945 年 12 月订为每人每月拨发法币
2 400 元,1946 年 1 月起又增加为 3 000 元,并由中日双方共同组成
"副食采购委员会",负责采买相关物资。对于派至集中营外长期
征用者及患病者则发放现金。④ 需要注意的是,集中营内日军官兵

---

① 丸山康夫『広州俘虜収容所』、90 頁。

② JACAR(アジア歴史資料センター)Ref. C15010569100(第 0488 画像目)、第 6. 居留
　民の管理給養保護に関する事項(防衛省防衛研究所)。

③ 中国陆军总司令部编:《处理日本投降文件汇编》(下卷),沈云龙主编:《近代中国史料
　丛刊》第 82 辑,第 317 页。

④ 军事委员会委员长广州行营参谋处编:《广东受降纪述》,第 101 页。就所列副食费的具体
　购买力而言,据田代公使估算,1945 年 9 月 20 日前后广州的市价为食用油每百斤 5 400
　元,砂糖每百斤 12 000 元,若此则 1946 年 1 月起以日本侨俘每日副食费补贴 100 元计算,可购
　买 2 斤油或 8 两砂糖。参见 JACAR(アジア歴史資料センター)Ref. B18090017700(第 0254 画
　像目)、ポツダム宣言受諾関係一件/戦後措置及び各地状況関係　第 4 巻(中国の2)(外務省
　外交史料館)。当然考虑到彼时严重的通货膨胀问题,实际购买力可能远低于此。

的生活待遇并非一视同仁,而是按日军惯例依军阶进行分级供应。据李汉冲回忆,日俘伙食被分为将、佐、尉、士兵 4 级,按当时国军各级主副食标准进行供应。据此,以上所列之日本侨俘主副食供应量当指平均数字。①

虽然中方已尽力提供优遇,但日俘仍不满足于饮食质量,想方设法从集中营外获取食品。许多人不惜委托承担外出劳役的日俘代为典当手表等贵重物资,再将所获法币购买点心带回。② 还有人通过贿赂守军士兵,委托其代买肉食及烟酒等物品。③

至于日侨的伙食供应,在其进入集中营初期,所需主食由日军第二十三军提供一部分,不足者用众人自行携带入营的口粮填补。1945 年 11 月 13 日起,日侨所需主食改由第二方面军供给,但供应状况并不稳定。为此,居留民团从日侨中征收一定资金,用于自行购入番薯或大米以备不时之需。在副食品供应方面,10 月 4 日起第二方面军即为日侨提供与日俘相同的副食品待遇,即每人每日法币 80 元,并于次年 1 月 1 日起上调至每人每日法币 100 元,上述款项交由中方管理所所长代为采购蔬菜等食品。依“第二方面军日本官兵管理处”(以下简称“日本官兵管理处”)命令,自 1945 年12 月 9 日起针对日本居留民的副食品供应改为支付实物,仅对 5

---

① 李汉冲:《广州受降接收纪实》,中国人民政治协商会议广州市委员会文史资料研究委员会编:《广州文史资料》第 4 辑,第 124 页。除此之外,日俘军官还享有其他优待。如,可额外配发毛毯 1 条、军帽 1 顶、冬衣 2 套、绑腿 1 条、胶鞋 1 双、背囊 1 个、饭盒 1 个、军用帐篷 1 顶、束腹带 1 条、冬季外套 1 件、床单 1 条。参见 JACAR(アジア歴史資料センター)Ref. C15010502700(第 0285 画像目)、別紙第 62　昭和 20 年 9 月 28 日　中国戦区陸軍第 2 方面軍司令部指定　於広州司令部(防衛省防衛研究所)。

② 丸山康夫『広州俘虜収容所』,63 頁。

③ 李汉冲:《广州受降接收纪实》,中国人民政治协商会议广州市委员会文史资料研究委员会编:《广州文史资料》第 4 辑,第 124 页。

岁以下孩童、婴儿、病患及受中方征用者继续支付现金。副食品供
应状况始终较为顺畅。[1]

最后是确定集中营内的医疗卫生保障办法。因第二方面军无
力承担日本侨俘医疗卫生之需,故下令保留战时日军于广州设置
的医疗机构及人员,仍令其负责日俘的医护工作,中方则委派军医
1 名前往督导。至于所需药品及材料,亦完全依赖原日军医疗机构
库存,若有不敷使用时再由中方另行拨付。[2] 对于日侨的医疗及卫
生保障,则动员原博爱会医院医生及其他日籍持证医师共同组成
临时医院予以应对。但是,至 1946 年 2 月 10 日止,日侨中仍出现
102 名死者,其中婴幼儿达 65 名,而新生儿亦达百名。[3]

四、日侨的监管

需要注意的是,进入集中营接受监禁的不仅有日俘,还包括日
侨,以及随日本投降而改变国籍的台胞和韩侨。因中方对他们的
集中与监管方式明显有别于日俘,以下将分别进行考察。

日本战败对广州日本居留民造成的巨大冲击需从接防问题
讲起。早在日军交防前,日侨已对即将到来的无保护状态感到恐
慌。前进指挥所拒绝与总领事馆直接联络,一切日侨事务皆由军
方渠道沟通,这就使总领事馆的护侨机能被架空。因此,在新一
军进驻前夕,由日军第二十三军参谋长富田直亮向前进指挥所提
出准许日侨随日军共同前往指定地点集中的要求,但被前进指挥

---

① JACAR(アジア歴史資料センター)Ref. C15010569100(第 0489－0490 画像目)、第
　6. 居留民の管理給養保護に関する事項(防衛省防衛研究所)。
② 军事委员会委员长广州行营参谋处编:《广东受降纪述》,第 101—102 页。
③ JACAR(アジア歴史資料センター)Ref. C15010569100(第 0488 画像目)、第 6. 居留
　民の管理給養保護に関する事項(防衛省防衛研究所)。

所以在未接到有关训令前日侨将由中国军队保护为由婉拒。可是自 9 月 7 日新一军进入广州起，面对失去日军庇护的日侨，广州民众压抑 6 年的怒火彻底爆发，在完成接防的区域不断发生中国民众袭击日侨或破坏日本人住宅等事件，中国军警并未予以有效阻拦。8 日夜间，已有日侨自发前往总领事馆避难。同时，因前来索要战前房产的民众数量迅速增加，10 日约 600 名日侨只得前往国民学校暂且容身。① 未能进入国民学校者，则被分散安置于仍被日侨占据的新亚酒店、北京酒店及总领事馆内。因上述场所仍不敷使用，且将来必定亦被中方接收，故由日军第二十三军出面与中方协商后，获准将广州东郊龙潭地区的野战货物厂仓库作为集中营，用于收容日侨。② 中方同时要求日侨须于 9 月 11 日，即市内日军全部交防完毕之日集中于龙潭，总领事馆全部属员亦因被视作日侨之一部分而必须随往，中方于 11 日中午提供军用卡车协助日侨搬迁。③ 实际上，在得知日本投降之初，仍有部分日侨打算继续在广州生活，但因目睹中国军队进驻后广州市民迸发出的强烈仇日情绪，这些人很快放弃定居计划，转而希望与其他日侨一同撤离市区。日侨按计划抵达龙潭集中营后，才发现该处原来是空间狭小且无任何生活设施的仓库，后虽经日军为其出面与中

---

① JACAR（アジア歴史資料センター）Ref. B18090017700（第 0246 画像目）、ポツダム宣言受諾関係一件/戦後措置及び各地状況関係　第 4 巻（中国の2）（外務省外交史料館）。此时日本"国民学校"系指原寻常小学校及高等小学校。

② JACAR（アジア歴史資料センター）Ref. C15010569100（第 0478－0479 画像目）、第 6. 居留民の管理給養保護に関する事項（防衛省防衛研究所）。

③ JACAR（アジア歴史資料センター）Ref. B18090017700（第 0248 画像目）、ポツダム宣言受諾関係一件/戦後措置及び各地状況関係　第 4 巻（中国の2）（外務省外交史料館）。

方协商亦无改善。①

　　进入龙潭集中营的日侨共 5 945 人，②为确保其安全，由中国军队约 60 名及日军 50 名共同护卫。由于龙潭集中营过于狭小，约半数日侨只能住进自行在营房外支起的帐篷内，且因缺乏清洁饮用水及其他必要生活设施，9 月 12—18 日共有 1 453 名日侨就诊，并出现 5 名病死者。为改变集中营内生活条件，米垣兴业总领事于 17 日拜访第二方面军主任参谋试图协商，却被告知因中日之间不存在外交关系，故中方不会与总领事馆直接沟通，有关日侨的一切事务必须通过日军进行处理。日军第二十三军也为此新设"居留民指导部"，负责与中方协调有关日侨的各项事宜。总领事馆跌落至需受日军附属机构管理的地步，权威全无。③ 9 月 20 日，第二方面军司令部电令田中久一，要求其转令总领事馆必须于 23 日前将馆舍和全部家具移交新一军接收，该馆人员则应在撤出后继续负责管束日侨。④ 23 日上午，张发奎的副官进入总领事馆，宣布该馆舍此后将作为张发奎官邸，并派兵进入馆内警戒。因总领事馆

① JACAR(アジア歴史資料センター)Ref. B18090017700(第 0249 画像目)、ポツダム宣言受諾関係一件/戦後措置及び各地状況関係　第 4 巻(中国の2)(外務省外交史料館)。

② JACAR(アジア歴史資料センター)Ref. C15010569100(第 0480 画像目)、第 6. 居留民の管理給養保護に関する事項(防衛省防衛研究所)。

③ JACAR(アジア歴史資料センター)Ref. B18090017700(第 0253 画像目)、ポツダム宣言受諾関係一件/戦後措置及び各地状況関係　第 4 巻(中国の2)(外務省外交史料館)。据日军第二十三军统计，龙潭集中营内的日本居留民居住于仓库内者约 3 000 人，居住于铁路库房中者约 1 000 人，居住于帐篷内者 1 945 人。但是，他们认为该地方虽狭小，卫生情况尚属良好。参见 JACAR(アジア歴史資料センター)Ref. C15010569100(第 0480 画像目)、第 6. 居留民の管理給養保護に関する事項(防衛省防衛研究所)。

④ 军事委员会委员长广州行营参谋处编：《广东受降纪述》，第 116 页。

事务所及其附属馆舍战前曾为广东省教育厅所在地,故该日下午广东省政府教育厅负责人亦在士兵护卫下进行接收。从此,总领事馆失去所有办公场馆和设施,连与日本外务省间的联络亦只能由日军代行。[1]

第二方面军对于龙潭集中营的饮食供应难以满足其实际需要,日侨必须设法自筹食品。因撤出市区时日侨随身携有现金,9月20日田代公使向日本当局报告称,以当时广州物价水平而言,集中营内日侨至多可维持两个月开销,其后则需依赖日本政府提供补助。[2] 但是,田代很快发觉自己的估算太过乐观,其9月23日再度报告称,第二方面军于19日下令禁止汪伪政府发行的"储备券"继续流通后,手握大量储备券的日侨迅速陷于难以购进粮食的苦境。[3] 延至10月初,国民政府公布储备券与法币间的兑换比例为200:1,[4]兑换完成后广州日侨购入粮食当不会再有阻碍,但所持现金的极度缩水无疑将对其经济能力造成沉重打击。

---

[1] JACAR(アジア歴史資料センター)Ref. B18090017700(第0255画像目)、ポツダム宣言受諾関係一件/戦後措置及び各地状況関係　第4巻(中国の2)(外務省外交史料館)。米垣总领事于9月29日被传唤至第二方面军副官处,告知其原日本驻广东总领事馆馆舍已卖与美国外交部,并以曾于总领事馆内拘禁和杀害中国人的罪名将其逮捕。参见JACAR(アジア歴史資料センター)Ref. C15010569100(第0503画像目)、第6.居留民の管理給養保護に関する事項(防衛省防衛研究所)。

[2] JACAR(アジア歴史資料センター)Ref. B18090017700(第0254画像目)、ポツダム宣言受諾関係一件/戦後措置及び各地状況関係　第4巻(中国の2)(外務省外交史料館)。

[3] JACAR(アジア歴史資料センター)Ref. B18090017700(第0255画像目)、ポツダム宣言受諾関係一件/戦後措置及び各地状況関係　第4巻(中国の2)(外務省外交史料館)。据张发奎回忆,其向广州市民下令全面禁止流通"储备券"的时间是9月28日。由此推测,或许田代所述日期是针对日本侨俘的特别指令。参见张发奎口述,夏莲瑛访谈及记录,胡志伟翻译及校注《张发奎口述自传》,第311页。

[4] 张发奎口述,夏莲瑛访谈及记录,胡志伟翻译及校注:《张发奎口述自传》,第311页。

9月30日,新一军致电日军善后联络部,命其转令全体日侨须于10月3日前移至位于黄埔的集中营内,由新编三十八师负责监视。[1]同时,为安置因配合中方接收工作而滞留广州市区的日侨,9月30日又将347名日侨送入黄埔集中营。然而,黄埔集中营的生活条件亦非常简陋,其主体部分是临时搭建起来的简易营帐,但仍不敷分配,约三成日侨只能在营帐外另行支起帐篷容身。[2]不过,并非所有日侨都聚拢于黄埔集中营,部分人仍抱持此前依附日军寻求保护的心态,主动进入专门拘禁日本宪兵队的集中营内接受监押。[3]

由于日侨拥有较多财产,在其进入黄埔集中营正式监押之际,对日本民间资产的处理及对集中营内日侨的管理亟需规范。目前虽未发现由第二方面军单独起草的有关条例,但依据1945年10月1日起正式执行的《中国境内日侨集中管理办法》亦可窥见大概。其主要内容包括:进入集中营的日侨可以携带衣服、寝具、炊具、洗涤用具等生活必需品及原为其私有的粮食,此外还可以携带钟表、笔、墨、与作战无关之图书等私有物品;至于不准携带或无法携带之物,则需经当地省市政府查验后暂时封存;每人至多可携法币5 000元,携有伪币"储备券"者可按国民政府颁布之比率兑换为法币;超出额度之现金或包括日元在内的他国货币、各种金银制品、宝石及其他高价品皆须自行存入中国政府之银行内,作为日后战争赔款之一部分;违规携带之物资或现金者将予没收,亦作为日后

---

[1] JACAR(アジア歴史資料センター)Ref. C15010515000(第1701-1702画像目)、別紙第18　昭和20年9月30日　中国戦区第2方面軍新編第1軍命令　立参字第5号　広州(防衛省防衛研究所)。

[2] JACAR(アジア歴史資料センター)Ref. C15010569100(第0484-0486画像目)、第6.居留民の管理給養保護に関する事項(防衛省防衛研究所)。

[3] 丸山康夫『広州俘虜収容所』、82頁。

战争赔款之一部分；中方于各集中营设置管理所，任命所长 1 人，其余管理人员由省市政府选派，集中营内的各项劳役与杂役须在管理所指令下由日侨自行承担；为便于管理，允许日侨在集中营内组织自治机构；对日侨的主副食供应标准皆与日俘相同。[①] 根据同样于 1945 年 10 月 1 日起正式执行的《日本人在华私有财产暂行处理办法》，一切日侨于战前或战时在华成立的企业或于战时占有的企业，都须交由中方接收。[②]

　　因上述规定中许可日侨维持自治，故日侨于战时结成的居留民团等自治团体仍在龙潭集中营及黄埔集中营内继续发生效用，[③]且如下文表 6 - 2 所示，田代董言公使仍被任命为黄埔集中营内日侨负责人。

　　在台胞及韩侨方面，早在新一军进驻广州之初，便发现当地日军中有数千名台胞及韩籍士兵，且他们中有极少数人担任准尉或少尉。这些人被分散编入日军各连排中，彼此互不相识。日本投降后，上述人等便不再接受日本军官约束，常与日本官兵殴斗，时而致命。而散居在市内的台胞及韩籍平民，则因平日为虎作伥而为广州市民痛恨，彼此间亦多有殴斗发生。[④]

　　单就台胞群体而言，除多数身为日军官兵外，也有少数在日伪行

---

① JACAR（アジア歴史資料センター）Ref. C08010801300（第 0791 - 0797 画像目）、徴用人員撤収に関する件（案）（防衛省防衛研究所）。
② JACAR（アジア歴史資料センター）Ref. C08010801300（第 0799 - 0802 画像目）、徴用人員撤収に関する件（案）（防衛省防衛研究所）。
③ JACAR（アジア歴史資料センター）Ref. C15010569100（第 0487 画像目）、第 6. 居留民の管理給養保護に関する事項（防衛省防衛研究所）。
④ 龙国钧：《新一军进入广州纪略》，中国人民政治协商会议广州市委员会文史资料研究委员会编：《广州文史资料》第 12 辑，第 187—188 页。另据张发奎回忆，日军第二十三军台胞及韩籍军官中军阶最高者为中尉。参见张发奎口述，夏莲瑛访谈及记录，胡志伟翻译及校注《张发奎口述自传》，第 313 页。

政机关供职或经商者，并负责经营市内多处高级宾馆或饭店。沦陷时期部分台胞在广州的行径惹起极大民愤，市民咸以为其霸道不法甚于日军，主张严厉处置并没收其财产，[①]故在日军第二十三军正式投降之初，第二方面军并未将台胞及韩籍军民与日籍人士相甄别，而是计划按国民政府指令将其一并送入集中营内监押。[②]后国民党台湾党部广东工作团成员丘念台等向张发奎建言，指出台胞与日俘有别，不应以俘虏身份相待，获得采纳。[③]于是，第二方面军于9月23日命令日军第二十三军，要求其在30日前将除入院治疗者之外的1 103名台胞官兵移交中方管理，同时要求上报韩籍平民信息。[④]以上台胞从各地日俘集中营调出后，被分别安置于广州花地、海南海口及榆林等处，成立集训总队进行监管。其中，广州花地"台胞总队"队长为广东侨务委员会侨务组副组长符骏，其余职员则选派国民党台湾党部工作团人员充任。丘念台等还在广州成立"台湾同乡会"，协助台胞交涉财产返还及归乡等事宜。

　　因目睹台胞受到优待，韩侨亦请求援例，并获准许。于是，韩侨成立"韩侨协会"，由崔宗昊任理事长。[⑤]此后，韩侨亦被集中监

---

①③ 李汉冲：《广州受降接收纪实》，中国人民政治协商会议广州市委员会文史资料研究委员会编《广州文史资料》第 4 辑，第 125 页。

② 中国陆军总司令部编：《处理日本投降文件汇编》（下卷），沈云龙主编：《近代中国史料丛刊》第 82 辑，第 220 页。

④ JACAR（アジア歴史資料センター）Ref. C15010512800（第 1623 画像目）、第 3. 接収経過の概要/8. 武装解除完了迄の状況（防衛省防衛研究所）；JACAR（アジア歴史資料センター）Ref. C15010569100（第 0482-0483 画像目）、第 6. 居留民の管理給養保護に関する事項（防衛省防衛研究所）。

⑤ 李汉冲：《广州受降接收纪实》，中国人民政治协商会议广州市委员会文史资料研究委员会编：《广州文史资料》第 4 辑，第 125 页。该"韩侨协会"全称似为"广州市韩国侨民会"。参见石源华《战后韩国驻华代表团的国际政治外交活动述考》，《韩国研究论丛》第 19 辑，北京：世界知识出版社 2008 年版，第 227 页。

管,第二方面军委派新一军朝鲜族军官崔德新负责具体管理事务。相比日俘而言,对他们的监管较为宽松,其营地外并未设置铁丝网,且将此前没收的个人财产归还。[①] 需要注意的是,第二方面军对韩侨进行的转移和集中监管并无强制性,而是按自愿原则进行。以韩籍平民为例,其在日本居留民监禁于龙潭集中营时便陆续有希望离开并接受韩侨协会管理者,此类请求全部即时获准。但直至 1946 年 3 月 10 日,尚有 41 名韩侨滞留在黄埔集中营内与日侨共处,日方则督促韩侨协会尽快将此类韩侨转移出去。[②]

此外,还有一类特殊被收监人员,即与日军官兵结婚的中国妇女及其子女。据称当日军奉命撤出广州市区时,第二方面军下令不准中国妇孺随行,并将日军的中国籍妻儿共约 70 人交由新三十八师负责监管。该师随即在天河机场附近觅得空军闲置房产一处,用于集中监押上述人等。第二方面军此后再未过问此事,亦未公布具体监管办法,致使没有机构愿为该集中营提供给养,守军只能任其自生自灭,致使每日都有死亡者出现。后新三十八师获新一军军部许可,将在广州有亲友的监押者具保释放,并任凭其余人等逃散。在以上妇孺保释和逃散过程中,甚至有不少守军士兵一同逃亡。[③]

---

① 张发奎口述,夏莲瑛访谈及记录,胡志伟翻译及校注:《张发奎口述自传》,第 313 页。

② JACAR(アジア歴史資料センター)Ref. C15010569100(第 0513 画像目)、第 6. 居留民の管理給養保護に関する事項(防衛省防衛研究所)。

③ 龙国钧:《新一军进入广州纪略》,中国人民政治协商会议广州市委员会文史资料研究委员会编:《广州文史资料》第 12 辑,第 188—189 页。

第二节 待遣之华南日本侨俘

广东日军投降事宜顺利完成后,面对已成为阶下囚的日本侨俘,第二方面军不失时机地尝试改造和利用。所谓"改造"主要是改正其侵华辱华观念及军国主义思想,灌输和平与民主思想。"利用"则是国民政府面临战后百废待兴境况不得已而为的应急之策。而上述改造和利用,实际上构成了对日本侨俘"管理"的主要内容。

一、日本侨俘的集中营生活

在对各类集中营的管理办法粗定后,为了解日本侨俘进入集中营后的基本情况,藉以改进管理方式,并修订对接收物资的保管和处理意见,第二方面军特于 1945 年 10 月 2 日起陆续成立 3 个"点验组"派往各集中营视察,且为此专门拟定了《第二方面军受降接收委员会点验办法》。① 该《办法》规定,点验组的工作要点为调查集中营内的人员、武器、被服、装具、军纪、卫生、给养及日本侨俘情绪等状况,并按照广九、四邑、雷州海南岛的视察次序开展工作。② 点验组的人员构成情况如表 6-1。

---

① 广州日军签字投降后,国民政府各部会相继派员前来接收资产,故第二方面军于 9 月 21 日成立"受降接收委员会"对各类接收活动进行统筹。其后所有封存的日军军需品和日侨资产皆在该委员会协调下逐步接收,有关工作持续至 1946 年 1 月底始告完毕。参见军事委员会委员长广州行营参谋处编《广东受降纪述》,第 47 页。
② 军事委员会委员长广州行营参谋处编:《广东受降纪述》,第 97 页。

表 6-1　点验组编组表

职务	人数	阶级	备考
组长	1	将级	由司令部高级参谋担任之
组员	6	校尉级	由接收委员会派 2 员，第三处、第四处、卫生处、副官处各派 1 员充任之
士兵	4		组长卫士 1 名，兵 3 名由副官处调派之

　　资料来源：军事委员会委员长广州行营参谋处编：《广东受降纪述》，第 97 页。

　　点验组完成所有巡视后认为，日俘投降态度诚恳，在集中营内均能服从命令、恪守纪律、注意卫生，且全无沮丧或颓废情绪。相比之下日侨则秩序稍差，但仍足以保持自治。此外，日本侨俘皆对中方的宽大政策和优待心怀感激，期待早日回国。第二方面军司令官张发奎亦于点验组巡视后，亲往广州河南的日俘集中营及各处接收仓库察看。对所有集中营的视察工作直至 1945 年 11 月 9 日始告结束。[①] 然而点验组毕竟只是走马观花，集中营内日俘的真实生活状况要复杂得多。

　　日俘进入集中营后，因饱食终日，很快便开始寻找释放富余精力的方法。起初纷纷在营内空旷处尝试种植蔬菜，由日俘中具有农业技师背景者提供种子和栽培技术，但毕竟土地有限，所耗精力不多。故，他们又转而积极报名参加运粮队，入选者可借由前往位于珠江北岸的仓库搬取口粮之机暂时脱离监禁，且有机会于途经广州市区时与中国人私下交易。虽然在集

---

① 军事委员会委员长广州行营参谋处编：《广东受降纪述》，第 98 页。另据中方会同美国陆军驻华作战部心理作战组奥斯本少校等在广州和东莞两地集中营的调查结果，在押日俘普遍明显表现出厌战心理，此种心态应视为日俘诚意投降和顺从态度的重要根源。参见李汉冲《广州受降接收纪实》，中国人民政治协商会议广州市委员会文史资料研究委员会编《广州文史资料》第 4 辑，第 126 页。

中营外擅自买卖物品有违监管章程，但因守军对此视而不见，运粮队队员很快变为集中营内从事代购物品的特殊人员，其所携回者除各类食品或日用品外，还有中文报纸等违禁品，日俘阅读后始知"以德报怨"政策及日本国内重要消息。但是，运粮队毕竟所需人数很少，多数日俘仍然无所事事，乃由征召入伍前具备某种专业背景者自发组织起一系列学习班。如，由前香港日军宪兵队中的英语翻译指导英文，由擅长和歌者讲授"歌道"，由毕业于庆应大学理财科者开办"商法教室"等，日俘可凭兴趣同时参加数个学习班，借此终于使百无聊赖的集中营生活变得忙碌起来。[①]

然而，因监禁时间越来越久，日俘的精神状态逐渐松弛，道德伦理和生活纪律亦随之败坏。如前所述，有少数日侨执意与日俘一同监禁，后至1945年末时，广州河南某日俘集中营内竟出现原日军宪兵队军官与日侨有夫之妇幽会之事，在日俘中引起轰动。[②]中国守军因戒备松弛亦为日俘所乘。在眼见守军昏愦无知乃至视集中营管理章程为具文后，日俘便开始投其所好，于是集中营内贿赂之风大炽。如，日俘军官多私藏大量不义之财，有人为免于被揭发而将半数财物赠予看守。普通日俘亦纷纷用手表、水笔、望远镜、衣物或军毡等物品向守军行贿，以期在私购食物、私发家书或安排外派勤务等方面获得关照。[③] 另据丸山康夫回忆，其曾于1945年12月末的某日深夜，利用守军交接空档，伙同其他4名日俘一同潜入集中营隔壁的英国化学品仓库内盗取酒精一桶，并搬

---

① 丸山康夫『広州俘虜収容所』、48 - 55、58 - 60 頁。

② 丸山康夫『広州俘虜収容所』、84 頁。

③ 李汉冲：《广州受降接收纪实》，中国人民政治协商会议广州市委员会文史资料研究委员会编：《广州文史资料》第 4 辑，第 127 页。

回集中营内酿酒。① 此类事件足以说明，日俘不仅对守军全无敬畏，且有机会和能力成功逃亡，只不过因环境不便之故未曾实施而已。

二、日本侨俘的教育问题

第二方面军司令官张发奎认为，在集中营各项管理工作中，日俘教育乃是最重要的课题，并主张利用日俘集中等候遣返时段予以彻底感化。② 第二方面军经上峰批准于 1945 年 11 月 7 日成立"日俘管理处"，③作为负责第二方面军辖区内日本侨俘工作的专门机构，通过与日军善后联络部接洽的间接方式，对全体日本侨俘进行管束，并负责其补给、纪律、遣返等事务。④

为树立日俘管理处的权威，第二方面军于 12 月 1 日致电日军善后联络部部长田中久一，重新厘定了以日俘管理处为顶点的辖

---

① 丸山康夫『広州俘虜収容所』、84－89 頁。

② 张发奎：《进军广州受降》，何邦泰主编：《广州文史》第 48 辑，"广州抗战纪实"，第 468 页。

③ 该日俘管理处的工作人员全部由第十军官总队调用，并委派第二方面军中将参议廖鸣欧担任处长。其办公地址设在临近日俘集中营的广州河南，此外还需负责琼州、东莞、顺德 3 处日俘管理分所。未几，该管理处奉军政部电令改称"第二方面军日本官兵管理处"，并受中国陆军总司令部战俘管理委员会监督。至 1946 年 2 月，该管理处又因第二方面军改编而改隶"广州行营"，并再次改称"军事委员会委员长广州行营日本官兵管理处"，同时将原属第七方面军受降区的汕头和惠阳两地日俘事务交由该处负责。4 月底上述各地日本侨俘遣返工作全部完毕后，该处亦随之解散。为便于叙述，下文将以上机构统称为"日俘管理处"。参见军事委员会委员长广州行营参谋处编《广东受降纪述》，第 91 页。

④ 李汉冲：《广州受降接收纪实》，中国人民政治协商会议广州市委员会文史资料研究委员会编：《广州文史资料》第 4 辑，第 123 页。

区内日本侨俘管理体系。即：(1) 除潮汕地区与惠州外，广东各集中营所收容日俘统归该处负责监管；(2) 于日俘管理处之下设置广州、顺德、琼州、东莞管理所；(3) 各管理所所辖之集中营依其人数重编为数个总队或大队；(4) 总队下辖 3 个大队，大队下辖 4 个中队，中队下辖 3 个小队；(5) 韩侨、特种部队或特技人员应依人数多寡编为大中小队，仍归总队管理；(6) 各队不设队长，仅设日籍联络官，第二方面军则选派人员充任总队及大队指导员。① 改编详情如表 6－2。

表 6－2　广东地区各地集中营日韩台籍军民编组人数驻地表

单位：人

区分	编成番号	主管姓名	人数	驻地	备考
广州市区附近集中营	善后联络部	田中久一	1 687	大松岗岭南大学附近	
	第一总队	松井少将	5 356	芳村大浦	
	第二总队	宫林大佐	2 723	芳村大浦	
	第三总队	黄藤少将	1 744	白蚬坑大岗	
	第四总队	川上大佐	5 893	白蚬坑大岗	
	第五总队	福田大佐	5 036	河南石涌口	
	第六总队	下河边少将	4 442	关村老鼠岗	
	特技第一总队	大坪中佐	2 654	白蚬坑南石头	该队包含铁道公路自动车修理各一大队

① 军事委员会委员长广州行营参谋处编：《广东受降纪述》，第 120 页。

续表

区分	编成番号	主管姓名	人数	驻地	备考
	特技第二总队	八和少将	3 107	河南石涌口	内通信一大队自动车两大队
	特技第三总队	樱井中佐	1 756	关村老鼠岗	内分兵器修理工兵兽医各一大队
	特技第四总队	山田大佐	1 304	一大队住老鼠岗一大队住石涌口一大队住白蚬坑	系卫生医疗大队
	独立船舶大队	白木大佐	3 156	黄埔平岗坪	
	小计		38 858		
顺德集中营	善后联络部	近藤中将	265	大良	
	第一总队	吉村大佐	4 394	鸟州石湖涌	
	第二总队	斜谷少将	3 449	羊额仕版	
	第三总队	宇宿大佐	12 053	荔村敦教	
	特技第一大队	大野少佐	262	敦教	
	特技第二大队	多谷少佐	242	顺德县城	
	特种部队	未定	193	霞石	该队系韩籍士兵现已移来广州拨交韩籍总队编训
	小计		20 858		

区分	编成番号	主管姓名	人数	驻地	备考
东莞集中营	善后联络部	鹈泽中将	286	东莞县城	
	第一总队	谷少将	2 511	西门外	内第三大队12中队有韩籍官兵91名，现已移来拨交韩籍总队编训
	第二总队	平野少将	2 883	皇村	
	第三总队	德本大佐	2 799	万洲	
	第四总队	山内中佐	3 848	樟村	
	第五总队	土桥中佐	3 133	北门外	
	小计		15 460		另有台籍士兵517名未计入上数内，该台籍士兵现已移来广州拨交台籍总队编训
琼州集中营	该营俘虏经电饬改编为若干总队，但尚未据报即遣送回日	伍贺中将	43 583	琼州	经日本官兵管理处丑有电饬开赴海口集中待运
		千田少将	2 550	雷州	
	小计		46 133		
惠州集中营	该地战俘原系第七战区管理本年2月起始改	联络部长末藤中将	13 656 内日侨3人，台籍士	横沥园瀛关	2月18日移驻大坪待运台韩籍士兵亦已全数调来广州拨交

续表

区分	编成番号	主管姓名	人数	驻地	备考
	由本处接管，接收完毕后即徒步移驻大平待运，故未饬编队		兵66人，韩籍士兵110人		台韩总队编训管理
汕头集中营	该地战俘原系第七战区管理，2月起始改由本处接管，2月15日即开始遣送回国，2月25日已遣送完毕，故未改编	联络部长小野修少将	4 910内日侨27人，韩籍士兵110人，韩侨26人	澳头达濠角石	2月25日经输送回国完毕
韩籍官兵集训总队	总队长崔德新		1 489	大岗	
台籍官兵集训总队	总队长符竣		2 402	花地	
黄埔日侨集中营	会长田代董言，副会长高桥札木，副会长伊藤正德		6 906	黄埔长州	
总计			150 672		
附记	本报表据日军联络部及各管理所文电及旬报月报表综合整理调制				

资料来源：军事委员会委员长广州行营参谋处编：《广东受降纪述》，第94—95页。

说明：该表中"小计""总计"有误，笔者予以修正。

日俘管理处成立后,将感化和教育日本侨俘视为中心任务,一改此前完全放任的日本侨俘管理方式。其所标榜的思想教育目标分为两大类。一是进行意识形态改造,其主要内容为:彻底清算日本帝国主义之侵略思想,打破神权思想,揭穿天皇之假面具,铲除军国主义黩武观念,阐明世界潮流,灌输民主意识,树立确保东亚及世界永久和平的信念。二是促使日俘反省罪行并唤醒其良知,其主要内容为:促使日俘认识到以往行径之不当,以若干民主活动改造日俘野蛮横暴之秉性,以各种文化娱乐活动培养日俘善良之性情,通过学习中文和英语,使其了解中西文化之伟大,从而改变其狭隘自大观念。①

为达成以上目的,日俘管理处综合运用以下手段。

1. 通过架设扩音器对各集中营进行无线电广播。播音工作由中国军队政治部门负责,②但因无法确知播出频率,故难以判断其实际效果。

2. 配发通过审查之报纸。至日俘管理处结束工作为止,共为各集中营提供《上海改造日报》约 8 000 份、《朝日新闻》约 5 000 份、《读卖新闻》约 5 000 份、《联合画报》约 5 000 份、《每日新闻》约 520 份、《上海儿童新闻》约 500 份。此外,还允许日本侨俘自行编辑报纸,经日俘管理处审查合格后即可进行油印,获许可者计有:《岭南新闻》每日油印 1 次、《共同新闻》每日油印 1 次、《日侨报》每日油印 1 次。③ 以上数字如按配发 4 个月计算,则每天每种报纸的配送量仅为数十份,远不足以满足 10 余万日本侨俘的阅读需要。

---

①② 军事委员会委员长广州行营参谋处编:《广东受降纪述》,第 102 页。

③ 军事委员会委员长广州行营参谋处编:《广东受降纪述》,第 102—103 页。

　　3. 在集中营内进行演说,共举行 3 次。第一次于 1945 年 12 月 28 日在广州河南各集中营举行,主讲人是第二方面军政治部主任张泰祥,题目为《日俘应有之彻底觉悟》。第二次于 1946 年 1 月 8 日起在广州、顺德、东莞、海南岛各集中营巡回举行,主讲人是日俘管理处处长廖鸣欧,题目为《中日战争应负的责任》。第三次于 1946 年 3 月 18 日在广州河南的岭南集中营举行,主讲人是军事委员会委员长广州行营(以下简称"广州行营")副参谋长华振中,题目为《向世界和平之路迈进》。[1] 从以上主讲人的职务背景可见中方对于该活动充分重视,而 3 次演说皆以位于广州河南的日俘集中营作为主要听众,无疑说明该处日俘集中营的特殊重要性。

　　4. 鼓励日本侨俘组织各种民主团体及举行相关集会。主要者有:(1) 1946 年 2 月 2 日成立"民主主义者同盟",领导者为大谷喜佐治,成员共 15 人。宗旨为向日侨灌输民主主义思想,活动方式为举行演讲会和座谈会。(2) 1946 年 2 月 11 日成立"新青年会",领导者为前川春雄,成员共 20 人。宗旨为认识世界形势及日本更生之路,研究民主主义等各种理论,纠正过往的日本帝国主义教育,培育具备民主主义及和平主义思想之优秀青年。其活动方式除举行座谈会、讨论会和运动竞技活动外,还讲授中国问题、民主主义、人民战线、孙文遗教、三民主义、国际形势、农业技术等。(3) 广东基督教青年会派遣高级干部 8 名,经常前往各集中营内宣道或举办音乐晚会等。[2] 以上三团体中,前两个团体为日本侨俘自行组建,但成员人数过少,不仅不足以持久开展形式多样的社团活动,且不可能产生任何深刻影响,恐怕只是日俘管理处用于装点政

---

[1] 军事委员会委员长广州行营参谋处编:《广东受降纪述》,第 103 页。

[2] 军事委员会委员长广州行营参谋处编:《广东受降纪述》,第 103—104 页。

绩的空壳,同时说明在日本侨俘依然借助战时编制进行自治的情况下,集中营内难以出现任何有影响的新组织。

5. 播放电影,共计在广州各集中营内放映中美两国的时事新闻、科教、文艺、歌舞类影片数十部。但是,日俘管理处坦言,因语言文字障碍,教育效果欠佳。①

6. 鼓励日侨继续开办女子中学及小学,并规定在中学及高级小学必修课中加入中、英语文课程。②

总体看来,日俘管理处成立后,的确扭转了第二方面军此前对于日本侨俘"无为而治"的消极态度,确定了明确的思想改造目标,积极对日本侨俘施以多方面影响。但是,对其所施"教育"的实际效果不可过高评价,如配发报纸、民主活动、播放电影等重要措施,恐怕形式价值大于事实成效。

三、日本侨俘的征用

因中国的社会经济和基础设施在抗战中遭到日军极大破坏,国民政府于日本投降后为尽快恢复各地交通、通信和生产等活动,特许征用日本侨俘从事重要设施的修复工作,并为此迅速拟定《中国境内日籍员工暂行征用通则》,于 1945 年 10 月 1 日起正式实施。其中规定,国民政府内各部门组织的接收委员会在接收沦陷区资产时,可酌情征用在华日籍员工。征用标准为:(1)事业不能中断且其技能无人接替者;(2)其技术为我国目前所缺乏者;(3)非征用不能为业务上之清理者;(4)情形特殊有征用之必要者。关于被征用者的待遇,在同盟国订立对日和约前仅发放生活费,至和约缔

---

① ② 军事委员会委员长广州行营参谋处编:《广东受降纪述》,第 104 页。

结后如确有必要继续征用时,再行确定其薪金待遇。① 根据前文已述之《日本人在华私有财产暂行处理办法》,对被征用的日籍技术人员及其家属,可保留其私有物资供其自用,并由征用单位为其提供住所。②

随后,陆军总部在1945年10月15日颁布《中国战区日本徒手官兵服役办法》,并于11月1日开始执行。其中规定,中国将依据1907年陆战法规之第6条对日俘进行征用。对于各受降区内交通、通信及各项建设之修复工程,其属于地方或特别市者,应由各受降区主官转知地方省政府或市政府设立工程处拟定修复计划,请求受降指挥官拨用日俘,并指导工程之实施。工程处人员以省建设厅或市工务局为主体,唯属于中央政府之修复工程由中央主管部门分区派员指导。军事部门负责的修复工程,则由各受降区主官直接下令征用日俘,其所需材料及经费归各该军事部门筹拨。征用时,需根据技能区分并合理使用日俘,且应依工程性质和规模进行合理编队。依实际需要,日本各级军官及技术人员可在中国工程处指挥下负责制定工程计划和进行工程指导,并负责传达命令及监督日俘工作。每日工作时间以8小时为限,不得使用过度,对于怠工者或违令者按中国军法处置。有关被征用者的待遇,于正常供应主副食外一律不支付工资,但可为成绩卓著者提供奖金,金额由各地区自定。③

根据上述规定,广州行营自行制定并颁布了《各机关部队调用日俘侨管理细则》,作为辖区内各军政机关、学校及社团调用日本

---

① 军事委员会委员长广州行营参谋处编:《广东受降纪述》,第105页。

② JACAR(アジア歴史資料センター)Ref. C08010801300(第0802画像目)、徴用人員撤収に関する件(案)(防衛省防衛研究所)。

③ 军事委员会委员长广州行营参谋处编:《广东受降纪述》,第104—105页。

侨俘的具体规范。其中规定征用手续为：先将事由呈交广州行营核准，再向日本官兵管理处或管理所领取"调派日军工作通知单"，接着与日军善后联络部接洽并由后者安排具体调派事宜，最后由集中营监视部队检查并放行。征用机关应事先将日本侨俘食宿地点及作息时间安排妥当，工作时间不得超过 8 小时；于工作时间内外皆须派员监视。受征用者之主副食仍由日军善后联络部负责递送，各机关或部队可另行酌发烟酒及肉类用以提高日本侨俘工作积极性。如有日本侨俘逃逸者，则将追究征用机关或部队主官责任。被征用日本侨俘不准集会，不准与民众接触，不准乘马或乘人力车，不准阅读书报，工作时不准佩戴口罩和手套。在日本侨俘被征用过程中，征用机关或部队切勿打骂，如遇违令或怠工者，需呈请广州行营依陆军军法进行惩处。[1]

以上"管理细则"出自广州行营之手，是 1946 年 2 月 1 日由第二方面军改编而成的。但据目前所见其他资料可以确定，早在 1945 年 11 月底第二方面军司令部已然电令日军善后联络部部长田中久一，命其提供所辖日本侨俘技术人员中拥有大学文凭并曾在日本工作 5 年以上者的名单，以供中方征用。[2] 而对上述中方要求，日方亦持积极态度。日本当局命令日军善后联络部，要求被征用者须竭尽全力完成任务，以向中国人展现日本人的"优秀性"，并展现"皇军"最后的姿态，且指出待遣送开始后，被征用者中除自愿留用者外原则上应全部撤回日本。但是，彼时如中方仍提出继续

---

[1] 军事委员会委员长广州行营参谋处编：《广东受降纪述》，第 105—106 页。

[2] 军事委员会委员长广州行营参谋处编：《广东受降纪述》，第 119 页。张发奎向田中久一解释，第二方面军征用的日本技术人员将作为国军各级部队的顾问及雇员，以利于国军部队整训及战史编纂。JACAR（アジア歴史資料センター）Ref. C08010801300（第 0781－0783 画像目）、徴用人員撤収ニ関スル件（案）（防衛省防衛研究所）。

征用或聘用要求,日军善后联络部需遴选与工作岗位相适合者,并在新的服务条件下留任,同时特别强调无论在何种情况下,具备特殊技能者都不许留用,必须遣返日本。[①]

至 1945 年 12 月,广州军政机关率先对日本侨俘进行实际征用。日军投降后,广州市政一时无人无责,造成市区主要街道上垃圾堆积如山,难以清理。于是,市长陈策征用 500 名日俘担任市内街道清洁工作,而群众则要求日俘在工作时不得佩戴口罩,以与一般清道夫相区别。[②] 街道环境很快大为改观,据说其后广州市当局亦加大了日俘征用力度。[③]

广东、海南及香港之日本侨俘在等候遣返过程中,受中方军政机关、学校及团体征用情况如表 6-3 所示:

表 6-3　广州各军政机关、学校、社团调用日本侨俘一览表

调用机关	日俘来处	为何调用	调用人数	备考
后勤部广州指挥所	联络部上等兵	充当英语翻译	1	
后勤部广州指挥所	黄埔造船厂技工	黄埔船长调用	60	日侨
市政府	日军	服劳役	500	
市政府	通信兵土木工兵	调电话局自来水局	180	
市政府	日军	服劳役	500	

[①] JACAR(アジア歴史資料センター)Ref. C08010801300(第 0780 画像目)、徴用人員撤収に関する件(案)(防衛省防衛研究所)。

[②] 李汉冲:《广州受降接收纪实》,中国人民政治协商会议广州市委员会文史资料研究委员会编:《广州文史资料》第 4 辑,第 124—125 页。

[③] 梁风:《云山珠江景色不殊　新广州向前迈进》,《申报》1945 年 12 月 28 日,第 3 版。

调用机关	日俘来处	为何调用	调用人数	备考
军政部特派员办公处	日军	服劳役	501	
军政部特派员办公处	池永汽车队	汽车队服役	141	
军政部特派员办公处	池永汽车队杂兵	汽车队服役	40	
军政部特派员办公处	药厂技师	调药厂服役	5	日侨
军政部特派员办公处	司药军曹	卫生器材整理	20	
军政部特派员办公处	安田汽车队	汽车修理厂服役	807	
军政部特派员办公处	日军	服劳役	1 000	
军政部特派员办公处	药库管理员	调充联络员	1	日侨
军政部特派员办公处	修械技工	调修械厂服役	58	日侨
军政部特派员办公处	酿造厂技工	调酿造厂服役	28	日侨
军政部特派员办公处	仓库管理员	清查仓库	85	
军政部特派员办公处	日军	服劳役	1 000	
军政部特派员办公处	宫林部队工兵	修缮营养厂	12	

调用机关	日俘来处	为何调用	调用人数	备考
军政部特派员办公处	日军	景泰山洞服劳役	300	
军政部特派员办公处	营养厂技工	调营养厂服役	15	日侨
军政部特派员办公处	广州修械厂技工	调修械厂服役	39	日侨
军政部特派员办公处	大坪部工兵	服役	30	
军政部特派员办公处	日军	服劳役	200	
军政部特派员办公处	电厂技工	调营养厂接役	15	日侨
省政府	饮料厂经理	调出移交	1	日侨
省政府	士敏土厂事务长	建厅调出移交	1	日侨
省政府	士敏土厂课长	建厅提出审问	2	日侨
省政府	日军	修筑要明十三围	10 000	
省政府	日军	保安司令部服役	50	
省政府	日军	在府服劳役	100	
财政部特派员办公处	印刷厂负责人	调出交代	1	日侨
财政部特派员办公处	三井洋行经理	调出交代	1	日侨
财政部特派员办公处	三菱公司负责人	调出交代		日侨

续表

调用机关	日俘来处	为何调用	调用人数	备考
财政部特派员办公处	香港等地银行界人员	调出讯问	？（原文如此——笔者注）	日侨
运输管理局	石油河南油槽所技工	石油所调用	2	日侨
运输管理局	日军	丰田车厂服劳役	20	
胡故主席国葬典礼委员会	日军	墓地服土工劳役	100	
新一军	日军	建公墓服役	300	
新一军	工兵	建公墓服役	300	
空军司令部	日军	白云机场筑营房	200	
空军司令部	日军	白云机场筑营房	1 100	
空军司令部	日军	服劳役	50	
交通部特派员办公处	武田船厂技师	武田船厂调用		日侨
交通部特派员办公处	通信兵	抢修广梧段线	21	
本部副官处	日军工兵等	服役	150	
岭南大学	兽医师	岭南牧场服役	1	日侨
经济部特派员办公处	各工厂经理技师	各工厂服役	15	日侨
五十四军	司机等	充汽车司机	76	
广东省地方行政干部训练团	日军	服劳役	100	
光华医院	日军	服劳役	60	

续表

调用机关	日俘来处	为何调用	调用人数	备考
军政部特派员办公处	日军	被服厂技工		
军政部特派员办公处	通信员兵	清理	20	
第三后方医院	日俘	服劳役	50	
海军部特派员办公处	海军修理班	服劳役		
交通部特派员办公处	丸田部队修缮执行汽车	修车厂	6	
岭南大学	兽医师	牧场服务	1	
电力管理处	日俘	劈柴	100	
战运局	安田部队池永部队	车厂服务	30	
军政部特派员办公处	兽医官兵	清理器材	15	
合计			18 411	

资料来源:军事委员会委员长广州行营参谋处编:《广东受降纪述》,第106—107页。

说明(1)有关省政府征用1万名日俘"修筑要明十三围"一事。1945年11月17日,第二方面军司令部曾致电日军善后联络部部长田中久一称:据广东省政府主席罗卓英来电:"查'要明十三围'包括高要、高明两县13个基围,关系膏腴民田10万余亩,民国32年洪水为灾,溃决淹没。本府经即举办水利贷款,组设工程处于同年11月兴工修筑。惟以抗战关系,工程进行迟缓,至今尚未完成。现在国土重光,时局业已安定,又逢冬季水涸,易于工作,拟即赶予复工,务于旱季期间全部完成。工程浩大,时期短促。为求工事迅速起见,除仍一面令饬三区行政督察专员督县妥征民工外,拟请准调用战俘10 000名,以3个月为期归十三围工程处指挥,而以行政督察专员陈文为工程处处长负责办理,并请准将接收日本工兵之工具尽量借用以利工程。本府为增加生产,维护人民利益起见,仅电陈鉴核敬祈俯准施行。"经第二方面军核实确属需要,故要求田中安排征用。军事委员会委员长广州行营参谋处编:《广东受降纪述》,第119页。

(2)在广州以外各集中营内,亦存在中国军政机关征用日俘侨行为。如,广东省公路局曾征用大良日俘2 000名修筑中山至顺德的公路。李汉冲:《广州受降接收纪实》,中国人民政治协商会议广州市委员会文史资料研究委员会编:《广州文史资料》第4辑,第125页。

由表 6-3 可知，征用机关主要为军政部特派员办公处、省政府、财政部特派员办公处、市政府、空军司令部等机构，尤以军政部特派员办公处的征用次数居多。对日俘的征用多为与技术无关的各类劳役，征用人数在百人以上者多属此类，一次性征用日俘最多者达 1 万人。对饮料厂经理、水泥厂事务长及课长、印刷厂负责人、洋行负责人、药库管理员、仓库管理员、银行员工等的征用行为，基本出于物资移交需要或进行审问之目的。被征用的日本侨俘技术人员背景极为广泛，包括通信兵、土木工兵、汽车兵、造船厂技工、机械维修技工、酿造厂技工、营养厂技工、电厂技工、油槽所技工、药厂技师、英语翻译、兽医等，可见在战后广东众多基础设施和生产企业的修复或交接过程中，存在对日籍技术人员的广泛需求。其中，尤以汽车兵需求最大，如军政部特派员办公处一次性从日军安田汽车队征用日俘达 807 人。然而，对分布在众多生产、运输及通讯部门中的千余名日本侨俘技术人员，中国却未拟定详细监管措施，心理防范似亦不足。[1]

除上述有组织征用外，日俘还可自由应募零散杂役。如丸山康夫为改善伙食，即于 1946 年 2 月与另外两名日俘一同报名为某新近迁居的国军高级军官清扫住所。因按规定不得支付报酬，故完工后主人家以烧猪肉等集中营内难得一见的丰盛肉食答谢。[2] 可以推测，此类零散杂役应该广受日俘欢迎。在接受征用并参与各类工作中，日本侨俘大多遵守纪律、服从命令，能顺利完成任务，且无消极怠工表现。[3]

---

[1] 李汉冲:《广州受降接收纪实》，中国人民政治协商会议广州市委员会文史资料研究委员会编:《广州文史资料》第 4 辑，第 125 页。

[2] 丸山康夫『広州俘虜収容所』、48-55、98-103 頁。

[3] 李汉冲:《广州受降接收纪实》，中国人民政治协商会议广州市委员会文史资料研究委员会编:《广州文史资料》第 4 辑，第 126 页。

第三节　不同的结局——遣返、留用与审判

无论在投降、缴械过程中,还是在集中营内监押时,广东的日本侨俘都表现得极端顺从,而此种态度之目的,无外乎希望平安且顺利地遣返日本。1946 年春,广东的日本侨俘进入遣返阶段,无论一直期盼回国的普通日本侨俘,还是始终谨慎应对的广东军政当局都长舒一口气。但是,就在遣返有序进行的同时,对日军高级军官的追责也同时启动,刚刚因完成遣返任务的田中久一等人,又要接受中国人民的审判,并为日本的侵略行径及其本人的战争罪行付出代价,尽管这种代价远不及他们侵华罪行的万分之一。

一、日本侨俘的集中遣返与留用

就在广东日军缴械甫毕之时,1945 年 9 月 28 日第二方面军即应英方请求派遣一个宪兵排前往香港,负责协助英军维持正集中于九龙塘等候乘美舰前往大连的日军第十三军军纪。[①] 此为第二方面军最早承担的遣返工作。

遵照同盟国最高统帅部命令,中国之日本侨俘亦当乘美舰遣返日本。第二方面军乃于 1945 年 11 月 27 日于广州、海口、汕头三地设置"日俘运输司令部",并由陆军总部指派廖鸣欧中将、张嘉斌少将和刘任远少将分别负责。[②] 根据表 6-4 可知,第二方面军对各司令部职能人员的配置问题考虑周全,堪称其在有关日本侨俘

[①] 张发奎口述,夏莲瑛访谈及记录,胡志伟翻译及校注:《张发奎口述自传》,第 322 页。

[②] 廖鸣欧时任第二方面军日本官兵管理处处长,张嘉斌为琼州日本官兵管理所所长。军事委员会委员长广州行营参谋处编:《广东受降纪述》,第 93、110 页。

的各项管理工作中最为用心者。

表 6 - 4　日俘运输司令部编制业务分配表

区分	职级	编制	业务分配
	中(少)将司令	1	承陆军总部暨司令官之命综理本部一切业务
	少将副司令	1	承司令之命处理本部一切业务
	英文译员	1	负责有关英语文电之编译及接谈等事宜
	日文译员	1	负责有关日语文电之编译及接谈等事宜
	译电员	1	负责电报译发及密码本保管等事宜
	少校副官	1	办理收发文电登记及重要公文之保管
	上尉副官	1	临时派遣对外接洽等事宜
	少尉司书	1	负责本部公文之缮写校对等事宜
	上士文书	1	缮写公文
总务组	中校组长	1	承司令副司令之命综理本组一切业务及重要公文之拟稿
	少校参谋	1	办理官兵人事奖惩请假登记及战俘人数调查统计异动
	上尉参谋	1	临时指派对外接洽事宜
运输组	少(中)校组长	1	承司令副司令之名综理本组一切业务及重要公文之拟稿
	少校参谋	1	办理全般计划稿件图表之调制
	少校参谋	1	临时指派对外接洽运输事宜

续表

附件	（一）官佐以兼调为原则
	（二）警卫士兵一排由附近驻军调用
	（三）公役调派服务

资料来源：军事委员会委员长广州行营参谋处编：《广东受降纪述》，第110页。

第二方面军拟定的辖区内日本侨俘遣返次序一般原则为：先遵照陆军总部命令遣返煤矿工人及部分日侨，其次为原日本陆海军人员，再次为其余日侨，最后为患病者、部分医护人员及日军善后联络部成员。广州日俘运输司令部负责遣送监押于广州、大良、东莞、惠州之日本侨俘，并指定虎门作为登船地点。①

依照中美两国间协定，遣返工作将以盟军名义进行，由双方合作办理，美军将派员与日俘管理处一同处理日军登船前的检查工作。② 1945年12月27日，第二方面军召集各有关单位会商后，就日本侨俘登船前的检查问题制定了详尽的实施办法。具体而言，将通过新设"检查所"具体负责日本侨俘登船前的检查工作，该所由日俘管理处、广州日俘运输司令部、各港口运输司令部、当地驻军、第二方面军政治部及卫生机构、军政部特派员办公处共同派员构成。检查所所长由日俘管理处派遣上校或中校担任，副所长6名则由广州日俘运输司令部、行营政治部、行营卫生处、行营经理处、军政部特派员办公处、当地日俘监视部队各派出中校或少校1

---

① 军事委员会委员长广州行营参谋处编：《广东受降纪述》，第110页。先遣送日俘后遣送日侨是盟军统帅部的既定遣送次序。参见中国陆军总司令部编《处理日本投降文件汇编》（下卷），沈云龙主编《近代中国史料丛刊》第82辑，第242页。

② 李汉冲：《广州受降接收纪实》，中国人民政治协商会议广州市委员会文史资料研究委员会编：《广州文史资料》第4辑，第128页。

名兼任,并对上述各部门另行调派的人员数量及其工作内容做出规定。

在日本侨俘集中虎门等候登船时,检查所将逐一验证是否存在冒名顶替者,审问是否因曾有在华犯罪行为而被列入战犯者,筛查因患病而不适合乘船者,核验所携物资不合规定者,并收缴日军缴械后借予其用于自卫的武器等。对于日本侨俘携私人物品的类别和数量也做出详细规定,包括盥洗具 1 套、毡毯或棉褥子 1 套、棉被 1 条、冬衣 3 套、夏衣 1 套、大衣 1 件、皮鞋 3 双、短袜 3 对、衬衣裤 3 套、手提包 1 个、手提袋 1 个,以及其他可证明是私人物品且数量合理、能够一次性携带者。此外军官可携现金 500 日元,士兵可携 200 日元,日侨可携 1 000 日元,韩侨则只许携带韩元。此后又对允许携带的私人物品进行多次追加。至于需查禁并没收的违禁品,除各类武器外,主要包括照相机或望远镜等光学仪器、贵金属、艺术品、股票、奢侈品、历史书籍、许可范围之外的各类文字报告或统计资料,以及超出个人正常消费量之食品、烟草、衣物等。为保证日本侨俘顺利回国,中方还为每人每日供应大米 1 市斤,以及提供按每人每日法币 100 元标准购置的副食品。①

1946 年 3 月 13 日至 4 月 4 日,预备搭载广州日本侨俘的航船,每日从日本发出 1 班至 4 班,共派遣 20 艘航船,往返约需 16 日。② 3 月 21 日,广州日俘运输司令部安排第一批日本侨俘由虎门登上美舰,其他日本侨俘亦逐批接受遣返,每艘美舰约载 4 000 人。③ 检查所虽于日本侨俘登船前依规进行审验,但因国民政府军

① 军事委员会委员长广州行营参谋处编:《广东受降纪述》,第 110—112 页。
② JACAR(アジア歴史資料センター)Ref. C15010102400、終連報丙第 118 号 昭和 21 年 4 月 8 日 涉外課 GHQとの連絡 4 月 8 日(防衛省防衛研究所)。
③ 军事委员会委员长广州行营参谋处编:《广东受降纪述》,第 115 页。

政当局纪律松懈,早已被日本侨俘事先打通关节,故所谓检查实际上弊端百出。及至登船时,日本侨俘普遍喜形于色,甚至有人情绪激动地向中方官兵叩头致谢,声言此后永不与中国为敌。① 至 4 月 25 日,全部日本侨俘遣送完毕,②广东、香港、海南共遣返日本侨俘 157 080 人。③ 其中,包含自愿返回日本生活之韩侨 6 人。④ 部分仍滞留于广州的台胞和韩侨,则交由广东省政府继续办理遣返。⑤其中,台胞因不具战俘身份,故由国民政府另行租用挪威籍轮船沙班号等,由 1946 年 4 月送返台湾。⑥

在广州日本侨俘遣返的末尾阶段,还出现了一段插曲。或因国军饮食水准较低,特别是肉禽蛋类供应较少的缘故,日俘中渐有营养不良者,延至 1946 年 2 月集中营内终于爆发霍乱疫情。虽然传染病的出现,说明国军对集中营的卫生管理存在极大漏洞,但同

---

① 李汉冲:《广州受降接收纪实》,中国人民政治协商会议广州市委员会文史资料研究委员会编:《广州文史资料》第 4 辑,第 128—129 页。

② 军事委员会委员长广州行营参谋处编:《广东受降纪述》,第 115 页。据丸山康夫回忆,其于 4 月 22 日搭乘美舰回国,为最后一批返日者。参见丸山康夫『広州俘虜収容所』,117、120 頁。

③ JACAR(アジア歴史資料センター)Ref. C08010801700(第 0966 画像目)、在中国戦区陸海軍部隊及居留民帰還輸送計画(総作命甲第 60 号趣旨)(防衛省防衛研究所)。

④ JACAR(アジア歴史資料センター)Ref. C15010569100(第 0514 画像目)、第 6. 居留民の管理給養保護に関する事項(防衛省防衛研究所)。

⑤ 军事委员会委员长广州行营参谋处编:《广东受降纪述》,第 115 页。以此为据,则张发奎称其于美舰抵达时先安排遣送韩侨,次为台胞,日本侨俘最末的记忆有误。参见张发奎口述,夏莲瑛访谈及记录,胡志伟翻译及校注《张发奎口述自传》,第 314 页。

⑥ 李汉冲:《广州受降接收纪实》,中国人民政治协商会议广州市委员会文史资料研究委员会编:《广州文史资料》第 4 辑,第 129 页。遣返工作结束后似仍有留用者及战犯之外的日韩籍人士及台胞滞留。如据《申报》3 月底报道,奥辰次等 5 名甫由东江纵队出逃至国统区者称,东江纵队中收容了部分寻求保护的日韩籍人士及台胞。参见《执行小组抵粤视察》,《申报》1946 年 3 月 23 号,第 1 版。

时亦应指出的是，日本军官对蛋类等重要副食品的贪污行为，亦是造成日俘营养不良乃至于罹患疾病的重要因素。[1]　由表 6-5 可知，在日本侨俘等候遣返过程中，霍乱疫情并未造成严重结果。

表 6-5　广东地区日本侨俘死亡统计表

年月/区分	死亡人数	备考
1945 年 12 月	71	
1946 年 1 月	75	
2 月	34	
3 月	25	
4 月	17	
统计	222	

附记：一、汕头区暨琼州区死亡人数未列入本表。二、本表系根据日军联络部逐月报告综合调查制作。

资料来源：军事委员会委员长广州行营参谋处编：《广东受降纪述》，第 102 页。

1946 年 3 月 7 日，日本国内已获知华南及越南一带有霍乱流行，并统计上述地域内日本侨俘感染情况如下：海南约 130 人，越南北部约 550 人，广州约 2 000 人。[2] 3 月 29 日，由广州启航的"V75"号于航行中出现霍乱大范围传播，在 4 月 5 日抵达浦贺港后，被要求停靠于外海不得靠岸。4 月 7—11 日，同样由广州启航抵达浦贺港的"V69""V81""V80""V88""V77""V71"号中亦出现霍乱失控情形，因此亦被要求停留在外海，并由医疗人员登船进行检疫和消毒。确诊患者被允许登陆送至医院救治，其他人则需在

---

[1] 丸山康夫『広州俘虜収容所』、91-93 頁。

[2] JACAR（アジア歴史資料センター）Ref. C15010097700（第 0277 畫像目）、終連報丙第 71 號　昭和 21 年 3 月 9 日　涉外課　GHQ との連絡（3 月 7 日）（防衛省防衛研究所）。

船上隔离 14 天。但是，由于上述船只皆由货轮改装而成，且每艘船均载约 4 000 人，人均活动面积仅 6.17 平方尺，因过于拥挤使防疫工作极难展开。至 4 月 15 日，上述船只内共有 806 人送医治疗，因确诊或疑似感染而被送至检疫所内隔离者 1 332 人，于船内隔离者达 25 519 人。① 据《申报》报道，至 4 月底霍乱共造成以上遣返者中出现 2 974 名死者。②

　　1946 年 4 月，广东日本侨俘遣返工作结束后，尚有部分日本侨俘留用者及数百名战犯滞留未归，由日军第二十三军参谋井上中佐继续负责联络和管理。③ 在被留用者中日俘为数不多。据日军第二十三军司令部统计，在其所属各部队官兵之中被留用者仅有"自动车第 39 联队"39 人及"第二船舶输送司令部南支支部"3 人而已，且皆属"强制征用者"。相比之下，日侨对于中方的留用要求则积极得多，其中被"强制征用者"仅 4 人，自愿留用者达 152 人。④ 出现这

① 上述内容引自以下资料：JACAR（アジア歴史資料センター）Ref. A17110921000、引揚船中ニ多発セル「コレラ」流行ニ関スル状況報告（厚生省）（国立公文書館）。

②《遣送归国日人　死于霍乱近三千名》，《申报》1946 年 5 月 1 日，第 3 版。

③ 李汉冲：《广州受降接收纪实》，中国人民政治协商会议广州市委员会文史资料研究委员会编：《广州文史资料》第 4 辑，第 129 页。对于希望继续留在中国的日本侨俘，中方态度十分慎重，国民政府行政院出台了严苛的甄选条件，只在两种情况下允其继续滞留，即或为有确凿证据表明曾在抗战中协助过中方者，或为被中方留用的技术人员。参见 JACAR（アジア歴史資料センター）Ref. C08010801300（第 0785－0786 画像目）、徴用人員撤収に関する件（案）（防衛省防衛研究所）。

④ JACAR（アジア歴史資料センター）Ref. C15010594100、別表第 2　抑留強制（希望）徴用、人員一覧表（防衛省防衛研究所）。当然也有此前被征用的日本侨俘技术人员此时选择回国者。如，广岛县出身的日本居留民武田岩曾于 1940 年 10 月在广州开设"华南渔业公司"，日本投降后该企业被国民政府接收，并征用武田岩作为"中国善后救济总署广东分署广东渔业总社"水产部部长，直至 1946 年 3 与 20 日被遣返日本。参见 JACAR（アジア歴史資料センター）Ref. B08061186900（第 0275－0276 画像目）、33. 華南漁業公司（外務省外交史料館）。

种情况是因为部分日籍技术人员对日本的国家前途感到悲观,后由各征用机关自行判断所有留用者的去留问题,而留用者中卓有成绩者则被取消战俘身份,获得平民待遇。[1]

据 1946 年 7 月 31 日中国战区日本官兵善后总联络部部长冈村宁次的报告称,尽管日方积极配合中方提出的征用或留用要求,但中方各机构尤其基层单位普遍意图长期"奴役"日籍技术人员,故中国战区日本官兵善后总联络部于 1946 年 4 月 8 日收到日方上峰训令,要求不论是否自愿留用,皆需将日籍留用者全部遣返日本。中国战区日本官兵善后总联络部虽为此而积极争取,但国民政府却强令将大部分日籍技术人员留用至年末。此前曾自愿留用的日籍技术人员当中,也多有改变最初立场希望返回日本者。在此背景下,中方的强制留用要求貌似违背《波茨坦公告》精神,故中国战区日本官兵善后总联络部建议日本当局将有关情况向美军及世界舆论控诉。[2] 据中国战区日本官兵善后总联络部统计,截至 1946 年 6 月 24 日,被留用于广州的日俘仅剩 13 人,日侨亦仅存 66 人,较同年 4 月时的留用者人数大幅减少。[3]

二、日本战犯审判

日军第二十三军于 1945 年 9 月 16 日签字投降后,第二方面军仍保留日军高级军官的扈从人员,田中久一还被允许保留其汽车

---

[1] 李汉冲:《广州受降接收纪实》,中国人民政治协商会议广州市委员会文史资料研究委员会编:《广州文史资料》第 4 辑,第 126、129 页。

[2] JACAR(アジア歴史資料センター)Ref. C13071115700、状況報告/第 9. 徴用及留用(防衛省防衛研究所)。

[3] JACAR(アジア歴史資料センター)Ref. C13071116600、状況報告/附表第 6　在支日本軍民被徴留用概況表(防衛省防衛研究所)。

及马匹。① 此后,张发奎曾多次会见田中久一,对其印象颇佳,尽量优待。但是,张同时认为田中的部下军纪很坏,积案甚多,他必须为其部下所犯罪行负责。②

　　彼时许多战犯和汉奸畏罪逃亡,有自广州潜入港澳者,也有由港澳进入广州者,广东各界人士纷纷要求严惩战犯和汉奸以平民愤,③在英军完成对香港日军的受降后,第二方面军设法通过英军逮捕并引渡潜逃至香港的战犯。④ 为此,李汉冲曾3次前往香港与英方交涉。在其1945年10月第一次赴港期间,与香港陆军司令菲士丁签署如下协议:(1)在香港军事占领期间,引渡汉奸和日本战犯属于战后受降范围,不属平时外交问题,可由粤港双方最高军事机关直接办理。(2)凡属日本战犯,只须广州行营或香港陆军司令之一方提出名单及其罪行即可提解审办。如同一战犯在粤港两地均犯有罪行时,由双方协商分别审讯或会审,至其最后判决处理权属于何方,亦由双方根据具体罪行协商决定。(3)严重罪行亦可依上述原则办理,但须加具地方司法机关意见及必要罪证。上述协议签订后,1946年2月,日本间谍太间知林藏等8名战犯由香港引渡至广州。同时,中方亦应英方要求,将4名日本战犯引渡至

---

① 李汉冲:《广州受降接收纪实》,中国人民政治协商会议广州市委员会文史资料研究委员会编:《广州文史资料》第4辑,第124页。

② 张发奎口述,夏莲瑛访谈及记录,胡志伟翻译及校注:《张发奎口述自传》,第314页。

③ 李汉冲:《日本投降后有关香港、澳门的一些事件》,中国人民政治协商会议广东省委员会文史资料研究委员会编:《广东文史资料》第3辑(内部发行),1963年,第172页。

④ 英军由8月30日开始受降香港日军,9月6日香港日军主力解除武装完毕。英军对新界地区日军的受降工作则从10月14日开始,15日完成。参见JACAR(アジア歴史資料センター)Ref. C15010495700(第0056画像目)、第5. 交渉開始後に於ける軍内一般の態勢/12. 軍全般の態勢(防衛省防衛研究所)。

香港。①

　　1945 年 11 月，国民政府列举日军在华所犯罪行凡 32 种，随后颁
布《战争罪犯处理条例》，命令各受降区据此查办日军战犯问题。同
时，驻华美军亦要求第二方面军于次年 2 月前将华南战犯情况调查
完毕，以便了解其中有关美军部分，并交由美军法庭审判。于是，第
二方面军在 1945 年 12 月组织"日军战犯调查组"，派遣情报科科长
汤炎光担任组长，对日军在华南地区所犯罪行进行调查，并以日军特
务机关及宪兵队作为主要调查对象。② 1946 年 1 月，第二方面军公
布《告发日本官兵罪行办法》共 12 条，接受中国民众自行检举日军战
犯罪行，③其鼓励检举的日军罪行包括：日军部队长对部下各种侵犯
中国民众行为的纵容、日军各部队及宪兵队对于军法审判的滥用、放
火或断水、伤害民众肢体、强奸妇女、抢劫妇女、强迫婚姻、强要财物、
使用毒药、欺诈财物、强行逮捕、占据民宅、拉夫或抢占车辆舟艇牲
畜、挖坟毁尸、制造鸦片或纵容赌博、其他侵害人民之各项罪责。④

　　对于被检举者，第二方面军立即执行逮捕，但被捕人数并不多，⑤

---

① 李汉冲：《日本投降后有关香港、澳门的一些事件》，中国人民政治协商会议广州市委
　员会文史资料研究委员会编：《广州文史资料》第 3 辑（内部发行），第 172—173 页。
　英军要求引渡至香港的日俘，多为此前曾于香港充任宪兵者。据丸山康夫回忆，在集
　中营内负责指导英文学习班的前香港日军宪兵队英语翻译弘中，就于某日授课时被
　由香港赶来的英军以战犯嫌疑押解至香港。参见丸山康夫『広州俘虜収容所』、
　60 頁。
② 李汉冲：《广州受降接收纪实》，中国人民政治协商会议广州市委员会文史资料研究委
　员会编：《广州文史资料》第 4 辑，第 127 页；《广州行营设立日战犯调查组》，《申报》
　1946 年 1 月 10 日，第 1 版。
③ 《广州行营设立日战犯调查组》，《申报》1946 年 1 月 10 日，第 1 版。
④ JACAR（アジア歴史資料センター）Ref. C08010790400（第 0862 - 0864 画像目）、1 月
　8 日付広州日報（防衛省防衛研究所）。
⑤ 张发奎口述，夏莲瑛访谈及记录，胡志伟翻译及校注：《张发奎口述自传》，第 313 页。

而战犯一经指名宣布即自动举手,低头待缚。① 1946 年 1 月,第二方面军对认定的第一批共 21 名战犯进行逮捕,其中日籍人员仅 7 人,另有德籍纳粹分子 14 人;至同年 4 月,共对 6 批计 622 名日俘以战犯嫌疑进行逮捕。② 其中,中将 3 名,包括第二十三军司令官田中久一、第一三〇师团师团长近藤新八,以及驻越南第三十八军司令官土桥勇一;少将 4 名,包括独立第二十三旅团旅团长河边宪二、特务机关长松井真二、宪兵司令重藤宪文,以及日军第二十三军副司令官平野仪一;此外,还有包括日军特务机关长及宪兵队队长在内的校级军官 19 名,而日本驻广东总领事亦在战犯之列。③ 上述战犯中没有韩籍及台胞日军,部分原因在于韩籍及台胞人员在日军中仅充作普通士兵或低级军官。④

---

① 李汉冲:《广州受降接收纪实》,中国人民政治协商会议广州市委员会文史资料研究委员会编:《广州文史资料》第 4 辑,第 126 页。

② 李汉冲:《广州受降接收纪实》,中国人民政治协商会议广州市委员会文史资料研究委员会编:《广州文史资料》第 4 辑,第 127—128 页。关于广州监禁日军战犯人数并不确定。李汉冲称共检举战犯 622 名,而邓世汉则称其所监押之战犯最多时含德国间谍 14 名、意大利女间谍 1 名及印度间谍 1 名,总人数共达 710 余名。而"广州审判战犯军事法庭"方面则称其共经手人犯 961 名。参见邓世汉《广州战犯拘留所》、黄汉纲《广州审判战犯军事法庭始末》,何邦泰主编《广州文史》第 48 辑,"广州抗战纪实",第 500、509 页。

③ 日军战犯姓名据以下资料统计,参见李汉冲《广州受降接收纪实》,中国人民政治协商会议广州市委员会文史资料研究委员会编《广州文史资料》第 4 辑,第 128 页;邓世汉《广州战犯拘留所》,何邦泰主编《广州文史》第 48 辑,"广州抗战纪实",第 500 页;黄汉纲《广州审判战犯军事法庭始末》,何邦泰主编《广州文史》第 48 辑,"广州抗战纪实",第 509 页。

④ 张发奎口述,夏莲瑛访谈及记录,胡志伟翻译及校注:《张发奎口述自传》,第 314 页。日军投降之初国民政府虽曾下令调查台胞士兵及平民的犯罪行为并加以惩处,但在第二方面军受降区内似未有相关举动。参见中国陆军总司令部编《处理日本投降文件汇编》(下卷),沈云龙主编《近代中国史料丛刊》第 82 辑,第 220 页。

1946 年春，广州行营在位于广州河南南石头的原太古洋行货仓和屈臣氏汽水厂内设置"广州战犯拘留所"，负责监管候审战犯。该所最初由袁熙圻少将担任主任，后袁熙圻因拘留所数次发生战犯逃亡事件而被撤职，改由邓世汉接任。[①] 至于该所内部监管条件，据《申报》记者报道，此处于日据时期曾作为日本宪兵队营房和汽车修理厂，位于珠江之滨，空气清新，内部宽敞。在押战犯被分作三处，即日军将官居于一处，宪兵居于一处，其他战犯居于一处。每人每日供应大米 25 两，以及副食品费 100 元，并允许其在所内自由活动。[②] 1947 年春，因英国要求收回太古洋行仓库，中方只得另觅他处作为"广州战犯拘留所"新址。可是，足够关押数百人的屋宇一时难寻，两个月后才选定观音山（即市内越秀山——笔者注）山脚处的道观三元宫，稍加修缮后即投入使用，[③]新址的生活条件无疑逼仄简陋得多。

在设立"广州战犯拘留所"的同时，战犯审判工作也被提上日程。国民政府限令广州、武汉、北平等地于 1946 年 2 月 1 日前成立审判战犯军事法庭，但广东当局因为筹备不及，延至 2 月 15 日始设置"国民党军事委员会委员长广州行营审判战犯军事法庭"，负责审判该受降区内的日、德、意籍战犯。1947 年 1 月，因广州行营改称"国民政府主席广州行辕"，该法庭亦改称为"国民政府主席广州行辕审判战犯军事法庭"，简称"广州审判战犯军事法庭"。法庭内

---

① 邓世汉：《广州战犯拘留所》，何邦泰主编：《广州文史》第 48 辑，"广州抗战纪实"，第 500 页；梁凤：《"广州的春天比东京温暖" 访日本战犯田中久一》，《申报》1946 年 4 月 15 日，第 5 版。
② 梁凤：《"广州的春天比东京温暖" 访日本战犯田中久一》，《申报》1946 年 4 月 15 日，第 5 版。
③ 邓世汉：《广州战犯拘留所》，何邦泰主编：《广州文史》第 48 辑，"广州抗战纪实"，第 502—503 页。

设有审判庭、检查处及书记处 3 个部门，人员皆由广东省高等法院、广东省高等检查处、广东行营 3 处抽调。审判形式为公开审理，容许机关、团体、民众代表到庭陈述意见。受审者可聘请律师辩护，若无聘请律师则由法庭指定律师为其辩护。①

　　在所有战犯中最受关注者，无疑是日军第二十三军司令官田中久一。其于签字投降后，即被任命为日军善后联络部部长，受到中方尊重和优遇。但在国民政府宣布凡担任战区指挥官以上之日军军官均得以战犯论处后，田中久一被撤去日军善后联络部部长之职，并被剥夺日军司令官待遇。② 国民政府军事委员会控告其犯有非法杀害被击落的美国飞行员及虐杀中国无辜百姓两项罪名，③列为第 3 批第 52 号战犯，广州行营则奉令于 1946 年 3 月 27 日将之拘留。④ 广州行营于 4 月 4 日将田中移至"广州战犯拘留所"监禁，张发奎特许其携副官、医生、护士、勤务员、厨师 5 人随行。⑤

　　在候审期间，田中久一向外界表示自己终于完成遣返 10 余万华南日本侨俘的重任，此刻已倍感放松，并感谢中方对集中营内日本侨俘的优待政策。对于侵略战争给中国民众造成的苦难，他一面表示"同情"，一面认为日本国内所经历的战争之痛"更甚于"中国，而日本的将来则寄希望于中国的提携。⑥ 至于日本的战争责任

---

① 黄汉纲：《广州审判战犯军事法庭始末》，何邦泰主编《广州文史》第 48 辑，"广州抗战纪实"，第 505—506 页。

② 李汉冲：《广州受降接收与肃奸纪实》、黄汉纲：《广州审判战犯军事法庭始末》，何邦泰主编：《广州文史》第 48 辑，"广州抗战纪实"，第 487、507 页。

③ 梁风：《"广州的春天比东京温暖" 访日本战犯田中久一》，《申报》1946 年 4 月 15 日，第 5 版。

④《田中久一被扣　忏悔过去罪行》，《申报》1946 年 3 月 31 日，第 1 版。

⑤ 梁风：《"广州的春天比东京温暖" 访日本战犯田中久一》，《申报》1946 年 4 月 15 日，第 5 版。据说允许田中久一保留副官是为监督其不自杀。参见李汉冲《广州受降接收与肃奸纪实》，何邦泰主编《广州文史》第 48 辑，"广州抗战纪实"，第 488 页。

⑥ 梁风：《"广州的春天比东京温暖" 访日本战犯田中久一》，《申报》1946 年 4 月 15 日，第 5 版。

问题,田中认为日本应对侵略行为负责,但这是日本政府错误决策所致,而不是日本军人的责任,同时亦不承认日军在军事上的失败。关于个人前途,则表示愿意任由中国政府处置。①

除田中久一等少数日军将校外,"广州战犯拘留所"内的大多数战犯为日军特务机关或宪兵队成员。1946年4月3日,全部日本宪兵队成员被移至"广州战犯拘留所"候审。被指控有战犯嫌疑的宪兵队队员此时虽尚未定罪,但已有人回顾战时行径自知罪无可恕,唯有静候死刑判决而已。② 其中亦有试图逃亡者,如6月23日夜间,广州警察于市内捕获日军宪兵队少尉佐藤六,其不仅名列广州行营公布的战犯名册,且搜出随身所携的法币50万元。③ 守军对广州日本侨俘随身物品检验之疏漏、对战犯监管之松懈,以及曾于战时暴虎冯河之日本军人内心的怯懦,皆由此可见一斑。④

作为广州战犯审判的主要对象,1946年5月23日广州审判战犯军事法庭对田中久一提起诉讼,且指定作为中山大学法律系教授的著名律师薛祀光为其辩护。⑤ 此时田中还仅是被控有战犯嫌疑,而根据国民政府公布之《战争罪犯处理条例》规定,战犯罪行系指战场外所犯罪行,而非作战当中的直接杀伤行为。为符合上述

---

① 李汉冲:《广州受降接收与肃奸纪实》,何邦泰主编:《广州文史》第48辑,"广州抗战纪实",第488页。

② 丸山康夫『広州俘虜収容所』、106—109页。

③《日战犯佐藤六　在广州被逮》,《申报》1946年6月26日,第2版。

④ 在日军第二十三军中,自中方受降后出于"武士道"精神而自杀者仅十余人。参见李汉冲《广州受降接收纪实》,中国人民政治协商会议广州市委员会文史资料研究委员会编《广州文史资料》第4辑,第126页。该数字甚至大大低于日侨病死人数,所谓"武士道"之虚妄由此可见一斑。

⑤ 黄汉纲:《广州审判战犯军事法庭始末》,何邦泰主编:《广州文史》第48辑,"广州抗战纪实",第505—510页;《粤省次审日战犯　田中对暴行竟称无所知》,《申报》1946年6月9日,第1版。

规定，"日军战犯调查组"会同军法人员在增城、东莞、惠阳、台山等地搜集证据以实其罪。但最后上报的举证内容却被上级机关驳回，理由是所列暴行均系日军地方部队所为，并非田中直接授意者，故不能作为死刑依据。① 继而在法庭受审时，田中对中方起诉书中提到的日军在两广地区肆意残杀平民、奸淫掳掠等情况皆辩称并无此事或并不知情，并指责审判不公。②

正在中方一筹莫展之际，因田中曾于1944年起兼任香港总督，故美国要求田中为其在职期间发生的非法虐杀美军俘虏一案负责。③ 1946年8月，美方通过外交途径将田中久一押往位于上海提篮桥的美方军事法庭受审，并于9月3日判处其死刑，随即再次押解回广州继续接受中方审判。经美方判决后，田中久一已然难逃一死，但他仍于法庭之上对所有指控积极辩白。最终广州审判战犯军事法庭亦于10月17日判其死刑，并于1947年3月17日获国民政府核准就地执行。④ 3月27日，田中久一从"广州战犯拘留所"被提

---

① 李汉冲：《广州受降接收与肃奸纪实》，何邦泰主编：《广州文史》第48辑，"广州抗战纪实"，第487页。

② 《粤省次审日战犯　田中对暴行竟称无所知》，《申报》1946年6月9日，第1版。

③ 此案是指美军第十四航空队飞行员约翰·荷克少校于1945年1月执行轰炸香港日军驱逐舰任务时坠机被俘，香港日军在对其进行审判时，仅依据日军宪兵及检察官提供的3份报告书，就判处荷克死刑并行刑一事。美方认为此举明显不合法律程序，故对涉事日方人员提出诉讼。据美军调查，凡日军第二十三军军事法庭判处之死刑案件不必经过上峰复核，仅凭司令官田中久一签字即可生效，故认定田中久一虽未参加对荷克的审判，但对死刑的判定结果负有主要责任。参见《日战犯　田中久一　福地春南　美军法庭宣判处绞刑　其余三犯各处徒刑浅川弘子宣判无罪　浙江两恶魔我已提起公诉》，《申报》1946年9月4日，第4版；《美飞行员被处死案　审判不合法律程序　美检察官控田中久一应负责任》，《申报》1946年8月18日，第4版。

④ 《田中中将等六犯美军法庭今侦讯》，《申报》1946年8月13日，第4版；李汉冲《广州受降接收与肃奸纪实》，何邦泰主编《广州文史》第48辑，"广州抗战纪实"，第487页。据称在被中美两国判处死刑后，田中久一亦曾对张发奎进行活动试图减刑。参见邓世汉《广州战犯拘留所》，何邦泰主编《广州文史》第48辑，"广州抗战纪实"，第502页。

至广州审判战犯军事法庭,中方主任检察官在验明其正身后宣告立即执行死刑。在询其遗嘱后,由宪兵将田中押上卡车游街示众,后在群众围观下于流花桥刑场行刑,再陈尸数小时任由群众唾骂踢打。① 田中久一尸体经火化后,骨灰由其副官带回日本。②

除田中久一外,在广州被执行死刑的日军高级军官还包括因"善战"而被称为"华南之虎"的近藤新八等人。③ 在所有被执行死刑的战犯中,仍以日军特务机关及宪兵队官兵居多,其中包括澳门日军正、副特务机关长王荣泽作和山下久美,以及曾在广州、汕头、曲江等地充任宪兵者。上述人等因在日军镇压沦陷区抗日活动中,以及在针对中国人的肆行逮捕、滥施酷刑及杀戮中负有主要责任而被审判。④ 广东军政当局秉承国民政府宽大为怀的政策,⑤即使对被检举为战犯者,亦要求查获确凿罪证方可判其死罪,⑥故在广州战犯审讯中,被判处死刑者为数不多,其中且有因怀一技之长而被征用机关请求缓刑或免死者。战犯中凡罪行严重以及涉及美军者,均被押解至南京或上海受审,除田中久一外其余皆在当地

---

① 黄汉纲:《广州审判战犯军事法庭始末》,何邦泰主编:《广州文史》第 48 辑,"广州抗战纪实",第 508—509 页。

② 李汉冲:《广州受降接收与肃奸纪实》,何邦泰主编:《广州文史》第 48 辑,"广州抗战纪实",第 488—489 页。

③ 梁风:《"广州的春天比东京温暖"　访日本战犯田中久一》,《申报》1946 年 4 月 15 日,第 5 版;黄汉纲:《广州审判战犯军事法庭始末》,何邦泰主编:《广州文史》第 48 辑,"广州抗战纪实",第 509 页。

④ 黄汉纲:《广州审判战犯军事法庭始末》,何邦泰主编:《广州文史》第 48 辑,"广州抗战纪实",第 509—510 页。

⑤ 张发奎口述,夏莲瑛访谈及记录,胡志伟翻译及校注:《张发奎口述自传》,第 314 页。

⑥ 邓世汉:《广州战犯拘留所》,何邦泰主编:《广州文史》第 48 辑,"广州抗战纪实",第 504 页。

受刑。①

　　自广州审判战犯军事法庭成立后,共计拘留战犯嫌疑人 961 人。其中,审理结案者共 225 人,包含死刑 38 人、无期徒刑 10 人、有期徒刑 37 人、不予起诉者 101 人、无罪者 39 人。此外,判定为非战犯者 694 人,未结案及尚在审核中者 42 人。所有未结案件者,以及已结案并正在服刑的无期徒刑和有期徒刑人犯,均转解国民政府国防部审判战犯军事法庭继续办理。广州审判战犯军事法庭于 1947 年 12 月 31 日奉令结束,②在上述战犯全部转解他处后,1948 年夏广州战犯拘留所亦宣告结束。③

---

① 李汉冲:《广州受降接收纪实》,中国人民政治协商会议广州市委员会文史资料研究委员会编:《广州文史资料》第 4 辑,第 128 页。

② 黄汉纲:《广州审判战犯军事法庭始末》,何邦泰主编《广州文史》第 48 辑,“广州抗战纪实”,第 509 页。在由广州押解至南京或上海的战犯中,后被判处死刑者约 30 名。参见邓世汉《广州战犯拘留所》,何邦泰主编《广州文史》第 48 辑,“广州抗战纪实”,第 504 页。

③ 邓世汉:《广州战犯拘留所》,何邦泰主编《广州文史》第 48 辑,“广州抗战纪实”,第 504 页。

第七章 台湾光复与遣返日本侨俘

　　1945 年 8 月 15 日，日本无条件投降后，滞留台澎地区的日本侨民、战俘合计 49 万余名，约占在华日本侨俘总数约 320 万名的近 1/6。如此狭小区域却有如此数量规模的日本侨俘，自然受到中日学者关注。[①] 台澎地区日本侨俘及其遣返，既是抗战胜利后中国遣返日本侨俘的一个组成部分，具有中美合作、集中管理、征用侨俘、快速遣返和分期遣返的普遍性，又因台澎地区接收相对较晚、所受战争直接破坏不太大、日本殖民统治台澎地区长达半个世纪，以及美国、日本、国民党统治集团对台湾的特殊关注，导致台澎地区的日本侨俘遣返一是速度快，二是非常彻底，即除了极少数变更为中华民国国籍者外，其余全被遣返。本章主要以遣返日本侨俘的整体视角，从台湾光复与日本侨俘问题入手，考察台湾光复后日本侨俘的集中

[①] 关于台湾光复后的日本侨俘遣返研究成果，主要有褚静涛：《台湾光复后日本移民的遣返与征用》,《史学月刊》2000 年第 6 期；章慕荣：《台湾光复后日俘处理问题》,《南京社会科学》2005 年第 10 期；曹必宏：《台湾地区遣返日俘纪实》,《中国档案报》2005 年 10 月 28 日，第 2 版；苏小东：《抗战胜利后中国对台澎地区日本海军的接收》,《台湾研究集刊》2006 年第 1 期；河原功解题『編集復刻版台湾引揚者関係資料集』(全 7 卷)；等。

管理及其遣返，反思国民政府的日本侨俘政策，探讨战后初期台澎民众对日本侨俘的认识及其影响。

第一节　台湾光复与日本侨俘

自 1895 年《马关条约》签订和清政府被迫"割台"后，日本人开始不断涌入台湾，既包括普通民众，也包括日本殖民统治官员和军队，而台湾同胞反抗日本侵略和殖民统治的斗争从未停息，大陆同胞也非常同情、声援和支持台湾人民的反抗斗争，两岸人民相互支持和联合抗日斗争，再次证明了两岸人民"血浓于水"的同胞情谊和两岸同属于一个中国的民族情结、爱国情感。无论 1913 年台湾的罗福星起义，还是革命失败后通过台湾赴日本的孙中山，以及李友邦等人于 1924 年在广州成立"台湾独立革命党"，甚至南京国民政府驻台北总领事馆关于台湾信息资料的搜集等，都反映了中国大陆与台湾之间的特殊关系，反映了对台湾同胞深受殖民奴役之苦的关注，反映了收回台湾的理想追求。抗战全面爆发后，台湾同胞在岛内组织暴动，成立游击队，大陆台胞在国民政府支持下于 1938 年成立台湾义勇队，积极支持祖国抗战，宣传祖国抗日战争胜利之日即是台湾各民族解放之时。[1]

一、复台努力与驱逐日人

国民政府和蒋介石最初不得不依据《马关条约》处理与台湾之关系，只能将驱逐日人，收复台湾的想法埋藏心底。1928 年底，蒋

---

[1] 王玉强、陈景彦：《抗战前后中国各界对台湾的关注与筹划收复台湾》，中国社会科学院台湾史研究中心编：《台湾光复六十五周年暨抗战史实学术研讨会论文集》，北京：九州出版社 2012 年版，第 141—142 页。

介石完成北伐、形式上统一全国后,逐渐将台湾问题纳入视野。① 特别是日本制造九一八事变,扶植傀儡政权"满洲国"后,蒋介石以"雪耻"之心,在 1932 年 9 月 13 日誓言:10 年之后,即"中华民国三十一年中秋节恢复东三省","收回台湾"。② 贪心不足的日军从中国东北继续南下,兵犯山海关、长城一线,愤恨不已的蒋介石在 1933 年 2 月 19 日的日记中,指出"倭寇之传统政策,在并吞满蒙,为东亚之霸主",强调"吾党传统政策,乃在恢复朝鲜、台湾等失地,以行王道于世界也"。③ 1934 年 3 月 23 日,他又在日记中发誓:"收复台湾、朝鲜,恢复汉唐固有领土,方不愧为黄帝之裔也。"④蒋介石虽在日记中"豪言壮语",但实际上执行的是"攘外必先安内"政策,集中兵力"围剿"中国共产党及其领导的工农红军,以及铲除国民党内异己势力,而对日妥协、退让。可谓虽有收复台湾之心,却无收复台湾之力与行动,甚至反其道而行之,何能驱逐日人?

　　1937 年 7 月,全民族抗战爆发后,蒋介石根据抗战形势和国际环境变化,虽着手收复台湾的准备工作,但尚无力顾及如何对待抗战胜利后的日本侨俘问题,或者说此时考虑对待日本侨俘问题为时尚早。1937 年 7 月 31 日,即七七事变爆发后不久,蒋介石在"本周反省录"中,记录道:"若有十年时间,不惟东北全复,而台湾与朝鲜亦将恢复甲午以前之旧观。"⑤抗日战争虽历经初期的战略防御,

---

① 冯琳:《开罗会议至战后初期蒋介石的复台努力和主张》,《四川师范大学学报》2016 年第 5 期。

② 《蒋介石日记》,1932 年 9 月 13 日。美国斯坦福大学胡佛研究院藏,以下《蒋介石日记》皆同,特此说明。

③ 《蒋介石日记》,1933 年 2 月 19 日。

④ 《蒋介石日记》,1934 年 3 月 23 日。

⑤ 《蒋介石日记》,1937 年 7 月 31 日"本周反省录"。

至 1938 年 10 月广州、武汉沦陷而进入战略相持阶段,国土大片沦陷,国军损失严重,但日本也陷入中国全民族抗战的汪洋大海之中,无法实现其"速战速决"的迷梦。1939 年 9 月,欧战爆发,预示着德、意、日为首的轴心国集团必将走向与全世界为敌的结局。9 月 30 日,蒋介石翻阅以往日记,看到预定"民国三十一年中秋节"前收复东三省、收回台湾一则,感慨"以天意与最近时局之发展及上帝护佑中华","自有可能,只要吾人深信不惑,向天道真理勇进,未有不成之事也"。① 为此,国民党开始强化中央统计局内设之"台湾组"的工作,包括训练培养对台干部,筹划对台工作,②且于 1940 年 6 月成立台湾党部筹备处。③ 至于抗战胜利后收复台湾和惩处日本,在太平洋战争爆发后变得更为明朗。

　　独力抗战、苦撑待变的中国,在太平洋战争爆发后不仅抗战必胜信心倍增,而且对收复台湾及治理,以及惩处日本、索取赔偿和遣返日本侨俘也有所考虑。1942 年 10 月 6 日,蒋介石在日记中暗暗发誓"旅顺、大连、台湾必须归还中国",但又不自信地向美方表示"惟各军港允予中美共同建设与使用,如此或可实现两国共同防御之理想"。④ 1943 年 1 月 29 日,蒋介石认为"战后能恢复台湾、东三省与外蒙,则其他外来虚荣,皆可不以为意也"。⑤ 他当时只求收复领土,但随着太平洋战场形势发展,一方面后悔"对战后在台湾与旅顺之海空军根据地准予美国共同使用之表示似乎太早",⑥颇

---

① 《蒋介石日记》,1939 年 9 月 30 日。

② 秦咏英:《民国时期的台湾研究综述》,《暨南学报》1992 年第 4 期。

③ 林忠编著:《台湾光复前后史料概述》,台北:皇极出版社 1983 年版,第 29 页。

④ 《蒋介石日记》,1942 年 10 月 6 日。

⑤ 《蒋介石日记》,1943 年 1 月 29 日。

⑥ 《蒋介石日记》,1943 年 8 月 25 日。

不甘心；另一方面，在 1943 年 8 月瓜达尔卡纳尔岛战役胜利后，蒋介石两次考虑收复台湾的准备和人选。① 11 月，蒋介石在开罗与罗斯福、丘吉尔除讨论联合作战外，还与罗斯福重点讨论了战后处置日本事宜：一是领土问题，即中国收回东北四省和台湾、澎湖列岛；二是日本无条件投降后的国体问题；三是日本对华赔偿问题，包括接收日本在华公私产业和商船等作为对华损失赔偿之一部分，遣返其在华公私人员和俘虏；四是日本投降后派军占领和监视问题。② 据此，中国收复台湾，接收日本在台产业，接管战后在台日本侨俘获得国际法意义上的合法性。

从开罗回国的蒋介石，意气风发，筹划战后台湾"复兴计划"和接管方针，有意任命陈仪为战后台湾之主官。③ 1944 年 3 月，蒋介石命中央设计局筹划内设"台湾调查委员会"。4 月 17 日，即《马关条约》签字 49 周年之际，"台湾调查委员会"在重庆正式成立，陈仪任该会主任。该会为收复台湾所做的准备工作主要包括：一是搜集台湾资料、翻译台湾法令、编辑台湾概况、绘制台湾地图，分送相关机构参考。二是开办台湾行政、警察、银行、教育等各类干部和专业人员训练班，为收复台湾做好人才准备。蒋介石对此非常重视，曾在台湾警察训练班、干部训练班等开学典礼或毕业典礼时亲自参加并"训话"。④ 三是开展舆论宣传。四是成立台湾土地问题研究会、台湾行政区划研究会、台湾公营事业研究会、台湾重建协会等，为战后台湾重建进行研究和规划。五是拟定台湾接管计划和接收办法。1944 年 10 月 27 日，"台湾调查委员会"拟定"台湾接

---

① 《蒋介石日记》，1943 年 10 月 3 日、24 日。
② 《蒋介石日记》，1943 年 11 月 17 日、18 日、21 日、23 日。
③ 《蒋介石日记》，1 月"本月大事预定表"、3 月 9 日。
④ 《蒋介石日记》，1944 年 10 月 28 日、1945 年 2 月 1 日、1945 年 4 月 22 日。

管计划纲要",共计 16 项 82 条,后经蒋介石修改核定,即《台湾接管
计划纲要》,成为战后接管台湾的基本方针和主要依据。① 1945 年
上半年,抗战胜利在即,蒋介石更加重视"台湾调查委员会"的工
作,不时思考战后处置日本和对待日人的"腹案"。②

二、接收台湾与日本侨俘

　　蒋介石不仅认可"台湾调查委员会"的复台准备工作,批准其
提出的台湾实行具有更大自主权的行政长官公署制,③而且于
1945 年 8 月 29 日任命陈仪为台湾行政长官,并以该会成员为基
础,从各地各部门抽调干部和台籍人士,会同军队共同组成台湾接
收班子。9 月 1 日,国民政府军事委员会设立台湾警备总司令部,
任命陈仪兼警备总司令。台湾行政长官公署、台湾警备总司令部
在重庆国府路 140 号暂设临时办事处开始办公。9 月 3 日,国民政
府陆军总司令、受降代表何应钦向中国战区日军投降代表、中国派
遣军司令官冈村宁次发出备忘录,通知中国战区最高统帅蒋介石
已委派"陈仪为台湾及澎湖列岛受降主官","关于受降日期及详细
规定另行通知",④要求他转知台湾及澎湖列岛日军最高指挥官。
日本驻台第十方面军参谋长谏山春树中将,受命参加 9 月 9 日在南
京举行的日军投降签字仪式。国民政府从 9 月 14 日分批向台湾派

---

① 骆威:《国民政府台湾调查委员会述论》,《台湾研究集刊》1998 年第 2 期;白纯:《简析
　抗战时期的台湾调查委员会》,《江海学刊》2005 年第 1 期。
②《蒋介石日记》,1945 年 2 月 1 日、3 月 7 日。
③ 冯琳:《开罗会议至战后初期蒋介石的复台努力和主张》,《四川师范大学学报》2016
　年第 5 期。
④《何应钦关于陈仪任台湾受降主官致冈村宁次中字第十八号备忘录》(1945 年 9 月 3
　日),中国第二历史档案馆编:《中华民国档案资料汇编》第 5 辑,第 3 编,军事(一),第
　758—759 页。

遣陆、海、空军和少量宪兵、无线电通讯官兵及军乐队等,台湾行政长官公署和台湾警备总司令部于 9 月 28 日在重庆成立前进指挥所,从 10 月 5 日分两步进驻台湾办公。① 10 月 24 日,陈仪飞赴台湾。翌日上午 10 时,陈仪出席在台北中山堂举行的中国战区台湾受降典礼,宣布台湾正式回到祖国怀抱。

随着 1945 年 8 月日本无条件投降和国民政府收复台湾,驻扎台湾及澎湖列岛的日本陆海军近 17 万人,瞬间由高高在上的统治者成为日本战俘;无论 1895 年日本侵占台湾后来台的日本移民,还是战时受日本统治者蛊惑来台的日本移民,以及从琉球渡海而来的琉球移民,合计 32.2 万余名,此时从具有优越感的日本移民变为普通之日本侨民。日本侨俘两者共计 49.2 万余名。② 日本虽已无条件投降,但在台湾的日本陆海军仍齐装满员、成建制地存在,且一些少壮派官兵对日本战败投降心怀不满,随时可能成为暴乱或破坏性因素。如何迅速接收在台日军投降、迅速实现集中管理、遣返回国,以及调查统计在台日本侨民,既保障其基本生活供给,又尽快实现集中管理、送还回国,是国民政府的紧要任务。蒋介石在"民国三十五反省录"中曾言:"本年最重要之任务为受降与复员……当初以为台湾降俘约有五十万之众,恐生他变,不易收拾,最后亦卒告无事,安全收回。此实为战后最大、最难之问题。"③那么,战后中国是如何完成这一艰巨又危险之任务的?

---

① 赵宝云:《抗战胜利后中国军队进驻台湾》,《军事历史》2010 年第 4 期。
② 参见中国第二历史档案馆编《中华民国档案资料汇编》第 5 辑,第 3 编,军事(一),第 833、857、859 页;元建邦《台湾史略》,香港:中流出版社有限公司 1990 年版,第 158 页;褚静涛《台湾光复后日本移民的遣返及征用》,《史学月刊》2000 年第 6 期;曹必宏《台湾地区遣返日俘纪实》,《中国档案报》2005 年 10 月 28 日,第 2 版。
③ 《蒋介石日记》,1946 年 12 月 18 日"民国三十五反省录"。

第二节　日本侨俘的管理与遣返

从 1945 年 8 月 15 日抗战胜利到 10 月 25 日国民政府接管台湾，其间有 70 天台湾在某种程度上处于权力真空时代。台湾总督兼第十方面军司令官安藤利吉虽受命暂时维持台湾治安和秩序，但各级政府机构和部门的日本人心中十分清楚，他们已不再是昔日作威作福的统治者和官员，现今只是普通的日本侨俘和待遣返者，担忧受到以前遭受他们苛刻对待和血腥镇压的台湾民众的攻击。台湾"各地男女老幼一睹归还祖国怀抱事实，其热烈情绪悲喜交集"，①对祖国充满了憧憬和希望，总体上根据蒋介石的"以德报怨"讲话精神对待日本侨俘。② 反倒是一些日本俘虏违法乱纪，盗窃财物，持枪抢劫，枪击或殴打平民，甚至枪杀之前被俘的中方、美方人员，开车故意撞伤撞死国民党赴台官兵，③气焰十分嚣张。一些日本浪人还成立暗杀团，准备暗杀中方接收人员，破坏军事设施，匿藏或毁坏军需物资和枪支弹药，煽动个别无知的台湾民众搞所谓"台湾独立运动"。④

某种程度上说，近 17 万日军和 32.2 万余日本侨民，"粮食充足，军器完备，日本人如果制造'台湾独立'或制造动乱等麻烦，既

---

① 《蒋介石日记》，1945 年 9 月 20 日。

② 张健康：《70 天的过渡：从光复到接收间隙中的台湾》，《近代史学刊》第 14 辑，北京：社会科学文献出版社 2015 年版，第 258—266 页。

③ 《台湾警备总司令部接收总报告》(1946 年 4 月)，中国第二历史档案馆藏国民政府行政院档案，2/7899。

④ 《军事委员会为防备日本在台活动致行政院快邮代电》，陈鸣钟、陈兴唐编：《台湾光复和光复后五年省情》(上)，南京：南京出版社 1989 年版，第 114 页。

有力量也有时间"。① 但是，国民政府在抗战胜利后迅速指定接收台湾的军队和成立接管台湾的组织机构，日本也在无条件投降后被盟军占领，因而任何制造"台湾独立"或骚乱暴动的行为，不仅导致在台日本侨俘的彻底毁灭，而且促使盟国对日本采取更加严厉的惩罚措施。安藤利吉从日本国家利益和在台日本侨俘的安全考虑，抑制日本浪人和少壮派军人的"台独"意图和活动，指出"独立运动或是自治运动等是绝对不可行的"，②并邀请台湾乡绅谈话，召开地方长官会议，要求他们协助维持台湾治安，增加粮食生产，提出日军官兵遣返回国，尽量减少台湾的负担。③ 不少日本侨民长期在台湾生活和工作，甚至在当地娶妻生子或结婚嫁人，积累的财富和产业也都在台湾，加之战后日本生活、生产资料匮乏，故不愿回国。据统计，在32.2万余名日本侨民中，约有14万日侨志愿留在台湾，④几近日侨总数的一半。相对平静的日本侨民倒是问题不大，而拥有武装、成建制的日本战俘，如前所述确实是战后台湾安定的一个重大隐患。

一、日本侨俘的集中与管理

台湾行政长官公署和台湾警备总司令部的前进指挥所于1945年10月5日抵达台北后，即发出第一、第二号备忘录，规定安藤利吉负责指挥台湾及澎湖列岛日军之投降事宜，明确日军集中地点

---

① 戚厚杰：《台湾光复》，南京：南京出版社2005年版，第142页。
② 杨渡：《激动一九四五》，台北：巴扎赫出版社2005年版，第24页。
③ 张健康：《70天的过渡：从光复到接收间隙中的台湾》，《近代史学刊》第14辑，第259页。
④ 《光复接收时之日侨情况》，魏永竹编：《抗战与台湾光复史料辑要》，台北：台湾文献委员会1995年版，第484页。

及在投降仪式前应遵守之事项。① 日军投降仪式结束后,陈仪于 10 月 30 日发布命令,规定日军从 11 月 1 日开始陆续缴械投降,并作为战俘就地集中,一律不得擅自外出。台湾警备总司令部命已经入台的第六十二军、第七十军、海军第二舰队司令部及空军第二十二、第二十三地区司令部,分别严密监视集中于台中与花莲港以南地区、台北和新竹地区,以及日本的海军部队及航空队的日本战俘集中营。② 12 月 16 日,台湾警备总司令部根据《战俘管理计划纲要草案》,成立日本战俘管理处,并按日本战俘集中区域设立 5 个战俘管理所,主要负责日本战俘的调查统计和登记造册,制定战俘管理办法,如规定日本战俘集中于战俘营内,除非中方发给身份证明或佩戴中方发给之臂章,一律禁止外出,严加看管,防止逃亡等。总体而言,日本战俘管理工作采取日本战俘不打乱部队编制、仍由原日本战俘部队长官自行负责管理办法,而战俘管理处以间接方式进行考察、管理和督导。③

    日本战俘管理处虽间接管理,但对日本战俘的人道保障、思想教育、劳动改造方面还是做了一些努力。如,日本战俘管理处在日俘缴械后,允许其保留 3 个月的粮食、随身防寒被服,兵站辎重人员还可保有一部分运输工具;允许日俘从事农副业生产,包括自制鞋袜、种植蔬菜、饲养家畜等,以自给自足;他们还可以继续使用日军原有医院,留足卫生材料,并自行实施健康检查和卫生保健。④ 这一方面是国际人道主义精神的体现,另一方面也反映出国民政府无力全面管理这些日本战俘。再如,台湾警备总司令部鉴于台湾被战争破坏的现状和战后复兴的需要,征用日本战俘从事修理船

---

① 陈鸣钟、陈兴唐编:《台湾光复和光复后五年省情》(上),第 135—138 页。

② 《台湾警备总司令部接收总报告》(1946 年 4 月),中国第二历史档案馆馆藏国民政府行政院档案,全宗号 2,案卷号 7899。

③④ 章慕荣:《台湾光复后日俘处理问题》,《南京社会科学》2005 年第 10 期。

舶、打捞沉船、清扫水雷和障碍物，修理飞机和陆上设备，修建军营和地方公共设施，恢复市容市貌，修整道路和水渠，修复机车和公司厂矿等"复旧"工作和劳动改造。由于美方催促尽快遣返日本战俘，这些修复工作仅仅进行了两个月便告结束，只是修复了部分道路和通讯路线，恢复了基隆、高雄的港口运输，修缮了部分校舍，填平了部分防控壕沟，完成了部分市区的清扫等。① 这些远远无法抵消他们的侵略罪恶，只是属于战后台湾复兴工作的一部分，是对他们的劳动改造。

台湾警备总司令部对日本战俘的思想教育和精神改造也做了一些努力，但收效甚微。1946 年 4 月，台湾警备总司令部在接收总报告中汇报了教育日本战俘的一些具体措施：一是聘请通晓日本语言、熟悉日本国情、了解日本军人心理，且对政治教育颇有研究者，担任对日本战俘的施教人员，由日本战俘管理处会同各战俘管理所，举办"精神教育演讲会"，到台湾各地的日本战俘集中营进行宣讲，开展"巡回教育"，并由台湾行政长官公署派人随同播放精神教育之影片。二是从 1946 年 2 月 25 日开始，由台北广播电台实施对日本战俘的广播教育，一方面由台湾党政军各方面负责人和名流学者主讲，另一方面转播重庆、上海、天津、国际各电台的日语新闻报道。三是将台湾党政军各方面负责人及名流学者的日语讲稿编印成册，分发给日本战俘学习，动员报社刊登有关日本战俘教育的情况。四是各战俘管理所举办政治座谈会、政治辩论会等，②以

①《台湾警备总司令部接收总报告》（1946 年 4 月），中国第二历史档案馆馆藏国民政府行政院档案，2/7899。

②《台湾警备总司令部接收总报告》（1946 年 4 月），中国第二历史档案馆馆藏国民政府行政院档案，2/7899；章慕荣：《台湾光复后日俘处理问题》，《南京社会科学》2005 年第 10 期。

启发教育日本战俘。

　　长期受日本军国主义教育、熏陶、蛊惑和参与侵略战争的日本战俘,虽不得不从形式上参与或表示接受这些思想教育和精神改造,但在内心深处则不愿接受,特别是在短期内难以理解孙中山的"三民主义"、《联合国宪章》和蒋介石的"以德报怨"精神,也难以认清自身的战争罪责和日本侵略战争的本质。如,在集中管理的日本战俘营,曾有不服管教的 345 名日俘先后逃离;①一些日本军官非但不认罪悔罪,反而叫嚣"二十年后再回台湾",②妄图重占台湾和实行报复。可以说,在没有彻底改造和教育好这些军国主义分子的情况下,便将他们遣送回国,这既是当时国民政府遣返日本战俘的一个"通病",也是导致战后不少日本人未能反省战争责任、继续歪曲与美化侵略历史的重要原因之一。今天,战时日军强征劳工、"慰安妇"问题、日本首相参拜靖国神社等历史认识问题,已成为影响日本与中韩等亚洲邻国之间民众感情、历史记忆和国家关系的障碍,所以需要重新回顾和思考战后日本侨俘的征用和遣返史,总结其历史经验教训,为东亚各国的历史"和解"提供借鉴和启示。

二、日本侨俘的征用与遣返

　　根据 1945 年 10 月 25 日的《中国战区日本官兵与日侨遣送归国计划》和 1946 年 1 月 5 日中美第二次遣送日本侨俘会议的决议,台澎地区的日本侨俘,集中于基隆、高雄港口遣返,期限是 1946 年

---

① 《台湾警备总司令部接收总报告》(1946 年 4 月),中国第二历史档案馆馆藏国民政府行政院档案,2/7899。

② 黄涛、林伟俦、侯梅:《国民党第六十二军赴台湾接受日军投降纪实》,《广东文史资料》第 23 辑,广州:广东人民出版社 1979 年版,第 121 页。

1月1日至4月15日。面对台澎地区近50万日本侨俘的集中遣返，台湾行政长官公署和台湾警备总司令部根据中美协商之原则首先遣返日本战俘。1945年12月19日、22日，台湾警备总司令部分别成立基隆港口运输司令部、高雄港口运输司令部，均设运输组、检查组、管理组，负责台湾的日本战俘的运送、检查和管理，以及关于遣送日本侨俘与美方的联络事宜。美国海军因为协助遣返和运送日本侨俘归国，所以要求中方按照"日俘候船、船到即走"的方法进行遣返。如此，台湾警备总司令部必须事先将分散各地的日本战俘运送至基隆和高雄两地。12月25日，台湾警备总司令部专门成立铁道运输司令部，并命台澎地区的日本官兵善后联络部分设支部，以配合各地日本战俘的集中和运输。仅仅两个月，即到1946年2月27日，运至基隆、高雄的日本战俘达146 189名。①

　　日本战俘被运至港口后，先行身体和物品检查，若携带超出限量之物品或违禁品，即根据遣返日本侨俘之相关规定予以没收；若身体检查中发现患病者，则送医救治，其他身体合格者则在防疫注射后进入集中营候船。候船时间一般不会太长，但港口运输司令部仍为日本战俘提供了相对舒适安全、干净卫生的生活环境，如征集港口仓库、学校宿舍作为营舍，其中电灯、自来水等设施齐备；督促日本战俘每天运动、沐浴，保持营舍的清洁卫生；仍旧采用"日本人管理日本人"的办法，只是不许擅自离营，除非获得港口运输司令部的同意，且有其颁发的通行证。日本战俘登船回国前，一是再次进行登船前的最后检查；二是采取点名依次登船的方法，再次清

---

① 参见《台湾警备总司令部接收总报告》(1946年4月)，中国第二历史档案馆馆藏国民政府行政院档案，2/7899；章慕荣：《台湾光复后日俘处理问题》，《南京社会科学》2005年第10期；冯琳：《开罗会议至战后初期蒋介石的复台努力和主张》，《四川师范大学学报》2016年第5期。

点人数；三是登船梯口实施喷射消毒，以防止传染病；四是接送日本战俘的舰船入口布置士兵警戒，船上人员不许上岸，岸上人员不许登船，也不许其他船只靠近，直至载运日本战俘船只出港。[①] 1946 年 4 月，台澎地区遣返日本战俘工作结束，"由于病亡、潜逃以及重要战犯被送回内地受审之故"，[②]原本"计划遣返日俘（包括少数韩俘）167 424 人，实际遣返 165 638 人"。[③]

　　遣返日本战俘之际，虽也要遣返日本侨民，但陈仪认为应征用部分日本侨民，其理由主要有以下三点：一是呼应某些日侨强烈的留台意愿。据台湾总督府在日本无条件投降后进行的日侨回国志愿调查结果，约有 14 万名日本侨民志愿留台，甚至一些人为长期留台，不断变换居住地址。[④] 二是台湾行政长官公署接收了不少现代化的公司企业、工场矿山、医疗机构等日产，而从国内带来的现代专业技术人才不足，加之由于日本殖民统治的长期压制，台澎当地人才也难以接续，故需要暂时征用日籍专业技术人员。例如，时任台湾电力公司总经理刘晋钰就电告资源委员会，指出由于台湾本地熟练的电厂工作人员甚少，且依靠祖国内地支援专业技术人员无望，若无日籍技术人员，则"全省电力势难维持"；经济部的台湾特派员包可永亦电告经济部部长翁文灏，表示按照接收台湾"工矿企业及整理方案，除规定吸收台籍人员，至少须留 5 000 日人方可勉强维持"，也指出若无日籍技术人员，"其余各业大部分势必陷于停顿，设备多被盗窃及蚀损，生产下降、失业骤

---

① 参见《台湾警备总司令部接收总报告》(1946 年 4 月)，中国第二历史档案馆藏国民政府行政院档案，2/7899。

② 章慕荣：《台湾光复后日俘处理问题》，《南京社会科学》2005 年第 10 期。

③ 曹必宏：《台湾地区遣返日俘纪实》，《中国档案报》2005 年 10 月 28 日，第 2 版。

④ 褚静涛：《台湾光复后日本移民的遣返及征用》，《史学月刊》2000 年第 6 期。

增、交通阻滞、治安解体,或可引起暴动",①强调征用日籍技术人员的必要性。三是国民政府行政院规定中国工业及公用事业,确有雇用日籍技术人员必要,可以遴选优良者暂时雇用,但须受中国职员的指挥监督。② 当时,中国大陆也征用了部分日籍专业技术人员,③有前例可援引。

鉴于此,陈仪于1945年11月3日颁布《台湾行政长官公署暨所属各机关征用日籍员工暂行办法》,规定凡是台湾行政长官公署暨所属各机关征用的行政人员,根据原任的敕任、奏任、判任职务不同,分别以咨询员、服务员、助理员派用,且各分甲、乙、丙三等;原任主管者在未派人接替前,仍以原名义暂行代理;日籍技术员工、教员等,暂仍以原名义任用。据此,陈仪拟征用之日籍技术人员及其家眷,合计94 238名,几占日本侨俘总数近1/4、日本侨民总数的近1/3。如此庞大的征用日籍人员计划,不唯国民政府不同意,而且极欲根除日本在华影响力的美国更是坚决不同意。④ 美方提出在尽快遣返日本侨俘前提下,台湾可以留用1 000名日籍技术人员,连同其家眷不超过5 000名。经陈仪与国民政府、美方数次沟通和洽商,美方同意台湾留用日籍技术人员增至5 000名。最后,

① 《刘晋钰电》《经济部训令》,薛月顺编:《资源委员会档案史料汇编:光复初期台湾经济建设》(上),台北:"国史馆"1993年版,第1、2页。

② 《行政院训令》,朱汇森主编:《政府接收台湾史料汇编》,台北:"国史馆"1990年版,第627页。

③ 朱婷:《抗战胜利后国民党政府的"留用政策"与"中机公司"》,《上海社会科学院学术季刊》1998年第4期;米卫娜:《抗日战争后北平市对日籍技术人员的留用》,《北京社会科学》2009年第2期;马军:《战后国民政府留用日籍技术人员政策的演变及在上海地区的实践》,《史林》2011年第6期;张志坤、关亚新:《葫芦岛日侨遣返的调查与研究》;米卫娜:《近代华北日侨问题研究(1871—1945)》,等。

④ 参见袁成毅《战后蒋介石对日"以德报怨"政策的几个问题》,《抗日战争研究》2006年第1期;王惠宇《战后日本侨俘遣返问题中的美国因素》,《兰台世界》2013年第4期。

台湾留用日籍技术人员7 139名,连同其家眷,共计27 227名。①

1945年12月27日,台湾行政长官公署成立以民政处处长周一鹗兼任主任的台湾日侨管理委员会,下设调查组、管弹组、输送组和秘书室,迅速开展日侨调查、统计、集中和管理,确定遣送日侨的批次、顺序和方案。据日侨管理委员会统计,1946年1月台湾全省有日本侨民308 232名、琉球侨民13 917名,合计322 149名。其中,公务员、警察、中小学教员、学生、商店和公司员工、银行经理等,计147 909名;日军遗族和留守军人家属,计100 735名;卫生技术、工矿技术、船舶技术、水利技术及电气、铁路、港务、邮电等专业技术人员及其家眷,计59 588名。除去台湾行政长官公署征用的日籍技术人员及其家眷外,日侨管理委员会决定首批遣送日军遗族及留守军人家属,其次遣送一般日侨,最后遣送琉侨;遣送方案是划定台北、新竹、台中等县,以及基隆、台北、新竹、台中、彰化等市的日侨向吉隆港集中,并从该港口回国;台南、高雄、澎湖等县,以及高雄、台南、嘉义、屏东等市的日侨向高雄港集中,并从该港口回国;花莲、台东两县之日侨,搭乘美方小型轮船,直接从花莲港驶向东京。据此方案,从1946年3月2日至4月底,日侨管理委员会共遣送日侨291 159名,②顺利完成第一期日侨遣送工作。

陈仪原本设想通过征用日籍技术人员助力台湾经济复兴,未料想广大台胞强烈反对留用日人,不得不提前解除征用,开启第二期日侨遣送。一些台胞反对日人继续管理自己,掀起工潮,甚至自

---

① 《台湾日侨管理委员会工作概况》,陈鸣钟、陈兴唐编:《台湾光复和光复后五年省情》(上),第249页。

② 《台湾日侨管理委员会工作概况》,陈鸣钟、陈兴唐编:《台湾光复和光复后五年省情》(上),第245、253—256页。

行驱逐日籍技术人员。一些台胞还上书国民政府，指责台湾光复后，竟"又用日警日官治台，实出台胞意料之外，此令台胞痛心疾首。台胞与日人冲突从此日甚"，要求"必须裁撤日警日官，惩办汉奸，重申民族正气以平民恨，方能有效"。①　面对广大台胞要求解除留用和遣送日侨之压力，陈仪于 1946 年 8 月关于遣送日侨事务下令：一是凡不必留用之日籍技术人员及其家眷应尽快遣送；二是确有必要留用之机关，如台湾大学各研究所、各医院、气象局等，从 8 月 30 日开始，在 10 日之内对留用者登记造册，过期不候，一律遣返；三是除前述机关外，对日籍技术人员应尽量解聘和遣返，强调银行绝对不许留用日人。11 月 26 日，他又强调 1946 年年底之前，除留用之日籍技术人员及其家眷 5 000 名外，其他征用日侨、琉侨及其家眷全部遣送完毕。②　日侨管理委员会从 1946 年 9 月开始第二期遣送，在美军派船协助下，至 12 月 28 日，共遣送解除征用者和残余日侨计28 521名。③　由此，台澎地区留用日侨人数已与美方最初限定的人数接近。

部分台胞对陈仪仅留用极少数日侨仍然不满，既反映了台胞与日侨之间积累的长期矛盾，也反映了台籍与随陈仪入台的外省人员之间"尖锐的省籍矛盾"，④迫使陈仪加大遣送日侨力度，而1947 年 2 月的二二八事件成为陈仪启动第三期遣返日侨的一个重要因素。3 月 14 日，一些台籍人士向国民政府监察院院长于右任

---

① 《台湾现状报告书》，中国第二历史档案馆编：《台湾"二·二八"事件档案史料》，北京：档案出版社 1991 年版，第 50 页。

② 《台湾日侨管理委员会通报》、《陈仪电》，朱汇森主编：《政府接受台湾史料汇编》，第523、538 页。

③ 《光复接收时之日侨情况》，魏永竹编：《抗战与台湾光复史料辑要》，第 487 页。

④ 褚静涛：《台湾光复后日本移民的遣返及征用》，《史学月刊》2000 年第 6 期。

陈述,二二八事件系滞留台湾之日本浪人在台胞与大陆同胞之间挑拨离间所致,强调台湾行政长官公署接管台湾以来,"对日本残留势力未能加以肃清,实有重大责任",[①]直指陈仪的遣返日本侨俘政策,颇有追责和要求陈仪去台之意。一些人虽无直接证据,但也认为留用日人或与二二八事件有关,目的就是遣返全部日侨。蒋介石对台湾发生此次事件亦非常不满,责备陈仪"疏忽无智",既"不事先预防,又不实报,乃至事态燎原,乃始求援,可叹",[②]甚至考虑废除行政长官公署制,改为省政府制,研究台湾政府主席之人选。[③] 在此背景和压力下的陈仪,指示日侨管理委员会筹划和实施第三期遣返日侨和琉侨,从4月初到5月3日,在短短一个月内,先后遣送日侨和琉侨3 566名。[④]

此时国民政府遣送日侨政策,某种程度上是省籍矛盾、派系斗争、国际因素相互角力的结果,尽管经过前述三期遣送,台澎地区所剩之日侨及其家眷已在2 000名以内,但在1947年5月接替陈仪治台、出任新成立的台湾政府主席的魏道明,仍不得不继续遣返剩余之日侨。1947年9月17日,全国商会联合会理事长、国大代表王晓籁指出日本外相芦田均要求与美国共同托管琉球群岛,并欲向台湾移民,而日本国会议员尾崎行雄公然主张由台湾居民投票决定台湾归属,故强调今后若干年,例如30年内不准日本人进入台湾、澎湖列岛、琉球群岛经商和居住。国民政府原外交部部长、资深外交官王宠惠也强调"绝

---

① 《处理台湾事变意见书》,中国第二历史档案馆编:《台湾"二·二八"事件档案史料》,第784—785页。

② 《蒋介石日记》,1947年2月28日"上月反省录"、3月7日。

③ 《蒋介石日记》,1947年3月17日、3月26日、4月16日。

④ 《光复接收时之日侨情况》,魏永竹编:《抗战与台湾光复史料辑要》,第487页。

不允许日本移民进入台湾"，"琉球群岛应交还我国或考虑由联合国共管，绝不可让日人涉足"，①反映了战后初期中国各界对日本仍觊觎台澎地区的担忧和对滞留该地区日本侨民的顾虑。因此，魏道明一方面尽量启用台籍人士，另一方面迅速开展第四期遣送日侨，如台湾电力公司、水泥公司、石油公司、纸业公司和一些工矿企业设法留用的个别日籍技术人员及其家眷，大多在这一时期被遣送回日本。

随着中国人民解放战争顺利推进，思谋退路的蒋介石愈加重视台湾的地位和作用，不时召见魏道明"谈台湾经济与财政问题"，决定将"台湾保安旅改为警备旅"，②考虑一些机构的迁台工作，需要尽快遣返剩余日侨。对战争形势心知肚明的魏道明，在 1948 年 11 月实施第五期遣返日侨工作，强调除以下三种情况：一是奉准留用之日人及其家眷，二是已经取得中华民国国籍之日人，三是正在办理改籍中华民国手续中者，此外应切实查捕并遣送其他所有在台之日侨。③ 到 12 月底，即第五期遣送日侨工作结束时，除少数获得中国国籍者外，其他滞留台湾的日侨基本上全被遣回日本。同月，蒋介石深感在大陆败局已定，一方面派儿子蒋经国出任国民党台湾党部主委，另一方面任命亲信陈诚担任台湾主席，④1949 年 3 月又考虑"台湾迁驻中央政府之手续"⑤，而此时台澎地区的日侨全被遣返。但是，仅仅半年之后，败退台湾的蒋介石集团，又避开盟军监视和台澎民

---

① 外交部编：《对日和约国内各方意见辑要——领土组》，第二历史档案馆藏，18/761。
②《蒋介石日记》，1948 年 1 月 3 日、3 月 9 日。
③《台湾警务处代电》，朱汇森主编：《政府接收台湾史料汇编》，第 547 页。
④《蒋介石日记》，1948 年 12 月 18 日、12 月 30 日。
⑤《蒋介石日记》，1949 年 3 月 18 日。

众的反对,悄悄聘请近百名日本战俘陆续返台,组建为其"反攻大陆"出谋划策和训练军队的"白团",①实为对台湾光复后持续遣返日本侨俘的莫大讽刺。

　　台湾在 1945 年 10 月 25 日正式光复,虽相对大陆沦陷区光复时间较晚,但从 1946 年 1 月至 4 月底短短 4 个月完成台澎地区日本侨俘主体的遣返,其速度之快、效率之高不输于大陆。其原因除了台湾行政长官公署、台湾警备总司令部和台澎民众的积极努力外,一是急于铲除日本势力在台澎影响的美国的催促和协助;二是国民政府对在台澎之日本侨俘的顾虑和担忧,毕竟台湾被日本殖民统治长达半个世纪,加之美国、日本等也有一些"台湾地位未定"的杂音,蒋介石"恐生他变",②急欲遣返全部日本侨俘。因此,陈仪出于战后台湾复兴经济之目的和需要,援引大陆征用日籍技术人员之例,不仅遭到美方限制和掣肘,而且国民政府高层也不太积极,台胞更是强烈反对。这是陈仪不得不一再解除征用之日籍技术人员,以及继任之魏道明继续遣送日侨的重要原因。1948 年底台澎地区已几乎没有日侨,这与中国大陆在中华人民共和国成立时仍有数万日侨大不

① 所谓"白团",指蒋介石败退台湾之际悄悄聘请的原日本战俘,通过搜集情报、研判形势、制定作战计划和培训国民党撤台军队等方式,妄图帮助其固守台湾和伺机"反攻大陆",这些原日本战俘因其领导者、原日军驻广东第二十三军参谋长、陆军少将富田直亮的中文姓名"白鸿亮"而统称"白团"。关于"白团"的研究,参见中村祐悦『白团(パイダン):台湾軍をつくった日本軍将校たち』、東京、芙蓉書房、1995 年;林照真《覆面部队:日本白团在台秘史》,台北:时报文化出版社 1996 年版;杨碧川《蒋介石的影子兵团:白团物语》,台北:前卫出版社 2000 年版;[日]野岛刚著,芦荻译《最后的大队:蒋介石与日本军人》;等。

② 《蒋介石日记》1946 年 12 月 18 日,"民国三十五反省录"。

相同。① 一朝回归祖国的台湾同胞百感交集，虽根据"以德报怨"精神并未对日本侨俘实施报复，但他们控诉日本殖民者的残暴统治，痛恨并要求遣返全部日本侨俘。这是他们遭受日本殖民统治的切身感受和真实认识，与当今台湾个别美化日本殖民统治的言论截然相反，个中原因值得海峡两岸人民深思。

---

① 吴庆生：《50 年代中国政府协助日侨回国略论》，《绍兴文理学院学报》2001 年第 2 期；吴佩华、许立莺：《架设中日友好关系的桥梁——建国初期中国红十字会协助日侨归国探析》，《日本问题研究》2009 年第 2 期；潘德昌：《日侨遣返交涉的民间外交》，《日本问题研究》2010 年第 1 期。

第八章　新中国的日本侨民与战犯

抗战胜利后,中国虽经历短暂的和平,但面对蒋介石和国民党反动派发动的内战,中国人民在中国共产党领导下经过三年多的解放战争,在1949年10月1日成立了中华人民共和国。蒋介石和国民党反动势力败退台湾,其主导的日本侨俘遣返基本结束。但是,新中国成立后滞留中国大陆的仍有两部分日本人员:一是日本侨民,二是解放战争期间中国人民解放军俘虏的部分日本战犯和苏联俘虏并转交给新中国的部分日本战犯。[1] 新中国成立之初即从国际人道主义出发,在中日尚未复交情况下,采取中国红十字会与日本民间友好团体合作的方式协助日侨回国。目前,中日学界主要关注新中国协助日侨归国的史实,以及为此开展的中日民间交涉和廖承志在其中发挥的重要作用。[2] 然而,这一牵动数万日

---

[1] 徐志民:《新中国审判与改造日本战犯研究综述》,《澳门研究》2016年第4期。

[2] 这方面的中文成果,主要有吴庆生《50年代中国政府协助日侨回国略论》,《绍兴文理学院学报》2001年第2期;吴佩华、许立莺:《架设中日友好关系的桥梁———建国初期中国红十字会协助日侨归国探析》,《日本问题研究》2009年第2期;陈国文、邓卫红:《廖承志与日侨回归》,《贵州大学学报》2008年第5期;潘德昌:《日侨遣返交涉的民间外交》,《日本问题研究》2010年第1期;等。日文成果主要有,中国(转下页)

侨和中日两国高层、从 1953 年至 1958 年持续六年的重大事件，在
中日关系上处于何种位置，产生了怎样的影响，又有哪些值得汲取
的历史智慧？ 至今仍有探讨的学术空间和深挖的现实必要。 至于
日本战犯则由中国政府依法处理，多被宽大释放，少数则经审判和
改造后也释放回国。 近代日本侵略战争不仅给亚洲邻国人民带来
巨大灾难，日本人民也深受其害，导致数以万计的日本侨民成为战
争"弃民"和残留妇人、残留孤儿，造成几代人的生离死别和人生
悲剧。

第一节　新中国的日侨归国路

中国共产党不仅有抗战时期教育和改造日本战俘的经历和成
功经验①，而且有与日本共产党、日侨合作反对日本侵华战争的革

（接上页）残留孤儿援護基金『「21 世紀未来に向けて」中国残留邦人帰国者二世・三
　世自立生活の記録』、1999 年編；蘭信三編『帝国崩壊とひとの再移動：引揚げ、送還、
　そして残留』、東京、勉誠出版、2011 年；島村恭則ほか『引揚者の戦後』、東京、新曜
　社、2013 年；今泉裕美子・柳沢遊・木村健二編著『日本帝国崩壊期「引揚げ」の比較研
　究：国際関係と地域の視点から』、東京、日本経済評論社、2016 年；等。

① 中文代表性成果有，赵安博：《抗日战争时期延安日本工农学校》，《历史教学》1985 年
　第 3 期；黄健聪：《日俘反战的大本营——日本工农学校》，《党史纵横》1991 年第 4 期；
　阎树森：《抗日战争时期对日本战俘的改造与中国共产党的人权保障政策》，《北京大
　学学报》1992 年第 1 期；王光荣：《外国人眼中的延安日本战俘学校》，《党史博览》
　2002 年第 4 期；何颖：《抗日战争时期中国共产党对日本战俘的改造政策及其影响》，
　《青海社会科学》1995 年 S1 期；王玉贵：《论中国共产党的日本战俘改造工作》，《江苏
　社会科学》2008 年第 5 期；王仕琪：《日军战俘在延安日本工农学校的改造》，《档案天
　地》2011 年第 2 期；韩伟：《抗战时期延安日本工农学校的创建及其历史贡献》，《青海
　师范大学学报》2015 年第 5 期；刘生林：《八路军的日俘政策及对日俘的改造》，《大连
　近代史研究》2005 年卷；吕彤邻：《美军观察组延安报告中的日本工农学校》，《中共党
　史研究》2018 年第 7 期；李丛丛：《延安日本工农学校的俘虏教育》，硕士学　（转下页）

命友谊，①因而在抗战胜利后一方面遣返中共控制区的日本侨俘，②另一方面妥善安置日侨生活。据战后参与遣返和安置日本侨俘的赵安博回忆，中国共产党非常关心和重视团结日本在华的技术人员、专家与知识分子，吸收他们到解放区的工矿企业、文教、卫生、后勤等部门工作，给与中国人同等的生活待遇。特别是 1948年底辽沈战役结束后，东北地区的不少城市成立了日本人的生产、生活组织，如消费合作社、诊疗所，有的地方创办了日本人小学，发行日文报刊和出版日文图书。日本侨民在重要节日举行游园会、联欢会，甚至还有一些日本人参加中国人民解放军，为中国人民解放事业做出了贡献。③ 新中国成立后，中国共产党和中国政府一方面照顾和安置在华日侨的生活，对他们的工作成绩予以表扬和奖

（接上页）位论文，东北师范大学，2018 年 5 月，等。日文代表性成果有，水野靖夫『日本軍と戦った日本兵』，東京、白石書店、1974 年；秋山良照『中国戦線の反戦兵士　戦争と人間の記録』、東京、徳間書店、1978 年；等。

① 黄义祥：《在华日本人民的反战斗争》，《中山大学学报》1995 年第 3 期；张可荣：《在华日人反战运动兴起与发展的原因初探》，《江汉论坛》1995 年第 7 期；杜玉芳：《在华日人反战运动的成因探析》，《兰州学刊》2004 年第 6 期；缪平均、王彦儒：《抗日战争时期日本人在陕甘宁边区的反战活动》，《云南档案》2014 年第 9 期；赵新利：《"抗日"的日本人——抗战时期中共对日军事宣传》，《公共外交季刊》2015 年第 3 期；曹金娜：《抗战中的在华日本人反战研究》，硕士学位论文，辽宁大学，2018 年；徐志民：《中共东京支部考论》，《中国社会科学》2019 年第 5 期；等。

② 金龟春、孟庆义：《中日友好关系史上难忘的一页——记延边专员公署对日战俘及家属的关怀》，《延边大学学报》1993 年第 3 期；曲晓范：《战后中国对东北地区日本侨民的安置和遣返——近现代中国政府和人民妥善处理中日历史遗留问题的一个范例》，《日本学论坛》2002 年第 3 期；张志坤、关亚新：《松花江以北地区日侨俘遣返始末》，《东北亚论坛》2008 年第 5 期；关亚新、张志坤：《千余青年学生参加中共控制区日侨俘遣返》，《中国社会科学报》2010 年 5 月 4 日，第 15 版；张志坤、关亚新：《葫芦岛日侨遣返的调查与研究》；等。

③ 赵安博：《从战后留华日本孤儿谈起》，《人民日报》1981 年 4 月 2 日，第 7 版。

励,另一方面协助愿意回国的日本侨民归国。

一、日侨归国政策

新中国成立之初,百废待兴,匪患猖獗,一些地区尚未解放,滞留在中国大陆的日本侨民究竟有多少,也难以精确统计。据当时估算,在中国大陆的日本侨民有 3.4 万余名,其中东北约 2.34 万名,华北约 0.47 万名,华东约 0.12 万名,中南约 0.38 万名,西北约0.1 万名,西南 80 余名。他们绝大多数生活在大中城市,主要从事教育、科技、医疗、工矿企业等方面的工作,也有少数生活在农村,并在土地改革中与中国农民一样分得房屋和土地。但是,思乡之情和对亲人的牵挂,也使不少日本侨民决定回国。对此,凡愿意回国之日本侨民,中国政府均予以积极协助。据统计,从新中国成立至 1952 年,从中国大陆回国的日本侨民有 500 多人。[①]

日本政府对日侨在战败之际实行"弃民"政策,战后初期相继设立归国者地方援护局及其派出机构、归国者援护厅、隶属厚生省的归国者援护局,开展归国者救助活动,[②]虽有救助侨民之心,但始终以本国政治利益为准绳。随着朝鲜战争爆发,日本在冷战格局下唯美国马首是瞻,签订片面媾和的《旧金山条约》,并于 1952 年 4月与台湾的蒋介石集团建立所谓"外交关系",实行敌视中国大陆的政策,使中日关系处于"不正常状态"。日本的一些新闻媒体不仅对新中国进行歪曲报道和污蔑攻击,而且日本政府"以援助在华日侨为名,杜撰中国'扣留、奴役日侨'为谎言,使日本人民对新中

---

① 韩风、弓矢:《中日友好难忘的史话——记五十年代协助大批日侨归国》,《人民日报》
　　1992 年 9 月 20 日,第 5 版。
② 徐志民:《抗战胜利后中国遣返日本侨俘研究》,《暨南学报》2015 年第 5 期。

国的真实情况和内外政策产生了误解和不信任"。① 中国共产党对待日本侵华战争,历来主张是少数日本军国主义分子和日本统治集团发动的,日本人民也是战争受害者的"两分论",加之从冷战的现实国际环境出发,为打破美国的对华封锁和外交孤立,逐渐转变对日政策,实行周恩来总理提倡的"民间先行、以民促官"的人民外交方针。

积极协助日本侨民回国,既是国际人道主义精神的体现,也是开展对日人民外交的一个重要突破口。1950 年 10 月,周恩来指示中国红十字会会长李德全,在摩纳哥参加国际红十字会协会第 21 届理事会期间,就在华日本人问题,主动与日本红十字会会长岛津忠承接触,②岛津也请李德全协助调查在华日侨情况。1951 年 3 月,红十字会国际委员会主席吕格访问北京时,也向中方探寻过该问题,③反映了该问题不仅受到中日双方而且受到国际社会关注。1952 年 5 月,日本参议院议员、日本海外同胞归返特别委员会成员高良富,作为来新中国洽谈贸易的最初的三名日本代表之一,在会见中国司法部部长史良、中国最高人民法院院长沈钧儒、中国卫生部部长兼红十字会会长李德全时,提出解决在华日本人问题的请求。同年 7 月,第 18 届国际红十字大会在加拿大多伦多举行,日本红十字代表团推动大会通过"要求各国红十字会劝告政府对第二次世界大战造成的未归国人员提供释放、调查、慰问的便利"的决

---

① 韩风、弓矢:《中日友好难忘的史话——记五十年代协助大批日侨归国》,《人民日报》1992 年 9 月 20 日,第 5 版。

② 吴佩华、许立莺:《架设中日友好关系的桥梁——建国初期中国红十字会协助日侨归国探析》,《日本问题研究》2009 年第 2 期。

③ 钱嘉东、王效贤:《周恩来与中日关系述论》,《党的文献》2007 年第 6 期。

议,并据此请求中国红十字会帮助在华日侨的调查与回国事宜。①

　　日本人民期望在华日侨回国的诉求和新中国政府积极协助日侨归国的行动,与朝鲜战争打打谈谈、日趋缓和的背景结合起来了。1952 年 7 月,周恩来总理连续召开两次会议,专门研究日侨回国问题,指示有关部门拟定相关计划,并在获得毛泽东主席批准后,协调中国红十字会、外交部、公安部、人事部、卫生部、教育部、重工业部、总理办公室等成立"中央日侨事务委员会"。9 月,政务院在北京召开全国日侨回国工作会议。会议在听取各地日侨情况汇报后,制定了《中共中央关于处理在华日侨问题的决定》《政务院关于处理日侨若干问题的规定》等文件,确立了协助日侨回国的方针,即除少数战犯及刑事罪犯应依法处理外,对绝大多数日侨本着自愿的原则,分期、分批协助他们回国。文件明确协助日侨回国的筹备工作,包括各大行政区和有关省、市在同级人民政府领导下组成日侨事务委员会,抽调专职干部进行具体工作;物质上宽待归国日侨,进行各种形式的资助救济,全部负担在中国境内的食宿、路费等;允许日侨带走个人财产,工厂、商店等准予日侨出兑;对回国日侨的劳保待遇、安全保卫等做出具体规定。② 这是新中国政府协助日侨回国的基本政策。

　　这次会议还起草了中国政府的《公开声明》,但该《声明》于1952 年 12 月 1 日以《关于在中国的日本侨民的各项问题　中央人民政府有关方面答新华社记者问》为题向日本及全世界发表。以一问一答的方式,中方公布了在华日侨约有 3 万名,介绍了他们的

---

① 刘建平:《战后中日关系之"人民外交"的生成:过程与概念》,《开放时代》2008 年第3 期。

② 韩风、弓矢:《中日友好难忘的史话——记五十年代协助大批日侨归国》,《人民日报》1992 年 9 月 20 日,第 5 版。

生活情况,如"他们和所有守法外侨一样,受到我人民政府的保护。在我公私营企业中工作的日侨职工,还享受我国劳动法令的保护和劳动保险的待遇。他们的生活日益充裕,最近数月来,日侨汇出大批款项,作为其在日本的家眷的赡养费,就是一个证明",传达了中国政府保护守法日侨和协助愿意归国日侨返回日本的一贯立场。该"答新华社记者问"中指出:"事实上,自中华人民共和国成立以来,已有不少日侨回国。但后因在这方面缺乏船只又遇到阻难,因此多数愿意回国的日侨,现在还不能达到他们的愿望",表示"只要日本方面有办法解决船只问题,我国政府和人民亟愿努力协助日侨回国",欢迎日本方面的相当机关或人民团体派人来华与中国红十字会协商解决。① 翌日,日本各大报纸纷纷转载,日本各界人士纷纷写信和打电报给毛泽东主席和中国政府,表示欢迎和感谢,甚至"震动了援护厅",日本政府表示"积极采取措施使侨民归国"。②

二、民间合作与日侨归国

1952 年 12 月 4 日,日本政府虽根据外务大臣冈崎胜男、外务省亚洲局局长倭岛英二等人的建议,通过印度政府试探中国协助日侨归国的真意,但为避免招致美国的猜疑、反感和反对,尚无意直接与中国政府对话。③ 12 月 22 日,中国红十字会在收到日本红十字会、日本和平联络委员会、日中友好协会来电后,分别复电前

① 《关于在中国的日本侨民的各项问题　中央人民政府有关方面答新华社记者问》,《人民日报》1952 年 12 月 2 日,第 1 版。

② 韩风、弓矢:《中日友好难忘的史话——记五十年代协助大批日侨归国》,《人民日报》1992 年 9 月 20 日,第 5 版。

③ 潘德昌:《日侨遣返交涉的民间外交》,《日本问题研究》2010 年第 1 期。

述三个日本团体(以下简称"日本三团体"或"三团体"),请他们组团来北京商讨来船手续和日侨归国的具体问题。① 日本政府认为三团体均属"左翼团体",不便操控,加之由日本政府承担日侨回国的部分费用,故提出派遣留守家族全国协议会会长有田八郎参加赴华代表团。但是,中方认为有田八郎是战时日本外相,且留守家族全国协议会是"反动团体",指出在华日侨归国问题通过日本三团体即可解决,日方派遣政府代表则属于政府级别对话,将与民间团体区别对待。② 1953 年 1 月 6 日,中国红十字会复电日本三团体,同意日方代表团由日本红十字会的岛津忠承、工藤忠夫,日中友好协会的内山完造、加藤敏雄,日本和平联络委员会的平野义太郎、畑中政春,以及参议院议员高良富 7 人组成,并将双方讨论范围限定在协商解决来船手续及日侨回国的各项具体问题,③迈出中日"人民外交"的重要一步。

　　前述日方赴华代表团 1 月 26 日从日本出发,1 月 31 日抵达北京,中日双方 2 月 2 日开始举办多次恳亲会,2 月 15 日至 3 月初举行了 4 次正式会谈。中国红十字会的首席代表是廖承志,另有代表伍云甫、赵安博、林士笑、倪斐君、纪锋 5 名。廖承志在批评近代日本侵华战争和日本吉田政府执行敌视中国政策后,介绍了在中国大陆的日本侨民情况,指出日本国内有人将中国协助愿意回去的日侨回国说成是"遣返",这是错误的,不符合事实的。"谁都知

---

① 《中国红十字会复电日本红十字会等三团体　同意他们派代表团来京商讨日侨归国问题》,《人民日报》1952 年 12 月 23 日,第 1 版。

② 潘德昌:《日侨遣返交涉的民间外交》,《日本问题研究》2010 年第 1 期;《我红十字会就协助日侨回国问题发表声明》,《人民日报》1953 年 1 月 9 日,第 1 版。

③ 《中国红十字会电复日本红十字会等三团体　同意日方岛津忠承等七人组代表团前来协商日侨归国问题》,《人民日报》1953 年 1 月 8 日,第 1 版。

道,只是对于战争俘虏才有遣返的问题。而在中国的所有日本战俘,除为蒋介石、阎锡山匪帮所扣留的少数人外则早在中华人民共和国成立之前,都已遣送完毕。因此现在中国的日本人除少数战犯外都是侨民,根本不发生所谓'遣返'问题。至于少数战犯的处理问题,乃是我国政府方面的事。"之所以出现"遣返"的错误说法,一种原因是误会,另一种原因"是恶意歪曲事实,企图挑拨和破坏中日人民的友谊",①必须加以揭露和批驳。随后,中日双方代表就在华日侨的回国申请和办理手续、首批日侨回国的时间、每批回国的人数和出境携带的物品、从集中到登船前的费用等进行具体商谈。

1953年3月8日,中日双方代表洽谈协助日侨回国问题的公报,共计12条,在《人民日报》发表,既是中日民间关于日侨回国的第一份协议,也是中日民间合作协助日侨回国的政策依据。该公报的具体内容如下:

> 为了协助在中国的愿意回国的日本侨民回国,中国红十字会代表团和日本红十字会、日本和平联络委员会、日中友好协会三团体组成的代表团,就来船手续及各项有关具体问题,在北京进行磋商。双方经过数次会谈后,协商结果如下:
>
> 一、中国方面确定以天津、秦皇岛、上海三港为愿意回国日侨之集中和登船地点。
>
> 二、第一批愿意回国日侨之集中完毕并开始登船时限,定为一九五三年三月十五日至三月二十日,日本方面船舶于此规定日期内到达上述三港。

---

① 《我红十字会代表团与日本代表团　就协助日侨归国问题举行首次正式会谈》,《人民日报》1953年2月19日,第1版。

三、第一批愿意回国日侨之集中人数为四千人到五千人。

四、自第一批愿意回国日侨离开中国港口后，以后每批愿意回国的日本侨民的乘船人员和船只问题，须根据申请回国的日侨人数和来船情况决定，但大概可预计为每批愿意回国日侨集中时间之间隔为二十天左右，每批人数约为三千人到五千人。

五、自第一批出发后，每批愿意回国日侨之大概人数和登船日期及有关船舶之载重、到达港口和到达日期等，均由中国红十字会以电报通知日本红十字会、日本和平联络委员会、日中友好协会三团体之联络事务局。

六、每次日方来船均须由日本红十字会、日本和平联络委员会、日中友好协会三团体各派一人随船照料，以便和中国红十字会保持联络，协助愿意回国的日侨回国。

七、日方来船，须遵守中国主管机关"关于协助日侨回国由日本来船应遵守事项的规定"。

八、中国红十字会协助愿意回国日侨的分批回国截止日期，约为一九五三年六月底至七月初。

九、为照顾愿意回国日侨，中国红十字会负担愿意回国日侨自其离开住地之日起至登船时止每人的伙食、住宿、旅费和不超过五十公斤行李之运费。

十、愿意回国日侨携带物品，须向中国海关办理手续，不得携带中国政府规定的禁止出口品及违禁品。

十一、中国方面为协助愿意回国日侨，容许其申请兑换一定数量的外币，携带回国。

十二、在日侨分批回国截止后如仍有日侨愿意返回日本时，中国红十字会愿意继续给以协助，并与日本红十字会、日本和平联络委员会、日中友好协会之三团体联络事务局,随时保持联系。①

公报一出,立即受到日本民众的热烈欢迎和拥护,并向中国政府和人民表示感谢。"全日本洋溢着感谢中国人民及其政府的热情。""对于不咎既往,多方面协助在华日侨归国,日本国民一致为之欢呼。""日本国民知道,贵国人民和政府此种措施完全是从人类爱和中日两民族和睦友好的立场出发的。"日本共产党中央指导部致函中国共产党中央委员会:"对此次协助居留贵国的日侨归国,并对为此而前往贵国的七名日本国民代表团给予便利,谨向贵国全体人民和贵国政府表示深深的谢意。"②

在前述公报的基础上,中国红十字会与前述日本三团体迅速开启协助日本侨民归国之路,前七批回国日侨在《人民日报》均有报道:

第一批回国日侨 4 936 名,分别于 1953 年 3 月 20 日至 22 日乘船回国。其中,从天津回国的日侨 969 名,于 22 日下午 3 时 40 分、4 时 20 分分别乘"白龙丸""白山丸"回国;从秦皇岛回国的日侨 2 008 名,于 20 日上午 7 时乘"兴安丸"回国;从上海回国的日侨 1 959 名,于 21 日上午 6 时 30 分乘"高砂丸"回国。③

第二批回国日侨 4 901 名,回国情况如下:1953 年 4 月 11 日下午,从秦皇岛乘"兴安丸"回国的日侨 1 968 名;④4 月 14 日上午,集

---

① 《关于商洽协助日侨回国问题的公报》,《人民日报》1953 年 3 月 8 日,第 4 版。

② 《我国无私地协助在华日侨返回家园 日共中央指导部函谢中共中央》,《人民日报》1953 年 3 月 16 日,第 1 版。

③ 《第一批愿意回国的日本侨民离我国返日本 他们对于我国人民的真诚协助一再表示衷心的感谢》,《人民日报》1953 年 3 月 24 日,第 1 版。

④ 《从秦皇岛登船回国的第二批日本侨民启程》,《人民日报》1953 年 4 月 13 日,第 1 版。

中在上海的第二批愿意回国日侨 1 018 名,分乘"白龙丸""白山丸"
离开上海回国;①4 月 17 日下午 4 时,集中在天津的日本侨民 1 915
名,乘"高砂丸"离开塘沽新港回日本。②

　　第三批回国日侨 4 707 名,相继于 1953 年 5 月 3 日至 11 日登
船回国。其中,5 月 3 日下午,从秦皇岛搭乘"高砂丸"回国的日侨
1 768 名;5 月 8 日上午,从上海分乘"白龙丸""白山丸"回国日侨
1 021 名;5 月 11 日,从天津塘沽新港乘"兴安丸"回国日侨
1 918 名。③

　　第四批回国日侨 4 732 名,回国情况如下:1953 年 7 月 4 日下
午,集中于秦皇岛的回国日侨 1 817 名,乘"高砂丸"回国;④7 月 3
日,集中在上海的回国日侨 1 006 名,分乘"白龙丸"和"白山丸"启
程回国;7 月 4 日,集中在天津的回国日侨 1 909 名,从塘沽新港乘
"兴安丸"回国。⑤

　　第五批愿意回国的日侨 1 192 名,于 1953 年 8 月 6 日 10 时从
塘沽新港乘"兴安丸"回国。⑥

　　第六批愿意回国的日侨 1 190 名,于 1953 年 9 月 2 日乘坐"高
砂丸"从塘沽新港回国。⑦

　　第七批愿意回国的日侨 1 491 名,于 1953 年 10 月 10 日下午

---

① 《集中在上海的第二批日侨回国》,《人民日报》1953 年 4 月 16 日,第 1 版。
② 《集中在天津的第二批日侨回国》,《人民日报》1953 年 4 月 18 日,第 1 版。
③ 《第三批愿意回国日侨四千余人　离开秦皇岛等地返回日本》,《人民日报》1953 年 5
　月 12 日,第 4 版。
④ 《集中在秦皇岛的第四批日侨回国》,《人民日报》1953 年 7 月 6 日,第 4 版。
⑤ 《第四批日侨分别由上海和天津回国》,《人民日报》1953 年 7 月 7 日,第 4 版。
⑥ 《第五批回国日侨离天津》,《人民日报》1953 年 8 月 8 日,第 1 版。
⑦ 《第六批日本侨民离天津返国》,《人民日报》1953 年 9 月 6 日,第 4 版。

乘"高砂丸"从塘沽新港启程返回日本。①

如前所述,新中国成立初期面临严峻的政治军事形势,确实难以精确统计滞留在中国大陆的日侨人数,即使在中日民间达成协议、合作送还申请回国日侨的情况下,统计每批回国日侨的人数也不容易,甚至不同统计者的统计数据各不相同。1953 年 3 月至 10 月,中国红十字会与日本三团体合作协助第一至第七批回国日侨的人数,吴庆生的统计与《人民日报》的报道就略有差异,详见表8-1:

表 8-1 第一至第七批回国日侨人数统计对比表

批次	吴庆生统计人数	《人民日报》报道人数	备注
第一批	4 937	4 936	
第二批	4 904	4 901	
第三批	4 712	4 707	
第四批	4 733	4 732	
第五批	3 192	1 192	《人民日报》未报道从上海回国日侨人数
第六批	2 156	1 190	《人民日报》未报道从上海回国日侨人数
第七批	1 493	1 491	
合计	26 127	23 149	

资料来源:吴庆生:《50 年代中国政府协助日侨回国略论》,《绍兴文理学院学报》2001 年第 2 期;《人民日报》关于第一至第七批回国日侨的报道,如前所注。

据表 8-1 可知:一是吴庆生统计的每批回国日侨人数,均多于《人民日报》的报道人数,暂不计《人民日报》漏报的第五、第六批从

①《集中天津的第七批日侨回国》,《人民日报》1953 年 10 月 12 日,第 4 版。

上海回国的日侨人数,发现每次多出的范围为 1 名至 5 名。二是假设《人民日报》报道第五、第六批回国日侨人数(补充漏报后)与吴庆生统计人数相同,则据《人民日报》报道统计的回国日侨总数为26 115 名,比吴庆生统计的总数少 12 名。究竟哪个数据更可信?还有无其他统计数据参考或证明?

1953 年 10 月 30 日,李德全会见日本"国会议员日中贸易联盟"代表团时,指出"自从 1953 年 3 月起,到 10 月止,共有七批日侨回国,人数达 26 026 名"。① 作为协助日侨回国的中方机构——中国红十字会的主要负责人,她发言中的这个数字应该是比较准确的,但与吴庆生统计的总数相差 101 名。1954 年 5 月 27 日,山下春江等 5 人在日本众议院提议邀请中国红十字会代表访日时,指出:"昭和 24 年以来,一直中断了的中共地区遗留同胞的集体撤退,由于中国红十字会的努力,于去年 3 月在国民的期待之中重新开始。26 127 名同胞得以分 7 次安全回到祖国。至此,从中共地区的集体撤退大致告一段落。"②日本众议院议员提供的接收回国日侨人数,与吴庆生统计的人数一致。那么,李德全、《人民日报》与山下春江等 5 名日本众议院议员、吴庆生统计的回国日侨人数为何会有如此差距? 笔者至今仍不得其解,这反映了回国日侨人数统计之不易,但所幸当时日侨人数并未成为中日之间的问题。

---

①《中国红十字会李德全会长关于日侨分批回国宣告截止的谈话》(1953 年 10 月 30日),田桓主编:《战后中日关系文献集 1945—1970》,北京:中国社会科学出版社 1996年版,第 160 页。

②《日本国会关于邀请中国红十字会代表的决议》(1954 年 5 月 27 日),田桓主编:《战后中日关系文献集 1945—1970》,第 161 页。

三、二次协议与归国接续

中国红十字会在大批日侨回国后,根据与日本三团体关于洽谈协助日侨回国问题的公报,个别日侨如仍有愿意回国者将继续予以协助。1954 年 7 月 29 日,李德全会见来华访问的日本和平代表团和日本国会议员代表团时,表示据她所知,根据中国人民解放军的宽大政策,一批犯有各种罪行的前日本军人将获得宽释,在获得中国政府委托后,中国红十字会将与日本红十字会、日本和平联络委员会、日中友好协会三团体联络事务局联系,协助这批前日本军人回国。① 经联络,获得宽释的西井建一等前日本军人 417 名,以及个别申请回国的日侨 142 名,合计 559 名集中于天津,9 月乘"兴安丸"回国,并在乘船回国前拜谒了中国抗日烈士陵墓,反省过去的战争罪恶,表示为和平、为中日友好而斗争。② 这是中国红十字会协助回国的第八批日侨。

1954 年 10 月至 11 月,中国红十字会代表团受邀访日,与日本各界群众广泛交流,其中 11 月 3 日在东京与日本红十字会、日中友好协会、日本和平联络委员会的代表,就在华日侨回国等问题进行商谈。出席的中方代表是中国红十字会的廖承志、赵安博、纪锋、肖向前 4 人,以及日本红十字会、日中友好协会、日本和平联络委员会和三团体联络事务局的代表 10 人。彼此商谈之备忘录的主要内容如下:

---

① 《中国红十字会总会会长李德全　接见日本和平代表团和国会议员代表团》,《人民日报》1954 年 7 月 31 日,第 1 版。
② 《被宽释的前日本军人即将返国　行前在天津谒我抗日烈士陵》,《人民日报》1954 年 9 月 22 日,第 4 版。

一、在华日侨的总数约 8 000 名,其中不希望回国的女子约 4 700 名,不希望回国的男子约占上述女子的 1/5,现在希望回国的男子、女子及小孩共计约 2 000 名以内。在上述希望回国者中,包括从事各种职业或居留在旅大地区及中国各地的日本人。

现在不希望回国,而将来希望回国的在华日侨,中国红十字会将帮助他们回国。

另外,在以上 8 000 名内,没有包括这次向日本方面移交的名单中所记载的战争罪犯。其中是否包括了一般犯罪者(即被判处徒刑的,以下同)及嫌疑犯,尚不清楚,中国方面答称回国后查清时即予通知。

二、对在华的日侨有无回国的要求一事,中国方面在 1953 年大批回国结束后,曾通过地方政府开始进行了调查,今后将继续向地方的下级机关、工厂等贯彻此意图,对愿意回国的日侨,必将帮助他们回国。

三、在中国,中国人和日本人之间所生的小孩,尚未满 16 岁的都作为中国人处理。满 16 岁者,根据本人意见选择国籍,愿意回国的准其回国。

四、中华人民共和国的地方政府可能有在华日侨的登记名单,但中国红十字会代表团是民间团体,作为代表团不能立即给予回答。

五、所有在华日侨,如能和他们的家属通信,将会解决很多问题,中国方面应允自今年年底到来年春季所进行的大批回国工作结束后,对尚留在中国的所有日侨,将大力劝说与鼓励他们与日本通信。至于在日本的家属住址不明者,可寄信给日本红十字会,日本红十字会将设法转告他们的家属。

日本红十字会,将不问有无家属或住址是否清楚,希望所有日本人都能经由中国红十字会,向日本红十字会寄信(即在华的日侨,要寄信给日本红十字会,已知道家属住址的可写明住址和姓名,不知道的可只写家属的姓名,日本红十字会都将通知他们的家属)。

六、另一方面,在日本的家属向住址不明的在华日侨通信时,可经由三团体联络事务局,将附有本人照片和所知道的最后住址的信件寄给中国红十字会,中国红十字会将设法把信送交本人。

七、关于战争罪犯,这次由中国方面移交的名单中记载的绝大多数,据说将于最近得到宽大处理,其中能被释放回国的,中国红十字会如收到中华人民共和国政府的委托,对他们的回国将给予援助。

对未被释放的战犯、一般犯罪者及嫌疑犯的通信和寄送慰问包裹(由便船带),日本红十字会将通过中国红十字会进行。

对未被释放的战犯、一般犯罪者及嫌疑犯向其家属通信,中国红十字会将通过日本红十字会进行。

八、对尚未被释放的战争罪犯、一般犯罪者及嫌疑犯,日本方面希望知道其徒刑及拘禁的场所、刑期、起诉原因等。对此,中国方面估计将来是能够发表的,并应允在回国后将和司法当局取得联系,为满足这一希望而努力。仍在中国拘留的日侨的在日家属(限于父、母、子、女、夫妇的范围内),希望到中国去及希望在中国长久住下去的,将由中国红十字会努力与中国有关方面进行联系和取得准许,使这一希望得以实现(此点尚需日本政府的同意,须与日本政府进行磋商)。

有关上项问题的具体方法，待回国调查后另行通知。

对在中国死亡的日本人的遗族代表希望访问中国一事，中国红十字会答允考虑促其实现。

另外，对在日本殉难的中国人的家属，如有希望访问日本的，三团体将为其希望的实现而努力（此点需要日本政府的同意，并与日本政府进行磋商）。

九、在这次移交的战犯名单中，对预计应有记载而未记载的一些人的安否情况，倘由日本红十字会将其名单送给中国红十字会委托进行调查时，中国红十字会将尽可能协助查询予以回答。

十、调查死亡日本人的全部情况是困难的，但对由在华日侨方面当时所作，现仍留在中国的名单等（如曾向中国方面提示的延吉死亡者名单等8份），对此中国方面答允予以调查，如果有这样名单将予以送往，其他，对有死亡资料的，中国方面表示了将尽可能调查并给以回答的诚意。

十一、中国红十字会这次移交的战犯死亡者名单中记载的40名的遗骨、遗物，已准备送还日本。关于其他日本人的遗骨，凡属于1949年以后的，将尽力调查，并予以送还。

关于1949年以前的，也将尽可能调查，并予以送还，但恐怕其中大不多数是不可能查明的。

十二、最近在越南的归国日本人74名，自11月13日到15日于上海集中，中国红十字会在将他们送往天津的同时，并尽力帮助预定今年年底回国在华日侨尽可能多数也在天津集中，中国红十字会立即办理这一事情，尽力使日本方面在输送上能更经济一些。

日本方面为运回这些日侨，将派遣兴安丸，预定在本月中旬左右做好派船准备。

十三、对其余希望归国的在华日侨，自今年年底到来年 1 月中旬将派遣兴安丸。由于准备等原因，如有不能乘上此船者，还准备派遣第三次船只。

另外，对于最近因受到宽大处理而能回国的战争罪犯，为使其回国，日本方面准备在任何时候都可派出船只。

十四、关于在蒙古人民共和国、北朝鲜的日本人的回国问题，如有这些国家的委托，中国红十字会愿意从中斡旋。中国红十字会并善意地劝告日本方面再一次向有关国家打电报询问。

十五、对于在华日侨中希望回国的，中国红十字会切望能帮助使其回国，日本方面允诺：三团体将予以合作，虽预料有些困难，但愿为促其实现付以极大努力。

十六、对于殉难在日本的烈士遗骨，中国方面计划建立共同坟墓来祭祀，因此切望能协助送还，日本方面应允如上项（十五项）同样予以协助。

十七、在大村收容所被收容者及王松山等，如准其归还，中国方面将准备接受，并希望能给以协助。三团体方面回答愿进一步查明情况，如有必要将与日本政府交涉，努力促其实现（附言：因王松山事件有关司法，预计是有困难的）。

十八、1953 年跟随日本人的丈夫一同回到日本的中国妇女（包括小孩）要求再到中国，或者和中国人的丈夫、小孩分别而回国的日本妇女要求再到中国的问题，中国方面答允回国后将和中华人民共和国政府交涉，给予一定的回答。

十九、关于生死不明的日本人，当日本红十字会委托个别地调查其安否的时候，中国红十字会应允将尽可能予以调查

（中国方面附带说明，因这种情况大部分是属于蒋介石统治时代战争中的，担心很多人是难查清其下落的）。[①]

此次备忘录主要记录了以下几方面内容：一是现有在华日侨的大约人数、回国人数和以 16 岁为界的中日混血少年的国籍选择；二是在华日侨和尚未被释放的战争罪犯、一般犯罪者、嫌疑者与日本国内的通讯、探望问题；三是越南、蒙古、朝鲜等国的日本人归国问题与中国红十字会的协助；四是调查在华日本人中死亡者和生死不明者的情况；五是在日中国人中殉难者和"被收容者"的送还中国事宜。根据前述备忘录，中国红十字会与日本三团体开始了新一轮协助日侨和被宽大释放的日本战犯回国之路。

1954 年 11 月 26 日，愿意回国的在华日侨和越南红十字会委托中国红十字会协助回国的从越南赶到天津集中的日侨，共计 694 名乘"兴安丸"离开塘沽新港回国。[②] 这是中国红十字会协助回国的第九批日侨。

1955 年 1 月 11 日，中国红十字会发出继续协助愿意回国的日侨回国的通知："中国红十字会在中华人民共和国中央人民政府委托下，自一九五三年起，曾先后协助将近二万七千名日本侨民回国。鉴于目前留在我国的日本侨民，仍有一部分人申请回国，本会特根据本会访日代表团在东京时和日本红十字会、日中友好协会、日本和平联络会等三团体协商的结果，已于一月十一日电告三团体于一九五五年二月间继续派船来。本会希望凡愿意回国的日本侨民，请迅速向当地外侨管理机关申请，以便在办妥出国手续后，

[①] 田桓主编：《战后中日关系文献集 1945—1970》，第 168—171 页。
[②]《日侨一批动身回国》，《人民日报》1954 年 11 月 27 日，第 1 版。

由本会协助回国。"①据此,申请回国的日侨在办理出国手续后陆续集中于天津。2月21日,回国日侨949名乘"兴安丸"离开塘沽新港回日本,这是在中国红十字会协助下回国的第十批日侨。

　　1955年3月21日,前来中国接运愿意回国日侨的"兴安丸"又抵达塘沽新港,同时搭乘中国旅日侨胞72名,但《人民日报》没有报道这次集中天津的日侨人数,也没有报道该船何时启程回日本。② 据吴庆生统计,此次在华日侨816名乘该船回国,③这是在中国红十字会协助下自愿回国的第十一批日侨。8月5日,中国首都各界人民隆重举行反对原子战争与反对使用原子武器大会。会上,李德全表示,据我们所知在1955年3月最后一批日侨回国时,"所有当时愿意回国的日侨,都已返回日本。因此,在中国的日侨回国的问题在中日有关团体的友好合作下已经妥善地解决了","目前留在中国的日侨,还有六千人左右……中国红十字会对以后申请回国的日侨愿意继续予以协助,因此,在华日侨中的任何人可以在任何时候申请回国",④对协助日侨回国表现出了极大诚意。

四、外交斗争与三次协议

　　日本政府不顾中国政府协助日侨回国的事实,反而毫无根据地进行指责和提出片面的无理要求。1955年7月15日,日本驻日内瓦总领事田付景一代表日本政府,交给中国驻日内瓦总领事沈平照会一件,提出所谓"遣返日本国民的要求";7月16日,日本外

---

① 《中国红十字会发出继续协助日侨回国通知》,《人民日报》1955年1月13日,第1版。
② 《我国旅日侨胞一批回国》,《人民日报》1955年3月23日,第1版。
③ 吴庆生:《50年代中国政府协助日侨回国略论》,《绍兴文理学院学报》2001年第2期。
④ 《反对原子战争、反对使用原子武器　首都各界人民举行大会　支持禁止原子弹氢弹世界大会在日本举行》,《人民日报》1955年8月6日,第1版。

务省发表所谓"撤退留在中国大陆的日本人问题"的公报。日本的
前述公报和照会的主要内容:一是除前述 11 批回国的日侨 2.9 万
人外,中国大陆还有 6 000 名日侨和 1 069 名正在服刑的日本战犯,
以及"以前曾留在中国大陆,而现在情况不明的人约四万人";二是
自 1955 年 3 月日方派船接回日侨后,"撤侨问题再没有进展";三是
无端臆测可以获得释放的"所谓战犯"和 6 000 名日侨,以及"战后
长期不知下落的人很多。关于这些人,都没有得到中国方面提供
的情况和消息";四是中日虽没有正式外交关系,但希望中华人民
共和国从"人道角度"考虑日方的希望问题。① 这种无端指责和无
理要求自然受到中方批驳。

　　1955 年 8 月 16 日,中华人民共和国外交部发言人针对日本政
府的照会、公报发表声明,逐条批驳。一是介绍中国协助 2.9 万名
日侨回国的事实,指出居留中国的约 6 000 名日侨表示愿意长期或
暂时侨居中国,如果他们中有人改变意图,申请回国,中国政府仍
将给予各种便利,中国红十字会也将尽力协助,这方面中国红十字
会与日本三团体已达成协议。日本政府指责所谓"撤侨问题再没
有进展"毫无根据。二是在中国的日本战犯早在 1954 年 8 月已将
其中 417 名免于惩处、送回日本,其余之 1 069 名日本战犯的名单
和情况,已由中国红十字会通知日本红十字会;至于对这些战犯的
处置,完全是中国主权的事情,日本政府无权过问。三是日本政府
所谓"情况不明的四万人问题"令人惊诧,日本军国主义者驱使大
批日本人参加侵华战争,在这场战争中死在中国的日本人很多,但
日本政府并未通知其家属,他们的亲属关怀他们的下落值得同情。

---

① 《就日本政府提出所谓撤退留在我国大陆的日本人问题　我国外交部发言人发表声
　　明》,《人民日报》1955 年 8 月 17 日,第 1 版。

中国红十字会根据人道原则，曾就调查个别日本人的下落问题与日本红十字会达成一项协议，这与日本政府硬说中国大陆还有所谓"情况不明的四万人问题"毫无关系，认为这是日本政府妄图利用日侨回国问题，"掩盖它对促进中日两国关系正常化的消极"。①

中国红十字会协助愿意回国日侨的工作，确实也在持续，以事实证明日本政府的指责完全没有道理。1955 年 11 月 21 日，中国红十字会电报通知日本红十字会、日本和平联络委员会、日中友好协会三团体联络事务局，于天津集结的愿意回国的日侨已增至 190 名。② 这批回国日侨来自中国黑龙江、辽宁、福建、广东、上海等 10 多个省市，另有蒙古人民共和国移交给中国处理，并由中国政府委托中国红十字会协助遣返的 4 名日本战犯。③ 12 月 14 日，集中于天津的回国日侨及其眷属 279 名乘"兴安丸"回国，蒙古人民共和国移交中国协助遣送的 4 名日本战犯也随船回国。④ 这是中国红十字会协助回国的第十二批日侨。

1956 年 2 月 11 日，中华人民共和国外交部发表了关于中国政府建议中日两国政府就促进中日关系正常化问题进行谈判的公报，其中阐述了围绕协助日侨回国问题，中国政府曾于 1955 年 8 月 17 日、11 月 4 日两次建议日本政府对此问题进行商谈，但是未得到日本政府答复。根据日本共同社东京 1956 年 2 月 3 日电，日本外相重光葵否认日本政府曾接到中国政府的任何这样的建议，中

①《就日本政府提出所谓撤退留在我大陆的日本人问题　我国外交部发言人发表声明》，《人民日报》1955 年 8 月 17 日，第 1 版。

②《我红十字会抗议日政府一再阻难华侨回国》，《人民日报》1955 年 11 月 23 日，第 1 版。

③《日本侨民一百九十人集中天津候船回国》，《人民日报》1955 年 11 月 25 日，第 1 版。

④《一批日本侨民从天津回国》，《人民日报》1955 年 12 月 15 日，第 1 版。

国外交部遂公布自 1955 年 7 月 15 日以来中日两国政府关于此问题的全部往来文件,包括 1955 年 7 月 15 日日本驻日内瓦总领事田付景一致中国驻日内瓦总领事沈平的"遣返日本国民的要求";1955 年 8 月 17 日沈平复函田付景一的函,转达 8 月 16 日中国外交部发言人的声明,同时欢迎日本政府派遣代表团赴北京会谈;8 月 29 日,田付景一致函沈平,仍强调从"人道主义"出发首先解决日侨包括战犯在内的回国问题;10 月 20 日,田付景一再次致函沈平,表示"日本政府对遣返日侨事有强烈的兴趣,并希望通过我们之间的直接接触,以加速此事";11 月 4 日,沈平复函田付景一,介绍中国红十字会持续协助日侨回国的事实和委托两国民间团体进行负责的原委,建议为促进两国关系正常化进行商谈。①

中国政府的建议虽未获得日本政府响应,但未影响中国红十字会继续协助日侨和被宽大释放的日本战犯回国。1956 年 6 月 24 日至 28 日,中国红十字会代表赵安博、彭炎、倪斐君、纪锋与日本红十字会代表井上益次郎、日中友好协会代表长野重右卫门、日本和平联络委员会代表阿部行藏,关于移交被释放的日本战争犯罪分子等事项进行会谈,并于 28 日在天津发表了联合公报。这是中日民间关于日侨回国的第三份协议。公报内容如下:

一、中国红十字会已将中华人民共和国最高人民检察院免于起诉的日本战争犯罪分子三百五十名、遗骨七具和遗物交给日本红十字会、日中友好协会和日本和平联络会的代表。

关于移交今后被释放的日本战争犯罪分子问题,每次都将随时通知日本红十字会、日中友好协会和日本和平联络会。

①《中华人民共和国外交部　关于中国政府建议中日两国政府　就促进中日关系正常化问题进行谈判的公报》,《人民日报》1956 年 2 月 12 日,第 1 版。

其中第二批将被释放的日本战争犯罪分子预定在七月下旬移交，届时将派遣"兴安丸"来天津。

二、中国红十字会对于前往中国探望亲人的日本战争犯罪分子家属，将给予必要的便利和协助。

首批来华家属可乘七月下旬接运将被释放的第二批免于起诉的战争犯罪分子的"兴安丸"前来中国。

三、中国红十字会和日中友好协会、日本和平联络会约定为开辟日本和中国的侨民相互自由往来的道路而努力。

日本红十字会对此问题保留意见。

四、中国红十字会和日本红十字会、日中友好协会、日本和平联络会根据人道的立场认为：在中国和中国人结婚的日本妇女如果愿意，可以经过正式手续去日本访问亲属，然后再回到中国。她们在日本的家属如果愿意，也可以经过正式手续到中国访问和中国人结婚的日本妇女，然后再回日本。

五、关于送回在日华侨的问题照以前同样办理。

六、关于送回在日本的中国烈士遗骨问题，继续按适当方式进行。

七、在中国的日本人的遗骨，只要日本方面能够提供材料而中国红十字会能够发现的，中国红十字会可以协助送回日本。

八、中国红十字会继续帮助申请回国的日本侨民回国。

九、中国红十字会已将经调查后查明的日本人死亡者名单和资料交给日本红十字会、日中友好协会和日本和平联络会。①

据此"联合公报"，可知这份协议除协助日侨回国外，重点是协

---

① 《中国红十字会和日本三团体会谈结束　议定关于移交被释放的日本战争犯罪分子等事项》，《人民日报》1956 年 6 月 29 日，第 1 版。

助与中国人结婚的日本妇女及其子女的回日探亲，以及被释放的
日本战犯回国。其各批次具体情况如下：

第十三批是被中国政府宽释的日本战犯，即被中国政府释放
的 335 名日本战犯和在押期间死亡的 7 名日本战犯的遗骨，于
1956 年 6 月 28 日从塘沽新港乘"兴安丸"回国；同时，中国红十字
会向日本三团体转交在中国东北死亡的 7 000 名日本人名单。①

第十四批是自愿回国日侨和被中国政府宽释的日本战犯。
1956 年 7 月 28 日，被中国政府宽大释放的 328 名日本战犯，以及
虽被判刑但因病准予假释的武部六藏，乘"兴安丸"从天津回国。②
同日下午，自愿回国的日侨 203 名也搭乘"兴安丸"回国，还有 34 名
与中国人结婚的日本妇女及她们的 44 名子女搭乘该船回日本探
亲，并将在探亲后返回中国。③

第十五批也包括自愿回国日侨和中国政府宽释的日本战犯。
1956 年 9 月 1 日晚，来自中国 7 个省市的 40 名日侨及其家属，37
名被提前释放、免于起诉或被驱逐出境的刑事犯和越境分子，1 名
被中国渔民救助的日本大洋渔业公司的青年炊事员，56 名与中国
人结婚的日本妇女和她们的 81 名子女，以及被中国政府宽释的
354 名日本战犯，乘"兴安丸"从天津离港回国。④

第十六批以自愿回国日侨为主，也有获释的日本战犯。具体
情况是：129 名日本侨民及其家属；刑满获释的神田久吉，因病或服
刑期间表现良好被提前释放的木村光明、榊原秀夫、船木健次郎、

---

①② 吴庆生：《50 年代中国政府协助日侨回国略论》，《绍兴文理学院学报》2001 年第
　　2 期。

③《日本侨民一批回国》，《人民日报》1956 年 7 月 29 日，第 1 版。

④《日侨一批回国》，《人民日报》1956 年 9 月 3 日，第 1 版；吴庆生：《50 年代中国政府协
　　助日侨回国略论》，《绍兴文理学院学报》2001 年第 2 期。

田井久二郎和吉房虎雄,计 6 名,于 1957 年 5 月 20 日乘"兴安丸"从天津回国。搭乘该船回国的,还有前来中国探望服刑的日本战犯的 7 名家属;回日本探亲的与中国人结婚的 553 名日本妇女和他们的 799 个子女,以及 16 名前日本军人的骨灰。[①]

　　随着绝大多数日侨和被中国政府宽释的日本战犯回国,日本政府又挑起所谓"下落不明"的日本人问题。1957 年 5 月 13 日,日本驻日内瓦总领事佐藤正二致函中国驻日内瓦总领事沈平,要求中国政府调查所谓"下落不明"的日本人,并提出一份载有 35 767 名"未归国者"的名册。6 月 5 日、14 日,日本众议院议员广濑正雄又以众议院"海外同胞撤退委员会"委员长的身份,两次致电周恩来总理,要求率领代表团来华,就上述问题进行谈判,并抄送中国红十字会请求协助。7 月 25 日,沈平复函佐藤正二,再次介绍中国红十字会协助日侨和被宽释的日本战犯回国情况,强调"在中国根本没有什么'下落不明'的日本人",此前已经向田付景一说得非常明白,"关于那些被日本军国主义政府驱使参加侵略中国的战争而下落不明的日本人问题,是应该由日本政府向日本人民交代的问题"。当天,李德全复电广濑正雄,指出所谓"下落不明"的日本人问题是不存在的,无法接受协助其访华的要求。[②] 这一问题是"企图一笔抹杀我国政府和我国红十字会几年来协助日本侨民根据其志愿返回日本的种种努力",[③]是岸信介内阁敌视中国政策的表现。

[①]《一批日侨乘船回国　获释的六名日战犯同行》,《人民日报》1957 年 5 月 21 日,第 1 版。

[②]《我驻日内瓦总领事和红十字会函复日方　驳斥所谓下落不明的在华日人问题》,《人民日报》1957 年 7 月 26 日,第 1 版。

[③]《评日本岸信介内阁的对华政策》,《人民日报》1957 年 7 月 30 日,第 1 版。

五、四次协议与归国尾声

1957年8月，中国人民外交学会会长张奚若邀请日本社会党顾问有田八郎访华，并就在华日本侨民问题进行会谈，达成以下备忘要点：一是1945年8月15日以前曾在中国境内进行战争或生活的日本人之下落，应由日本政府负完全责任，向日本人民交代。二是1945年8月15日至1949年中华人民共和国成立前的在华日本人的遣返或居留，由蒋介石政府负责处理，新中国政府对此不负任何责任。三是新中国成立至今还在中国居住的日本侨民约6 000名，如果日本三团体提出了解这些日侨情况，中国红十字会愿意给予必要的协助。如果三团体申请了解1945年8月15日至新中国成立前的个别日侨的情况，且有现实材料可查，中国红十字会也可作为个别例外，在尽可能范围内予以调查。四是根据日本方面提供的现实材料，中国方面若发现这些日本人已经死在中国，且有遗骨可寻，中国红十字会愿协助，并将寻到的遗骨送还给日本的三团体。五是关于上述问题，中国红十字会与日本三团体之间早已达成协议，且获得良好成绩，今后也将按照协议办理。有田八郎领导的日本留守家族全国协议会，可通过日本三团体或直接向中国红十字会提出请求，在所提出的要求有一定结果的时候，中国红十字会将通过日本三团体，通知留守家族全国协议会。六是由于中日尚未复交，中方不可能将在华的约6 000名日侨名单交给日本，但日方提出新中国成立后还在中国的日侨名单，中方可以接受下来，并根据日方提供的现实材料进行个别调查。[1] 日本留守家族全国

①《日本社会党顾问有田八郎在北京同各方面会谈的备忘录》，《人民日报》1957年9月3日，第4版。

协议会支持中方态度,谴责岸内阁的对华政策。①

　　此后,中国红十字会继续协助愿意回国的在华日侨和前日本军人、军属回国。1958 年 4 月 19 日,第十七批自愿回国的日侨 430 名和 2 312 具日本人遗骨乘"白山丸"从塘沽新港回国。5 月 2 日,第十八批自愿回国日侨 275 名,以及 148 名前日本军人、军属乘"白山丸"从塘沽新港启程回国。6 月 13 日,抵达塘沽新港的"白山丸",接回第十九批自愿回国日侨 417 名,以及 134 名前日本军人、军属。② 7 月 8 日,第二十批在华日侨 576 名乘"白山丸"从塘沽新港回国。据统计,1953 年以来,中国红十字会先后协助 3.2 万多名日侨回国。③ 9 月 19 日,"白山丸"抵达塘沽新港,接回第二十一批自愿回国日侨 349 名,以及 114 名前日本军人、军属。④

　　1958 年 5 月 2 日,在长崎举行中国邮票和剪纸艺术展览会期间,一名日本男子野蛮撕掉展览会场的中国国旗,而日本政府以尚未承认中华人民共和国为由,释放了已经被捕的嫌疑人,引起中国政府强烈谴责和抗议,即"长崎国旗事件"。第十九、二十、二十一批日侨回国虽受到该事件影响,但并未停止。如,第二十批回国日侨的代表东卯雄,在天津红十字会举行的欢送会上,谴责岸信介内阁屈从美国,纵容暴徒侮辱中国国旗,是"违反日本人民的意志的",表示为日中友好、人类幸福和世界和平而斗争。⑤ 不过,第二十一批日侨回国后,日本厚生省援护局认为在华日侨仅仅 6 000 名左右,且其中大部分是中日通婚者或被中国人收养的孩子,而他们多

①《日本留守家族全国协议会　支持周总理对日侨问题谈话　谴责岸政府对在华日侨问题的态度》,《人民日报》1957 年 9 月 8 日,第 7 版。

②④ 吴庆生:《50 年代中国政府协助日侨回国略论》,《绍兴文理学院学报》2001 年第 2 期。

③⑤《一批日本侨民回国》,《人民日报》1958 年 7 月 10 日,第 4 版。

数决定成为中国人，故依据这一"不顾实情而做出的主观臆断，进而切断了残留侨民的归国路"。① 此后，中国红十字会协助愿意回国日侨的集体回国活动基本结束。1972 年中日复交，特别是 1978 年《中日和平友好条约》签订后，在华日侨包括残留妇人、残留孤儿再次赴日寻亲或归国定居等，主要由中日政府有关部门负责。②

六、日侨归国与中日关系

战后日本借助朝鲜战争、越南战争、苏伊士运河危机等国际环境，一方面恢复和发展经济，另一方面追随美国和勾连蒋介石集团，采取敌视中国大陆的政策，甚至污蔑中国协助日侨回国的政策和事实。中国政府和中国红十字会一方面针锋相对地批驳，另一方面与日本三团体和有田八郎相继达成四份民间协议，每份协议达成后即迅速行动，出现几批协助日侨回国的高潮，这是 20 世纪 50 年代日侨归国的最大特点。其次，日侨离开中国的港口与乘坐的船只也颇有规律。如第一至第四批回国日侨，每批均从秦皇岛、天津、上海归国；第五、第六批日侨，每批均从天津、上海回国；从第七批开始，每批日侨均从天津回国。他们乘坐的船只，在第七批前有"兴安丸""白山丸""白龙丸""高砂丸"，从第八至第十六批均乘

---

① 潘德昌：《日侨遣返交涉的民间外交》，《日本问题研究》2010 年第 1 期。
② 王欢：《文化休克与边际人格的生成——残留孤儿日本社会适应过程中的文化冲撞》，《日本学刊》2002 年第 1 期；王欢：《归根：日本残留孤儿的边际人生》，北京：世界知识出版社 2004 年版；潘德昌：《战后日本遗孤称谓考》，《社会科学辑刊》2006 年第 4 期；刘振甲：《战后日本遗华日侨的形成与演变》，《世纪桥》2007 年第 12 期；花泽圣子：《"中国残留孤儿"与在日亲属之间的文化摩擦——日本与中国社会亲属间的角色期待差异》，《上海师范大学学报》2008 年第 5 期；鞠玉华、岳程楠：《日本归国残留孤儿眷属之社会适应性论析》，《世界民族》2010 年第 4 期；蘭信三編『帝国崩壊とひとの再移動：引揚げ、送還、そして残留』、東京、勉誠出版、2011 年。

坐"兴安丸",从第十七至第二十一批均乘坐"白山丸",或有各种原因导致如此调整和变化吧。最后,每批回国人员并非仅限于在华日侨,既包括在华日本战犯和部分死亡者遗骨,也包括部分越南、蒙古的日侨和日本战犯,还包括探望日本战犯的家属、回日探亲的日本妇女及其子女,因而情况复杂,统计回国日侨人数颇为不易。

　　那么,从 1953 年 3 月中国红十字会协助第一批日侨回国,至1958 年 9 月第二十一批日侨回国,共有多少在华日侨返回日本?据吴庆生统计,中国红十字会协助送还申请回国日侨 21 批,共计34 424 名(含被中国政府宽大释放的日本战犯 1 017 名)。① 据中国红十字会统计,从 1953 年到 1958 年 7 月,前 20 批回国日侨计3.2 万多名。② 韩风、弓矢指出:"从 1952 年 7 月开始筹划,到 1958年 7 月最后一批回国日侨离开天津新港,中国政府用了 6 年时间,抽调近千名干部,耗资 700 亿人民币(旧币),共协助自愿回国的32 072 名(包括前日本军人 583 名,越南日侨 71 名)返回日本。"③后两者的统计,加上第二十一批回国日侨和 1 017 名日本战犯,均约3.4 万名。孙平化、刘德有认为日本派船"从 1953 年 3 月起,总共接运了近四万日本侨民回国"。④ 胡乔木也认为:"从 1953 年起,中国先后协助日本侨民近 4 万人回国。"⑤这种近 4 万人说,或许是从 1953 年起延至中日复交后继续协助遗华日侨回国的结

---

① 吴庆生:《50 年代中国政府协助日侨回国略论》,《绍兴文理学院学报》2001 年第 2 期。

②《一批日本侨民回国》,《人民日报》1958 年 7 月 10 日,第 4 版。

③ 韩风、弓矢:《中日友好难忘的史话——记五十年代协助大批日侨归国》,《人民日报》1992 年 9 月 20 日,第 5 版。

④ 孙平化、刘德有:《珍惜艰难缔造的中日友好关系》,《人民日报》1985 年 10 月 27 日,第3 版。

⑤ 胡乔木:《略谈八年抗战的伟大历史意义》,《人民日报》1987 年 7 月 8 日,第 1 版。

果吧。①

日侨人数统计不易，但在中日民间合作协助日侨回国中并非问题。中国红十字会与日本三团体达成的协议约定，包括每批归国日侨的大致人数，以及在前八批日侨归国后尚余之日侨总数、男女比例、希望归国者的可能人数。中国红十字会甚至许诺对于有相关资料的日本人遗骨，也尽可能调查并予送还。② 但是，日本政府通过其驻日内瓦总领事照会中国驻日内瓦总领事，提出所谓"情况不明"的四万人问题、"下落不明"的日本人问题和 35 767 名"未归国者"的名册，要求中国政府调查和提供相关情况，以及送还日本，这已是政治问题。首先，中国大陆不存在前述所谓问题。其次，1945 年 8 月日本无条件投降前在中国死亡或"下落不明"的日本人，应由日本政府向日本人民交代；此后至新中国成立前的在华日本人，由蒋介石和国民党政权主导遣返；新中国成立后中日民间积极协助在华日侨回国，从人道主义原则调查个别日本人下落。③最后，日本政府只提前述伪问题，却不愿面对真问题，即中国政府的中日关系正常化建议，显然只是一场政治把戏。

20 世纪 50 年代中日民间合作协助日侨回国的精确人数，随着相关档案资料的开放和学术研究的深入将逐步解决，这并非太难的技术问题，但其反映出的中日关系和国际格局更引人深思。新中国在中日没有外交关系的情况下，通过民间合作协助在华日侨归国，体现了中国共产党和中国政府高瞻远瞩的政治胸怀，即使在

---

① 刘振甲：《战后日本遗华日侨的形成与演变》，《世纪桥》2007 年第 12 期；张志坤、关亚新：《中国残留日本人孤儿》，北京：五洲传播出版社 2006 年版。

② 田桓主编：《战后中日关系文献集 1945—1970》，第 168—171 页。

③《就日本政府提出所谓撤退留在我国大陆的日本人问题　我国外交部发言人发表声明》，《人民日报》1955 年 8 月 17 日，第 1 版。

冷战对峙时期仍主动寻求对日外交，以推进中日关系正常化，缓和东北亚国际关系局势。日本政府从战败投降之际的"弃民"政策到战后初期的"援护"政策，始终以政治利益为准则，为避免美国的猜疑和反对，尽量回避与中国官方接触，不时污蔑中国协助日侨回国的事实和政策，乃至再次"弃民"，主动中断在华日侨的归国路。"以民促官"之路坎坷多艰，虽经 20 世纪 60 年代的"半官半民"，但在"日美同盟"框架下，中日关系也仅限于此，而 1971 年的一次"尼克松冲击"却成为佐藤荣作内阁垮台和中日复交"水到渠成"的转折点。因此，中日关系并非仅限于中日两国之间的双边关系，往往受制于多重因素和国际大格局，反之亦然。在"一带一路"倡议和打造"人类命运共同体"的新时代，构建新型中日关系也是如此。

第二节　日本战犯的审判与改造

1945 年 8 月 15 日，日本宣布投降，标志着中国人民抗日战争暨世界反法西斯战争取得了最终胜利。但是，日本军国主义者给包括中国人民在内的亚洲太平洋地区受害国人民带来的巨大战争灾难却已无法挽回。为彻底根除日本军国主义思想，防止侵略战争悲剧重演，维护世界和平，盟国之间根据战争期间达成的《开罗宣言》《雅尔塔协定》和《波茨坦公告》中严惩战犯的相关规定，首次以"反和平罪""反人道罪"的罪名，在纽伦堡、东京、南京、伯力等地进行了一系列的战犯审判和惩处，伸张国际正义。作为日本侵略战争最大受害国的中国，由于战后国民政府审判日本战犯的不彻底性，以及战后中国国内、国际形势的变化，新中国成立后于 1956年在沈阳、太原两地继续审判在押日本战犯。与战后其他审判不同的是，沈阳、太原审判中日本战犯痛哭流涕、主动认罪，反映出新中国改造日本战犯取得了成功。

一、新中国的日本战犯

抗战胜利后，国民政府面对全国人民要求严惩日本战犯的正义呼声，开始了日本战犯逮捕和审判工作，一定程度上为遭受日本侵略者虐杀的死难同胞讨回了公道，洗刷了近代中国人的百年耻辱，但其对日本战犯的审判过于宽大，甚至是宽纵，使包括冈村宁次在内的一大批日本战犯逃脱了应有的惩罚。1945 年 11 月 6 日，国民政府成立"战争罪犯处理委员会"，作为处理日本战犯的最高权力机构，先隶属陆军总司令部，后改属国防部。12 月以后，国民政府分别在南京、上海、北平、沈阳、太原、济南、徐州、汉口、广州、台北等 10 地设立审判日本战犯的军事法庭，其中南京军事法庭直属国防部，其他各地军事法庭隶属各战区、行辕或绥靖区。1945 年 12 月及翌年 1 月，国民政府相继颁布《战争罪犯处理办法》《战争罪犯审判办法》《战争罪犯审判办法实施细则》等，作为审判日本战犯的法律准绳。国民政府貌似严厉的日本战犯审判工作，从 1945 年底至 1948 年 7 月"战争罪犯处理委员会"解散，共审理日本战犯 2 435 人，其中判处死刑 149 人（4 人在判刑前病死或减刑），实际执行 145 人，判处其他徒刑 400 多人，其余全部释放。随着国民政府在大陆的败退，1949 年 2 月在押之日本战犯被其送往日本监押，但这些战犯在 20 世纪 50 年代全被释放。即使延续时间最长的国防部南京军事法庭，也于 1949 年 4 月宣布解散。①

国民政府虎头蛇尾、草草收场的日本战犯审判工作，使新中国成立后继续逮捕和审判日本战犯变得非常必要。严海建通过考察

---

① 翁有利：《国民党政府处置日本战犯述评》，《西南师范大学学报》1998 年第 6 期。

国民政府对日本战犯的处置政策与事实，认为国民政府处置日本战犯的宽大、宽纵政策，主要受制于战后初期中国国内、国际现实因素的影响。具体说来，一是国民政府希望借助投降之日军配合接收沦陷区，二是追随美国转变对日政策而宽大处理日本战犯，三是国民政府本身对战时日军罪行的调查不足，造成引渡、审判、惩处日本战犯的实际困难，故国民政府处置日本战犯从政策层面看表现为宽大，在实践层面又不免失之宽纵。① 据统计，战后盟国起诉的各级各类日本战犯总数为 5 423 人，其中仅乙、丙战犯被判刑者 4 226 人，被判处死刑者 941 人。② 与此相比，战后国民政府审判日本战犯的结果，与日本侵华战争最大受害国的客观实际相距甚远。不仅如此，侥幸逃脱正义审判的部分日本战犯妄图"残留"中国，配合国民政府和地方实力派，阻挠中国人民解放战争，再次荼毒中国人民。③ 如，在 1949 年解放山西的战斗中，中国人民解放军俘虏约 700 名原日本战俘和侨民，其中 140 人被认定为战犯，关押在太原战犯管理所。④ 新中国成立后，毛泽东主席首次访苏之际，与斯大林达成了接收 1945 年 8 月苏联出兵中国东北俘虏之日本战犯的协议。1950 年 7 月 29 日，苏联正式向中方转交了 969 名日本战犯，他们全被关押在抚顺战犯管理所。⑤

---

① 严海建：《宽大抑或宽纵：战后国民政府对日本战犯处置论析》，《南京社会科学》2014 年第 7 期。

② 李友唐：《"二战"后日本战犯是如何被审判的》，《中国档案报》2010 年 8 月 27 日，第 4 版；王恩收：《二战后对日本战犯的审判》，《文史月刊》2010 年第 3 期。

③ 孔繁芝、尤晋鸣：《二战后侵华日军"山西残留"——历史真实与档案记录》，《抗日战争研究》2011 年第 2 期；徐志民：《抗战胜利后中国遣返日本侨俘研究》，《暨南学报》2015 年第 5 期。

④ 孙凤翔：《简述山西日本战犯的来龙去脉》，《文史月刊》1995 年第 3 期。

⑤ 董玉峰：《接收日本战犯》，《人民公安》2000 年第 7 期。

如何处置这部分在押日本战犯？新中国政府决定先调查取证、侦讯，并改造日本战犯，再适时进行审判。1951 年 1 月 16 日，中国人民革命军事委员会总政治部、最高人民检察署、公安部发出《关于侦查处理在押日本战争犯罪分子的通知》，但由于国内"三反""五反"运动和抗美援朝战争而暂时中止，直至 1954 年初再次开启对日本战犯的调查取证和侦讯工作。在切实掌握这些日本战犯的犯罪证据后，中共中央从战后中日关系的大局出发，于 1955 年 12 月 28 日决定对在押之日本战犯不判死刑和无期徒刑，有期徒刑也是极少数，一般战犯则不予起诉。① 1956 年 4 月 25 日，毛泽东主席签署《关于处理在押日本侵略中国战争中犯罪分子的决定》，对日本战犯实施"镇压与宽大相结合"的方针。1956 年 6 月 21 日、7 月 15 日、8 月 16 日，最高人民法院特别军事法庭，根据在押日本战犯的悔罪表现，分批释放了 335 名、328 名、354 名，共计 1 017 名战犯（另有 47 人在押期间病亡）。同时，最高人民法院特别军事法庭分别在沈阳、太原两地审判其余之 45 名日本战犯。②

二、沈阳与太原审判

最高人民法院根据全国人大常委会第 34 次会议通过、毛泽东主席签署的《关于处理在押日本侵略中国战争中犯罪分子的决定》，于 1956 年组建了中华人民共和国最高人民法院特别军事法

---

① 力平、马芷孙：《周恩来年谱(1949—1976)》上卷，北京：中央文献出版社 1998 年版，第 531 页。

② 这 45 名日本战犯，分别被判处 8—20 年不等的有期徒刑，服刑期间除一人病亡外，其他 44 人均刑满释放或提前释放。参见隋淑英《20 世纪五十年代中国对日本战犯的审判与释放》，《烟台大学学报》2006 年第 4 期；黄敏、郭珊玲《历史与正义的审判——侵华日军战犯的结局》，《文史精华》1995 年第 9 期。

庭负责审判日本战犯工作。一些学者通过研究，指出沈阳、太原审判的顺利进行，除中共中央高度重视之外，还与周恩来总理、军法上将陈奇涵、最高人民法院特别军事法庭庭长贾潜等人的指导和努力密切相关。如，周恩来总理以政治家的恢宏气度和从维护中日关系的长远利益出发，提出宽大处理日本战犯的政策，展现了中国人民不念旧恶的宽广胸怀。① 当然，中共中央通过宽大处理日本战犯这一政策过程中面临着各种异议，尤其是在量刑上更有不同的强烈意见，而周恩来总理以其高超的政治智慧，做了大量的解释和说服工作，最终于 1956 年 4 月 25 日在全国人大通过了宽大处理日本战犯的方针，体现了周恩来政治艺术中"照顾多数""求同存异"的真正内涵。② 中国人民解放军军事法院院长、军法上将陈奇涵，派遣 9 名军法官参与特别军事法庭审判日本战犯工作，并给予悉心指导，为审判日本战犯做出了历史贡献。③ 贾潜深受毛泽东、周恩来等中央领导的信任，被毛泽东指名担任审判日本战犯的最高人民法院特别军事法庭庭长。④ 正是在他们的指导和努力下，太原审判、沈阳审判才能一举成功，备受世人关注。

　　中华人民共和国在 1956 年对日本战犯的沈阳审判、太原审判各有两次。沈阳审判的两次，一是 6 月 9 日至 19 日审判 8 名日本战犯，即：原日军第一七七师团师团长、中将铃木启久，第五十九师团师团长、中将藤田茂，第三十九师团师团长、中将佐佐真之助，第五十九师团第五十三旅团旅团长、少将上坂胜，第五十九师团第五

---

① 卓爱平、王永贵：《周恩来与 1956 年宽释日本战犯》，《广东党史》2005 年第 5 期。

② 大泽武司：《周恩来与对日本战犯的处理政策》，《中共党史研究》2008 年第 4 期。

③ 廖春梅：《陈奇涵：审判日本战犯的军法上将》，《湖北档案》2014 年第 3 期；廖春梅：《军法上将陈奇涵与审判 45 名日本战犯》，《党史文汇》2014 年第 9 期。

④ 刘勤学：《毛泽东指令贾潜审日本战犯》，《党史博览》2005 年第 5 期。

十四旅团旅团长、济南防卫司令官、少将长岛勤,第一三七师团第三七五联队联队长、大佐船木健次郎,关东军第七三一部队第一六二支队支队长、少佐榊原秀夫,①分别判处他们 13 年至 20 年不等的有期徒刑。

二是 7 月 1 日至 20 日审判日本战犯 28 名,即原伪满国务院总务长官武部六藏,伪满国务院总务厅次长古海忠之,伪满宪兵训练处处长、少将斋藤美夫,伪满司法部司法矫正总局局长中井久二,伪奉天省警务厅厅长三宅秀也,伪哈尔滨高等法院次长横山光彦,伪满司法部刑事司司长杉原一策,伪牡丹江铁路警护旅旅长、少将佐古龙祐,伪铁路警护军参谋长、少将原弘志,伪满间岛省省长岐部与平,伪满警务总局警务处处长今吉均,驻佳木斯日本宪兵队队长、中佐宇津木孟雄,伪齐齐哈尔市警察局特务科科长田井久二郎,关东军第三特别警备队队副、少佐木村光明,伪满警务总局特务处调查科科长岛村三郎,伪锦州市警察局警务科科长鹿毛繁太,伪滨江省警务厅司法股股长筑谷章造,关东宪兵队司令部高级副官、中佐司吉房虎雄,伪抚顺市警察局局长柏叶勇一,新京日本宪兵队分队长、少佐藤原广之进,四平日本宪兵队队长、中佐上坪铁一,伪奉天铁路警护团团长、大佐蜂须贺重雄,锦州日本宪兵队队长、中佐堀口正雄,伪吉林省怀德县警务科科长野崎茂作,伪哈尔滨高等检察厅检察官沟口嘉夫,关东军第一特别警备队教育队队长、中佐志村行雄,兴安日本宪兵队队长、少佐小林喜一,哈尔滨道里日本宪兵分队分队长、少佐西永彰治,②判处他们 12 年至 20 年不等的有期徒刑。

---

① 廖春梅:《陈奇涵:审判日本战犯的军法上将》,《湖北档案》2014 年第 3 期。
② 刘勤学:《毛泽东指令贾潜审日本战犯》,《党史博览》2005 年第 5 期。

太原审判的两次，一是 6 月 10 日至 19 日审判曾任华北交通株式会社课长、资业局次长及总裁室交通地志室主事而实为日本特务的富永顺太郎，判处其有期徒刑 20 年；二是 6 月 12 日至 20 日审判日本战犯 8 名，他们分别是伪山西省政府顾问辅佐官城野宏，伪大同省公署直辖警察队队长大野泰治，华北方面军第一军独立混成第三旅团独立步兵第九大队大队长、大尉相乐圭二，华北方面军第一军独立混成第三旅团独立炮兵大队大队长、大尉菊地修一，伪山西省闻喜、安邑等县保安队联队部指导官永富博之，华北方面军第一军独立步兵第十四旅团第二四四大队第四中队中队长、大尉住冈义一，伪山西省壶关县新民会首席参事、县政府顾问笠实，伪大同省公署直属警察队首席指导官神野久吉，①分别判处他们 8 年至 15 年不等的有期徒刑。

新中国惩处日本战犯的沈阳、太原审判，既是抗战胜利后盟国惩处日本战犯的延续和发展，更是盟国惩处日本战犯的成功典范，尤其是沈阳、太原审判中日本战犯主动认罪、深刻反省，并在他们获释回国后积极从事中日友好运动，充分体现了新中国改造日本战犯的巨大成功，引起了国际社会的广泛关注。

关于沈阳审判的情况主要有当年参与侦讯、审判日本战犯者的回忆和相关报道。如，1955 年毕业于中南政法学院法律系的佘力，主动请缨到东北参与审判日本战犯工作。他回忆了沈阳审判两次开庭审理日本战犯的经过，认为中国对日本战犯的宽大处理在国际上产生了强烈反响，同时也使这些被释放的日本战犯转变为积极从事中日友好活动的重要力量。② 李甫山回忆了自己参与

① 孔繁芝、张瑞萍：《山西太原对日本战犯的两次审判（下）》，《山西档案》2008 年第 1 期。
② 佘力：《审判日本战犯亲历记》，《源流》2009 年第 6 期。

侦讯日本战犯的工作，并以大量的战时罪行使他们低下头，表示真心忏悔。① 王天平介绍了苏联向中方转交 969 名日本战犯的历史过程和抚顺战犯管理所对这些战犯的改造情况，以及沈阳审判审理和判决日本战犯的经过。② 王和利、张家安、赵兴文介绍了中共中央组建"东北工作团"侦讯日本战犯的犯罪事实，以及中央在 1955 年决定宽大处理日本战犯，特别是毛泽东主席签署《关于处理在押日本侵略中国战争中犯罪分子的决定》，为审判日本战犯指明了方向，认为中国政府审理日本战犯所坚持的"镇压与宽大相结合"方针，既体现了法律尊严，也体现了中华民族的博大胸怀。③

沈阳审判是东京审判、伯力审判的继续，是完全按照法律程序的正义审判，因此，日本战犯全都在法律面前承认侵华罪行。④ 沈阳审判虽与东京审判、南京审判一样出现了政治干预审判的情形，对日本战犯实行特殊的宽大政策，却赢得了日本战犯的诚心悔过和他们余生为中日友好的努力，取得了巨大的成功。其原因一方面是新中国政府的英明决策，另一方面是继承纽伦堡审判、东京审判、南京审判的优良传统——依法办事、靠证据说话，尤其是纽伦堡审判开创的"反和平罪""反人道罪"等为日本战犯定罪扫清了障碍。⑤

关于太原审判的探讨，除了个别亲历者的回忆外，主要是一些

---

① 李甫山：《我参与侦讯日本战犯始末》，《党史博览》2008 年第 5 期。

② 王天平：《沈阳审判日本战犯始末》，《中国档案报》2001 年 9 月 14 日，第 1 版。

③ 王和利、张家安、赵兴文：《特别军事法庭在沈阳审判日本战犯始末》，《江淮文史》2001 年第 1 期。

④ 沈宗艳：《沈阳特别军事法庭审判日本战犯简述》，《辽宁省社会主义学院学报》2009 年第 1 期。

⑤ 赵朗、廖晓晴、张强：《沈阳审判与纽伦堡、东京、南京审判比较研究》，《辽宁大学学报》2009 年第 6 期。

介绍性文章。如，当年报道太原审判的马明，回忆了报道太原审判中日本战犯的情况，介绍了自己亲身经历的太原审判的历史过程，认为这一审判是正义压倒邪恶的审判。[①] 崔汉明介绍了太原审判开庭前日本战犯的犯罪事实、为进行审判所做的准备、法庭上日本战犯的悔罪和忏悔，以及审判富永顺太郎的战争犯罪和特务间谍犯罪情况。[②] 国民政府的太原审判曾使大批日本战犯漏网，并"残留"山西继续毒害中国人民，而新中国的太原审判促使日本战犯主动认罪，发生巨大转变，[③]是一次非常成功的审判。国民政府和新中国政府在山西太原对日本战犯的两次审判的效果截然不同，[④]第二次太原审判中日本战犯态度诚恳，甚至是跪地磕头认罪，[⑤]反映了新中国对日本战犯的成功"改造"。

新中国创造性地将审判与改造有机地结合起来，在侦讯、调查日本战犯战争犯罪事实的基础上，重在进行思想教育，将宽大处理与严肃审判相结合，既揭露日本侵略者在中国的滔天罪行以伸张正义，又将这些战犯改造成反对战争、促进中日和平友好的骨干力量，同时将中国人民维护和平、反对战争，以及革命人道主义的精神传播至世界各地。[⑥] 新中国审判日本战犯的地点原本设在抚顺和太原，但中央领导考虑到沈阳是九一八事变的爆发地，是日本大规模武装侵华的开始，故将审判地由抚顺改为沈阳；考虑个别战犯

---

① 马明：《太原审判日本战犯报道的回忆》，《新闻采编》1996 年第 2 期；马明：《正义压倒邪恶的审判——太原审判日本战犯亲历记》，《党史文汇》2005 年第 8 期。

② 崔汉明：《正义的审判》，《文史月刊》1995 年第 3 期。

③ 孙凤翔：《简述山西日本战犯的来龙去脉》，《文史月刊》1995 年第 3 期。

④ 孔繁芝、张瑞萍：《山西太原对日本战犯的两次审判（下）》，《山西档案》2008 年第1 期。

⑤ 谷峰：《太原审判：日本战犯跪地磕头谢罪》，《山西老年》2014 年第 6 期。

⑥ 李东朗：《论新中国对日本战犯的审理》，《理论学刊》2005 年第 8 期。

长期卧病在床的身体情况,竟为照顾日本战犯而将个别庭审设在了医院,充分体现了新中国的人道主义精神;也正因为如此,沈阳审判、太原审判彻底清除了这些战犯的军国主义思想,并将之改造成为中日两国的友好使者。①

三、日本战犯改造

东京审判、伯力审判、南京审判及其他各地审判日本战犯时,往往遇到的是日本战犯的无理狡辩、顽固抗拒,甚至认罚不认罪,而为何在沈阳审判、太原审判中日本战犯积极主动认罪,并痛哭流涕地向中国人民谢罪? 其关键就在于新中国对日本战犯实施了成功的"改造",使他们不仅认识到日本侵华战争的本质和目的,而且认识到日本侵华战争带给中国人民的巨大灾难,更认识到自身参与侵略战争,并在战争中所犯下的暴行、罪恶和责任。

鉴于此,中国学界开始关注太原战犯管理所、抚顺战犯管理所的日本战犯改造的成功经验。如,太原战犯管理所改造日本战犯的主要措施,即注重对日本战犯进行政治思想教育,尊重日本战犯的人格、风俗习惯和保证其应有的权利,尤其在日本战犯的生活和医疗方面给予人道主义的关怀,定期不定期地组织日本战犯外出参观,了解中国社会主义现代化的建设情况和中国人民的建设热情,并允许日本战犯家属来所探视。因此,太原战犯管理所改造日本战犯的成效显著,不仅使他们分清了是非,通过过去与现在的对比,认识到自己的罪责,表示甘愿认罪服法,而且在释放回国后不忘中国人民的恩情,成立"中国归还者联络会",积极反对日本军国

---

① 金恒薇:《从二战后审判国际战犯中探析新中国政府审判日本战犯的特点》,《中国校外教育》2011 年第 1 期。

主义"复活"和为促进中日友好而努力。① 这些日本战犯通过在中国的游览、参观和学习，对比过去自己所犯下的战争罪行，更是愧疚有加；他们对中国人民的态度，还直接影响了来华探视的日本眷属对中国的认识；当他们被释放回国时反而对中国表现出了依依不舍的离别之情。② 这些曾经的日本战犯通过在新中国的"改造"，终于脱胎换骨，由"鬼"成"人"。

抚顺战犯管理所对日本战犯的成功改造，被称作"抚顺奇迹"，在当代中日关系史上都有一定的位置，不仅受到学者的关注，而且原抚顺战犯管理所的工作人员也纷纷回忆当时改造日本战犯的情况。如，原抚顺战犯管理所所长金源，著有《从战争狂人到朋友——改造日本战犯的成功之路》《奇缘——一个抚顺战犯管理所所长的回忆》等，回忆自己担任抚顺战犯管理所副所长、所长期间改造日本战犯的历史，指出通过他们的努力，这些骄横、不可一世的日本战犯低下头，从战争狂人、杀人魔王变成了自食其力的劳动者和中国人民的朋友。③ 原抚顺战犯管理所护士赵毓英，回忆了在新中国成立初期的生活艰苦、缺医少药的困难年代，从中央到抚顺地方高度重视日本战犯改造工作，并创造条件从生活、医疗等各方面特殊照顾日本战犯，促使他们从思想上转变认识，深刻反省在中国犯下的种种罪行。④ 新中国成立后，中共中央决定对日本战犯采

① 叶晓欣、草世木：《太原战犯管理所改造日本战犯纪实》，《文史月刊》2007 年第 1 期。
② 武胜利：《太原战犯管理所的日本战俘》，《文史精华》1995 年第 9 期。
③ 金源、邵名正等：《从战争狂人到朋友——改造日本战犯的成功之路》，北京：群众出版社 1986 年版；金源：《奇缘——一个抚顺战犯管理所所长的回忆》，北京：解放军出版社 1999 年版；金源：《再生之路——改造日本战犯的回忆》，《人民公安》2000 年第 8 期。
④ 《改造日本战犯——原抚顺战犯管理所护士赵毓英自述》，《当代护士》2005 年第 11 期。

取法律与道德相结合、惩办与教育相结合的办法，充分给予人道主义待遇，在思想和劳动改造的基础上使他们自觉地认识自己的罪行，并将这些政策和措施概括为"一个不杀、从宽处理，生活优待、尊重习惯，尊重人格、彰显人道，救死扶伤、感化战犯"32字经验，从而将这些曾经顽冥不灵的日本战犯感化成讨伐军国主义和为中日友好而努力的重要力量。① 有人认为抚顺日本战犯改造中的思想政治教育作用机制，是以传输知识为基点，以德性为根基，以社会实践为催化剂，不断匡正受教育者的理念，引导受教育者从自发上升到自觉，即使对今天的思想政治教育仍有重要的启示和借鉴意义。②

　　一些学者通过采访当年参与改造日本战犯的相关人员，发表了一些纪实性的改造日本战犯的论著，介绍了改造日本战犯的具体情况，故此处从略，兹举几部代表性论作。如，徐桂英、纪敏主编了《改造战犯纪实——亲历、亲见、亲闻》，以亲历、亲见、亲闻者的回忆，回顾了新中国改造日本战犯的真实历史。③ 刘宝军、刘家常所著《战犯改造纪实》一书，也是一部纪实性地介绍改造日本战犯的图书。④ 叔弓的《中国改造日本战犯始末》，活灵活现地展现了新中国改造日本战犯的全景，充分体现了中国政府从革命人道主义的原则出发，尊重战犯人格、保障生活资料供给、文明管理，促使战

---

① 李正军：《抚顺战犯管理所对日本战犯的改造及影响》，《党史纵横》2011年第3期；李正军：《抚顺战犯管理所对日本战犯的改造》，《党史博览》2012年第6期。

② 柳立敏、张澍军：《论抚顺战犯管理所战犯改造中的思想政治教育作用机制》，《思想教育研究》2013年第6期。

③ 徐桂英、纪敏主编：《改造战犯纪实——亲历、亲见、亲闻》，北京：中国文史出版社2000年版。

④ 刘宝军、刘家常：《战犯改造纪实》，北京：中国国际出版社2003年版。

犯由被迫服刑向自觉改造转变,由"坏人"变为"好人"。① 郭长建等
著《日本战犯的再生之地:抚顺战犯管理所》,不仅介绍了关押和改
造日本战犯的抚顺战犯管理所,而且介绍了抚顺战犯管理所对日
本战犯的改造措施、改造故事和改造影响,称其是日本战犯的"再
生之地"。② 曾任抚顺市政协文史委主任的纪敏,通过采访公安部、
原东北公安部等相关部门的领导和各地战犯管理所的知情者、亲
历者,以及获释回国的日本战犯,指出周恩来总理为新中国成功改
造日本战犯而亲自主抓改造和释放日本战犯事宜,坚持"一个不
杀,宽大处理"的方针,从中日世代友好的原则出发,最终成功改造
了这些曾经在华犯下滔天罪行的日本战犯。③

　　新中国改造日本战犯的影响和价值,也是社会关注的焦点。
如,新中国对日本战犯改造政策中坚持"一个不杀,从宽处理",优
待其生活,尊重其民族习惯和人格,甚至救死扶伤,改造战犯,体现
了中国政府和人民的人道主义精神,值得称颂。④ 沈宗艳认为新中
国成功改造日本战犯,是两次世界大战后处理战后问题的"典
范"。⑤ 新中国政府把思想改造作为战犯工作的重点,以改造促
审判,从而有理有据,使战犯们心服口服,全部认罪悔罪,创造了
人类历史上改造战犯的"奇迹",也是中国司法对国际法、国际惯
例的创新和发展,因而具有深远的国际影响,尤其是战犯归国后

---

① 叔弓:《中国改造日本战犯始末》,北京:群众出版社 2005 年版。
② 郭长建等:《日本战犯的再生之地:抚顺战犯管理所》,北京:五洲传播出版社 2005
　　年版。
③ 纪敏:《周恩来与改造日本战犯》,《文史精华》2011 年第 12 期。
④ 李正军:《新中国对日战犯改造政策中的人道主义精神》,《兰台世界》2011 年第 3 期。
⑤ 沈宗艳:《新中国改造日本战犯是两次世界大战后处理战后问题的典范》,《大连近代
　　史研究》第 9 卷,沈阳:辽宁人民出版社 2012 年版。

的现身说法为消除日本人民对新中国的误会、清除战后日本的军国主义思想、抵制日本保守右翼势力美化侵略战争的歪理邪说等，都有一定的积极意义。① 新中国改造日本战犯工作取得了极大的成功，具有非常深远的历史意义和现实意义，尤其是改造日本战犯积累的经验，不仅为国际上改造战犯提供了借鉴，而且对于普通刑事罪犯的改造也有重要的参考价值。②

　　当然，新中国对日本战犯的侦讯定案、教育改造和严正而宽大的处理，既伸张了正义、维护了民族尊严，化消极因素为积极力量，也有利于中日两国友好关系的发展。③ 特别是对在押日本战犯采取以思想教育改造、清除其头脑中的军国主义思想为核心的方针，生活上精心照料，管理上平等待人，并组织他们进行系统的理论学习和请受害者讲述当年日军的侵华暴行，且在侦讯定罪后，实施镇压与宽大相结合的审判原则，这与苏联采取苦役方式的惩罚和美国包庇大批日本战犯的行为截然不同，结果自然是天壤之别，即新中国审判之日本战犯不仅服罪认罪，而且日后为中日和平友好事业积极努力。④ 有学者指出，新中国政府从人道主义的基本理念出发，在伙食、医疗保健、文化活动等方面照顾日本战犯，并以亲情、人性感化他们，使他们认识到发动和进行侵略战争的罪责，并以"惩罪不惩人"的原则方针，宽大处理日本战犯，为重建战后中日两

---

① 金恒薇：《新中国改造日本战犯的国际影响》，《兰台世界》2010 年第 23 期；金恒薇、牟岱：《新中国改造日本战犯的国际影响研究》，《沈阳师范大学学报》2014 年第 5 期。

② 邵名正：《论改造战犯的历史性价值》，《政法论坛》2001 年第 1 期。

③ 谢玉叶、赵月琴：《我国教育改造处理日本战犯工作的伟大胜利》，《当代中国史研究》1995 年第 6 期。

④ 刘国武：《新中国对日本战犯的改造和审判》，《衡阳师范学院学报》2001 年第 4 期。

国人民的友好关系，以及东亚地区的和平奠定了基础。① 其实，新中国审判在押日本战犯并不仅仅从法律的角度出发，更是从国际政治斗争的需要出发，为争取日本和影响日本人民，采取了宽释日本战犯的方针，这虽取得积极效果，但对外政策的成功与否是建立在对对方国真正了解的基础上，而非仅仅抱有单方面的良好愿望。② 这一点也值得深思。

第三节　日本遗孤的故事

日本遗孤是指 1945 年日本战败投降后，日本侵略者撤退和遣返期间，遗弃在中国并被中国人抚养长大的日本孤儿。日本遗孤中既有军政人员的子女，又有工商界的后裔，但最多的是日本开拓团的后代，总数在 4 000 名以上，分布于中国 29 个省、市、自治区，其中 90% 集中在东北三省和内蒙古自治区。如此众多的战争孤儿被遗弃在当时尚未结束战争状态的异国，且被遭受日本侵略者奴役和蹂躏的这一国家的人民收养，这在古今中外战争史上是绝无仅有的。

一、移民侵略的产物

日本遗孤是特定历史条件下产生的特殊历史问题。众所周知，中日两国是一衣带水的邻邦，两国人民有着两千多年的友好交

---

① 林晓光：《中国共产党对侵华日本战犯的审判处理和改造》，《党史研究与教学》2004年第 4 期；孙辉、林晓光：《新中国政府对侵华日本战犯的审判和改造》，《百年潮》2005年第 7 期。

② 隋淑英：《20 世纪五十年代中国对日本战犯的审判与释放》，《烟台大学学报》2006 年第 4 期。

往历史。但到了近代，日本军国主义开始疯狂侵略中国，在武装占领的同时，还向中国大量移民，妄图变中国为其永久殖民地。早在1905年日俄战争后，日本便开始陆续向中国东北移民，不过当时人数不多，尚处于起步阶段。日本帝国主义从沙俄手中攫取了中国东北旅大地区的租借权和从长春到旅顺的铁路及附属地，积极推行移民侵略政策，在大连及满铁附属地形成第一次移民高潮，截至1930年，日本移民共21万余人，[①]其中农业移民约1 000人，史称"早期移民"。

1931年九一八事变后，日本政府开始推行大规模移民侵略政策，有目的、有计划、有组织地向中国东北移民，大批日本军政人员、工商界人士和武装移民，纷纷侵入东北。到1936年，日本殖民当局共组织5次武装移民，组成9个移民团，3 000人左右，分布于今黑龙江省桦南、依兰、绥棱等县，以及林口至密山的军用铁路沿线一带。

1936年，广田弘毅内阁提出在20年内向中国东北移民100万户、500万人的庞大移民计划。这一移民数字占当时日本农业人口的1/4和中国东北预计总人口的1/10。为实现国策移民计划，日本采取"分村分乡"的移民方式。所谓"分村"移民，是指以日本国内的一个村庄作为"母村"，从中分出部分农户组成移民团，进入中国东北后再建立移民村，称作"子村"；所谓"分乡"移民，是指从日本国内一个地区的若干个村庄中分出部分农户，再组成一个移民团移住中国东北。这种"分村分乡"形式，可以把日本农户男女老少全家移出，减少本人及其家属的阻力，增加移民的数量，并利用

---

① ［日］满史会编，东北沦陷十四年史辽宁编写组译：《满洲开发四十年史》（上卷），内部发行，1989年，第46页。

移民之间的乡邻、家族关系,增强移民的凝聚力,使他们能长期地、稳定地居住于异国他乡。

日本向中国东北移民的另一种方式,是组建"满蒙开拓青少年义勇队"。随着日本发动全面侵华战争,大批日本农民或应征入伍,或被军事工业吸收,农村劳动力日趋紧张,为解决农业移民来源不足问题,日本决定以青少年代替壮年,采取募集"满蒙开拓青少年义勇队的"办法,实施开拓移民。义勇队的募集对象是 16—19 岁的日本青少年,他们被征集后首先要在以加藤完治为所长的茨城县内原训练所接受 2—3 个月的"身心锻炼",然后再进入设在中国东北的训练所进行为期三年的实地训练。1941 年第一批进入东北的 1.7 万名义勇队队员结束训练,编成 68 个义勇队开拓团开进移民点,成为开拓移民的重要组成部分。从 1932 年 10 月第一次武装移民始,截至 1945 年 5 月,日本共向中国东北输送开拓团团民 22 万余名,义勇队队员 10 万余名,合计 32 万余名。① 日本遗孤问题的产生正是源于日本大规模的移民侵略。

二、战火余生的弃儿

1945 年 8 月 9 日,苏联红军迅速出兵东北,数十万关东军顷刻瓦解。缺少军队保护的日本军政、工商人员和开拓团团民,被迫紧急撤退,向沿海集中,以期乘船回国,从而出现了百万逃难大军。

1. 自杀惨案的牺牲品

日本战败投降后,分散在黑龙江、吉林、内蒙古东部边陲的各开拓团,由于地处偏远,交通不便,很快陷于绝境。一些死硬分子

---

① [日]满州開拓史刊行会編『満州開拓史』、東京、全国拓友協議会、1980 年、464 - 465 頁。

在绝望中把手中的屠刀伸向自己的同胞，逼迫开拓团团民集体服毒、自爆、自焚，制造了一系列惨绝人寰的大血案，许多人弃尸异国他乡。一些大难不死的儿童，被中国人救起并抚养成人。

1945 年 8 月 12 日，伪东安省鸡宁县（今黑龙江省鸡西市）哈达河开拓团在团长贝沼洋二的率领下撤退到麻山地区，受到苏军阻截。当时，走在队伍前面的七八个男学生和 70 多名妇女儿童顿时慌作一团，绝望中几个男人将妇女儿童全部枪杀，然后逃入山中。贝沼洋二得知情况后，派人向过路的日军联系，请求保护，结果那些军人只顾自己逃命，根本不予理会。最后，贝沼洋二做出"以死报国"的决定，并委托警察队队长处理善后，自己向东方遥拜，口呼"天皇万岁"，用手枪自杀而死。在队伍后面的副团长上野胜和团部医生福地靖等，听说团长以下全员自决的消息，像着魔一般，狂呼乱喊。随后，男团民们纷纷开枪，开拓团团民全部倒在自决现场，500 余名妇女儿童死于非命。[1] 这次事件中幸存的 7 名孤儿，被当地中国人所收养。

同是 1945 年 8 月 12 日深夜，分布在伪兴安南省王爷庙（今内蒙古自治区乌兰浩特市）的日本军政人员及开拓团团民 1 200 余人，在科右前旗参事官浅野良三带领下，紧急向葛根庙方向撤退。8 月 14 日 11 时许，在离葛根庙不远的公路上与苏军遭遇，带队军官下令团民向路旁的大沟里跳，随后向沟中扔手榴弹，未炸死的，又派人用刺刀挑，制造了死亡千余人的大血案。[2] 内蒙古自治区通辽市原人大常委会副主任乌云，就是这次事件的幸存者之一。当时她的母亲、姐姐、妹妹和两个弟弟均在这次惨案中死亡，她自己

---

[1] ［日］满州开拓史刊行会编『满州开拓史』、534 页。

[2] ［日］满州开拓史刊行会编『满州开拓史』、802 页。

在死人堆里趴了 4 天,靠喝血水活命,后被当地蒙古族牧民救起。

2. 逃难路上的遗弃者

日本开拓团团民在紧急撤退中,有的父母身患疾病,途中死亡,他们的孩子便成了流落荒山野岭、街头巷尾、车站码头的孤儿;有的父母在溃逃中为了不让孩子病死、饿死、冻死,就把他们送给中国人抚养;也有的父母为了自己逃命,把不便携带的婴幼儿抛弃于路旁郊野,被中国人抱回收养。

1939 年,松田千卫随丈夫入殖伪三江省依兰县北靠山屯开拓团。日本战败投降后滞留在中国生活,她把自己的半生经历写成《開拓残留妻の証言》,其中说道:"我们这支逃难队伍,扶老携幼,拖儿带女,怀着恐惧的心情匆忙地行进在田间小路上,谁也不说一句话,只能偶尔听到一两声幼儿的哭叫声和妈妈的安慰声。我们每人带的仅够三天吃的干粮很快就吃光了。没有吃的,就采野果、野菜来充饥,最后就连葡萄蔓子和葡萄叶子也采来充饥。孩子们饿得头重脚轻,全身无力,一个劲地哭喊着:'妈妈,我要吃饭。'我们这些做母亲的身上背着孩子,手里还要拿着行李,迈着艰难的步伐,一步一晃地踏着泥水,努力跟上前进的队伍,穿行在山林之中。有个妇女背着两个孩子,可其中那个小的已经死了,她还不知道。几天来,在我们所走过的山坡上、树林里,经常可以看到被抛弃的死孩子和倒在地上停止了呼吸的大人。"①

水野百合子在《我的恩与怨》中,悲伤地回顾了 1945 年 8 月下旬逃难路上遗弃女儿的痛苦经历:"我们在向方正奔逃途中,因为我的孩子多,拖累了大伙赶路,团长让我把孩子扔了。天哪! 那是

---

① 祝平主编:《梦碎满洲——日本开拓团覆灭前后》,哈尔滨:黑龙江人民出版社 1991 年版,第 37—40 页。

我的亲骨肉啊,怎么忍心呢? 我们活要活在一起,死也要死在一块儿,说什么也不能扔。团长说:'你扔了,中国人会捡去把他养大,要带上,影响大家赶路,上不了船,我们就都得死。'没办法,我只好把四岁的女儿放在道上。可我一起身,女儿便伸着两只小手,拼命地喊着妈妈。我走了几步,心像刀绞似的难受,心疼得我又跑了回去,还要把她抱起来。团长说什么也不允许,我怕他再让我把儿子也扔了,就顺从了团长。我一边流着泪一边对女儿说:'孩子,别怪妈妈无情啊,我这是给你留一条活路,要不咱就都得死了。'"①

3. 收容所里的罹难者

日本战败投降后,分散在中国东北各地的开拓团团民们,从四面八方扶老携幼,长途跋涉,到达哈尔滨、长春、沈阳等中心城市时,除个别有亲友者外,大部分成为衣食无着的难民,纷纷住进了设在当地的难民收容所。一些偏远地区的开拓团团民,在逃难途中被收留在齐齐哈尔、方正、海林、拉古、延吉、敦化、四平、抚顺等地方收容所。在等待遣返的日子里,难民收容所中的开拓团团民经受着严寒、饥饿、疾病的摧残,儿童、妇女和老人大批死亡,成为日本军国主义者发动这场战争的罹难者。

哈尔滨市为收容各地的日本难民,曾动员和设立以新香坊收容所为主,包括学校、寺院、剧场、会社、社宅、仓库等的 325 个收容所。收容所分为免费和收费两种。免费收容所实行生活物资配给制,主要有:位于香坊区开拓训练所的"新香坊收容所",收容难民 2.5 万人;位于马家区花园小学校的"花园收容所",收容难民 3 000 人;位于道里区的"西本愿寺收容所",收容难民 800 人;位于道里区的"满拓收容所",收容难民 300 人;位于道里区的"大星旅馆收

---

① 祝平主编:《梦碎满洲——日本开拓团覆灭前后》,第 121 页。

容所",收容难民 300 人;位于道里区的"东本愿寺收容所",收容难民 150 人。其他 300 余个收容所属于收费收容所,即难民靠自己的劳务来维持生计。据当时任职于哈尔滨日本人难民联络会的村井光雄回忆:1945 年 10 月中旬,在哈尔滨某难民收容所里,每天都有人死去,大约一天死亡 30 人……到 1946 年 8 月遣返时,这个难民收容所只剩下 50 多人。一些大难不死的儿童,流落到市井之间,被当地百姓收养,仅哈尔滨市内就有日本遗孤 200 余人。

　　1945 年 9 月至 1946 年 9 月,滞留在长春市等待遣返的日本侨民由 9 万余人上升到 20 余万人,这些净增的日本难民中有开拓团团民 2.8 万余人,分别来自"东满""北满""西满"各地的 135 个开拓团。他们大多居住于长春市南郊绿园地区及比邻之兴隆街、南大房身、西大房身、东大房身等 5 处日本关东军军官宿舍。由于极度的身心疲劳,加上天寒、营养不足和卫生条件差等原因,从 1945 年 8 月战争结束至翌年 3 月的 8 个月当中,死亡人数多达 2.5 万人。最严重的是传染病,其中以斑疹伤寒尤甚。死亡人数中 4 岁以下儿童占 56%,60 岁以上的老人占 31%,半数以上幼儿在难民收容所中死去。一些妇女和儿童得到中国人的救助而幸存,长春市留下的日本遗孤有 180 余人。

　　截至 1945 年底,流入沈阳市的日本难民总数达 15 万余人,其中有来自 121 个开拓团的约 2 万名开拓团团民,被收容在沈阳市铁西等区的工厂、学校、仓库、军营的难民收容所里。由于许多日本难民从远在千里之外的边境地区长途跋涉来到沈阳,身心极度疲劳,在严寒、饥饿、疾病侵袭下,死亡者比比皆是。沈阳市的 300 余名日本遗孤,大多是从难民收容所流落出来的。

　　日本遗孤在随父母逃亡过程中,所遭遇的不幸是常人难以想象的。他们在被收养前,有的衣衫褴褛、骨瘦如柴,有的疾病缠身、伤痕累累,有的饥寒交迫、气息奄奄,绝大多数是开拓团团民在撤退时遗留下来的。日本军国主义发动的这场侵略战争,不仅给中韩等亚洲邻国人民带来巨大的灾难,导致数千万人的死伤,而且也使日本人民深受其害,如这些本该依偎在父母身边享受天伦之乐的日本孩童沦落为孤儿,并被遗弃在异国他乡。

三、走进中国家庭

日本儿童被遗弃时,不仅遭遇了与亲生父母生离死别的人间惨剧,而且大多挣扎在死亡边缘,因此,他们是不幸的。中国养父母在深受日本侵略之害、生活十分艰难的情况下,以博大的胸怀,接纳了这些日本儿童,并含辛茹苦地把他们抚养成人,因而,这些日本遗孤又是幸运的。

日本遗孤是个特殊群体。首先,从国籍法上看,他们是中国公民,但又不是一般的中国公民。他们是加入中国籍的具有日本血统的特殊中国人。日本遗孤中相当多的人在 20 世纪五六十年代获得了国务院颁发的"中华人民共和国国籍证书",成为中国公民;也有一些当时不知道自己身份的日本遗孤,自动加入中国国籍。其次,在社会性概念上,所谓"孤",是有特定含义的,一般指父母双亡的未成年人,而日本遗孤名为"孤",实则不孤,并且较之一般的孩子们有更多的双亲。也就是说,他们中有的不仅生身父母有可能健在,而且养育他们的中国父母也都健在,因此孤儿不孤。再次,就历史性概念而言,日本遗孤表明当时他们遗留在中国时的年龄状况。从现实来看,当年的日本孤儿,早已为人父母,很多人已有孙辈,再以"儿"来论也欠妥当。最后,从文化上来讲,日本遗孤在语言文字和生活习惯上已经中国化。他们在中国生活几十年,学的用的都是汉语及中国少数民族语言,母语基本遗忘或不会,其日常生活也受中国传统文化影响,可以说他们已是中国化的日本血统人。

收养敌人的孩子,在一般人看来是有悖于常理的,但在中国却实实在在地发生了,只有从中华民族的博大胸怀和中国人民的善良爱心上,才能解释这一古今中外战争史上的罕见现象。基于此,才会有中国共产党领导的八路军将领聂荣臻将军于 1940 年收养日本孤儿美穗子小姐妹的感人故事;基于此,才会有中国国民政府在 1945 年日本战败投降时发布的"不以暴易暴"的声明;基于此,才会有中国普通民众对日本难民的各种救助;基于此,才会有中国养父母自发拯救日本遗孤的行动;基于此,才会有新中国成立后中国政府对日本遗孤政治上信任、生活上照顾、工作上重视,使生活在异国他乡的日本遗孤们,同样享受到家庭的温暖、社会的关爱和国家的保护,健康幸福地成长起来。

内蒙古自治区乌兰浩特市日本遗孤乌力吉勒图(日本名竹田实)回忆说:"1945 年 8 月的一天,我被一个看瓜的老人领到王爷庙,找到在东蒙旅店当掌柜的吴凤岐。看瓜老人对他说:'老五啊,这个孩子是我在瓜地里捡的日本崽儿。孩子没作孽,可我养不活他,更供不起他念书。你就可怜可怜这孩子吧,留在你身边,好歹能有口饭吃。'吴凤岐看看我,又摸摸我的头,对看瓜老人说:'老叔,这孩子交给我吧,一个是养,两个是养,三个也是养,总不能把他们都掐死啊!'看瓜老人照我的后背按了一下,说:'还不跪下叫爹!'于是我跪在吴凤岐面前,亲亲切切地叫了一声'爹!',我的名字从此由'竹田实'变成'乌力吉勒图'。当时吴凤岐已收养了日本遗孤永久保盛茂、永久保刚安哥俩。"①

黑龙江省依兰县土城子乡新丰村农民胡万林讲述道:"1938 年

---

① 冯兴盛主编:《情系华桑》,大连:大连理工大学出版社 1997 年版,第 307 页。

9月,日本开拓团来到依兰县,强行收取中国人的房照和地照,不给就放火烧房子。村里的老百姓不愿离开家园,便跑到附近一座大庙里暂避,结果被日本鬼子包围起来,用刺刀全挑死了。第二天,我和王刚、卢泰山三个人干了一天,才把尸体掩埋完。日本人放火烧村的时候,我哥哥的一个孩子藏在大缸里,回去一看,早就闷死了。我后来在一座小山坡上挖了一个地窖子,有一次,日本兵在我家地窖子上站岗,将压在房盖上的木头蹾下来,砸在我儿子的头上,孩子当时就砸死了。1945年秋天,靠山屯开拓团一个叫大谷的人,领一个日本小男孩,对我说孩子的父亲被征兵了,母亲从密山开拓团撤下来,病得快不行了,孩子的腿也烫伤了,没法往前走了,想请我帮助照看一下。我当时二话没说,就答应下来。村里那么多人被日本人杀死,我自己的孩子也被他们害了,要说我不恨日本人那是假话,但我恨的是那些杀人放火的禽兽,而不是不懂事的孩子。"①

　　居住在吉林省长春市中国养父母楼的李淑贤老人讲述道:"我和老伴徐凤山是1943年'闯关东'从山东来到伪满新京(今吉林省长春市)的。一天我拖着五六个月的身孕到当时日本桥一带卖鸡蛋,被一个穿大皮靴的日本宪兵拦住,那家伙一脚把我的鸡蛋筐踢翻了,在我弯腰捡鸡蛋时,他又向我的腹部狠狠踢了几脚,当时我昏了过去,回家以后就流产了,并落下了病根,造成终生不育。没想到我后来却与日本人结下了不解之缘,而且是个善缘。1945年秋天的一个中午,拉洋车的老赵在垃圾堆边捡到一个日本孤儿,要送到我家跟前的'万字会'孤儿院,碰巧院长不在,便问我家老头要

①　孙继武、郑敏主编:《日本向中国东北移民的调查与研究》,长春:吉林文史出版社2002年版,第123页。

不要。我听说是日本人的后代，就想起那个日本宪兵的狰狞面目和他脚上的那双大皮靴，赶紧对老头说，'日本小孩，不要！不要！'这时老赵洋车上的孩子突然哭了，这下子我心软了，忙把孩子抱过来，紧紧搂在怀里。天下婴儿的哭声是一样的，女人听到孩子哭时的心情也是一样的，谁让咱是女人，看到日本孤儿的小可怜相，听到那无助的哭声，当时什么仇啊、恨啊，都忘了。我就这样收养了一个日本小女孩，并给她取了一个中国名字，叫徐桂兰。"①

日本遗孤遍布中国东北的白山黑水，无论在农村还是在城市，无论山林草莽还是河边沟壑，无论田间地头还是车站港口，凡是有需要抚养的日本遗孤，不管是遗弃的还是送养的，不管是健康的还是病残的，不管是男的女的，也不管是长的幼的，中国养父母都予以接纳和善待。地域分布上的广泛性，不可避免地带来孤儿成长的差异性。然而，不管孤儿所处地区和收养孤儿家庭差别多大，中国养父母对日本遗孤均倾注了自己的全部力量。不可否认，当时一些无子女家庭收养日本遗孤，是受养儿防老传统观念的影响，带有一定的利己性。但是，绝大多数养父母在收养日本遗孤时自己已有亲生子女，当他们看到嗷嗷待哺的孤儿需要帮助时，只是想救下一条小命，做一件行善积德的好事，动机非常单纯，带有很大的利他性。正因为这种利他性，中日邦交正常化后，大批日本遗孤回日定居时，养父母们不顾自己年老体弱需要照料的实际情况，毅然决然地予以放行。

四、踏上寻亲之路

日本遗孤随着年龄增长，思亲之情日益迫切，故适时组织他

---

① 根据 2003 年 10 月 28 日调查资料整理。

们寻亲、探亲、回国定居等事宜逐步提到议事日程上来。中国政府根据《世界人权宣言》的规定，本着人道主义精神，以积极认真的态度，采取各种措施，尽力提供方便条件，来满足日本遗孤的愿望。早在 20 世纪 50 年代初期，在中国政府协助日本侨民回国期间，有小部分年龄稍大的日本遗孤随同侨民一起返回日本国内。与此同时，一些日本民间人士也开始寻找在华日本遗孤。到了60 年代，一些日本人士和某些日本民间团体，通过日中友好协会、中国红十字会赴日代表团以及在华日本侨民等组织和个人开展了各种形式的寻亲活动。但是，因当时中日两国无外交关系，故在华日本遗孤及其在日亲属的寻亲活动，只能是个别地或小规模地进行。

1972 年 9 月，中日两国实现邦交正常化，为日本遗孤赴日寻亲创造了良好的政治前提和社会氛围。随着两国各界人士友好往来的不断增多，部分日本遗孤的在日亲属直接或间接地来到中国，寻访失落在中国的子女或兄弟姐妹。同时，一些在华日本遗孤也开始赴日寻亲，并找到失散多年的亲人。1978 年 8 月 12 日《中日和平友好条约》签订后，为使在华日本遗孤寻亲活动健康、有序地进行，让更多的日本遗孤得以赴日寻亲，中日两国政府经过多次研究协商，决定从 1981 年开始，由两国政府有关部门负责，分期分批地组织在华日本遗孤赴日寻亲，一切费用由两国政府负责。此后，在华日本遗孤的寻亲活动便有组织、有计划地开展起来。

日本遗孤是在抗战结束初期的混乱环境下产生的，确认日本遗孤身份，本身就是一项艰苦细致的工作。从法律角度讲，日本遗孤是中国公民，但又有日本血统，中国养父母在收养他们的时候，除年龄大一点的知道自己是日本人外，很多当时还不懂事的根本不知道自己的真实身份；从国籍管理上看，保留日本国籍的孤儿很少,大多自动加入了中国国籍;从居住地看,由于长期以来人口的流动和工作调动,一些孤儿已从遗弃地迁居他处;另外,有的中国养父母由于思想感情上的原因,一直不愿把日本遗孤的真实身份告诉其本人。对此,1984 年,中日双方商定了如下确认原则:(1)在中国,由本人向公安机关提出申请,要求确认自己的日本孤儿身份,并出具可靠的认定材料,或是有助于发现证据的线索;(2)本人向日本驻华大使馆、领事馆或在日本的亲友写信联系,再由亲友向日本厚生省及设在各地的援护部门提出申请,请求认定自己的孤儿身份,同时提交证明人身份的日本户籍誊本或其他证明材料;(3)经中日双方政府确认才能生效。

根据以上原则,中国政府有关部门投入了大量人力物力,花费许多时间,对分布在全国各地的日本遗孤进行调查核实。经过中日双方的共同努力,根据中国有关部门资料统计,截至 2000 年,日本遗孤在黑龙江省有 2 010 人,在吉林省有 750 人,在辽宁省有 850 人,在内蒙古自治区东部地区有 158 人,共 3 768 人。如果把中国其他省、市、自治区的日本遗孤计算在内,日本遗孤总数当在 4 000 人以上。日本遗孤被收养情况千差万异,既有相同血缘的兄弟姐妹被几个中国家庭收养,亲兄弟姐妹分散于不同地区,又有数个不同血缘的日本遗孤被同一个中国家庭收养。在东北三省和内蒙古自治区东部地区,兄弟姐妹 2 人同被遗弃的共有 188 组,兄弟姐妹 3 人同被遗弃的共有 38 组,兄弟姐妹 4 人以上同被遗弃的共有 10 组。①

辽宁省大连市王铁民回顾了自己日本遗孤身份被确认的经历。他说:"我叫王铁民,我的养父带我从黑龙江逃荒来到大连,他

---

① 根据黑龙江省、吉林省、辽宁省、内蒙古自治区东四盟档案资料整理。

在我的衣服里缝了一个布袋,其中装有一个白布条,上面写着我的日本名字和出生日期。养父告诉我:'这是你生父亲笔写下的条子,什么都可以丢了,它一定不能丢。'养父去世后,我进了大连市岭前福利院。在福利院里,有个大姐对我特别好,我的衣服都是她给洗。有一次,她看我里边穿的衣服太脏了,让我脱下来洗,可我说什么也不脱。大姐气哼哼地说:'难道你那脏衣服里还有什么宝贝不成。'我极不情愿地把那件衣服脱下来,她在给我洗这件衣服之前,拿起来里里外外仔细地看,发现了我衣服里边的小布袋,便问我是否可以打开,我点点头。她打开一看,里边仅仅有一个白布条,上面用黑笔写着她不认识的日本字,大姐带我去见院长,院长看过后,就把这个小白布条扔掉了。大姐的记忆好,那个白布条上的字怎么写的她至今未忘。中日邦交正常化后,我向当地的公安机关申请认定我的日本遗孤身份,并向公安机关的工作人员提供了我的身世知情人,其中就有福利院的大姐和当时的院长。公安机关的工作人员按照我提供的材料展开调查,那张白布条的事与大姐的回忆正相吻合,再加上院长的补充,我的日本遗孤身份就在公安机关工作人员的多次核实后得到了认定。"[1]

黑龙江省哈尔滨市贾荣华,也回顾了其日本遗孤身份确认的历程:"我叫贾荣华,1945年生。我被养母王淑云、养父王振山收养,当时住在牡丹江市东三条路。后来养父母离婚,我随养母到了贾家,改名为贾荣华。1994年养母病危时对我讲:'你不是我们亲生的,是要来的日本孩子。1945年9月,一个日本妇女把你抱来让我收养。当时你只有四个多月大,身体瘦弱,头发枯黄,头上和屁股上生着疮。为了让你的日本生母多喂点奶,我将你生母留在家

---

① 根据辽宁省档案资料整理。

里住了近一个月。由于语言不通,我们没有思想交流,你生母有时会比划着让在大米粥里放点盐喂你。每顿饭吃完后,你生母都双手举着筷子说"ありがとう(谢谢)"表示感谢。你的生母有30多岁,身材不高,大约1.50米,圆脸,皮肤白净,头上盘着一个发髻,那时穿着一条有点发蓝的日本防空演习的裤子。一个月后你生母走了。大约20天里她又来看过你两次。'我把这些情况向当地的公安机关作了说明,并申请认定自己的日本遗孤身份,他们来人又核实了一下。1995年1月,我被认定为日本遗孤。"①

　　中日两国政府经过友好协商,决定由两国政府负责组织实施有关日本遗孤赴日寻亲活动,分批组织日本遗孤赴日寻亲团。当时,中日两国政府商定如下:(1)赴日寻亲或探亲的日本孤儿应当按期返回中国;(2)已经到达日本探亲的孤儿,如果要求留在日本定居,应先返回中国,妥善处理其在华的家庭问题,然后办理去日定居手续;(3)前往日本探亲的孤儿,如果不愿意返回中国,将由日本政府采取必要的措施,促使其返回中国圆满解决家庭问题;(4)如果在日本居留的日本孤儿坚决不愿意返回中国,中国亲属将前往日本当面解决家庭遗留问题,由日本政府发给中国亲属签证,所需要的往返旅费和在日本居留期间的生活费用,亦全部由日本政府承担;(5)赴日寻亲不归孤儿的中国亲属,如果不愿意前往日本解决家庭问题,或者前往日本后仍未能解决家庭遗留问题,将由该名日本孤儿负责其家属一定数额的生活费。这些规定,使日本遗孤寻亲活动有所遵循,也有助于这项活动的顺利开展。

---

① 根据黑龙江省档案资料整理。

表 8-2　20 世纪 80 年代以来日本遗孤寻亲情况一览表①

批次	年月	人数	男	女	判明	男	女	判明率	备注
第 1 次	1981.3	47	24	23	30	14	16	63.8%	辽吉黑
第 2 次	1982.2	60	27	33	45	21	24	75%	辽吉黑
第 3 次	1983.2	45	23	22	25	12	13	55.6%	辽吉黑
第 4 次	1983.12	60	30	30	37	17	20	61.7%	辽吉黑
第 5 次	1984.2	50	19	31	27	10	17	54%	辽吉黑
第 6 次	1984.11	90	36	54	39	14	25	43.3%	辽黑
第 7 次	1985.2	90	41	49	39	21	18	43.3%	京津冀鲁陕黑
第 8 次	1985.9	135	55	80	41	15	26	30.4%	辽吉黑
第 9 次	1985.11	135	60	75	33	14	19	24.4%	辽吉黑京沪豫皖陕湘鄂
第 10 次	1986.2	130	63	67	34	18	16	26.2%	辽吉黑
第 11 次	1986.6	200	98	102	79	34	45	39.5%	辽吉黑津京内陕鲁冀
第 12 次	1986.9	200	96	104	63	34	29	31.5%	辽吉黑津京内粤鲁冀
第 13 次	1986.10	100	56	44	32	15	17	32%	辽吉黑
第 14 次	1986.12	42	18	24	15	6	9	35.7%	辽吉黑
第 15 次	1987.2	104	42	62	28	12	16	26.9%	辽吉黑津京内鲁

① 参见中国残留孤児援護基金『「21 世紀未来に向けて」中国残留邦人帰国者二世・三世自立生活の記録』、1999 年、248 頁。

续表

批次	年月	人数	男	女	判明	男	女	判明率	备注
第 16 次	1987.11	50	19	31	10	3	7	20%	辽吉黑
第 17 次	1988.2	50	16	34	13	3	10	26%	辽吉黑津京内陕鲁冀甘苏
第 18 次	1988.6	35	10	25	12	3	9	34.3%	辽吉黑鲁冀内
第 19 次	1989.2	57	26	31	9	4	5	15.8%	辽吉黑鲁津
第 20 次	1989.2	46	16	30	12	6	6	26.1%	辽吉黑鲁冀内
第 21 次	1990.11	37	13	24	4	3	1	10.8%	辽吉黑鲁冀津鄂
第 22 次	1991.11	50	21	29	5	1	4	10%	辽吉黑津湘陕冀
第 23 次	1992.11	33	13	20	4	4		12.1%	辽吉黑鲁粤内甘
第 24 次	1993.10	32	13	19	5	2	3	15.6%	辽吉黑京内鲁
第 25 次	1994.11	36	9	27	5	1	4	13.8%	辽吉黑京内桂青
第 26 次	1995.10	67	21	46	7	3	4	10.4%	辽吉黑鲁内湘陕冀黔宁
第 27 次	1996.10	43	14	29	4		4	9.3%	辽吉黑京粤

续表

批次	年月	人数	男	女	判明	男	女	判明率	备注
第28次	1997.10	45	17	28	3		3	6.7%	辽吉黑甘内新
第29次	1998.10	27	10	17	5	2	3	18.5%	辽吉黑
第30次	1999.10	20	5	15	1	1		5%	辽吉黑鲁冀青
第31次	2 000.10	4	3	1				0	辽吉黑
合计		2 120	914	1 206	666	293	373	31.4%	

　　资料来源:关亚新、张志坤:《日本遗孤调查研究》,北京:社会科学文献出版社2005年版,第456—457页。

　　日本遗孤到日本寻亲、探亲、定居,是一项庞大的系统工程,具有时间紧、任务重、政策性强、涉及面广、国际影响大等特点,从日本遗孤身份的确认到寻亲活动的展开,从日本遗孤归国定居到养父母的赡养,各个环节都出不得半点差错。为使日本遗孤寻亲活动顺利开展,切实做到严肃、认真、缜密,1984年3月,中日双方达成了关于解决在华日本孤儿问题的协议,对日本遗孤身份确认、赴日寻亲、回国定居及养父母赡养等问题提出解决办法,并以国家间协议形式确定下来。截至2000年,中日两国政府已组织31批在华日本遗孤寻亲团,共计2 120名遗孤赴日寻亲,其中666人找到在日亲属,约占总人数的31.4%。目前,除少数日本遗孤仍生活在中国外,绝大多数日本遗孤已回日定居。

　　日本遗孤确认工作和寻亲活动仍在进行中。2001年,确认日本遗孤4名(男2名,女2名),其中3人去日寻亲;2002年,确认日本遗孤6名(男女各3名),其中4人去日寻亲;2003年,确认日本遗孤10名(男6名,女4名);2004年,确认日本遗孤12名(男3名,女9名);2005年,确认日本遗孤5名(男3名,女2名);2006

年,确认日本遗孤 7 名(男 2 名,女 5 名);2007 年,确认日本遗孤 4 名(男 3 名,女 1 名);2008 年,确认日本遗孤 3 名(男 1 名,女 2 名);2009 年,确认日本遗孤 1 名(女);2011 年,确认日本遗孤 1 名(男)。① 日本遗孤确认仍在继续中,但被确认的日本遗孤人数越来越少。

五、实现回日定居

随着日本遗孤身份的确认和赴日寻亲活动的开展,日本遗孤回日定居的要求更为强烈起来。对在华日本遗孤是否回日定居问题,中国政府一贯主张自愿原则。对愿意赴日定居的,提供方便条件;对暂时不打算回日本定居的也不勉强,仍一如既往地关心和照顾他们的工作和生活。对于那些自愿选择赴日定居的日本遗孤,鼓励他们赴日后要尽快适应日本社会,积极克服语言和生活习惯方面的困难,力争早日独立自主地工作和生活,并为中日友好多作贡献。同时,中国政府还与日本政府积极协商,确立相关的政策和规定,以帮助日本遗孤尽快实现回日定居。据统计,自 1972 年至 1980 年,共有 172 名日本遗孤回日定居,携带家属 690 人。

1981 年,随着中日两国政府组织的日本遗孤寻亲活动大规模展开,要求回日定居的日本遗孤呈直线上升的态势。他们中间既包括已经找到在日亲属(身份判明)者,也包括未找到亲属(身份未判明)者,还有一些日本遗孤利用寻亲、探亲机会长期滞日不归,导致日本遗孤回日定居工作一度出现混乱局面。对此,中国政府有

---

① 《朝日新闻》2001 年 11 月 11 日;2002 年 11 月 21 日;2003 年 11 月 27 日;2004 年 11 月 25 日;2005 年 10 月 1 日;2006 年 9 月 30 日;2007 年 9 月 29 日;2008 年 9 月 27 日;2009 年 10 月 1 日;2011 年 10 月 18 日。

关部门于 1982 年 6 月 28 日提出《关于解决日本遗孤问题的几点意见》，主要内容如下：（1）对日本遗孤寻亲一事，我们可继续给予协助。（2）对于前三批已经在日找到亲属的 66 名和未找到亲属的 41 名日本遗孤，如他们表示愿意去日定居，经我有关部门审查，日方应尽快安排。今后，安排一批孤儿去日寻亲，就要解决好这批人的去留及安排问题，然后再进行下一批。（3）孤儿赴日定居前，必须处理好家庭关系，尤其对配偶、子女及其养父母要妥善安排，绝不允许遗弃，对养父母的赡养问题，应认真解决。（4）今后对去日定居的日本遗孤，一般不再批准返华定居。

　　1984 年中日两国政府经多次协商，达成"关于解决在华日本孤儿协商结论"的协议。该协议主要内容如下：（1）凡自愿要求赴日定居的孤儿，不论其在日本有无亲属，日本政府均予接受，并每年提出落实计划，付诸实施。同时，双方同意优先安排已赴日寻亲但未找到亲属的孤儿。（2）孤儿的养父母、配偶和子女及其他受其抚养的人要求随同孤儿赴日定居者，日本政府也接受其要求，并与孤儿一起发给赴日签证。（3）日本政府在法律上保护随同赴日定居的中国籍家属的正当权益，并为他们提供在日本的生活、就业、学习等方面的便利。这一协议的达成，使日本遗孤回国定居人数直线上升，从 20 世纪 80 年代初的每年几十人，猛增至每年数百人。

　　据日本厚生省统计，1985—1995 年间回日定居的日本遗孤达 1 468 人，携带家属 5 899 人。2000 年 10 月 13 日，《人民日报》（海外版）刊载：自 1981 年 3 月至 2000 年 10 月，中日两国政府组织的在华日本遗孤寻亲活动，"给许多因日本侵华战争被遗弃在中国的日本人回国与家人团聚创造了机会。截至今年 8 月，已有 2 787 人被确认为'残留孤儿'，其中 1 265 人判明了身份。已归国永住的有 2 300 人，连带其直系亲属共有 8 300 人回到了日本"。实际上，中日双方对日本遗孤年龄标准的界定有所区别。日方将 13 岁以下者定为"残留孤儿"，13 岁以上者定为"残留邦人"或"残留妇人"；中方则以被收养时无独立生活能力的 18 岁以下的未成年人为准。故在确认日本遗孤总人数上有所差异。对赴日定居的日本遗孤，中国政府协助日本方面做了许多工作。各地有关部门及时为日本遗孤及他们的家属办理各种去日定居手续，帮助他们解决财产处理、行李托运、乘车乘机等实际困难，使日本遗孤和他们的亲属非常感动。

日本遗孤遗弃异国他乡，为世人所惊叹；中国人民的育孤善举，为世人所感叹。目前，绝大多数日本遗孤虽已携亲眷回日定居，但仍以各种形式回报养父母的养育之恩；少数留在中国的日本遗孤则参加每年由日本政府组织的访日观光团，往返于中日两国之间，成为经济和文化交流的使者。近代日本一场侵略战争造成几代人的生离死别、亲情割舍和人间惨剧，而中国人民不计前嫌、以德报怨的博大胸怀和人道主义精神，不仅使原本应受惩罚的日本侨俘获得宽大处理，被平安遣送回国，而且收养、救助被日本遗弃的残留孤儿，并在中日复交后帮助他们回国认亲、定居。历史可以抚平伤痛，但伤痛的历史不能忘记，但愿中日两国人民在中日关系史的悲喜剧中不断学习、汲取宝贵的历史智慧，共同开创中日两国世代友好、共同繁荣的美好未来。

参考文献

一、档案

1. 中文

中国第二历史档案馆、辽宁省档案馆、吉林省档案馆、北京市档案馆、河北省档案馆、黑龙江省档案馆、内蒙古自治区东部四个盟的档案馆等有关日本侨俘的档案史料,鉴于档案件名和档案号较为繁多,且文中已注明,此处省略。

2. 日文

アジア歴史資料センター一有关日本侨俘史料与文献,件名与查阅号已在文中注明,此处省略。

二、史料汇编

1. 中文

军事委员会委员长广州行营参谋处编:《广东受降纪述》,出版机构不详,1946 年。

王铁崖编:《中外旧约章汇编》,北京:三联书店 1957 年版。

《国际条约集(1945—1947)》,北京:世界知识出版社 1959 年版。

《国际条约集(1934—1944)》,北京:世界知识出版社 1961 年版。

何应钦:《八年抗战之经过》,沈云龙主编:《近代中国史料汇编》第 79 辑,台北：台湾文海出版社有限公司 1972 年版。

中国陆军总司令部编：《处理日本投降文件汇编》，沈云龙主编：《近代中国史料汇编》第 82 辑，台北：文海出版社有限公司 1972 年版。

青岛市档案馆编：《帝国主义与胶海关》，北京：档案出版社 1986 年版。

中国第二历史档案馆编：《中华民国档案资料汇编》第 5 辑第 3 编军事（一），南京：江苏古籍出版社 1991 年版。

田桓主编：《战后中日关系文献集 1945—1970》，北京：中国社会科学出版社 1996 年版。

季啸风、沈友益主编：《中华民国史史料外编：前日本末次研究所情报资料》，桂林：广西师范大学出版社 1997 年版。

山西省档案馆编著：《二战后侵华日军"山西残留"——历史真实与档案征引》（全三卷），太原：山西出版集团·山西人民出版社 2007 年版。

朱成山主编：《二战大受降：中国抗战与世界反法西斯战争胜利史料集》，南京：南京出版社 2015 年版。

2. 日文

加藤聖文編『海外引揚関係史料集成　国内編』、東京、ゆまに書房、2001 年。

加藤聖文編『海外引揚関係史料集成　国外編·補遺編』、東京、ゆまに書房、2002 年。

河原功解題『編集復刻版台湾引揚者関係資料集』（全 7 卷）、東京、不二出版社、2011－2012 年。

三、著作

1. 中文

［日］山田武吉著，周佩岚译：《日本新满蒙政策》，上海：民智书局 1928 年版。

蒋坚忍：《日本帝国主义侵略中国史》，上海：联合书店 1930 年版。

包怀白：《日本殖民与人口问题》，上海：黎明书局 1930 年版。

谭天凯：《山东问题始末》，上海：商务印书馆 1935 年版。

［英］克罗克著，朱梅隽译：《日本人口问题》，南京：中正书局 1935 年版。

［日］田中忠夫著，姜般若译：《华北经济概论》，北京：北京出版社 1936 年版。

金曼辉：《我们的华北》，上海：杂志无限公司 1937 年版。

［日］樋口弘著，北京编译社译：《日本对华投资》，北京：商务印书馆 1959 年版。

［美］约翰·亨特·博伊尔著，陈体芳译：《中日战争时期的通敌内幕》，北京：商务印书馆 1978 年版。

［日］稻叶正夫著，天津政协编译委员会译：《冈村宁次回忆录》，北京：中华书局 1981 年版。

［日］服部卓四郎著，张玉祥等译：《大东亚战争全史》（第 4 册），北京：商务印书馆 1984 年版。

于力：《人鬼杂居的北平市》，北京：群众出版社 1984 年版。

［日］山本市朗著，胡传德等译：《一个日本人眼中的新旧中国》，北京：光明日报出版社 1984 年版。

［日］井上清著，宿久高译：《日本帝国主义的形成》，北京：人民出版社 1984 年版。

王德贵、徐学新、郑晓亮编：《八一五前后的中国政局》，长春：东北师范大学出版社 1985 年版。

杜询诚：《日本在旧中国的投资》，上海：上海社会科学院出版社 1986 年版。

金源、邵名正等：《从战争狂人到朋友——改造日本战犯的成功之路》，北京：群众出版社 1986 年版。

中国人民政治协商会议北京市委员会文史资料研究委员会编：《日伪统治下的北平》，北京：北京出版社 1987 年版。

西虹、王之琪：《她从东瀛来》，北京：长征出版社 1987 年版。

东北沦陷十四年史研究总编室：《东北沦陷十四年史研究》，长春：吉林人民出版社 1988 年版。

[日]袮津正志著,李玉、吕永和译:《天皇裕仁和他的时代》,北京:世界知识出版社 1988 年版。

[日]满史会编,东北沦陷十四年史辽宁编写组译:《满洲开发四十年史》,内部发行,1989 年。

[日]入谷敏男著,天津编译中心译:《日本人的集团心理》,北京:中国文史出版社 1989 年版。

中国第二历史档案馆编:《第二次世界大战中国战区受降纪实》,北京:中共党史资料出版社 1989 年版。

李竞能主编:《天津人口史》,天津:南开大学出版社 1990 年版。

祝平主编:《梦碎满洲——日本开拓团覆灭前后》,哈尔滨:黑龙江人民出版社 1991 年版。

王战平主编:《正义的审判——最高人民法院特别军事法庭审判日本战犯纪实》,北京:人民法院出版社 1991 年版。

中国人民政治协商会议南京市委员会文史资料委员会编:《中国战区受降始末》,北京:中国文史出版社 1991 年版。

梅桑榆:《侵华日俘大遣返》,济南:济南出版社 1991 年版。

罗澎伟主编:《近代天津城市史》,北京:中国社会科学出版社 1993 年版。

沈殿忠主编:《日本侨民在中国》,沈阳:辽宁人民出版社 1993 年版。

郭大钧、吴广义:《浴血八年树丰碑——受降与审判》,桂林:广西师范大学出版社 1994 年版。

完颜绍元:《大遣返》,上海:上海远东出版社 1995 年版。

尚克强、刘海岩主编:《天津租界社会研究》,天津:天津人民出版社 1996 年版。

章伯锋、庄建平主编:《抗日战争》第 2 卷,成都:四川大学出版社 1997 年版。

冯兴盛主编:《情系华桑》,大连:大连理工大学出版社 1997 年版。

力平、马芷孙:《周恩来年谱(1949—1976)》,北京:中央文献出版社 1998

年版。

荣国章:《北平人民八年抗战》,北京:中国书店出版社1999年版。

金源:《奇缘——一个抚顺战犯管理所所长的回忆》,北京:解放军出版社1999年版。

徐桂英、纪敏主编:《改造战犯纪实——亲历、亲见、亲闻》,北京:中国文史出版社2000年版。

高乐才:《日本"满洲移民"研究》,北京:人民出版社2000年版。

[日]吉田裕著,刘建平译:《日本人的战争观:历史与现实的纠葛》,北京:新华出版社2000年版。

冯天瑜:《"千岁丸"上海行》,北京:商务印书馆2001年版。

孙继武、郑敏主编:《日本向中国东北移民的调查与研究》,长春:吉林文史出版社2002年版。

熊月之、马学强、晏可佳选编:《上海的外国人1842—1949》,上海:上海古籍出版社2003年版。

刘宝军、刘家常:《战犯改造纪实》,北京:中国国际出版社2003年版。

梅桑榆:《三百万日俘日侨遣返实录》,北京:中共党史出版社2004年版。

杨大辛:《天津的九国租界》,天津:天津古籍出版社2004年版。

叔弓:《中国改造日本战犯始末》,北京:群众出版社2005年版。

郭长建等:《日本战犯的再生之地:抚顺战犯管理所》,北京:五洲传播出版社2005年版。

王向远:《日本对中国的文化侵略》,北京:昆仑出版社2005年版。

余子侠、宋恩荣:《日本侵华教育全史》第2卷,北京:人民教育出版社2005年版。

[日]河村太美雄著,屈连壁、丁大等译:《一个日本老兵对侵华战争的反思》,北京:东方出版社2005年版。

[美]鲁思·本尼迪克特著,黄学益译:《菊与刀》,北京:中国社会科学出版社2005年版。

庄维民、刘大可:《日本工商资本与近代山东》,北京:社会科学文献出版社

2005 年版。

关亚新、张志坤:《日本遗孤调查研究》,北京:社会科学文献出版社 2005
年版。

陈祖恩:《寻访东洋人:近代上海的日本居留民(1868—1945)》,上海:上海
社会科学院出版社 2007 年版。

陈祖恩:《上海日侨社会生活史(1868—1945)》,上海:上海辞书出版社
2009 年版。

梅桑榆:《大遣返:1945—1946 三百万日俘日侨漫漫归国路》,北京:国际
文化出版公司 2009 年版。

张志坤、关亚新:《葫芦岛日侨遣返的调查与研究》,北京:社会科学文献出
版社 2010 年版。

张铨、庄志龄、陈正卿:《日军在上海的罪行与统治》,上海:上海人民出版
社 2000 年版。

王楚英、陈远湘等:《亲历者讲述受降内幕》,北京:中国文史出版社 2010
年版。

米卫娜:《近代华北日侨问题研究(1871—1945)》,北京:人民出版社 2012
年版。

张发奎口述,夏莲瑛访谈及记录,胡志伟翻译及校注:《张发奎口述自传》,
北京:当代中国出版社 2012 年版。

徐志民:《战后日本人的战争责任认识研究》,北京:社会科学文献出版社
2012 年版。

[日]高纲博文著,陈祖恩译:《近代上海日侨社会史》,上海:上海人民出版
社 2014 年版。

唐培吉:《上海抗日战争史通论》,上海:上海人民出版社 2015 年版。

胡菊蓉:《中国战区受降始末》,南京:南京出版社 2016 年版。

野岛刚著,芦荻译:《最后的大队:蒋介石与日本军人》,北京:社会科学文
献出版社 2017 年版。

2．日文

奥田乙治郎『明治初年に於ける香港日本人』、台北、台湾総督府熱帯産業調査会、1937 年。

東日本商工会議所編『新広東』、広州、広東日本商工会議所、1940 年。

平野健『広東之現状』、広州、広東日本商工会議所、1943 年。

満蒙同胞援護会編『満蒙終戦史』、東京、河出書房新社、1962 年。

水野靖夫『日本軍と戦った日本兵』、東京、白石書店、1974 年。

秋山良照『中国戦線の反戦兵士　戦争と人間の記録』、東京、徳間書店、1978 年。

厚生省援護局編『引揚げと援護三十年のあゆみ』、東京、ぎょうせい 1978 年。

［日］満州開拓史刊行会編『満州開拓史』、東京、全国拓友協議会、1980 年。

宮下二郎『葫芦島へ』、東京、国書刊行会、1983 年。

丸山康夫『広州俘虜収容所』、東京、日地出版株式会社、1985 年。

若槻泰雄『戦後引揚げの記録』、東京、時事通信社、1991 年。

波形昭一編『近代アジアの日本人経済団体』、東京、同文館出版株式会社、1997 年。

中国残留孤児援護基金『「21 世紀未来に向けて」中国残留邦人歸国者二世・三世自立生活の記録』、1999 年編印。

春田哲吉『日本の海外植民地統治の終焉』、東京、原書房、1999 年。

新井利男、藤原彰『侵略の証言――中国における日本人戦犯自筆供述書』、東京、岩波書店、1999 年。

井出孫六『中国残留邦人』、東京、岩波新書、2008 年。

荻野富士夫、吉田裕、岡部牧夫『中国侵略の証言者たち――「認罪」の記録を読む』、東京、岩波書店、2010 年。

蘭信三編『帝国崩壊とひとの再移動：引揚げ、送還、そして残留』、東京、勉誠出版、2011 年。

島村恭則ほか『引揚者の戦後』、東京、新曜社、2013 年。

今泉裕美子、柳沢遊、木村健二編著『日本帝国崩壊期「引揚げ」の比較研究：国際関係と地域の視点から』、東京、日本経済評論社、2016 年。

四、报刊

1. 中文

《东北导报》《前进报》《申报》《大公报》《牡丹江日报》《松江商报》《黑龙江日报》等有关日本侨俘的报道。

2. 日文

《朝日新闻》关于日本侨俘和残留孤儿的报道。

索　引

后　记

　　踏足战后在华日本侨俘遣返史的学习与研究,既是偶然也有必然。原本从事东亚国际关系史和日本史学习的我,2007年7月从北京大学获得博士学位后,转入中国社会科学院近代史研究所跟随步平先生学习中日关系史,但由于《抗日战争研究》编辑部人手短缺,故从2008年1月起在近代史研究所做博士后研究的同时,兼职《抗日战争研究》编辑,直至2009年5月博士后出站后调入该编辑部,即使作为中央第五批援藏干部在西藏工作期间也从未停止编辑工作。正是在编辑工作中,我发现学界关于抗日战争的研究更多地集中于战争本身,以及与战争相关的政治、军事、外交、国际关系等领域,对于抗战胜利后的研究主要是惩处汉奸和东京审判,至于那约320万在华日本侨俘如何面对战败和战败后的处境,以及怎样被遣返和在遣返途中发生了什么故事? 我既似有所知,又朦朦胧胧,不太清楚。越是如此,越激发我对这一问题的兴趣与探索欲望。

　　所幸的是,在《抗日战争研究》编辑部工作期间,我有机会接触抗日战争史研究各个领域的专家学者,其中就包括研究抗战胜利后中国遣返日俘日侨的知名学者与青年才俊。如,我曾编辑过辽宁省社会科学院张志坤、关亚新研究员的《吉林东部地区日侨俘遣返述略》，并在编辑中向他们请教中国东北地区遣返日本侨俘的相关史实。我还编辑过天津市档案馆胡荣华馆员的《战后天津暨华北地区日俘日侨遣返研究》、天津大学渠占辉教授的《战后华北地区日侨的收容与遣返》、山西省档案馆孔繁芝和尤晋鸣馆员的《二战后侵华日军"山西残留"——历史真实与档案记录》等，并在这些成果发表后仍保持联系。当孔繁芝馆员听说我对战后日本侨俘问题感兴趣后，又将其主编的《二战后侵华日军"山西残留"——历史真实与档案征引》赠送于我，厚厚的三大卷，我曾多次参考和引用。在学术交流中，我还结识了河南理工大学的米卫娜副教授，她主要研究华北地区日侨问题，搜集了大量相关的档案史料，尤其擅长当时北平市、河北省的日本侨俘研究。

　　缘于求知的兴趣，始于朋友的鼓励，从而使我在战后中国遣返日本侨俘史领域有了一探究竟的奢望。2015年，即抗战胜利70周年之际，笔者综合学界关于抗战胜利后中国遣返日本侨俘研究的既有成果，从介绍遣返日本侨俘的总体情况出发，分别介绍葫芦岛百万日本侨俘大遣返、华北日本侨俘遣返、华东与华中及台澎地区日本侨俘遣返的研究现状，认为这一体现中国人民不计前嫌、与人为善、宽宏大量的民族品格的重要历史事件，尚未引起学界的足够重视，也未出现与之相匹配的研究成果，呼吁学界广泛发掘相关史料，及时关注和吸收国内外研究成果，扩大选题范围，引入新的研究方法，推进抗战胜利后在华日本侨俘遣返史研究的广度、深度和高度。拙文在《暨南学报》发表后不仅被人大报刊复印资料中心《中国现代史》全文转载，而且受到学界一定关注，特别是德高望重的南京大学张宪文教授正在筹划出版"抗日战争专题研究"丛书，他希望我承担"战后在华日本侨俘遣返研究"这一卷。

　　张老的抬爱使我既受宠若惊，又深感责任重大，几欲辞，不敢就：一则我学习和从事的专业方向是日本史和东亚国际关系史，抗日战争史研究是副业，战后在华日本侨俘遣返史研究仅仅是"客串"而已；二则当时我已从《抗日战争研究》编辑部调入中国革命史研究室工作，自己本身的业务工作也需要"转向"，即正在学习和选择自己关于中国革命史研究的对象和领域；三则无论资历还是能力，均难以担当负责一卷的重任。正在徘徊、动摇之际，北京大学历史学系臧运祜教授、南京大学历史学院姜良芹教授、南京大学中华民国史研究中心副主任吕晶、南京工程学院张燕萍教授、上海师范大学洪小夏教授、江苏省社会科学院王卫星研究员等多次鼓励与支持，方使我卸下包袱，抱着勉力而为的心态试试做。我知道，凭我一人之力是绝对不可能完成此项任务的，毕竟"隔行如隔山"，况且战后中国各地遣返日本侨俘的情况并不完全相同，各有特点。

集体攻关靠朋友，我联系了从事战后中国各地遣返日本侨俘研究的代表性学者，如关亚新、米卫娜，以及苏州大学的张传宇副教授，在他们应允参加和表示支持后，感觉这项课题几乎完成了一半，顿时松了一口气。米卫娜一人独立担纲三章，任务最重。关亚新、张志坤在看过我列的提纲后，又再拟提纲、重列框架，提出重要的参考意见与写作建议，某种程度上是保障本书顺利撰写的思想灵魂。张传宇是研究广东日本居留民问题的专家，在中日两国发表过不少重量级的研究成果，此次应允加盟，以其日语优势和丰富的中日文资料，重点撰写华南特别是广东日本侨俘在战后的集中管理、战犯审判和遣返回国，弥补了学界关于华南日本侨俘遣返研究相对薄弱的缺憾，为本书增色不少。中国社会科学院马克思主义研究院的刘晓欣，与我合作撰写了部分内容。中国社会科学院近代史研究所的褚静涛研究员，为抗战胜利后台澎地区日本侨俘遣返研究提供了不少资料线索，提出了不少宝贵建议，吾等在写作中受益良多，真诚致谢。

现本书初稿草成，兹将各位撰写章节的具体分工陈述如下：

第一章：徐志民

第二章：米卫娜

第三章：关亚新、张志坤

第四章：米卫娜

第五章：米卫娜

第六章：张传宇

第七章：徐志民、刘晓欣

第八章第一、二节：徐志民、刘晓欣；第三节：关亚新、张志坤

参考文献：刘晓欣、徐志民

索引：刘晓欣、徐志民

全书虽由我统稿，但我更多的是从内容连贯、语言表述等方面进行统一化处理，虽就各部分的个别疑问请教相关章节负责人，但毕竟自身的知识不足、水平有限，错漏恐是在所难免，心中惴惴不安。由于资料、时间、能力、篇幅所限，未能深入、系统地阐述战后在华日本侨俘遣返研究的全貌，如仍有部分省市和地区的日本侨俘遣返工作未能涉及，日本侨俘返回日本后的生活与现状也未能涵盖，等等，甚是遗憾。同时，诚挚地欢迎学界同人不吝赐教、批评指正，这是对我们学术研究的关心与期待，是对我们不断完善、不断前进的鞭策和鼓励。最后，我们由衷地感谢为本书付梓辛勤劳动的江苏人民出版社的张晓薇编审及其他编校人员，虽未曾谋面，但你们的辛苦我们懂。

徐志民

2021 年 6 月 20 日